Andreas Reger

Formen und Auswirkungen des ethischen Konsums in Deutschland

Andreas Reger

Formen und Auswirkungen des ethischen Konsums in Deutschland

Tectum Verlag

Andreas Reger

Formen und Auswirkungen des ethischen Konsums in Deutschland

ISBN: 978-3-8288-4113-0
eISBN: 978-3-8288-6956-1

Umschlagabbildung: © wk1003mike | shutterstock.com
Printed in Germany

Besuchen Sie uns im Internet
www.tectum-verlag.de

MIX
Papier aus verantwortungsvollen Quellen
FSC www.fsc.org FSC® C083411

Bibliografische Informationen der Deutschen Nationalbibliothek
Die Deutsche Nationalbibliothek verzeichnet diese Publikation in der Deutschen Nationalbibliografie; detaillierte bibliografische Angaben sind im Internet über http://dnb.ddb.de abrufbar.

Inhaltsverzeichnis

ABKÜRZUNGSVERZEICHNIS

CSR	Corporate Social Responsibility
NGO	Non-Governmental Organisation
NPNK	Nationales Programm für Nachhaltigen Konsum
SDG	Sustainable Development Goal
LOHAS	Lifestyle of Health and Sustainability

Anmerkung:

Um die Lesbarkeit zu erleichtern, wird in der vorliegenden Arbeit die männliche Sprachform verwendet. Sämtliche Ausführungen gelten selbstverständlich in gleicher Weise für die weibliche.

VORWORT

Die vorliegende Masterthesis entstand im Rahmen meines Geographie-Studiums am Institut für Geographie und Geologie der Julius-Maximilians-Universität Würzburg. Sie wurde im Zeitraum vom 23. Januar 2017 bis zum 24. Juli 2017 unter der Betreuung von Univ.-Prof. Dr. Barbara Hahn angefertigt. Ihr gilt mein besonderer Dank für Hilfestellung und Ratschläge während der gesamten Zeit der Bearbeitung.

Die Idee zu diesem Thema entwickelte sich durch meine persönliche Auseinandersetzung mit aktuellen Trendfeldern, die primär ökologische Aspekte ansprechen. Dabei war es mir ein Anliegen, mich mit einem Konzept zu beschäftigen, das ökonomisch rentabel sein kann und gleichzeitig einen positiven Effekt auf unsere Umwelt und unsere Mitmenschen hat.

Der Gedanke, einen qualitativen Forschungsstil zu verfolgen, kam mir während meines Praktikums bei der Happy Thinking People GmbH in Berlin. Dem Team sei an dieser Stelle nochmals recht herzlich gedankt, da sich meine eigene Forschung wesentlich an den im Unternehmen gewonnenen Einblicken orientiert hat. Besonders bedanken möchte ich mich an dieser Stelle bei Nina Keller, die mir auch nach Ende des Praktikums wertvolle Ratschläge und Ideen zur Gestaltung meines Fragebogens gegeben hat.

Ferner möchte ich den Korrektoren und Teilnehmern meiner Untersuchung für ihre freundliche Unterstützung danken, die sich sehr viel Zeit für meinen Text und die Gruppendiskussionen genommen haben oder eigenständig ein Konsumtagebuch führten. Ohne sie wäre die Masterthesis in dieser Form nicht möglich gewesen.

Vor allem aber danke ich meiner Familie und meinen Freunden, die mir nicht nur bei der Fertigstellung dieser Arbeit jederzeit und auch kurzfristig zur Seite standen, sondern mich gleichermaßen während des gesamten Studiums unterstützten.

1. Ethischer Konsum – Megatrend in einem sich wandelnden Umfeld

Unser Konsum hat heute mehr denn je globale Auswirkungen, wie etwa auf das Weltklima oder die Lebensbedingungen von Menschen und Tieren. Die Verantwortung die daraus für jeden Einzelnen erwächst, wird von immer mehr Menschen erkannt. Diese versuchen daher ihren Alltag so zu gestalten, dass negative Folgen für den Rest der Welt möglichst gering bleiben. Ob politischer, bewusster, ethischer oder nachhaltiger Konsum, all diese Begriffe stehen für dieses Ziel, dessen Ausübungsformen, Eigenschaften und Auswirkungen im Verlauf dieser Arbeit analysiert werden (vgl. Lell 2008: 1).

Die im vorliegenden Kontext gebrauchte Bezeichnung als Megatrend erfolgt aufgrund der Erfüllung der an diesen Begriff gestellten Anforderungen hinsichtlich Dauer, Reichweite und Globalität, da diese bei der Konsumethik empirisch nachweisbar sind (vgl. Thomaschewski/Völker 2016: 62). Die Thematik umfasst einen Wertewandel hin zur Selbstverwirklichung mit zunehmender Toleranz für andere, erhöhter Bedeutung des Umweltschutzes und verstärktem Verlangen nach Partizipation an wirtschaftlichen und politischen Entscheidungsprozessen (vgl. Welzel 2013: 172 ff). Zurückzuführen ist dieser Wertewandel auf einen steigenden Lebensstandard der Gesellschaft (vgl. Thomaschewski/Völker 2016: 61). Doch auch Unternehmen setzen auf den Megatrend (vgl. KPMG International 2013: 11), da dieser durch Schaffung neuer Märkte und Produktanforderungen ökonomische Relevanz aufweist (vgl. Thomaschewski/Völker 2016: 60).

1.1 Fragestellung und Relevanz des Themas

Da die Unternehmensebene in Bezug auf die Sustainability-Debatte erreicht wurde, werden neben ökonomischem Erfolg auch ökologische und soziale Ziele im Unternehmen sowie in der Unternehmensumwelt verfolgt. Ebenfalls wird bereits seit einiger Zeit eine breite gesellschaftliche und politische Diskussion in diesem Themenfeld geführt. Darüber hinaus haben diesbezüglich sowohl Konsumenten als auch Politik und Unternehmen schon in der Vergangenheit erste Maßnahmen eingeleitet, die jedoch in Umfang, Effektivität und Effizienz ausbaufähig sind (vgl. Thomaschewski/Völker 2016: 15). Aus diesem Grund, ist zunächst der Frage nachzugehen, welche Formen von ethischem Konsum sich bereits etabliert haben oder Wachstumspotenzial aufweisen und welche Ausprägung Konsum bzw. ethischer Konsum in den relevanten Modellen der verschiedenen Verhaltens- oder Entscheidungstheorien hat.

Da der Konsument hierzulande wesentlichen Einfluss auf die Wertschöpfungskette ausübt, ist ferner darauf einzugehen, um welche Konsumententypen es sich im vorliegenden Kontext handelt und warum entsprechende Kaufentscheidungen durch Konsumenten getroffen werden. In diesem Zusammenhang wird geklärt, welche Konsumfelder sich bisher in Bezug auf Konsumethik etabliert haben und weshalb Umsetzungsstrategien andere Produktkategorien noch nicht erreicht haben.

Da das Konsumumfeld maßgeblich durch Unternehmen und Politik gestaltet wird, stellt sich die Frage, wie diese Akteure bis zum jetzigen Zeitpunkt auf den Trend reagiert haben und welche Konsequenzen sich für sie ergeben. Gerade für Unternehmen können die Folgen einer Missachtung des Megatrends gravierend sein. Laut einer Untersuchung von Coca Cola planen 65 % der Befragten, verantwortungsvolles Handeln von Unternehmen zukünftig grundsätzlich stärker bei ihren Kaufentscheidungen zu berücksichtigen (vgl. COCA COLA 2011: 21). Auf politischer Ebene ist das Thema vor allem seit dem Beschluss der Agenda 21 durch die Vereinten Nationen in den 90er Jahren von großer Bedeutung. Diese widmete sich der Veränderung von Konsumgewohnheiten und sieht vor, dass jeder Staat für eine nachhaltige Produktionsweise im Inland und ein ethischeres Konsumverhalten Sorge zu tragen hat (vgl. GERGINOV 2013: o. S.).

Ein entscheidender Teil der Fragestellung betrifft allerdings auch Handlungen und Forderungen der wichtigsten Akteure in der Wertschöpfungskette und daraus resultierende wechselseitige Auswirkungen. Auf Basis der Auswirkungen in Bezug auf ethischen Konsum können mögliche Probleme oder Schwierigkeiten erkannt und Lösungsansätze formuliert werden. Die zentralen Fragen setzen sich folglich mit den Formen des ethischen Konsums, seinen Einflussfaktoren und den daraus resultierenden Auswirkungen für die Beteiligten auseinander.

Da mitunter sehr deutliche Unterschiede zwischen den Kulturen existieren, bezieht sich diese Arbeit im Weiteren speziell auf Deutschland, um länderspezifische Faktoren zu berücksichtigen und mögliche Strategien und Modelle abzuleiten (vgl. THOMASCHEWSKI/VÖLKER 2016: 67). Ferner findet eine regionale Eingrenzung auch deshalb statt, weil gerade in Deutschland der Wunsch, verantwortlich zu konsumieren, stark ausgeprägt ist. So orientieren sich beispielsweise 19,5 % der Deutschen bei Kaufentscheidungen an ethischen Kriterien und sind bereit, Produkte und Unternehmen zu boykottieren, wenn diese nicht ihren Ansprüchen an ethisches Verhalten genügen (vgl. KOTHS/HOLL 2012: 662). Zwar wurde die Kritik am Konsum bereits seit den 60er Jahren publik gemacht, jedoch erhielt sie vor allem um die Jahrtausendwende neuen Aufschwung. Seitdem steht die ethikbezogene Frage im Mittelpunkt, wie durch Konsum Einfluss auf das Warenangebot genommen werden kann (vgl. TULLY 2012: o. S.).

1.2 Aufbau und Zielsetzung der Arbeit

Zur Beantwortung der dargelegten Fragestellungen wurde auf einen Aufbau geachtet, der die ökologische, ökonomische und soziale Zieldimension des ethischen Konsums berücksichtigt. Aus diesem Grund zielt die Arbeit nicht auf eine bloße Darstellung der negativen Auswirkungen bestehender Verhaltensmuster im Konsum ab, sondern möchte darüber hinausgehend diese analysieren. Hierdurch soll eine Modellverbesserung erreicht werden, die sich positiv auf die genannten drei Zieldimensionen auswirkt. Denn eine Ausweitung ethischen Konsums kann beispielsweise neben einer gerechten Verteilung der Lebenschancen zwischen Individuen oder Generationen und nachhaltiger Nutzung regenerierbarer Ressourcen, ebenso zu Wachstum der Lebensqualität oder auch einem hohen Beschäftigungsstand führen (vgl. KROL 2010: 27).

Zunächst ist allerdings zu klären, was ethischer Konsum ist. Anhand der Sichtung bereits vorhandener Literatur wird erkennbar, dass der Begriff Konsumethik keine einheitliche Bedeutung für einzelne Individuen aufweist. Ferner werden Begriffe wie Nachhaltigkeit oder kritischer Konsum, um nur einige zu nennen, oft synonym für ethischen Konsum verwendet. Deshalb erfolgt im nächsten Kapitel zuerst eine Definition und Abgrenzung des zentralen Begriffes dieser Arbeit, bevor im letzten Abschnitt der Einleitung auf die methodische Vorgehensweise eingegangen wird.

Kapitel zwei befasst sich mit den wichtigsten Formen des ethischen Konsums. Zwar besteht eine Vielzahl an Ausübungsmöglichkeiten des neuen Konsumtrends, jedoch weisen bestimmte Modelle bereits eine starke Ausprägung auf oder werden von einer wachsenden Konsumentenzahl akzeptiert. Diese Formen werden in ihrer Entwicklung, ihren Eigenschaften und ihrer Reichweite dargestellt, um den Fokus des breiten ethischen Konsumbereiches auf die wesentlichen Märkte mit den größten Potenzialen zu lenken. Das Ziel ist hierbei, Formen des ethischen Konsums zu identifizieren, die schon heute oder in Zukunft Konsumentscheidungen positiv beeinflussen und die Grundlage für eine

Etablierung des ethischen Konsums für den Massenmarkt bilden können. Zwar können die Konsumentscheidungen der Käufer durch Befragungen nur schwer quantifiziert oder bewertet werden, jedoch lassen beispielsweise steigende Verkaufszahlen oder eine Sortimentserweiterung relativ verlässliche Rückschlüsse darauf zu, welche Konsumformen oder Produkte gewählt werden und durch welche Personen entsprechende Käufe getätigt werden. Auch hierdurch kann ein Indiz erarbeitet werden, das Hinweise auf ethisch-moralische Motive bei Kaufentscheidungen gibt (vgl. IDIES 2015: 27). Somit stellen die in Kapitel zwei beschriebenen Konsumformen Indikatoren dar, die darüber Auskunft verleihen, wie sich der Megatrend auf die Konsumkultur auswirkt (vgl. SEITZ 2013: 6).

Da Konsumenten zunehmend kritischer werden und besser informiert sind als jemals zuvor (vgl. SEITZ 2013: 6), wird die Rolle des Bürgers in diesem Zusammenhang immer wichtiger. Kapitel drei strebt daher eine Identifizierung des typischen Käufers in diesem Segment an. Hierzu erfolgt zunächst einer Auseinandersetzung mit relevanten Entscheidungs- und Verhaltenstheorien und anschließend eine Darstellung wesentlicher Eigenschaften ethischer Konsumenten. Anhand dieser Analyse können erste Ursachen und Gründe für den Megatrend ermittelt werden. Zusätzlich werden Konsumfelder betrachtet, in denen sich Konsumethik bereits etabliert hat, um weitere Indizien für Konsumentscheidungen zu finden. Diese Betrachtung des Umfelds und der Eigenschaften ethischen Konsums dient des Weiteren als Grundlage zur Konsumentenbefragung in Kapitel vier und unterstützt die Interpretation neu gewonnener Daten in diesem Feld.

Neben Konsumenten gestalten jedoch auch Unternehmen und Politik maßgeblich den ethischen Markt. Aus diesem Grund und um mögliche Auswirkungen auch auf diese beiden bedeutenden Ebenen herauszuarbeiten, werden in Kapitel drei zusätzlich bisherige Reaktionen und Konsequenzen der beiden Einflussnehmer dargelegt. So ist vor allem auf Unternehmerseite davon auszugehen, dass entscheidende Antworten auf Einstellungen und Verhaltensweisen von Konsumenten gegeben, aber auch gesucht werden (vgl. SEITZ 2013: 6). Dagegen gestalten Politiker das Wirtschaftssystem mit, nehmen auf diese Weise Einfluss auf den Handel und müssen entsprechende Vorkehrungen und Regulierungen treffen.

Folglich werden alle wichtigen Faktoren des ethischen Konsums in Deutschland auf theoretischer Ebene analysiert, bevor im Hauptteil der Arbeit auf die Ergebnisse der Konsumentenbefragungen eingegangen wird. Ziel des praktischen Teils ist es, durch qualitative Forschung zu ermitteln, welche Schwächen und Hindernisse ethischer Konsum aufweist. Denn aktuelle Daten zum Thema können nicht unkritisch betrachtet werden. So geben quantitative Studien an, dass 58 % der Menschen in Deutschland nur Produkte und Dienstleistungen erwerben, die ihren Überzeugungen, Werten oder Idealen entsprechen. Im Hinblick auf tatsächliche Marktdaten und Verkaufszahlen bei ethischen Produkten müssen die Aussagen der Studienteilnehmer in Bezug auf den Wahrheitsgehalt ihrer Angaben oder die Art ihrer Überzeugungen, Werte und Ideale allerdings hinterfragt werden. Daher besteht berechtigte Skepsis bei Wissenschaftlern im Bereich der Konsumethik zu solchen Zahlen, da die Überzeugungen der Befragten oft nicht dem tatsächlichen Handeln entsprechen. Obwohl die Entwicklung von Wirtschaftsethik bereits über einen langen Zeitraum erforscht wird, ist herauszuarbeiten, worin die Gründe für diese Diskrepanz zwischen Wunschkonsum und tatsächlicher Kaufentscheidung bestehen (vgl. SÜDDEUTSCHE ZEITUNG 2015: o. S.).

Mittels Beantwortung der Fragestellungen können wesentliche Probleme dieses ökonomischen Modells aufgedeckt werden, um Lösungsansätze zu formulieren und mögliche Auswirkungen auf die wichtigsten Glieder der Wertschöpfungskette im territorialen Rahmen dieser Arbeit zu identifizieren. Dabei werden auf der Basis bisheriger Entwicklungen, Konsumentenforderungen und entsprechender Handlungsempfehlungen in Betracht kommende Konsequenzen dargestellt. Ebenso wird ein Ausblick auf eine Entwicklung durch eine Verbesserung des Modells gegeben, mit entsprechenden Folgen für Marktstrukturen und Marktteilnehmer in Deutschland.

Eine Zusammenfassung der Ergebnisse und Erkenntnisse erfolgt im Schlussteil der Thesis. Darüber hinaus wird eine Prognose der allgemeinen Entwicklung im Bereich Konsumethik erstellt, wodurch sich neue Handlungsfelder für Beteiligte des Marktes ergeben werden. Des Weiteren wird hier auf bedeutsame Schwierigkeiten bei der Forschung in diesem Themenfeld eingegangen.

1.3 Definition und Begriffsabgrenzung von „Ethischem Konsum“

Bislang existiert keine exakte Definition für ethischen Konsum. Die meisten Quellen sprechen in diesem Zusammenhang jedoch vage von einem Verbrauch oder Gebrauch von Gütern und Dienstleistungen, der neben der Erfüllung von Bedürfnissen auch die Umwelt schont und sowohl sozialverträglich als auch ökonomisch tragfähig ist. Allerdings umfassen genau solche Formulierungen auch die oben erwähnten Zieldimensionen der ökologischen, sozialen und ökonomischen Bereiche dieser Arbeit. In Deutschland wird aber überwiegend von dem verwandten Begriff der Nachhaltigkeit gesprochen (vgl. GERGINOV 2013: o. S.).

Dessen Ursprung geht auf Überlegungen aus der Forstwirtschaft zurück. Denn schon hier sollten zunächst ökologische Aspekte berücksichtigt werden, indem nur so viel Holz entnommen werden darf, wie nachwachsen kann. Dieser Grundgedanke wurde auf andere Ressourcen erweitert und ebenso auf soziale Aspekte übertragen (vgl. THOMASCHEWSKI/VÖLKER 2016: 15). Hinzu kommt, dass diese Art des Konsums den Bedürfnissen heute und künftig lebender Menschen gerecht werden soll und eine Verbesserung der Lebensqualität angestrebt wird (vgl. GRUNWALD 2012: 28).

Sowohl der ethische als auch der nachhaltige Konsum orientieren sich stark am Drei-Säulen-Modell der Nachhaltigkeit, das in Kapitel zwei näher betrachtet wird. Grundsätzlich wird hier auf umwelt- und sozialverträgliche Produkte zurückgegriffen, sodass Unternehmen in verträgliche Produktion und verantwortungsbewussten Handel mit Waren investieren (vgl. OTTO GMBH UND CO KG 2017: o. S.).

Neben ethischem und nachhaltigem Konsum werden jedoch eine Reihe weiterer Begriffe synonym verwendet, die sich in ihrem Bedeutungsgehalt nicht scharf voneinander trennen lassen, sondern sich vielmehr überlappen und fließende Übergänge herstellen. So sprechen die Geographen Jackson, Ward und Russell von Moral Economies und Geography of Responsibility, das International Journal of Consumer Studies wiederum von Political and Ethical Consumerism, während im Journal of Consumer Culture von Konsum als Political and Moral Practice die Rede ist (vgl. THOMPSON 2011: 139 ff).

Relativ genau definiert allerdings die Otto Group Kriterien des ethischen Konsums. Hierzu gehören unter anderem die Verwendung biologisch angebauter Materialien und Inhaltsstoffe, klimafreundliche Angebote, die Unterstützung der regionalen Wirtschaft, gerechte Löhne, gute Arbeitsbedingungen sowie der Verzicht auf Kinderarbeit (vgl. OTTO GROUP 2009: 8).

Unter Betrachtung verschiedener Definitionen der letzten Jahre aus dem thematisierten Segment fällt auf, dass ein Wandel von einem überwiegenden Fokus auf Bedürfnisbefriedigung und ökologische Dimensionen hin zu gleichteiliger Berücksichtigung sozialer und ökologischer Dimensionen stattgefunden hat. Christanell stellt in seiner Gegenüberstellung unterschiedlicher Definitionen außerdem fest, dass sich die aktuelle Version der Erläuterung auf den Begriff „Ethischer Konsum" anstelle von „Nachhaltiger Konsum" bezieht und soziale Aspekte in den Fokus rückt. Aufgrund der daraus resultierenden Aktualität und des dargestellten Definitionswandels, erscheint die Verwendung des Begriffs „Ethischer Konsum" zeitgemäß und lässt dennoch ausreichend Interpretationsspielraum zu (vgl. CHRISTANELL 2009: 16).

Ein weiterer Grund für die Begriffsanwendung ist, dass viele Menschen mit Konsumethik mehr in Verbindung bringen als mit Nachhaltigkeit. Sie sehen hierin moralisches Handeln beim Einkaufen, mit dem sie Verantwortung für Umwelt, Gesellschaft und sich selbst übernehmen (vgl. OTTO GROUP 2013: 14). Nichtsdestotrotz handelt es sich um einen Begriff mit vielschichtiger Bedeutung und individuellen Interpretationsmöglichkeiten. Deshalb wurde den Interviewteilnehmern dieser Studie keine allgemeine Definition vorgestellt, sondern nach ihrer persönlichen Interpretation des Begriffes gefragt. Nur so kann die Beeinflussung der Studienteilnehmer gering gehalten und ihre individuellen Einstellungen und Kenntnisse können in Erfahrung gebracht werden.

1.4 Vorgehensweise und Methoden

Der erste Teil dieser Arbeit umfasst bis einschließlich Kapitel drei die theoretische Zustandsanalyse des ethischen Konsums. Dazu beziehen sich die Ausführungen auf Sekundärliteratur, die zu einem bedeutenden Teil aus quantitativen Studien von Marktforschungsunternehmen in Kooperation mit Handelsunternehmen bestehen. Vor allem die Otto Group hat in regelmäßigen Abständen repräsentative Konsumentenbefragungen durchgeführt, die als Grundlage in dieser Arbeit herangezogen werden. Wie bereits erwähnt, leisten diese Umfragen jedoch häufig keine Erfassung des tatsächlichen Verhaltens des Menschen. Der Grund dafür ist Wunschdenken der Befragten in Bezug auf ihr eigenes Handeln oder auch Schamgefühl, das aus gesellschaftlich nicht akzeptierten Verhaltensweisen resultiert, welches durch Anwesenheit der Interviewer und ein unnatürliches Befragungsumfeld verstärkt werden kann (vgl. HOCHSTRASSER 2009: 17).

Zwar können nicht alle Störfaktoren bei qualitativen Untersuchungen vermieden werden, allerdings wurde bei der vorliegenden Forschung auf eine möglichst geringe Beeinflussung der Teilnehmer geachtet. Kapitel vier bezieht sich auf diesen praxisorientierten Forschungsteil. Wie für humanwissenschaftliche Forschung vorgesehen, sind die Subjekte Ausgangspunkt und Ziel der Untersuchung. Im Fall dieser Arbeit definiert sich der Gegenstandsbereich durch eine Auswahl möglichst heterogener Konsumenten, die ein breites Spektrum an Produktkategorien einschließen, jedoch aufgrund der Gemeinsamkeit in einer bestimmten Variable zu Gruppen formiert werden. Sie stellen das Ziel der Untersuchung dar, indem auf Basis der gewonnenen Erkenntnisse über das Konsumentenverhalten entsprechende Handlungsbedürfnisse und ihre Auswirkungen ermittelt werden. Auf Grundlage der erhaltenen Informationen soll es möglich sein, die Bedingungen in diesem alltäglichen Umfeld zu verbessern. Die Subjekte wurden im Rahmen dieser Forschung in einem relativ privaten Umfeld untersucht. Diese Vorgehensweise bietet den Vorteil, dass keine Labor-Atmosphäre entsteht, die die Teilnehmer dazu verleiten könnte, gesellschaftlich akzeptierte bzw. von ihnen erwartete Aussagen zu tätigen. Konsumtagebücher wurden dabei sogar eigenständig ohne die Anwesenheit des Interviewers angefertigt. Jedoch ist an dieser Stelle darauf hinzuweisen, dass aufgrund der gewählten Vorgehensweisen und Methoden keine Verallgemeinerung der Daten möglich ist, sodass es sich um eine nicht repräsentative Studie handelt. Gewonnene Erkenntnisse stellen lediglich Tendenzen dar, die im Einzelfall begründet werden.

Das Forschungsdesign bezieht sich überwiegend auf Einzelfallanalysen. Hier soll ein möglichst tiefes und breites Spektrum aus dem Konsumverhalten des Subjekts erreicht werden. Zwar findet auch eine Dokumentenanalyse statt, allerdings bezieht sich diese, in Form einer Betrachtung individueller Konsumtagebücher, auf das einzelne Verhalten der Individuen. Diese Tagebücher werden im Rahmen des Untersuchungsplans angefertigt und analysiert. Zwar wäre theoretisch auch eine klassische Feldforschung denkbar, indem direkt am Einkauf der Subjekte teilgenommen wird, jedoch ist davon auszugehen, dass eine unmittelbare Teilnahme am Leben der Menschen erheblichen Einfluss auf deren Verhalten nimmt und somit Ergebnisse verfälscht. Aus diesen Gründen eignet sich die Einzelfallanalyse sehr gut für dieses weite Themenfeld, zumal hierbei sehr viel Wert auf die exakte Erfassung individueller Einstellungen zur Konsumethik gelegt wird.

Dabei handelt es sich zugleich um die wesentlichen Argumente, die bei der Wahl der Erhebungsverfahren für Gruppendiskussionen sprechen. Auf diese Weise ist es möglich, kollektive Einstellungen und Ideologien zu erfassen und psychische Sperren zu durchbrechen. Die Gruppengröße wurde mit fünf Personen relativ gering gehalten, jedoch gewährleistet dies eine hohe Teilnahme einzelner Mitglieder am Gespräch und führt mithin zu genauen Analysemöglichkeiten von Verhaltensweisen und Einstelllungen der Individuen. Insgesamt haben zwei solcher Diskussionsrunden stattgefunden, die auf Grundlage ihres Geschlechts differenziert werden. Neben forschungsrelevantem Interesse zur Betrachtung des Konsumverhaltens auf Geschlechterbasis, spielt hier die Tatsache eine Rolle, dass die Teilnehmer möglicherweise ähnliche Werte, Einstellungen oder Charakteristiken aufweisen und sich infolgedessen das Gefühl einer Alltagssituation etablieren kann. Durch entsprechende offene Fragen und einen Anfangsreiz wurden die Personen zur regen Diskussionsteilnahme animiert. Ferner fließen neben klassischen Ansätzen auch Workshop-Elemente mit in die Gruppendiskussionen ein. So werden beispielsweise Fotocollagen von Teilnehmern erstellt oder Kommunikationsspiele eingebaut, um schwierige Themen zu bearbeiten oder tiefere Aussagewerte zu erhalten. Unterstützt wird dieses Erhebungsverfahren durch die Anfertigung von Konsumtagebüchern, die einen engen Zeitbezug zur Untersuchungssituation, dem Einkauf, herstellen. Teilnehmer halten selbst schriftlich fest, was sie vor, während und nach dem Konsum empfinden, und erhalten ausreichend Freiraum zur Mitteilung weiterer Informationen, die ihnen persönlich wichtig erscheinen. Hierdurch können Subjekte direkt in den Forschungsprozess einbezogen werden, indem sie neue Ideen und Aspekte kommunizieren. Um möglichst viele verschiedene Situationen zu erfassen, werden die Tagebücher an sieben aufeinanderfolgenden Tagen geführt und können von Teilnehmern nach Belieben gestaltet werden. Zur Orientierung wird es ihnen dennoch ermöglicht, sich an die vorgeschlagene Struktur der Vorlage zu halten. Da die Gruppendiskussionen bereits im Hinblick auf männliche und weibliche Konsumenten differenzieren und dabei keine perfekte Verteilung des Alters garantiert wird, ist das Hauptmerkmal der Gruppen für Konsumtagebücher, das Alter der Teilnehmer. Auf diese Weise kann die Gefahr möglicher Fehlinterpretationen der Aussagen von Diskussionsteilnehmern durch ergänzende Betrachtung der altersspezifischen Verhaltensweisen, minimiert werden. Die generationsabhängigen Gruppen bestehen hierbei zu gleichen Teilen aus weiblichen und männlichen Konsumenten (vgl. MAYRING 2002: 77 f).

Im Aufbereitungsverfahren wurde auf verschiedene Darstellungsmittel, wie direktes Zitat, Fotos, Tabellen und Modelle, zurückgegriffen. Wesentlich ist in diesem Kontext jedoch die Transkription. Um den Informationsverlust gering zu halten und auch individuelle Formulierungen der Diskussionsteilnehmer zu berücksichtigen, wurde die wörtliche Transkription gewählt. Aussagen der Individuen werden dabei lediglich in normales Schriftdeutsch übertragen. Darüber hinaus wird dieses Verfahren durch Konstruktion deskriptiver Systeme ergänzt. Diese Bildung von Kategorien kann sowohl beim Konsumtagebuch als auch bei der Gruppendiskussion die Interpretation von Informationen erleichtern. Da es sich um eine sehr große Datenmenge handelt, ist die

Kategorisierung der Informationen in diesem Fall erforderlich (vgl. MAYRING 2002: 85 ff).

Die gewählten Aufbereitungsverfahren lassen eine gute Auswertung mithilfe qualitativer Inhaltsanalysen zu. Mittels dieses Verfahrens können große Mengen analysiert und sowohl Kategorien, als auch ihre Kriterien berücksichtigt werden. Allerdings ist es hier nicht möglich, sich vollständig auf ein einziges Auswertungsverfahren zu beschränken. Denn auch eine psychoanalytische Textinterpretation kann an entsprechenden Stellen notwendig sein, um verdrängte Gehalte freizulegen und nach Gründen dafür zu forschen. Gewiss sind entsprechende Deutungen schwer durchzuführen und müssen mit Vorsicht betrachtet werden, jedoch kann hierdurch eine bessere Verständlichkeit des Materials erreicht werden. Auch die typologische Analyse wird als bekanntes Mittel der qualitativen Marktforschung herangezogen. So wird bei der Betrachtung von Konsumtypen zwar überwiegend auf Sekundärliteratur zurückgegriffen, neue Erkenntnisse sind in diesem Bereich aber nicht auszuschließen und müssen durch geeignete Verfahren berücksichtigt werden. Allerdings steht die Bildung von Konsumtypen bei dieser Arbeit nicht im Vordergrund (vgl. MAYRING 2002: 85 ff).

Natürlich wurden alle Verfahrensschritte anhand bestimmter Gütekriterien aus dem qualitativen Forschungsbereich überprüft und Resultate soweit möglich mit entsprechenden Ergebnissen aus anderen Quellen verglichen, die Untersuchungen im Bereich ethischen Konsums durchgeführt haben. Wie aus den bisherigen Ausführungen bereits hervorgeht, wird an manchen Stellen auf Mischformen bei der Methodenwahl zurückgegriffen, wenn eine sinnvolle Anwendung möglich ist und zu aussagekräftigeren Ergebnissen führen kann. Gerade diese Freiheit bei dem angewendeten Forschungsstil stellt innerhalb eines gewissen Rahmens einen Vorteil der qualitativen Forschungsmethode dar (vgl. MAYRING 2002: 19 ff).

2. Formen des ethischen Konsums

Ethischer Konsum ist ein sehr weites Feld und weist daher zahlreiche unterschiedliche Formen auf. Um den Rahmen dieser Arbeit nicht zu überschreiten, findet deswegen eine Konzentration auf wesentliche Konsumformen aus dem ethischen Bereich statt, die sich durch einen gewissen Trend oder Potenziale abgehoben haben. Dabei wird gleichzeitig versucht, ein möglichst breites Spektrum an Produktkategorien abzudecken. Einführend hierzu werden relevante Modelle und Strategien als Grundlagen erläutert.

2.1 Modelle und Strategien ethischer Konsumformen

Die Basis ethischer Konsumformen bildet das Drei-Säulen-Modell der Nachhaltigkeit, welches die bereits erwähnten ökologischen, ökonomischen und sozialen Faktoren darstellt (vgl. GERGINOV 2013: o. S.). Von dieser Grundlage wurde ein simultanes Modell der Konsumethik abgeleitet, das in Abbildung eins zu sehen ist. Da sich nachhaltiger und ethischer Konsum nur in der Ausprägung von Ökologie und Sozialem unterscheiden, ist eine wesentliche Übernahme des Modells möglich. Bei den in der Abbildung angeführten Aufzählungen handelt es sich lediglich um Beispiele, die erweiterbar sind. Von Bedeutung in Bezug auf die Erfüllung der Kriterien von Konsumethik ist jedoch, dass hier ebenfalls eine langfristige Zielerreichung angestrebt wird, sodass auch Folgegenerationen davon profitieren (vgl. GERGINOV 2013: o. S.). Denn alle drei unabhängigen Dimensionen lassen sich aus der übergeordneten Maxime der Zukunftsfähigkeit durch Bestandserhalt oder Erneuerung ableiten. Dies gilt, obwohl historisch und konzeptionell gesehen die soziale und die ökonomische Dimension auf Basis der ökologischen entwickelt wurden (vgl. REISCH/SCHERHORN 1998: 93).

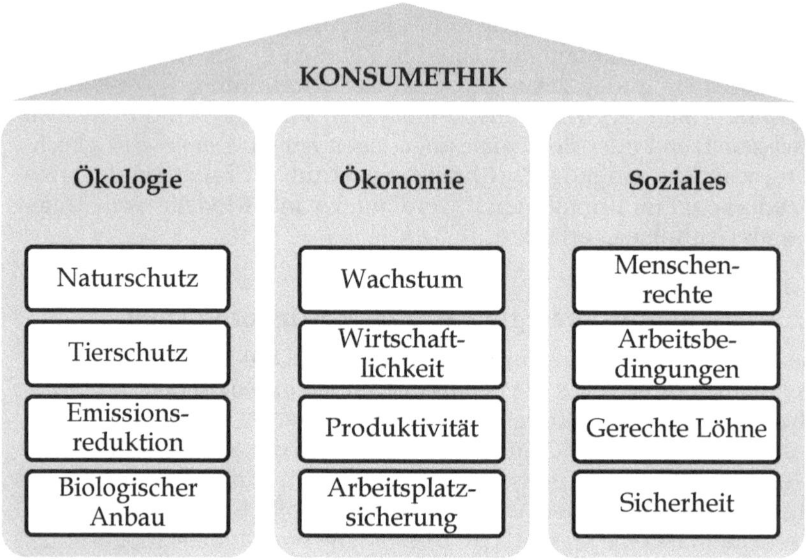

Abbildung 1: Drei-Säulen-Modell des ethischen Konsums

Quelle: Eigene Darstellung in Anlehnung an Kearney (2008).

Doch was bedeutet dieses Modell für die Umsetzung der neuen Konsumformen? Unter Betrachtung der ökonomischen Dimension ist festzustellen, dass hier im Wesentlichen traditionelle Ziele des Konsums im Vordergrund stehen (vgl. SCHÖNHEIT 2001: 121). Infolgedessen stellt die ökonomische Dimension allein keine tragende Säule des ethischen Konsums dar. Vielmehr muss es das Ziel sein, wirtschaftliche Faktoren mit Ökologie und sozialer Tragfähigkeit zu verbinden. Da der Konsumbegriff als solcher allerdings zwangsläufig eine Berührung ökonomischer Faktoren einschließt, muss es sich bei den kennzeichnenden Faktoren der Konsumethik um soziale und ökologische Faktoren handeln. Im Folgenden werden diese als ethische Faktoren oder ethische Säulen des Modells bezeichnet. Im Idealfall werden bei der Ausübung ethischen Konsums alle drei Dimensionen des Modells abgedeckt. In der Realität treten dagegen meist Kombinationen aus einer der ethischen Säulen des Modells und dem wirtschaftlichen Faktor auf. Mögliche Formen des ethischen Konsums lassen sich demzufolge stets durch eine Faktorenkombination erklären. Die denkbaren Variationen hierzu sind im Modell von Abbildung zwei schematisch dargestellt. Besonders erwähnt werden muss in diesem Zusammenhang der Konsumverzicht. In diesem Fall würden zwar die ethischen Anforderungen erfüllt, weshalb dieses Feld in verschiedenen Quellen ebenfalls der Konsumethik zugerechnet wird, jedoch wird hier nicht die ökonomische Dimension berührt, zumindest soweit keine Ersatzanschaffung getätigt wird. Folglich widerspricht Konsumverzicht schon aufgrund des Sinngehalts des Begriffs Konsum dieser Zuordnung und lässt sich nicht dem hier zugrunde liegenden Modell unterordnen. Deshalb wird dieses Feld aus einer theoretischen Analyse ausgeklammert, findet aber im praktischen Teil der Arbeit Beachtung, da die Studienteilnehmer teilweise individuell unterschiedlich differenzieren. Anders verhält es sich bei Produktverzicht, da hier lediglich auf bestimmte Güter verzichtet wird, die aber durch andere Güter kompensiert werden. Dies ist beispielsweise beim Boykottieren von Marken der Fall, die ethischen Grundsätzen nicht entsprechen, oder bei Verzicht auf Fleisch, da hier nicht insgesamt weniger, sondern anders bzw. ethischer konsumiert wird. Ebenso stellt das Teilen, Tauschen oder Leihen von Gütern keinen allgemeinen Konsumverzicht dar, da es sich hierbei um kollektiven Konsum in der Gemeinschaft handelt und gerade der Dienstleistungssektor davon profitiert. Hierdurch ist die ökonomische Dimension in den genannten Feldern gegeben.

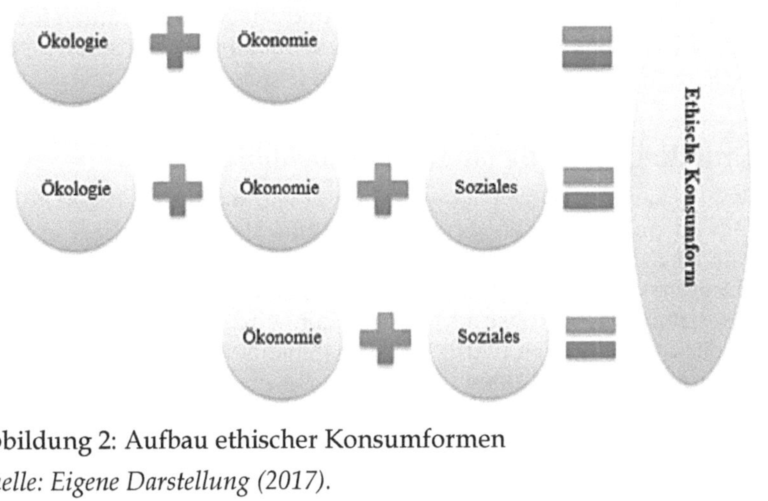

Abbildung 2: Aufbau ethischer Konsumformen

Quelle: Eigene Darstellung (2017).

Neben neuen Konsummodellen handelt es sich bei den nachfolgenden Formen zugleich um neue Wohlstandsmodelle, die es den Individuen erlauben, sich ethisch zu verhalten und alternative Lebensentwürfe vorführen (vgl. REISCH/SCHERHORN 1998: 93).

Zur Umsetzung der Modelle ist jedoch auch die Formulierung von Strategien notwendig, um eine Zielerreichung herbeizuführen. In diesem Zusammenhang ist die Suffizienz-Strategie zu nennen, die überwiegend auf das Handeln der Konsumenten abzielt, da sie auf Bedürfnissen und Werten beruht und daher eine Umstellung der Konsumstile fordert (vgl. WINTERFELD 2007: 51). Im Rahmen der vorliegenden Arbeit kommt dieser Strategie besondere Aufmerksamkeit zu, da Konsumethik überwiegend auf käufergetriebenen Wertschöpfungsketten beruht und das Handeln oder Verhalten der Konsumenten somit von entscheidender Bedeutung ist. Unternehmer werden dagegen intensiver bei der Effizienz-Strategie eingebunden, die auf eine Steigerung der Ressourcenproduktivität abzielt (vgl. ROGALL 2004: 88). Als dritte Strategie ist die Konsistenz-Strategie zu beachten, die auf dem Stoffwechselkreislauf basiert und Abfallstoffe als Ausgangspunkt für neue Produkte anstrebt (vgl. HUBER 1995: 138). In diesem Fall wäre die Politik als Instanz zur Durchsetzung neuer Gesetze in Bezug auf Recycling gefragt, allerdings können auch Unternehmen diese Strategie unterstützen. Politisches Handeln ist jedoch nicht nur im Zusammenhang mit Recycling zu sehen, sondern umfasst viele weitere Bereiche, wie das Durchführen von Kontrollen, das Setzen gesetzlicher Produktstandards etc. Letztlich ist aber bei allen Strategien der Konsument der wichtigste Akteur, da dieser entscheidet, ob Produkte akzeptiert und Maßnahmen unterstützt werden. Alle drei Strategien werden, wenn auch in unterschiedlichem Ausmaß, in den folgenden Konsumformen widergespiegelt.

2.2 Grundlagen der behandelten Konsumformen

Die wohl bekannteste Form des ethischen Konsums impliziert den Kauf von Bio-Produkten, weswegen diese wichtige Variante zu Beginn behandelt wird. Sie wurde bereits umfassend erforscht und bietet eine gute Datenbasis, weshalb sich die weitere Ausarbeitung immer wieder beispielhaft auf diese Konsumform beziehen wird. Allerdings ist daneben in der Literatur auch häufig von fair gehandelten, regionalen oder energieeffizienten Produkten die Rede, die ebenfalls berücksichtigt werden. Des Weiteren sind vermehrt vegetarische oder vegane Konsumstile, die unter anderem dem Wohl von Tieren dienen, zu beobachten. Im Übrigen findet kollaborativer Konsum vermehrt Beachtung und muss deswegen gerade im Hinblick auf mögliche Perspektiven betrachtet werden (vgl. SCHÖNHEIT 2016: 10). Diese im Folgenden zu analysierenden Konsumformen sind entweder längst am Markt akzeptiert und erreichen daher eine relativ hohe Kundenakzeptanz oder weisen entsprechendes Marktpotenzial auf, da sie hohe Wachstumsraten zeigen oder auf einen neuen Trend hindeuten. Diesbezüglich belegen bereits einige Studien, dass Regionalität, soziale Verantwortung und alternative Besitzmodelle, neben „Fair Trade“ und „Bio“, für Konsumenten wichtiger werden (vgl. OTTO GROUP 2013: 7). Ferner wurden die Ergebnisse quantitativer Befragungen in Bezug auf Assoziationen mit dem Begriff „Ethischer Konsum“ herangezogen, um relevante Konsumformen innerhalb dieser Arbeit auszuwählen. Die jeweiligen Ergebnisse dieser Umfrage sind Tabelle eins zu entnehmen.

Tabelle 1: Bedeutung des ethischen Konsums für Konsumenten

„Ethischer Konsum bedeutet für mich..."		
	2011	**2013**
...Produkte zu kaufen, bei deren Herstellung auf menschenwürdige Arbeitsbedingungen **geachtet wird.**	92	92
...Produkte zu kaufen, die umweltfreundlich **hergestellt wurden.**	89	92
...Produkte aus fairem Handel **zu kaufen.**	87	88
...Produkte zu kaufen, die recycelbar **sind.**	83	88
...Produkte zu kaufen, die aus regionaler Erzeugung **kommen.**	77	87
...Produkte zu kaufen, bei deren Herstellung auf die Übernahme sozialer Verantwortung **geachtet wird.**	85	83
...Produkte zu kaufen, die ohne den Einsatz von Gentechnik **hergestellt wurden.**	76	74
...Produkte zu kaufen, die aus biologischer Erzeugung **kommen.**	73	72
...insgesamt weniger zu kaufen und weniger zu besitzen, sondern öfter Sachen zu teilen, zu tauschen, zu leihen oder gebraucht zu kaufen **und zu verkaufen.**	Nicht abgefragt	52

Angaben in %, Darstellung der Top-zwei-Werte auf Vierer-Skala

Quelle: Eigene Darstellung nach Otto Group (2013).

Zwar lassen sich nicht zu allen Aussagen entsprechende Konsumformen ableiten, allerdings kommt den Bio-Produkten, Fair Trade, Regionalität, Circular Economy und Sharing Economy eine hohe Bedeutung zu. Je nach Studie und abgefragtem Begriff können sich aber die in Verbindung gebrachten Themenfelder unterscheiden.

Allerdings ist die Assoziation hierbei auch von dem gefragten Begriff abhängig. So zeigt beispielsweise eine Studie von SevenOne Media, bei der eine ähnliche Befragung mit dem teilweise synonym verwendeten Begriff „Nachhaltigkeit" durchgeführt wurde, dass ressourcensparendes Wirtschaften oder schadstofffreie Produkte ebenso zur Thematik gezählt werden können (vgl. REITBAUER 2009: 6). Aus diesem Grund wurden derartige Befragungen lediglich unterstützend bei der Wahl der Konsumformen herangezogen.

2.2.1 *Bio-Produkte*

Eine der bekanntesten Formen, ethischen Konsum auszuüben, besteht im Kauf von Bio-Produkten (vgl. ROEHL/SORGE 2009: o. S.). Diese dienen dem Umwelt- und Tierschutz. Belastungen durch die Landwirtschaft werden dadurch reduziert, da der ökologische Landbau verträglicher ist (vgl. BUNDESMINISTERIUM FÜR UMWELT, NATURSCHUTZ, BAU UND REAKTORSICHERHEIT 2016: 7). Somit handelt es sich um eine ethische Konsumform, die sich aus der ökologischen und der ökonomischen Dimension zusammensetzt.

Vor allem in Deutschland ist der Markt für solche Produkte in den vergangenen Jahren stark gewachsen. So stieg der Umsatz mit Bio-Lebensmitteln von etwa 1,5 Milliarden Euro im Jahr 1997 auf ca. 8,6 Milliarden Euro in 2015 (vgl. BUNDESMINISTERIUM FÜR UMWELT, NATURSCHUTZ, BAU UND REAKTORSICHERHEIT 2016: 1 f). Die Wachstumsraten erreichten 2007 Werte von bis zu 20 %, allerdings sind diese mittlerweile wieder einstellig geworden (vgl. HARTMANN 2011: 8). So lag die Umsatzsteigerung bei Bio-Waren 2013 noch bei etwa 7,2 %, was zwar einen deutlichen Rückgang der Wachstumsraten darstellt, aber dennoch gerade im Lebensmittelsektor ein äußerst hoher Wert ist (vgl. HEIDBRINK 2014: 2). Der Rückgang der Wachstumsraten ist ohnehin nicht zwangsläufig negativ zu sehen, da die Ursache hierfür auch in den sinkenden Preisen von Bio-Produkten liegt. Denn auch Discounter bieten mittlerweile solche Produkte an und möchten Preisabstände zu konventionellen Waren gering halten (vgl. ROEHL/SORGE 2009: o. S.). Demnach ist ersichtlich, dass Bio-Produkte immer häufiger auch für die breite Masse der Konsumenten angeboten werden. Trotzdem erreicht der Bio-Anteil am gesamten Lebensmittelumsatz in Deutschland nur knapp vier Prozent (vgl. SCHUDAK ET AL. 2014: 40). Dennoch bildet Deutschland damit bereits seit Jahren europaweit mit Abstand den größten Bio-Markt (vgl. RANALLI 2009: 21). Zurückzuführen ist diese Tatsache allerdings auch auf die große Bevölkerung, denn der Bio-Umsatz pro Kopf ist hierzulande zwar überdurchschnittlich, wird aber von einigen anderen europäischen Ländern übertroffen. Ein Vergleich ist in Abbildung drei erkennbar. Die meisten

Bürger europäischer Länder geben weniger als 50 Euro für Bio-Produkte aus. Deutschland liegt hingegen mit 105,9 Euro je Kopf deutlich höher. Spitzenreiter in der Statistik, mit 262,2 Euro, stellt jedoch die Schweiz dar (vgl. SCHAACK ET AL. 2017: 194 f).

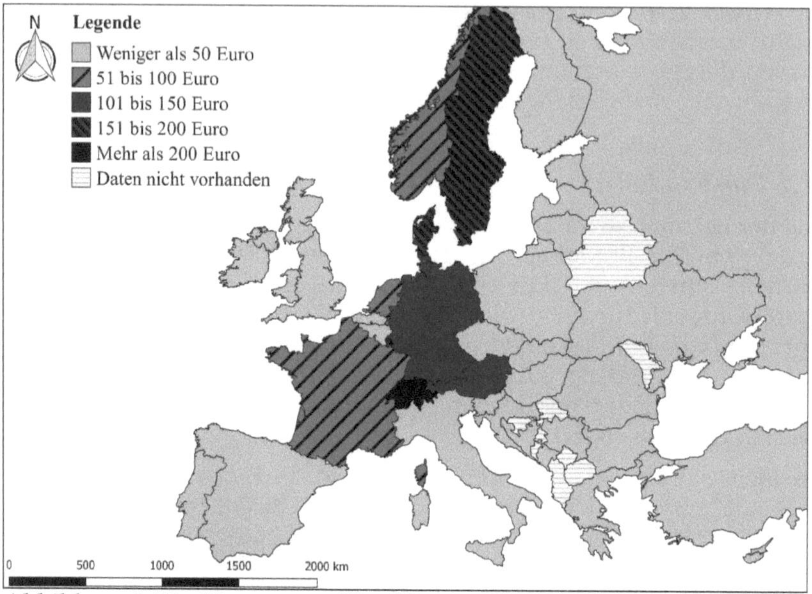

Abbildung 3: Bio-Umsatz pro Kopf im europäischen Vergleich.

Quelle: Eigene Darstellung, Daten entnommen aus Schaack et al. (2017), erstellt durch QGIS auf Kartengrundlage Naturalearth (2017).

In Anbetracht des ökologischen Landbaus ist in Deutschland aber eine Diskrepanz auf dem Bio-Markt erkennbar, in Form eines Nachfrageüberhangs. Dieses Problem wird aktuell durch Importe bewältigt, die bereits 44 % des Bio-Gemüses und 56 % des Bio-Obstes ausmachen (vgl. SCHUDAK ET AL. 2014: 40). Ein Grund dafür ist, dass das Ziel der Agrarwende 2010 nicht erreicht wurde, die notwendigen Flächen auf 20 % zu erweitern. Der tatsächlich umgesetzte Wert belief sich stattdessen auf 5,4 %. Natürlich können nicht alle Lebensmittel hierzulande angebaut werden, jedoch wird beispielsweise sehr viel Gemüse auch dann importiert, wenn es saisonal in Deutschland erhältlich wäre. Sowohl Politik als auch Händler sind hierfür verantwortlich. Denn parallel zum Bio-Boom wurden die zur Agrarumstellung notwendigen Fördermittel gekürzt (vgl. HARTMANN 2011: 8). Gleichzeitig sinken durch das Angebot von Discountern und Supermärkten aber auch die Preise dieser Produkte. Der Anbau wird infolgedessen zunehmend unattraktiver und daher ins Ausland verlagert. Auf europäischer Ebene liegt die Bundesrepublik somit trotz größtem Markt, beim Bio-Flächenanteil nur im Mittelfeld (vgl. RANALLI 2009: 21). Diese Problematik wird unter Betrachtung entsprechender Handlungsmöglichkeiten in Kapitel fünf vertieft behandelt.

Durch die Entwicklung zum Massenprodukt und die daraus resultierenden Folgen wird das ursprüngliche Ziel der Etablierung von Bio-Produkten immer öfter verfehlt. Denn die Umweltbilanz von Bio-Lebensmitteln verschlechtert sich durch den Import stark und kann sogar negativer ausfallen als bei konventionellen Produkten aus der Region (vgl. SCHUDAK ET AL. 2014: 40). Obwohl Produkte demnach den EU-Vorschriften für ökologischen Landbau entsprechen, deren grundlegende Anforderungen in der EG-Öko-Basisverordnung von 2007 festgelegt sind (vgl. BUNDESMINISTERIUM FÜR UMWELT, NATURSCHUTZ, BAU UND REAKTORSICHERHEIT 2016: 3), kann es bei fortlaufendem Trend zu einem Imageverlust des Siegels bei Konsumenten kommen. Zwar sind die wichtigsten Aspekte beim Kauf von Bio-Produkten Gesundheit und besserer Geschmack, allerdings legen immerhin 25,9 % der Konsumenten Wert auf Umweltschutz, der in manchen Fällen überhaupt nicht gegeben ist (vgl. RANALLI 2009: 25). Dabei sind laut Umfrage 77 % der Konsumenten dazu bereit, für Bio-Produkte auch etwas mehr Geld zu bezahlen (vgl. OTTO GROUP 2013: 17).

Insgesamt ist ersichtlich, dass durch die Abschwächung des ökologischen Faktors dieser ethischen Konsumform eine Entwicklung hin zum klassischen Konsum in diesem Segment voranschreitet. Wesentliche Ursache dessen ist das unzureichende regionale Bio-Angebot.

2.2.2 Regionale Produkte

Das Konzept der regionalen Produkte stellt gewissermaßen eine Erweiterung der Bio-Produkte dar. Denn nachhaltiger Konsum ist längst einer Reduzierung auf die Bio-Ecke entwachsen (vgl. SCHUDAK ET AL. 2014: 42). So finden laut einer Umfrage des Bundesministeriums für Ernährung und Landwirtschaft rund drei Viertel der Befragten es wichtig, dass Lebensmittel aus ihrer Region kommen (vgl. BUNDESMINISTERIUM FÜR UMWELT, NATURSCHUTZ, BAU UND REAKTORSICHERHEIT 2016: 6). Der Einkauf bei Erzeugern aus der näheren Umgebung gewinnt mithin in Deutschland an Bedeutung. Die Vorteile dieses Konzepts sind für Verbraucher leicht feststellbar: Arbeitsplätze werden erhalten oder geschaffen, Transportwege werden kurz gehalten und damit Verkehr vermieden. Darüber hinaus produzieren viele Regionalinitiativen nach den Kriterien des ökologischen Landbaus (vgl. UMWELTBUNDESAMT 2006: 8). Da es sich aus gesamtwirtschaftlicher Sicht allerdings nur um eine Verschiebung der Arbeitsplätze an andere Standorte handelt, wird die soziale Dimension mit dieser Konsumform nicht berührt bzw. muss im Einzelfall geprüft werden. Abhängig ist dies vom ursprünglichen Produktionsstandort, da die Bedingungen für Arbeitnehmer in Deutschland oft besser sind als in klassischen Produktionsländern. Da durch eine Verringerung des Verkehrsaufkommens zugleich die Umweltbelastung vermindert wird, handelt es sich auch hierbei um ethischen Konsum, bei dem mindestens ökologische und ökonomische Ziele erreicht werden.

Regionalität an sich sagt jedoch noch nichts über Produktion oder Produktionsbedingungen aus. Dennoch werden gekennzeichnete Produkte häufig von Verbrauchern mit Nachhaltigkeit verbunden (vgl. KECSKES 2013: 86). Geographische Nähe schafft Vertrauen und vereinfacht Kaufentscheidungen, da kurze Wege, Frische und Sicherheit vermittelt werden. Bei Obst und Gemüse greifen bereits 60 % der Verbraucher zu regionalen Lebensmitteln, allerdings wird die Kombination mit ökologischem Landbau bevorzugt, wie 77 % der Befragten äußerten. Neben Obst und Gemüse wird vor allem auch bei Eiern, Fleisch und Milchprodukten auf lokale Herkunft geachtet (vgl. SCHUDAK ET AL. 2014: 21). Demnach sind die meisten Lebensmittel Bestandteil dieses Konzepts.

In neu eingeführten Testmärkten wurden Umsatzsteigerungen von 10-15 % realisiert, sofern diese vorher keinen hohen Anteil an regionalen Lebensmitteln im Angebot hatten (vgl. JANSSEN ET AL. 2014: 18). Eine Umsatzerhebung, die alle regionalen Kennzeichnungen berücksichtigt, ist jedoch aufgrund der Vielzahl von Regionallabeln schwierig umzusetzen (vgl. SCHUDAK ET AL. 2014: 42).

Regionale Produkte lösen gewissermaßen die Problematik bei Bio-Produkten, da ein Import ausgeschlossen wird. Allerdings müssen bis auf die geographische Lage keine Kriterien erfüllt werden, weshalb es sich um das Gegenstück zu Bio-Produkten handelt. Eine Kombination aus beiden Konzepten stellt dabei den optimalen Weg dar. Das Verbrauchervertrauen in regionale Produkte bietet in jedem Fall ein hohes Marktpotenzial. Die Gefahr nicht-ethischer Produktionsweisen ist hier geringer, da aufgrund der regionalen Nähe Kontrolle und Informationsgewinnung vereinfacht werden. Lokale Unternehmen, die das Verbrauchervertrauen missbrauchen, können daher schnell Konsumenten verlieren. Allerdings gestaltet sich hier auch eine Preisreduktion schwierig. Diese kann nur durch geringere Maßstäbe bei der Herstellung erreicht werden, wodurch die Gefahr der Boykottierung durch Käufer entsteht. Alternativ wären auch staatliche Subventionen denkbar, jedoch führt dies lediglich zu einer Umverteilung der Kostenträger. Allerdings liegen die derzeitigen Preise regionaler Produkte in einem für Käufer akzeptablen Bereich und erzeugen in dieser Hinsicht noch keinen Handlungsbedarf.

2.2.3 Vegetarismus und Veganismus

Vegetarismus und Veganismus stellen ebenfalls ethische Konsumformen dar, die die ökologischen und ökonomischen Dimensionen des Modells berühren. Der Ersatz von Fleisch oder tierischen Erzeugnissen durch pflanzliche Produkte fördert den Tierschutz und als Folge des verminderten Nutztierbestandes und vermehrten Pflanzenbestandes wird die Umwelt geschont. Wie bereits erwähnt, handelt es sich hier um keinen generellen Konsumverzicht, sondern um einen Produktaustausch, da ein Gut durch ein ökologisch tragbareres Gut ersetzt wird. Der Konsum findet demzufolge dennoch statt. In Anbetracht zukünftig drohender Lebensmittelknappheit können hierbei sogar soziale Faktoren hinzugezählt werden.

Die Zahl der Deutschen, die sich fleischfrei ernähren und sich damit an diesen Formen des ethischen Konsums beteiligen, hat sich seit 2006 mehr als verdoppelt. Hierzulande sind es vor allem die Zustände bei Massentierhaltung, Tiertransport und Schlachtung, die viele Menschen zur fleischfreien Ernährung bewegen. Dementsprechend erhöht sich auch der Druck auf Konzerne, die Bedingungen für die Tiere zu verbessern, wie aus dem seit Jahren bei etwa 30 kg pro Person stagnierenden Fleischwarenverzehr hervorgeht. Der Umsatz in Fleischverarbeitung und Schlachtung ist in den vergangenen Jahren ebenfalls nur leicht gewachsen. Hingegen ist der Umsatz mit Fleischersatzprodukten rapide angestiegen und verzeichnete 2012 eine Umsatzveränderung von 164 %, bezogen auf das Jahr 2008. Der Markt, der mehr als zwölf Millionen sogenannter Voll- und Teilzeitvegetarier einschließt, ist folglich groß und schnell wachsend. Entsprechend hoch ist daher das Potenzial für fleischfreie Lebensmittel und Fleischersatzprodukte (vgl. ENSTE 2014: 1).

Abbildung vier veranschaulicht das starke Wachstum des Marktes. Anders als bei Bio-Produkten steigen hier die Wachstumsraten weiterhin an und lagen 2015 bereits bei 25,9 %, was zu einem Umsatz von etwa 454 Mio. Euro führte. Dies ist nicht nur auf die zunehmende Anzahl an Vegetariern und Veganern zurückzuführen. So bedienen sich insbesondere auch sogenannte „Flexitarier" immer häufiger an Produkten dieser

Kategorie, wobei diese Gruppe einen großen Teil der Bevölkerung darstellt. Der Vorteil für Verbraucher besteht darin, dass sie sich kaum informieren müssen. Denn das V-Label kennzeichnet alle vegetarischen und veganen Lebensmittel und ist ein international geschütztes Gütesiegel. Somit wird dem Siegel Vertrauen entgegengebracht, was die Komplexität bei ethischem Konsum deutlich reduziert (vgl. VEGETARIERBUND DEUTSCHLAND E.V. 2016: o. S.).

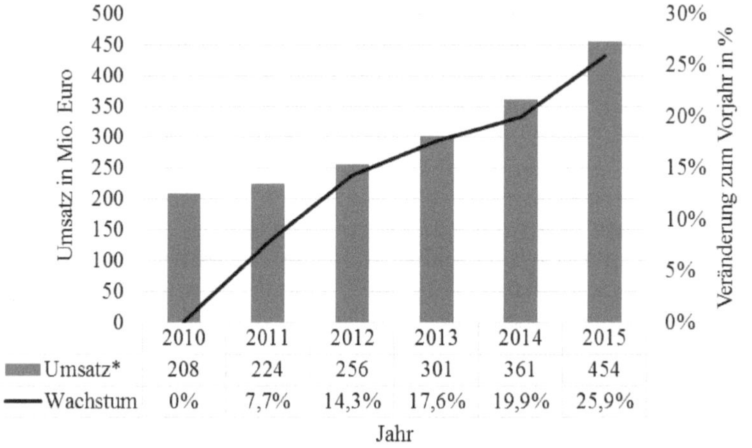

Umsatz in Kernwarengruppen (Vegetarische und vegane Fleisch- und Milchalternativen sowie der Bereich Frühstück mit pflanzlichen Brotaufstrichen, Müsli und Cornflakes)

Abbildung 4: Markt für vegetarische und vegane Lebensmittel

Quelle: Eigene Darstellung in Anlehnung an Institut für Handelsforschung (2016).

Eine Verringerung der ökologischen Komponente bei dieser Form des ethischen Konsums ist zumindest im Hinblick auf Tierschutz kaum möglich, da die Tierhaltung unabhängig von Marktveränderungen bei dieser Konsumform obsolet wird. Zwar ist der Effekt auf die Umwelt umso positiver, wenn Ersatzprodukte aus der Region kommen, allerdings hat dies keine Auswirkungen auf das Grundkonzept. Ferner ist der Markt relativ stabil gegenüber Preisschwankungen, da die Kaufentscheidung bei vielen Konsumenten auf einer Lebenseinstellung beruht. Preissenkungen und neue Produkte können allerdings zusätzliche Kunden akquirieren und auf diese Weise den Wachstumsmarkt unterstützen.

2.2.4 *Fair Trade*

Ähnlich positiv wie der Trend zu vegetarischen und veganen Produkten, entwickelt sich mittlerweile weltweit auch Fair Trade zu einem Vorzeigestandard im Konsum, der Prestige und Mehrwert mit sich bringt. 2005 lag der Umsatz mit solchen Produkten in Deutschland noch bei 72 Millionen Euro (vgl. SEITZ 2013: 8) und wuchs bis 2013 bereits auf 784 Millionen Euro an, was einem Jahreswachstum von 21 % entspricht. Mit 79 % nimmt dabei das Fairtrade-Siegel den größten Anteil des Umsatzes ein (vgl. VASILEVA/BLENDIN 2014: 1).

Eine bundesweit repräsentative Umfrage ergab, dass 87 % der deutschen Verbraucher Produkte aus fairem Handel kennen. 54 % davon kaufen zumindest gelegentlich Fair Trade-Produkte, jeder Achte sogar regelmäßig. Die Bereitschaft für einen Aufpreis liegt bei regelmäßigen Fair Trade-Käufern jedoch über der von Durchschnittskonsumenten. Fair Trade entwickelt sich damit zum Milliarden-Business (vgl. SEITZ 2013: 8 f). Das Interesse an fair gehandelten Produkten ist in der Bevölkerung seit Jahren steigend. Gefragte Produkte sind hierbei insbesondere Kaffee, Bananen und Rosen. Der Marktanteil ist allerdings noch niedrig (vgl. N-TV.DE/DPA 2013: o. S.). Beispielsweise stammen nur etwa drei Prozent des verkauften Kaffees aus fairem Handel, wobei der Absatzzuwachs 20 % beträgt (vgl. BRÜCK ET AL. 2013: 2 f). Insgesamt liegt der Marktanteil von Fair Trade bei unter einem Prozent des gesamten Einzelhandels (vgl. KIY ET AL. 2015: 44). Durch die Verbreitung von Handelsmarken mit einer Zertifizierung für fairen Handel dringen fair gehandelte Lebensmittel aber immer weiter in den Massenmarkt vor (vgl. BRÜCK ET AL. 2013: 2 f). Beispielsweise bieten auch Supermärkte und Discounter bereits solche Produkte an (vgl. BALDERJAHN 2013: 9).

Die Fair Trade-Bewegung nahm ihre Anfänge nach dem zweiten Weltkrieg in den USA (vgl. GÖBEL 2015: 219) und ist heute neben Bio und Regionalität ein etablierter Trend, der vor allem die soziale Dimension des ethischen Konsums betrifft (vgl. SCHUDAK ET AL. 2014: 42). Zu den Grundsätzen des fairen Handels zählen insbesondere die Zahlung eines fairen, existenzsichernden Preises an Produzenten, Hilfe bei der Finanzierung von bspw. Saatgut oder Maschinen, langfristige, partnerschaftliche Lieferbeziehungen mit den Produzenten, Garantie sozial- und gesundheitsverträglicher Arbeitsbedingungen, Verbot von Kinderarbeit, Sklavenarbeit und Diskriminierung sowie Vereinigungsfreiheit in Gewerkschaften oder Ähnlichem (vgl. GÖBEL 2015: 219). Daneben fördert Fair Trade aber auch den biologischen Anbau (vgl. SCHUDAK ET AL. 2014: 42). So bietet beispielsweise der Verzicht auf Pestizide neben dem Schutz der Gesundheit von Arbeitern zugleich Umweltschutz. Infolgedessen wird vermehrt auch die ökologische Dimension des ethischen

Konsums berührt. Der Trend entwickelt sich von dem Bereich Lebensmittel hin zu Produkten wie Teppichen, Bekleidung und Computer sowie auf Dienstleistungen wie Tourismus und Finanzen. Darüber hinaus stellt Fair Trade nicht mehr nur eine Bestrebung für den globalen Süden dar, sondern beeinflusst zunehmend auch entwickelte Länder in Bezug auf unfaire Erzeugerpreise und Dumpinglöhne (vgl. GÖBEL 2015: 219 f). Die Reichweite des Konzeptes ist daher enorm, es betrifft alle Dimensionen des ethischen Konsums, ist global vertreten und erstreckt sich über viele Produktkategorien und Dienstleistungen. Das hiermit einhergehende Potenzial für diesen Markt, begleitet von überdurchschnittlichem Wachstum, kann auf Grundlage von Marktdaten als sehr hoch eingeschätzt werden. Jedoch bestehen gerade bei dieser Konsumform erhebliche Zweifel an Durchsetzbarkeit und Akzeptanz bei der Masse der Verbraucher. Die Schwierigkeit hierbei wird in Kapitel sechs ausführlicher beschrieben.

Eine weitere Problematik ist an dieser Stelle die Erfindung von Ersatzsiegeln, wie etwa „Rainforest“, durch Großkonzerne. Diese sind weder „bio“ noch „fair“ und weisen nur minimale sozial-ökologische Standards auf. Es handelt sich vielmehr um eine Strategie, den positiven Wachstumseffekt zu nutzen und gleichzeitig fairen Handelsbedingungen auszuweichen (vgl. HARTMANN 2011: 10). Sofern Fair Trade nicht sein positives Image und das Verbrauchervertrauen verliert, können auch in Zukunft Wachstumsraten aufrechterhalten werden. Jedoch dürfen die Standards, die etablierte Siegel in diesem Kontext charakterisieren, nicht gesenkt werden. Für den ethischen Konsum stellt diese Form unter Betrachtung bisheriger Marktdaten ein hohes Potenzial dar, zumal Fair Trade immer wieder neue Bereiche des Konsums beeinflusst und seine Reichweite somit erhöht. Die Bedeutung von Fair Trade nimmt hierzulande aber auch durch die gezielte Steuerung dieser Konsumform zu. So entstehen immer mehr Fairtrade-Towns in Deutschland, die sich dadurch charakterisieren, dass eine gewisse Anzahl entsprechender Produkte in der Gemeinde angeboten, sich eine Steuerungsgruppe bildet und die Zivilgesellschaft diesbezüglich geschult wird, um nur einige Beispiele zu nennen (vgl. TRANSFAIR 2017: o. S.). Bei Betrachtung der bundesweiten Verteilung der Fairtrade-Towns ist ein deutliches West-Ost-Gefälle festzustellen (vgl. Abbildung 5). Entsprechende Kriterien werden demzufolge im Osten des Landes kaum erreicht. Eine Ausweitung des Angebots und verstärktes politisches Engagement ist hier zur Stärkung des Marktes für Fair Trade anzustreben. Daher bleibt zu klären, worin die tatsächlichen Gründe für das Wachstum in diesem Bereich bestehen.

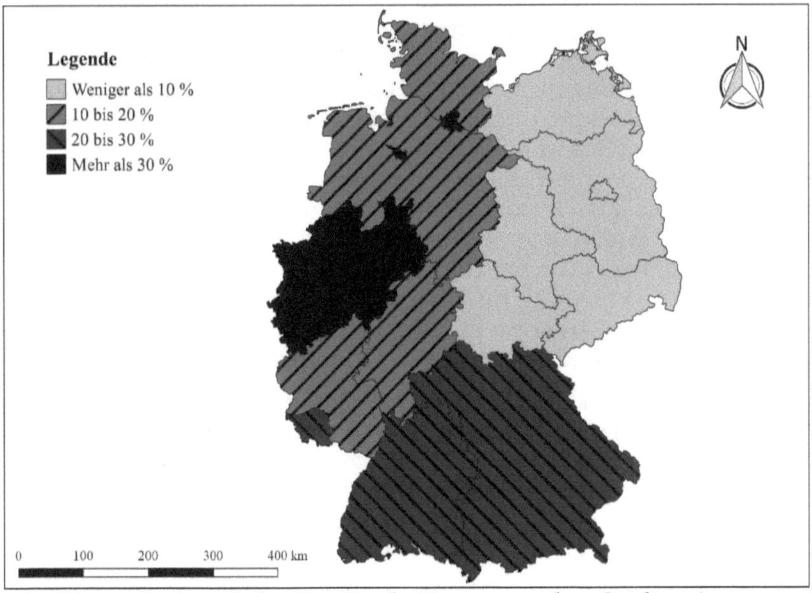

Abbildung 5: Anteil der FairTrade-Towns an den Städten insgesamt nach Bundesland

Quelle: Eigene Darstellung, Daten entnommen aus TransFair (2017) und Statistisches Bundesamt (2016), erstellt durch QGIS auf Kartengrundlage Bundesamt für Kartographie und Geodäsie (2017).

2.2.5 *Effizienzsteigerungen*

Die bisherigen Ausführungen behandelten überwiegend den Lebensmittelbereich, da ethischer Konsum üblicherweise in diesem Segment praktiziert wird. Dennoch gibt es Formen, die auch andere Produktkategorien beeinflussen. Effizienzsteigerungen durch technischen Fortschritt schonen Ressourcen und Umwelt und finden sich daher häufig in führenden Life-Style-Produkten wieder. Technik und Umwelt sind dadurch vereinbar (vgl. THOMASCHEWSKI/VÖLKER 2016: 71). Dennoch wird der Kauf von effizienteren Produkten kaum in Verbindung mit ethischem Konsum gesehen. Der Grund dürfte darin liegen, dass es sich um eine Konsumform handelt, die nicht Güter des täglichen Bedarfs umfasst. Demzufolge handelt es sich um höherpreisige Segmente, die nicht von allen Käufergruppen nachgefragt werden wie etwa Fahrzeuge, Kühlschränke und diverse Elektrogeräte.

Umweltschutz entwickelt sich hierbei meist zu einem freiwilligen Verhaltensmuster, sowohl für Käufer als auch für Unternehmen. Ergänzt wird dieses Feld durch produktbezogene Ge- und Verbote der Politik. Die Produktionsbedingungen sind anders als bei bisherigen Konsumformen kaum relevant. Für Firmen bedeutet dies einen enormen Technology-Pull, da der Bedarf mit aktuellen Technologien kaum befriedigt werden kann. Sogenannte „Blaue Innovationen" sind sowohl aus ökologischer als auch aus ökonomischer Sicht sinnvoll für alle Beteiligten der Warenkette (vgl. THOMASCHEWSKI/VÖLKER 2016: 71). Für Konsumenten spielen aber auch Sparsamkeit und Langlebigkeit der Produkte eine Rolle (vgl. VOGT 2008: 118). Jedoch sind der technische Fortschritt und damit diese Konsumform in hohem Maße von der Entwicklungsbereitschaft und Produktplatzierung der Unternehmen abhängig.

Da Wettbewerbsfähigkeit und Kostenbelastungen stets entscheidende Faktoren im wirtschaftspolitischen Sinn darstellen, bemühen sich die Akteure, sogenannte Win-win-Situation zu schaffen. Effizienzsteigerungen werden eindeutig in diesem Zusammenhang identifiziert, da Umwelteffekte reduziert, Rohstoffverbrauch gesenkt und Kosten eingespart werden können. Demzufolge wird diese Form des ethischen Konsums bereits aus Eigeninteresse der Beteiligten realisiert (vgl. BARDT 2006: 1 f).

Des Weiteren existieren auch bei dieser Form des ethischen Konsums Siegel oder Label. Beispielhaft ist an dieser Stelle der „Blaue Engel" zu nennen. Hierbei handelt es sich um ein Zeichen, das aus Umweltsicht nur die besten Produkte innerhalb einer Warengruppe erhalten. Ausgezeichnet werden folglich nur Spitzenprodukte. Dies fördert im Hinblick auf innovative Technik den Wettbewerb der Hersteller untereinander. Produkte, die nach diesen Kriterien klassifiziert werden, haben bereits einen Marktanteil von ca. 20-30 % (vgl. BERGER 2012: 9). Eine Betrachtung von Umsatzzahlen oder Entwicklungstendenzen ist bei dieser Konsumform nicht möglich, da zum einen keine exakte Definition hierfür vorhanden ist und zum anderen keine Abgrenzung für Produkte, Themenfelder oder Eigenschaften existiert. Dennoch handelt es sich um einen sehr wichtigen Bereich, der sich in erheblichem Umfang auf die Umwelt auswirkt und ökonomisch gewinnbringend für alle Beteiligten der Warenkette sein kann.

2.2.6 Circular Economy

Eng verbunden mit den ebenen beschriebenen Produktkategorien ist die Circular Economy. Denn hier werden Produkte nach ihrem Gebrauch zum Ausgangspunkt neuer Lebenszyklen. Im Optimalfall dieses

Modells gibt es keinen Abfall mehr. Es folgt dem Vorbild der Natur, wonach alle Güter zu Roh-, Werk- und Wertstoff in einem geschlossenen Kreislauf werden (vgl. THOMASCHEWSKI/VÖLKER 2016: 71). Deutschland nimmt bereits beim Sammeln und Verwerten von Wertstoffen wie Altpapier, Bio-Abfällen, Leichtverpackungen oder Altglas weltweit die Spitzenposition ein. Durch Pflichtpfand und entsprechende Kennzeichnungen der Produkte finden Güter immer häufiger den Weg zurück zum Handel. Obgleich 77 % der Deutschen Sammeln und Recyceln für den richtigen Weg zur Müllbehandlung halten, sind die genannten Beispiele ein überwiegender Erfolg aus staatlichen Regulierungen (vgl. UMWELTBUNDESAMT 2006: 13). Der klassische Konsument hat in diesem Kontext kaum Mitspracherecht beim Kauf, sondern kann nur entscheiden, ob er sich an die Regeln hält oder nicht.

Allerdings ist es in einer Kreislaufwirtschaft notwendig, sich vom Gedanken des klassischen Konsumenten zu verabschieden. Denn jeder Beteiligte der Wertschöpfungskette konsumiert in diesem Modell. Beispielsweise konsumiert der Staat Altglas und stellt den daraus gewonnenen Wertstoff der Wirtschaft zu Verfügung. Unternehmen wiederum konsumieren diesen Wertstoff und produzieren ein neues Gut für den nächsten Konsumenten. Ein Endverbraucher existiert folglich nicht mehr.

Dennoch gibt es Produkte in diesem Modell, die vom Verbraucherverhalten abhängig sind. Der Kauf von Baumwolltaschen oder die Nutzung von Einkaufskörben kann dem ethischen Konsum entsprechen, wenn diese mehrfach genutzt werden und auf Plastiktüten oder Papiertragetaschen verzichtet wird (vgl. UMWELTBUNDESAMT 2006: 13). Händler können sich in die Rolle des Konsumenten begeben und entscheiden, ob sie beispielsweise teure Rohstoffe durch Eintauschaktionen zurückgewinnen (vgl. SEITZ 2013: 21). Kunden können entscheiden, ob sie dieses Angebot wahrnehmen oder nicht. Ebenso können sie untereinander Kleidung oder sonstige Waren gebraucht kaufen und verkaufen und sich auf diese Weise an der Circular Economy beteiligen. Darüber hinaus nehmen Konsumenten aber auch vermehrt selbst die Umfunktionierung von Waren vor. Dabei ist Eigenproduktion ein wichtiger Faktor. Rohstoffe werden in diesem Zusammenhang geschont, indem beispielsweise abgenutzte Kleidung zu neuen Gegenständen verarbeitet wird oder Dekorationsartikel aus bereits verbrauchten Alltagsgegenständen entstehen. Die bloße Betrachtung von Recycling in einem einzigen Kreislauf reicht daher nicht mehr aus. Das erweiterte Modell in Abbildung sechs zeigt hierzu eine umfassendere Darstellung, welche die Komponenten Staat, Unternehmen und Konsumenten unterscheidet und ihre jeweiligen Rollen verdeutlicht. Dabei werden drei Kreisläufe abgebildet, die zu unterscheiden sind. Vor allem die Bedeutung der dunkler eingefärbten Kreisläufe könnte und sollte in Zukunft an Gewicht gewinnen, da hierdurch Natur und Staat entlastet werden können. Dies bringt gesamtwirtschaftlich Vorteile mit sich und nimmt weiteren Einfluss auf ökologische Faktoren. Konsumenten und Unternehmen sind somit wesentliche Glieder, die ihr Engagement bei der Circular Economy ausweiten sollten.

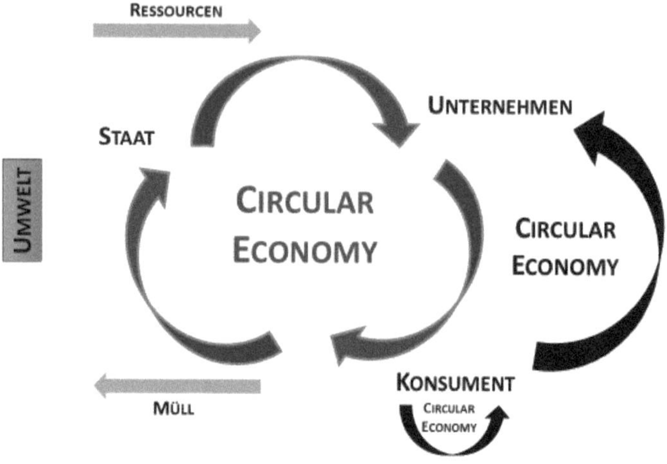

Abbildung 6: Erweitertes Modell der Circular Economy

Quelle: Eigene Darstellung (2017).

Durch diese Konsumform wird vor allem die ökologische und ökonomische Dimension des ethischen Konsums angesprochen. Außerdem können teilweise aber auch soziale Faktoren beeinflusst werden, wenn der Abbau von Rohstoffen unter problematischen Bedingungen vermieden werden kann. Für Händler ist das Potenzial groß, sie erhalten auf sozialverträglichem Weg Rohstoffe zurück und schaffen Vertrauen bei den Kunden, indem sie auch nach Ende der Lebensdauer von Produkten Verantwortung übernehmen. Es ist davon auszugehen, dass sich das Denken in Wertstoffkreisläufen und Produktlebenszyklen in den nächsten Jahrzehnten massiv durchsetzen wird und immer stärker die Businesslogik verändert (vgl. SEITZ 2013: 21).

2.2.7 *Sharing Economy*

Sharing Economy oder Access over ownership relativiert die Bedeutung des Besitzes von Gütern, viel wichtiger wird hingegen der Zugang zu diesen. Somit erfolgt eine Abkehr vom klassischen Statusgedanken, hin zu mehr Offenheit für Tausch- und Leihangebote. Dabei handelt es sich in den meisten Produktkategorien um eine relativ neue Entwicklung mit einem noch geringen Anteil an Trendaffinen. Lediglich 24 % der Bevölkerung in Deutschland werden von diesem Konzept angesprochen, wobei vor allem jüngere Gruppen stärker repräsentiert sind. Anders als bei anderen Formen des ethischen Konsums handelt es sich hierbei auch um Personen mit tendenziell geringerem Einkommen (vgl. THOMASCHEWSKI/VÖLKER 2016: 66). Das Konzept ist bei der Nutzung von Fahrzeugen schon längere Zeit üblich und setzt sich mittlerweile auch in anderen Bereichen des Alltags durch (vgl. GERGINOV 2013: o. S.). Von Fahrrad und Bohrmaschine bis zur Handtasche lässt sich heute fast alles mieten (vgl. OTTO GROUP 2013: 17). Das Konzept als solches existiert in manchen Produktbereichen schon seit geraumer Zeit. Genannt seien Bibliotheken oder Übernachtungsplattformen wie Airbnb. Durch entsprechende Digitalisierung wurde das Angebot lediglich auf weitere Kategorien ausgeweitet. Ein Erfolg ist auch hier nicht auszuschließen. Die relativ einfache Etablierung dieses Geschäftsmodells ermöglicht gerade neuen Marktteilnehmern den Eintritt (vgl. INSTITUT DER DEUTSCHEN WIRTSCHAFT 2016: 6 ff).

Grundsätzlich ist das Konzept dem Bereich des kollektiven Konsums zuzuordnen, da mehrere Personen gemeinsam ein Gut nutzen. Hierdurch werden weniger Produkte und damit Ressourcen genutzt, was dem Umweltschutz dient. Da bei diesem Vorgehen oft Mieten oder Gebühren zu zahlen sind, wird der ökonomische Aspekt in vielen Sparten kaum beeinträchtigt. Folglich werden auch hier ökologische und ökonomische Dimensionen des ethischen Konsums berührt.

Das Modell ist beliebt, da nicht nur Geld gespart, sondern auch Müll vermieden und gleichzeitig Flexibilität erreicht wird. Genutzt werden kann das Sharing-Prinzip online auf virtuellen Plattformen oder im realen Leben durch Tauschbörsen oder regionale Aktionen (vgl. OTTO GROUP 2013: 17). Unternehmen können hiervon nur profitieren, wenn sie neben standardisiertem Verkauf auch ein ansprechendes Vermietungsangebot aufweisen. Laut einer Studie der Europäischen Kommission hat etwa jeder fünfte Deutsche bereits Sharing-Angebote genutzt, womit Deutschland leicht über dem Durchschnitt im EU-Vergleich liegt (vgl. Abbildung 7).

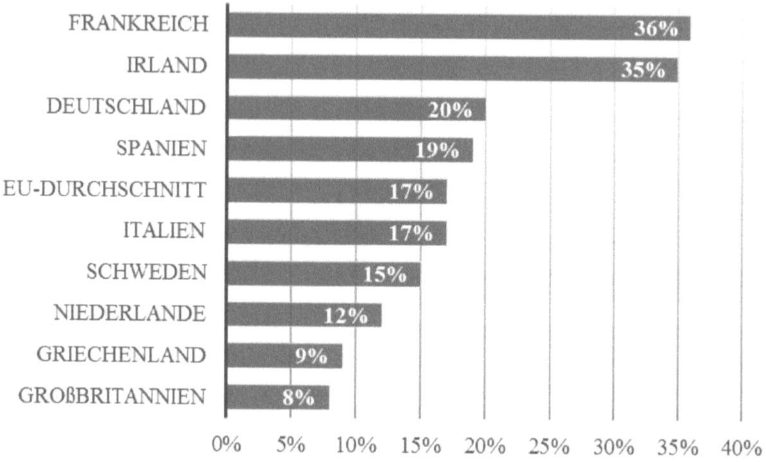

Abbildung 7: Anteil der Befragten, die bereits kollaborative Plattformen genutzt haben in %

Quelle: Eigene Darstellung in Anlehnung an Europäische Kommission (2016).

Über den Umfang und die Nutzung der Sharing Economy in Deutschland ist bislang wenig bekannt. Eine Erfassung entsprechender Daten gestaltet sich in diesem Feld schwierig, da diese Konsumform sowohl kommerziell als auch privat genutzt werden kann. Anhand einer Studie bezüglich der Suchanfragen nach Sharing Economy und verwandten Begriffen lässt sich allerdings ein wachsendes Interesse am Thema nachweisen. Vor allem Großstädte wie Berlin und Hamburg weisen diesbezüglich großes Potenzial auf (vgl. INSTITUT DER DEUTSCHEN WIRTSCHAFT 2016: 6 ff). Daher ist anzunehmen, dass insbesondere Großstädte durch hohe Bevölkerungsdichte und dementsprechende Konzentration des Angebotes von diesem Konzept profitieren. Eine Ausweitung auf ländliche Regionen ist aber hinsichtlich einer Angebotserweiterung durchaus möglich. Um genauere Aussagen treffen zu können, sind jedoch weitere Studien in diesem Bereich notwendig.

3. Wertschöpfungskette ethischer Konsumformen

Da es sich im Fall des ethischen Konsums um konsumentengesteuerte Wertschöpfungsketten handelt, wird ein wesentlicher Fokus auf der Rolle der Käufer liegen. Aufgrund dessen werden Käufertypen der vorgestellten Konsumformen identifiziert. Zugleich wird der Frage nachgegangen, warum Konsumenten handeln, wie sie handeln, und ihre Motive werden dargelegt. Zuvor werden allerdings auf theoretischer Ebene wesentliche Verhaltensmodelle erläutert, die Aufschluss über entsprechende Handlungen geben. Ebenso wird das Produktfeld betrachtet, da bereits aus dem vorherigen Kapitel hervorgeht, dass nicht alle Güter gleichermaßen bei ethischem Konsum vertreten sind. Im vorliegenden Abschnitt wird identifiziert, um welche Produkte es sich überwiegend handelt und warum gerade diese Güter im ethischen Zusammenhang konsumiert werden. Ziel ist eine ausführliche Betrachtung des Konsumumfelds mit allen relevanten Faktoren, um eine Charakteristik des ethischen Konsums zu etablieren. Diese Charakteristik dient ebenfalls als Grundlage für die in Kapitel vier folgende Konsumentenanalyse.

Der Markt für ethische Produkte wird zwar in erheblichem Maße durch die Nachfrage von Konsumenten gesteuert, allerdings kann ethischer Konsum nur dann realisiert werden, wenn das von Politik und Unternehmen gestaltete Umfeld angemessen ist (vgl. Lell 2008: 4). Daher ist auch die Gestaltung des Einflussbereichs durch diese Einflussnehmer in diesem Kapitel darzustellen, um die Ist-Situation zu erfassen. Nur so können mögliche Auswirkungen der Konsumethik und künftige Handlungen für wichtige Beteiligte der Wertschöpfungskette identifiziert werden. Des Weiteren zeigen Befragungen, dass nur etwa ein Drittel der Konsumenten bei Unternehmen und Politik eine Bereitschaft erkennt, neue Wege zu gehen und langfristig Verantwortung zu übernehmen. Deshalb werden deutliche Impulse für den ethischen Konsum erwartet (vgl. Spiegel Online 2009: o. S.). Zwar kommt auch Medien und NGOs in diesem Zusammenhang eine immer wichtigere Rolle zu (vgl. Otto Group 2013: 43), vor allem in Bezug auf Berichterstattung und Arbeiten in Produktionsländern, jedoch ist es Aufgabe und Verantwortung von Politik und Unternehmen, den thematisierten Markt zu gestalten und zu fördern (vgl. Hofmann 2015: 30). Aufgrund der thematischen Eingrenzung bezieht sich die Darstellung in diesem Kapitel ausschließlich auf Glieder der Wertschöpfungskette, die sich in Deutschland befinden. Gerade die Konsequenzen für viele Produzenten im Ausland gehören infolgedessen nicht zu diesem Teil der Arbeit.

3.1 Theoretische Verhaltensanalyse der Verbraucher

Im Folgenden wird angenommen, dass Konsumenten die Wertschöpfungskette durch ihre Produktwahl steuern und damit maßgeblich Einfluss auf das Handeln von Unternehmen ausüben. Selbstverständlich werden Verbraucher ebenfalls durch externe Faktoren beeinflusst, die von anderen Teilnehmern der Wertschöpfungskette, aber auch von Unbeteiligten ausgehen. Hierzu gehören neben Unternehmen auch Politik, Medien und NGOs. Der Grundgedanke der Marktwirtschaft basiert allerdings auf der Idee der Konsumentensouveränität (vgl. JESCHKE 1975: 15). Die Macht, aber auch die Verantwortung die dem Verbraucher hiermit unterstellt wird, bildet einen Grundbaustein des ethischen Konsums. Denn durch die Konsumentensouveränität wird der Konsument in die Pflicht genommen, soziale, ökologische und gesellschaftliche Begleiterscheinungen der eigenen Konsumhandlung zu berücksichtigen, da er die auf dem Markt angebotenen Produkte und deren Wirkungen zu verantworten hat (vgl. SRNKA/SCHWEITZER 2000: 195).

Um Konsumhandlungen und damit das Verbraucherverhalten zu verstehen, wurden verschiedene Theorien aufgestellt, die einen Erklärungsansatz bieten. Als Grundlage für spätere Modelle im Hinblick auf ethisches Konsumentenverhalten wird die „Theory of Planned Behaviour" herangezogen. Die von dieser angenommene Abfolge des Konsumentenverhaltens wird durch das Modell in Abbildung acht dargestellt.

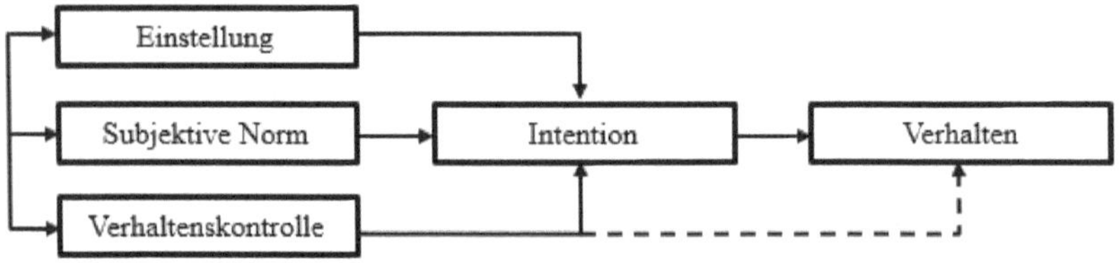

Abbildung 8: Theory of Planned Behaviour

Quelle: Eigene Darstellung nach Ajzen (1991).

Die Basis des individuellen Handelns stellen hier drei Überlegungen dar: das Wissen über die wahrscheinlichen Folgen des eigenen Kaufverhaltens, Überzeugungen über normative Erwartungen anderer und Überzeugungen über das Vorhandensein von Faktoren, die Verhaltensentwicklungen erleichtern oder behindern, also die sogenannten Kontrollüberzeugungen (vgl. AJZEN 2001: 27 ff). Zwar wird nach diesem

Modell eine moralische Verpflichtung wahrgenommen, diese repräsentiert jedoch lediglich individuell verinnerlichte ethische und moralische Regeln, die persönliche Überzeugungen und Ansichten über richtig oder falsch reflektieren (vgl. HARRISON ET AL. 2005: o. S.). Externe Faktoren nehmen allerdings keinen Einfluss auf Einstellung oder moralisches Verhalten. Da das Modell auch von anderen Autoren als unzureichend eingestuft wurde, entwickelten sich weitere Modelle, die moralische und ethische Faktoren eingebunden haben oder etwa die Selbstidentität als wichtigen Faktor betrachten (vgl. MAYER 2016: 4). Im letzteren Fall werden ethische und moralische Fragen als feste Bestandteile der Identität angesehen, die folglich in das Konsumentenverhalten miteinfließen (vgl. SHAW ET AL. 2000: 879 f). Die Identitätstheorie legt insgesamt dar, dass Kaufentscheidungen auf persönlichen Erfahrungen, Informationen, Emotionen und sozialen Normen beruhen (vgl. MAYER 2016: 4).

Einen Schritt weiter in Bezug auf Konsumethik gehen Devinney et al. (2010). Hier werden durch das lineare und rekursive Modell Zusammenhänge der verschiedenen Einflussfaktoren auf das Konsumentenverhalten erklärt. Dabei handelt es sich um Meta-Modelle des sozialen Konsumentenverhaltens (vgl. MAYER 2016: 4). Hierbei wird das lineare Modell als das grundlegende Modell im Kontext von ethischem und moralischem Konsum gesehen, während das rekursive Modell einen engeren Bezug zu vorhandenen Theorien des Konsumentenverhaltens (vgl. SOLOMON 2009: o. S.) und der allgemeinen ethischen Entscheidungsfindung aufweist (vgl. TENBRUNSEL/SMITH-CROWE 2008: 545 ff).

Den Ausgangspunkt von Kaufentscheidungen im linearen Modell bildet eine Reihe grundsätzlicher ethischer und moralischer Werte. Diese nehmen wiederum Einfluss auf die Überzeugungen und Einstellungen des Konsumenten, welche direkte Auswirkungen auf die Absichten haben, die letztendlich in Handlungen zum Ausdruck kommen. Dabei unterliegt der Konsument in jedem Schritt externen Einflüssen und kann permanent auf Informationen, Kenntnisse und Wissen zurückgreifen (vgl. DEVINNEY ET AL. 2010: 49). Unter Berücksichtigung der jederzeit möglichen Informationsbeschaffung und der damit einhergehenden dauerhaften Aussetzung externer Einflüsse eignet sich dieses Modell, insbesondere in Bezug auf Konsumethik, besser zur Erklärung von Kaufentscheidungen als die ursprüngliche „Theory of Planned Behaviour" und zeichnet sich ferner durch eine größere Realitätsnähe aus. Abbildung neun zeigt den schematischen Ablauf des Modells.

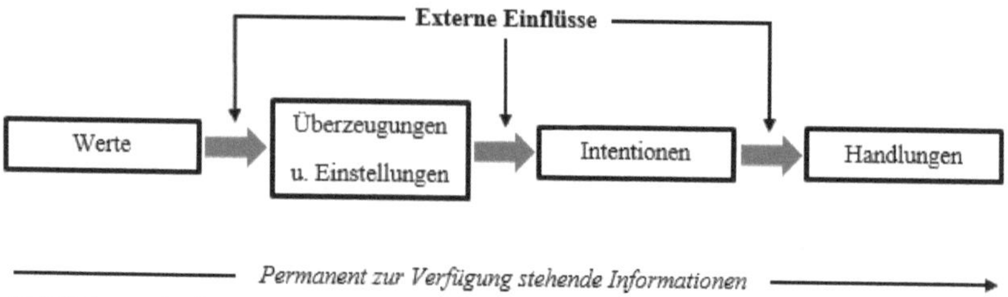

Abbildung 9: Lineares Modell

Quelle: Eigene Darstellung nach Devinney et al. (2010).

Die Kombination aus vorhandenen Informationen und einem vorhandenen Wertesystem soll hierbei zu rationalen Kaufentscheidungen führen, wobei sich das Verhalten durch die zur Verfügung stehenden Informationen ändern kann (vgl. AJZEN/FISHBEIN 1980: o. S.). Kritisiert wird in diesem Kontext, dass Werte als allgemeine charakteristische ethische und moralische Einstellungen als gegeben vorausgesetzt werden (vgl. DEVINNEY ET AL. 2010: 49 ff). Darüber hinaus ist aber auch der Informationsfluss kritisch zu betrachten. Zwar ist zutreffend, dass heutzutage permanent Informationen abgerufen werden können, allerdings ist zu bezweifeln, dass der überwiegende Teil der Konsumenten tatsächlich Informationen abruft, bevor eine Kaufentscheidung getroffen wird.

Das rekursive Modell berücksichtigt diese Schwäche gewissermaßen durch Aspekte des unbewusst adaptiven Verhaltensmodells (vgl. MAYER 2016: 4). Aus diesem Grund besteht das in Abbildung zehn dargestellte Modell aus zwei Zyklen. Die grauen Pfeile beschreiben den Weg, auf dem emotionale Reaktionen hervorgerufen werden und zu unbewussten Entscheidungen führen. Diese zunächst unbewussten Handlungen sollen dem Modell zufolge eine Suche nach Informationen nach sich ziehen. Die dabei gewonnenen Erkenntnisse bringen die unbewusst getätigten Entscheidungen in Einklang mit den externen Bedingungen und intern vorliegenden kognitiven Zuständen, wie etwa einem ethischen Konsum. Als Resultat entsteht eine quasi-rationale Formulierung, die die eigenen Überzeugungen beeinflusst. Der mit schwarzen Pfeilen gekennzeichnete zweite Zyklus stellt den Prozess der Entscheidungsfindung dar und zeigt, inwiefern sich die einzelnen Elemente durch Rückkopplungseffekte gegenseitig bedingen (vgl. DEVINNEY ET AL. 2010: 49 ff).

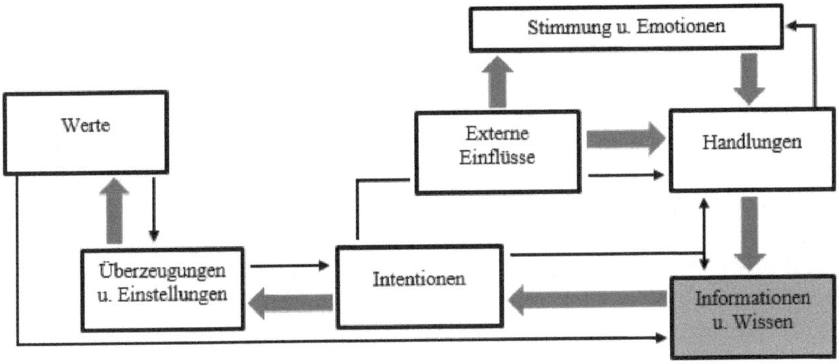

Abbildung 10: Rekursives Modell

Quelle: Eigene Darstellung nach Devinney et al. (2010).

Aus den beschriebenen theoretischen Ansätzen und Modellen lassen sich drei zentrale Determinanten ableiten, die gleichzeitig wesentlich für das Konsumentenverhalten in Bezug auf ethischen Konsum sind. Diese abhängigen Variablen bestehen aus individuellen Determinanten (z.B. Wissen, Einstellung und Werte), sozialen Determinanten (z.B. soziale Normen, Informationen, Medien) und institutionellen Determinanten (z.B. Marktstrukturen, Preis). Sie erklären die unabhängige Variable, die das Konsumentenverhalten darstellt (vgl. MAYER 2016: 6).

Aus den Modellen geht aber auch hervor, dass Informationen, Kenntnisse und der Wissensstand über Produkte zentrale Faktoren im Konsumentenverhalten sind. Im Rahmen der Globalisierung sind eine bedingt erhöhte Transparenz und der Zugang zu diversen Informationsquellen gewährleistet, die dem Konsumenten eine permanente Verfügbarkeit von Wissen über soziale und ökologische Themen ermöglichen (vgl. HUGHNER ET AL. 2007: 94 ff). Informationen spielen somit eine Schlüsselrolle in den Modellen, insbesondere hinsichtlich einer ethischen Identitätsbildung. Denn die Kaufentscheidung wird umso unsicherer, je weniger Informationen einem Konsumenten vorliegen (vgl. REYNOLDS 2006: 233 ff).

Die vorgestellten Modelle beziehen sich jedoch überwiegend auf die individuelle Dimension. Um ein umfassendes Verständnis ethischer Kaufentscheidungen herbeizuführen, ist es dagegen notwendig, alle Dimensionen in ein Modell einfließen zu lassen. Des Weiteren können Werte nicht als gegeben vorausgesetzt werden, vielmehr entwickeln sich diese aus Informationen, die sich das Individuum im Laufe seines Lebens angeeignet hat. Sei es von den Eltern, der Gesellschaft oder persönlichen Vorbildern. Ebenso führen Informationen und Wissen zur

Entstehung von negativen oder positiven Emotionen in Bezug auf Produkte, Siegel, Unternehmen oder Marken. Darüber hinaus stellt Vertrauen einen wichtigen Faktor dar, der bei den dargelegten Modellen unberücksichtigt bleibt. Auch dieser beruht auf Wissen über Unternehmen, Produkte etc. Das Wissen ist daher Ausgangspunkt aller individuellen Determinanten. Es wird durch die Aufnahme von Informationen generiert und basiert demzufolge auf externen Einflüssen. Für die Analyse des ethischen Konsums in dieser Arbeit ist folglich ein neues Modell erforderlich, welches sich auf die relevanten Faktoren aller abhängigen Variablen des Konsumentenverhaltens bezieht. Dieses Modell wird in Abbildung elf dargestellt.

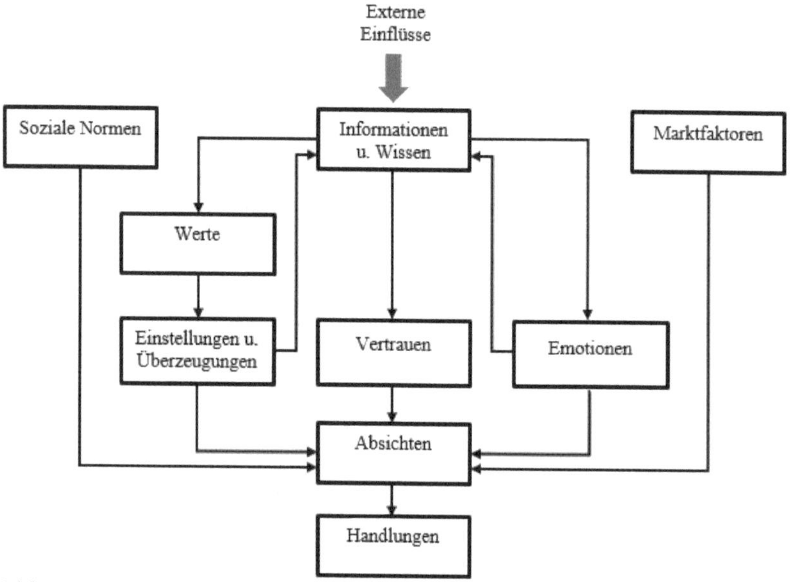

Abbildung 11: Modell des ethischen Konsumentenverhaltens

Quelle: Eigene Darstellung (2017).

Hierbei wird davon ausgegangen, dass sämtliche Determinanten Einfluss auf die Kaufabsichten haben. Wie bereits erwähnt, entstehen individuelle Determinanten wie Werte, Vertrauen und Emotionen aus Wissen, dessen Grundlage externe Informationen sind. Natürlich können auch Rückkopplungseffekte entstehen. So haben Werte Einfluss auf persönliche Einstellungen und Überzeugungen, die wiederum dazu führen können, dass nach Informationen gesucht wird, die das eigene Wissen erweitern. Zugleich bedeutet dies jedoch, dass das Individuum in allen Bereichen beeinflusst werden kann. Zwar werden Informationen individuell selektiert, aber dennoch können sie gezielt eingesetzt werden, um Vertrauen zu schaffen, positive Emotionen zu wecken oder persönliche Werte und damit die Einstellung zu beeinflussen. All diese Faktoren können je nach Ausrichtung zu ethischen oder egoistischen Kaufabsichten führen. Allerdings spielen ferner auch soziale Determinanten eine Rolle. Aus gesellschaftlichen Normen können sich beispielsweise Trends entwickeln, die zu Kaufabsichten führen, ohne dass das Individuum spezifisches Wissen über ein Produkt einholt. Ebenso kann es sich mit Statussymbolen verhalten, die erworben werden, weil sie von der Gesellschaft als solches deklariert wurden. Soziale Normen können ebenfalls zu ethischen wie auch zu egoistischen Kaufabsichten führen. Beispielsweise bringt der Bio-Trend ethisches Kaufverhalten mit sich, ohne dass sich jedes Individuum diesbezüglich Wissen aneignet. Institutionelle Determinanten beziehen sich auf klassische Marktstrukturen, die beispielsweise Preise oder Standorte umfassen. Kaufabsichten, die hieraus entstehen, können sich unter anderem auf Geld- oder Zeitersparnisse beziehen. Aus den unterschiedlichen Absichten resultiert schließlich die Konsumhandlung.

Ethische Konsumhandlungen werden somit zum einen erreicht, indem egoistische Absichten gesenkt oder ihre Bedeutung vermindert wird. Ein höheres Einkommen kann zum Beispiel die Bedeutung des Preises senken und vermehrte Standorte von Bioläden erleichtern die Erreichbarkeit, wodurch der Zeitaufwand gemindert wird. Zum anderen können ethische Kaufabsichten erhöht werden, indem Vertrauen geschaffen wird, Werte gesetzt und produktabhängig positive oder negative Emotionen geweckt werden. All diese Faktoren werden über Wissen und Informationen gesteuert und können daher beeinflusst werden. Gewissermaßen entstehen auch soziale Normen auf der Grundlage einer gesellschaftlichen Wissensbasis, da das Individuum ein Teil dessen ist.

Das Verhalten der Konsumenten lässt sich jedoch nicht immer auf vernünftige und moralische Entscheidungen zurückführen, sondern häufig auf kurzfristige Präferenzen und situative Entscheidungseinflüsse. Deshalb ist es zusätzlich notwendig, auf der Ebene der alltäglichen Entscheidungskontexte anzusetzen, durch die Verbraucher in ihrem Konsumverhalten beeinflusst werden (vgl. HEIDBRINK 2014: 4).

3.2 Charakterisierung ethischer Konsumenten

Laut einem Interview, das Prof. Markus Beckmann von der Universität Erlangen-Nürnberg der Süddeutschen Zeitung gegeben hat, gibt es nicht „den" ethisch orientierten Konsumenten. Allerdings existiert demnach eine kleine Gruppe, die sehr konsequent und nicht zu Kompromissen beim Einkauf bereit ist. Hierzu gehören beispielsweise Menschen, die sich strikt vegan ernähren oder generell auf Flugreisen verzichten. Diese Personengruppe ist demzufolge gewillt, einigen Aufwand und persönliche Einschränkungen in Kauf zu nehmen. Für eine wesentlich größere Gruppe stellt Konsumethik dagegen eine Lifestyle-Entscheidung dar. Allgemein kann über solche Käufer gesagt werden, dass ihnen neben Produktqualität vor allem Produktumfeld und Herstellungsbedingungen wichtiger werden. Die soziale Dimension des ethischen Konsums erhält bei dieser Gruppe folglich einen höheren Stellenwert (vgl. SÜDDEUTSCHE ZEITUNG 2015: o. S.).

Eine mittlerweile bekannte Abkürzung hinsichtlich ethischer Konsumentengruppen stellt LOHAS dar. Diese steht für Lifestyle of Health and Sustainability und beschreibt Konsumenten, die sich an Gesundheit und Nachhaltigkeit orientieren und einen entsprechenden Konsum- und Lebensstil führen. Sie möchten ihre Bedürfnisse zum individuellen Wohlbefinden befriedigen und gleichzeitig einen Beitrag zur Zukunftssicherung leisten. LOHAS knüpft gewissermaßen an die „Öko-Bewegung" der 1980 er Jahre an, jedoch sind seine Anhänger bestrebt, bewussten Konsum ohne Verzicht zu erlangen (vgl. SCHUDAK ET AL. 2014: 34). Ihre Konsumgewohnheiten zeichnen sich dadurch aus, dass sie ökologische und soziale Verantwortung übernehmen und dies auch von den Unternehmen erwarten. Der Konsum muss somit Werthaltungen, Tagesabläufe und Gesundheitsstreben in Einklang bringen (vgl. BOKSBERGER 2009: 13 f). 2013 wird der Anteil dieser Konsumententypen in Deutschland auf 26 % geschätzt, was einem Wachstum von 18 % seit 2007 entspricht (vgl. PECH-LOPATTA 2013: 41). Diese Käuferschicht ist überwiegend unter den 50- bis 60-Jährigen vertreten (vgl. KLOOS 2009: 15), hat Familie und ist weiblich (vgl. KOLLENBROICH 2013: o. S.) und dazu bereit, für ethisch verantwortungsbewusst hergestellte Produkte einen höheren Preis zu zahlen (vgl. KLOOS 2009: 15). Der Grund dafür, dass mehr Frauen als Männer ethisch konsumieren, dürfte allerdings darin liegen, dass diese insgesamt häufiger für den Lebensmitteleinkauf zuständig sind (vgl. LEßMANN/MASSON 2016: 10). Die 2008 auf mindestens acht Millionen geschätzten Konsumenten, die zu den LOHAS gezählt werden (vgl. SCHULZ 2008: 1), sind unter anderem auch Auslöser für den Sprung der Bio- und Fairtrade-Produkte in die großen Ketten des Lebensmitteleinzelhandels; in anderen Bereichen wie Kleidung, Wohnen und Urlaub stellen sie jedoch ebenfalls ein hohes Marktpotenzial dar (vgl. KLOOS 2009: 15). Denn sie sind gleichzeitig Trendsetter und eine medienstarke Zielgruppe, die den Wertewandelprozess in das

Zentrum der Gesellschaft führt (vgl. REITBAUER 2009: 9). LOHAS-Konsumenten möchten jedoch oft gar nicht als solche identifiziert werden, um von der Werbung nicht als neue Zielgruppe „grün-gewaschen" oder „bio-manipuliert" zu werden (vgl. BOKSBERGER 2009: 14).

Die Trendstudie „Fair" identifiziert außerdem neben den LOHAS die sogenannten Conscious Consumer, die sich von ersteren primär dadurch unterscheiden, dass sie nicht nur mit gutem Gewissen konsumieren möchten, sondern vor allem einen bewussten, werteorientieren Konsum anstreben. Diese möchten demnach tatsächlich etwas mit ihrem Konsum bewirken und können ihre Kaufentscheidungen dementsprechend begründen. Conscious Consumer bilden bereits eine Mehrheitsmeinung und setzen ihre Macht als Verbraucher strategisch ein, das heißt, sie wollen mit ihren Kaufentscheidungen globale Konzerne zum Umdenken bewegen. Hierzu werden unter anderem Online-Bewertungsplattformen und soziale Netzwerke zur Informationsbeschaffung, aber auch als Kommunikationskanal zum Austausch mit anderen Konsumenten verwendet (vgl. SEITZ 2013: 16). Das sogenannte „Greenwashing", also Marketing-Maßnahmen, die Projekte und Produkte lediglich ethisch verantwortungsbewusst wirken lassen, ohne dass dies tatsächlich der Fall wäre, hat dadurch immer weniger Chancen. Denn die Kunden werden zunehmend aktiver, informieren sich über Herstellungsverfahren und Geschäftspraktiken und sind mithilfe des Internets in der Lage, weltweit vernehmbare Kritik zu üben (vgl. SCHULZ 2012: 271).

Die Entwicklung der Konsumethik wird vor allem von den Babyboomern vorangetrieben (geboren zwischen 1945 und 1959). 65 % von ihnen kaufen häufig ethische Produkte. Die sogenannten Netzwerkkinder (geboren zwischen 1980 und 2000) schneiden mit 31 % dagegen am schlechtesten ab. Ihr generelles Interesse am Thema wird vergleichsweise gering eingeschätzt und war von 2011 bis 2013 sogar rückläufig von 76 % auf 72 % (vgl. OTTO GROUP 2013: 13 f). Aus Sicht vieler Jüngerer ist es die Aufgabe von anderen, wie etwa Politik oder Unternehmen, dafür zu sorgen, dass Produkte nachhaltig produziert und gehandelt werden (vgl. ROEHL/SORGE 2009: o. S.). Grundsätzlich äußerten jedoch 84 % aller Befragten 2013 ein Interesse an Konsumethik, wobei dieser Wert seit 2011 stabil blieb. Auch wurde festgestellt, dass ethische Aspekte im Kaufverhalten mit zunehmender Bildung und steigendem Einkommen wichtiger werden (vgl. OTTO GROUP 2013: 13 f). Das Einkommen bietet hier aber auch eine mögliche Erklärung für die geringe Kaufbereitschaft ethischer Produkte durch Netzwerkkinder. Denn zumindest ein Teil dieser Gruppe verfügt über kein bzw. nur ein geringes Einkommen. Auch muss in Betracht gezogen werden, dass das Thema in diesem Bevölkerungsteil teilweise irrelevant ist, da in manchen Fällen noch kein eigener Haushalt geführt wird und das Thema Konsum dadurch im Allgemeinen nicht sehr wichtig ist.

Einer Konsumstudie von 2014 zufolge besteht das Hauptmotiv der Konsumenten beim Kauf von ethischen Produkten jedoch darin, sich selbst etwas Gutes zu tun und nicht etwa der Umwelt oder den Produzenten. Beispielsweise werden Bio-Produkte überwiegend gekauft, weil Verbraucher Geschmack, Gesundheit und Qualität damit verbinden (vgl. SCHUDAK ET AL. 2014: 26). Zwar spielen Umwelt oder das eigene Gewissen ebenfalls eine Rolle, allerdings ist ein persönlicher Anreiz notwendig, um solche Motive zu aktivieren. Waren zu Beginn der Bewegung noch gesellschaftlich-politische Ansätze wichtig, seien inzwischen verstärkt individuelle Motive vorherrschend. Auch erschütternde Nachrichten über die Folgen negativer Produktionsbedingungen im Ausland haben bereits in der Vergangenheit nicht zu einem tiefgreifenden Wandel im Verbraucherverhalten geführt (vgl. SÜDDEUTSCHE ZEITUNG 2015: o. S.). Bezogen auf das Modell des ethischen Konsums bedeutet dies, dass Konsumenten zwar emotional zum Kauf animiert werden können, aber nur, wenn sie in irgendeiner Weise selbst betroffen sind.

Ebenso bildet sich aus dem theoretischen Modell der Faktor Vertrauen in der Konsumentencharakteristik ab. Denn während sich das Informationsinteresse der Konsumenten in der Vergangenheit nahezu ausschließlich auf Preise und Gebrauchsqualitäten konzentrierte, werden inzwischen unsichtbare und nicht erfahrbare Qualitäten immer wichtiger, die in der Informationsökonomie als Vertrauenseigenschaften bezeichnet werden. Denn weder tierische Aufzucht noch ökologisch verträgliche Erzeugung von Strom können vom Verbraucher beurteilt oder erfahren werden und bestimmen dennoch die Qualität von Produkten mit (vgl. SCHÖNHEIT 2004: 120).

Generell sind ethische Konsumenten nicht nur dazu bereit, unethisch agierende Unternehmen zu boykottieren, sondern auch Unternehmen zu honorieren, die versuchen, aktiv und glaubhaft ihrer CSR nachzukommen. Dies ist ihnen problemlos möglich, da sie über soziale und ökologische Themen gut informiert sind (vgl. SCHENKEL-NOFZ/WALTHER 2014: 228). Eine vertiefte Analyse der Konsumenten erfolgt in den Kapiteln vier und fünf auf praktischer Ebene. Die dabei gewonnenen Informationen präsentieren teilweise auch neue Ergebnisse in diesem Bereich.

3.3 Produktfelder des ethischen Konsums

Anhand der regelmäßigen Befragung in den Otto-Trendstudien konnte festgestellt werden, dass Produkte aus dem ethischen Segment zunehmend häufiger gekauft werden (vgl. Tabelle 2). So stieg der Wert der Häufig-Käufer von 26 % im Jahr 2009 auf 56 % in 2013, während alle anderen Angaben in ihrer Anzahl sanken.

Tabelle 2: Kaufhäufigkeit von Produkten, die ethisch korrekt hergestellt wurden

„Wie häufig kaufen Sie Produkte, die ethisch korrekt hergestellt sind, also biologisch hergestellte, regional produzierte, fair gehandelte oder klimafreundlich hergestellte Produkte etc.?"			
	2009	**2011**	**2013**
Häufig	26	41	56
Ab und zu	41	43	33
Selten	27	14	9
Nie	6	3	2

Angaben in %, Summe ungleich 100 durch Rundung

Quelle: Eigene Darstellung nach Otto Group (2013).

Eine Identifizierung von einzelnen Produkten erweist sich jedoch als schwierig, da ethischer Konsum ein breites Feld ist und Konsumenten diese Art des Einkaufens in sehr unterschiedlicher Weisen praktizieren. Produkte wie Bananen, Kaffee, Rosen und Kleidung sind allerdings diesbezüglich sehr gefragt (vgl. KOLLENBROICH 2013: o. S.). Trotz teilweise hohen Marktwachstums und oft positiver Prognosen lässt sich feststellen, dass ethische Produkte nach wie vor einen Nischenmarkt bedienen, der je nach Produktkategorie in den meisten Fällen unter einem Prozent liegt und bei etablierten Produktgruppen wie Bio-Lebensmitteln oder Fairtrade-Produkten drei bis fünf Prozent des Gesamtmarktes ausmacht (vgl. SCHENKEL-NOFZ 2015: 55).

Aber auch bei sogenannten „Öko-Textilien" liegt der Umsatzanteil am Gesamtmarkt bei nur etwa 3,5 % und bei „Bio-Textilien" ist er noch niedriger. Wobei der inhaltliche Unterschied dieser Label als gering anzusehen ist. Abbildung zwölf stellt die Anteile der Produktkategorien aus dem „Öko-Segment" dar. Auffällig ist, dass überwiegend Textilien im ethischen Zusammenhang erworben werden und selten Bekleidung. Gekauft werden diese Produkte dabei überwiegend in Discountern, Warenhäusern und Supermärkten, aber nur in Ausnahmefällen im Fachhandel (vgl. DILLEMUT 2013: o. S.).

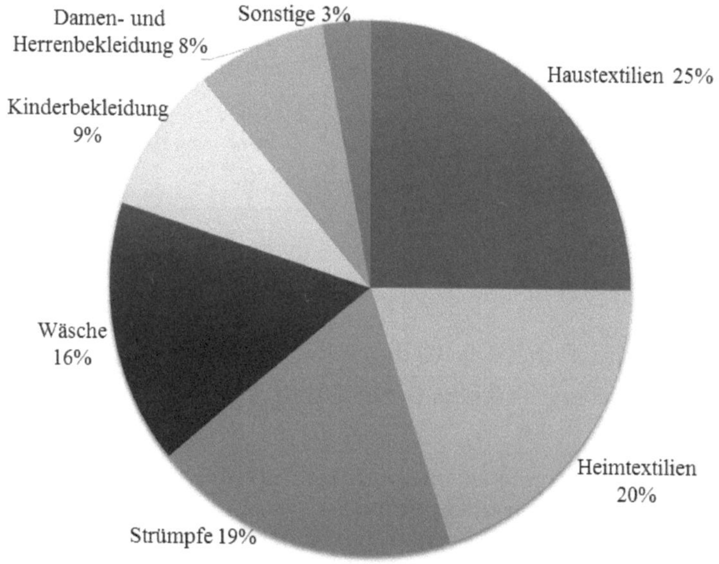

Abbildung 12: Anteil der Produktkategorien aus dem Segment der „Öko-Textilien" in %

Quelle: Eigene Darstellung nach Dillemut (2013).

Dennoch nutzen den größten Anteil an „Bio-Baumwolle" Global Player wie H&M, C&A, Zara oder Nike und nicht mehr die ursprünglichen Pionierunternehmen in diesem Bereich (vgl. SCHAUS 2013: 36). Obgleich Konsumethik überwiegend mit Lebensmitteln in Verbindung gebracht wird, zeigen diese Tendenzen, dass auch die Bekleidungsindustrie einen Trend erkannt hat und verstärkt nutzen möchte, gerade für den Massenmarkt. Dennoch gibt es auch Gründe, warum nur etwa jeder vierte Konsument in Deutschland mindestens ein Bekleidungsstück mit einem der Öko-Label pro Jahr kauft. So ist nicht nur die Auswahl geringer, sondern auch der signifikant höhere Preis spielt in vielen Fällen eine Rolle. Darüber hinaus ist die persönliche emotionale Betroffenheit hier gering, da Produktionsstätten in der Regel weit entfernt sind. Ferner ist es dem Kunden nicht möglich, sich durch den Kauf zu profilieren, da man „Öko" oder „Fair" der Kleidung nicht ansehen kann (vgl. FRANK ET AL. 2016: 53). Zumindest solange Marken nicht mit ethischen Kriterien werben und auf diese Weise die Kenntnis darüber verbreiten. Allerdings setzen bisher nur wenige Textilhersteller auf transparente Herstellungsbedingungen und offene, ehrliche Kommunikation, während in der Lebensmittelbranche bereits Wert auf die Rückverfolgbarkeit von Produktionsketten sowie Herkunftsnachweise gelegt wird (vgl. SEITZ 2013: 19). Bezogen auf das Modell der Konsumethik spricht die Kleidungsindustrie somit die Faktoren Vertrauen und Informationen in einem erheblich geringeren Maße an.

Neben Kleidung und Lebensmitteln hat die Konsumethik jedoch bereits weitere Branchen erreicht, wenn auch in geringerem Ausmaß. Mit dem Fairphone wurde beispielsweise das erste Mobiltelefon auf den Markt gebracht, dessen Hersteller bei der Rohstoffgewinnung bis zur Fertigung in China versuchen, so gut es geht miserable Arbeitsbedingungen zu vermeiden (vgl. LEUBECHER 2014: o. S.). Einer Studie von SevenOne Media zufolge drückt sich im Bereich Elektrogeräte ethisches Verhalten schon jetzt am deutlichsten aus. 82,1 % der Befragten gaben an, Haushaltsgeräte der Energieeffizienzklasse A zu besitzen. Dieser Wert ist sogar höher als im Bereich „regio" oder „bio" (vgl. REITBAUER 2009: 10). Allerdings ist das Angebot auch in diesem Segment noch ausbaufähig. Laut Umfrage wünschen sich 36 % der Deutschen mehr nachhaltigkeitsorientierte und sozialverträgliche Angebote im Bereich der Elektrogeräte. In der Gesundheits- und Pharmabranche sind es sogar 38 %, die ein größeres Angebot als wünschenswert betrachten. Dieser Bereich nimmt nach Lebensmitteln und Mode sogar Platz drei der Zukunftspräferenzen ein. Ein Grund dafür ist unter anderem, dass Patienten bzw. Kunden durch Medien und Internet sehr gut informiert sind und Ärzten immer häufiger auf Augenhöhe begegnen. Ausschließlich Forschung als guten Zweck zu vermarkten, reicht infolgedessen nicht mehr aus, da Kunden sich in diesem Bereich mehr wünschen (vgl. SEITZ 2013: 20 ff). Weitere Märkte mit entsprechendem Wunsch nach einer Angebotserweiterung sind in Abbildung 13 dargestellt.

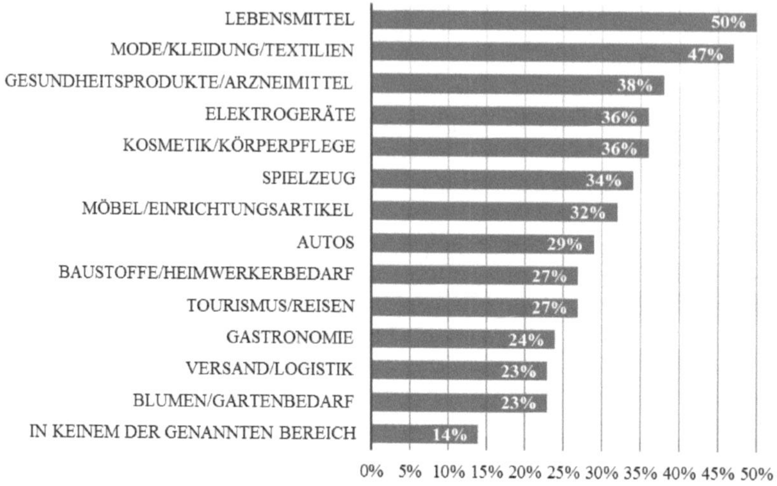

Abbildung 13: Äußerungen zum Wunsch nach einem größeren ethischen Angebot in diversen Konsumbereichen in %

Quelle: Eigene Darstellung nach Seitz (2013).

Das Marktanteilspotenzial für nachhaltige bzw. ethische Produkte liegt theoretisch bei etwa 40 %. Dabei erhöht sich die Durchsetzungskraft der Produkte am Markt mit abnehmendem Preisunterschied zu herkömmlichen Gütern, da die Zusatznutzen durch die unsichtbaren Qualitäten wie Ethik steigen, während die Mehrkosten niedrig bleiben. Zwar sind branchenspezifische Abweichungen zu verzeichnen, jedoch ist die Mehrpreisbereitschaft allgemein eher gering (vgl. BALDERJAHN 2013: 19).

3.4 Konsequenzen für Unternehmen

Laut einer Studie der Verbraucherinitiative achtet jeder zweite Konsument bei Kaufentscheidungen zumindest meistens auf verantwortungsvolle Unternehmen (vgl. VERBRAUCHER INITIATIVE 2011: 13). Vor allem Mitarbeiterbehandlung, Aufrichtigkeit bei öffentlichen Informationen und Engagement für den Erhalt der Umwelt kommen eine hohe Bedeutung zu (vgl. INSTITUT FÜR HANDELSFORSCHUNG 2014: o. S.). Gerade jüngere Personen im Alter zwischen 16 und 32 Jahren sehen die Wirtschaft an erster Stelle, um ethischen Konsum für Menschen attraktiver zu machen. Generell steht der Erwartungshaltung aber ein Verlust an Vertrauenswürdigkeit und Glaubwürdigkeit gegenüber, der in den letzten

Jahren zugenommen hat. Unternehmen sehen sich mit der Herausforderung konfrontiert, ihrer Rolle als Impulsgeber gerecht zu werden und gleichzeitig Vertrauen zurückzugewinnen. Folglich muss Profitstreben mit ökologischer und sozialer Verantwortung vereinbar werden. Bei der Erreichung dieser Ziele befinden sich Unternehmen aber nicht nur unter ständiger Beobachtung von Verbrauchern, sondern auch von NGOs und Medien (vgl. OTTO GROUP 2013: 45).

Für viele Firmen entstehen allerdings auch Chancen. Während früher vor allem Qualität, Preis sowie Einkaufserlebnis und Glücksversprechen im Vordergrund standen, kommen heute immaterielle Werte hinzu. Durch das Eintreten für die geforderten Werte entstehen neue Mittel, um sich am Markt zu profilieren und damit Kunden zu binden. Beispielsweise ist es durch ethische Zusatzleistungen möglich, das Image von Betrieben und Kooperativen zu verbessern sowie die Beziehungen zu Produzenten und Lieferanten zu stärken. Eine entsprechende Kommunikation der Werte führt zu Transparenz in der Wertschöpfungskette und ermöglicht auf diese Weise einen erleichterten Zugang zu Informationen. Unternehmen können das Bewusstsein für sichtbare wie auch unsichtbare Qualitäten sowie für die Herkunft der Produkte stärken (vgl. FORSCHUNGSINSTITUT FÜR BIOLOGISCHEN LANDBAU/BIO SUISSE 2009: 15).

Begonnen hat die Entwicklung der Wirtschaftsethik bereits vor etwa 30 Jahren, als etwa 200 Unternehmen und Führungskräfte den Förderkreis Umwelt future e.V. mit dem Ziel gründeten, den Faktor Umwelt zu einem festen Bestandteil der Firmenphilosophie und Organisationsentwicklung zu machen. Wenig später folgte der Bundesdeutsche Arbeitskreis für Umweltbewusstes Management (B.A.U.M.). Soziale Faktoren fanden anfangs noch wenig Beachtung, dafür gehörte jedoch Umweltfreundlichkeit zu den zehn wichtigsten Themen der Marketingmanager von 1990. Dieser Trend konnte zunächst durch entsprechende Markterfolge mit Öko-Produkten in unterschiedlichen Branchen bestätigt werden. Allerdings zogen sich einige große Anbieter von Textilien bald wieder aus der Vermarktung zurück, da ihre Erwartungen nicht erfüllt wurden. Ursachen waren sowohl das Verbraucherverhalten als auch eine unprofessionelle Herangehensweise vieler Unternehmen. Reaktionen in Form von Werbemaßnahmen, die auch Scheinlösungen aufwiesen, führten zu einer weiteren Verunsicherung der Verbraucher und damit zum Verlust von Glaubwürdigkeit. Doch gerade im Lebensmittelsektor boomte der Markt in einer späteren Phase. So wurden eigene Marken von Einzelhändlern kreiert und relativ moderate Preise eingeführt. Parallel dazu entwickelten sich traditionelle Bioläden zu immer großräumigeren Bio-Supermärkten, die sich auch unter ökologischen

Gelegenheitskäufern einen Namen machten. Ebenso brachten Produzenten wie Bionade neue Premium-Marken auf den Markt. Lebensmittelskandale wie BSE oder Gammelfleisch verliehen dem Sektor einen zusätzlichen Schub (vgl. SPILLER ET AL. 2007: 8 ff). Für Händler besteht heute weniger die Schwierigkeit im Absatz solcher und ähnlicher Produkte, sondern vielmehr in deren Beschaffung, da der Anbau ökologischer Lebensmittel zu einem Engpass des Marktes wurde (vgl. GFK 2007: o. S.). Aber nicht nur der Bio-Markt, sondern auch fair gehandelte Güter haben sich sehr positiv entwickelt, sogar über den Lebensmittelsektor hinaus. Der Ausbau fairer Handelsbeziehungen kennzeichnet gemeinsam mit anderen Aktivitäten die Entwicklung zum Nachhaltigkeitsmarketing bzw. zur Unternehmensethik. Ein entsprechender Erfolg in den Bereichen der Konsumethik führte zu weiteren Entwicklungen bei Fair Trade. Waren zu Beginn überwiegend ökologische Themen relevant, werden heute auch in Unternehmen verstärkt soziale Themen integriert (vgl. SPILLER ET AL. 2007: 14).

Insgesamt hat sich der beschriebene Trend über den Lebensmittelsektor hinaus fortgesetzt. So werden insbesondere Natur-Kosmetika und Textilien verstärkt nachgefragt (vgl. MAIER 2006: o. S.). Ferner konnte im Baubereich eine Zunahme des Verkaufs von Niedrigenergie- oder Passivhäuern verzeichnet werden, welcher von steigenden Energiekosten profitiert. Auch in der Fahrzeugbranche wurde das Thema aufgegriffen, weswegen die neue Aufgabe darin besteht, ökologische Innovationen für die Masse erschwinglich zu machen (vgl. SPILLER ET AL. 2007: 13 f). Die Entscheidung, ein Unternehmen ethisch verantwortungsbewusst zu führen, kann sowohl auf ökosozialen Überzeugungen als auch auf rein ökonomischen Überlegungen basieren. Denn Unternehmen können gegebenenfalls Verluste verzeichnen, wenn sie sich nicht an umweltgerechte oder soziale Entwicklungstrends anpassen. Hierbei wird über alle Branchen hinweg ein positiver Zusammenhang zwischen wirtschaftlichem Erfolg und Nachhaltigkeit angenommen. Diesbezüglich ist festzustellen, dass der Zusammenhang in Bezug auf soziale Leistungen stärker ist als im Hinblick auf Umweltaspekte. Auf Unternehmensseite liegen vor allem nachhaltiges Unternehmensmanagement und nachhaltiges Investment im Trend. Hierfür werden Kommunikationsmittel wie Umwelt- und Sozialzertifizierungen gewählt. Wichtig ist an dieser Stelle, dass alle Anspruchsgruppen einbezogen werden und sich ein Betrieb dadurch als langfristiger und vertrauenswürdiger Akteur etabliert. Hierzu müssen Mitarbeiter im Sinne der Unternehmensethik geschult und die Auswirkungen des Lebenszyklus der Produkte einbezogen werden (vgl. BOKSBERGER 2009: 7 f).

Dass sich ein Wandel vollzogen hat, ist an der Reaktionszeit der Unternehmen bereits festzustellen. Negative Äußerungen durch Kunden im

Internet werden heute schneller durch Unternehmen beantwortet, was darauf hindeutet, dass dieses Thema ernst genommen wird (vgl. SÜDDEUTSCHE ZEITUNG 2015: o. S.). Dabei wird mehr als in anderen Themenfeldern bei der Ethikkommunikation Inhaltslosigkeit bestraft und inhaltliche Substanz verlangt. So wird Unternehmen häufig „Greenwashing" vorgeworfen. Marketinglastige oder irreführende Kommunikation führt daher zu einer größeren Zahl von negativen als positiven Ergebnissen. Kommunikatoren müssen deshalb über inhaltliche Kompetenz verfügen, die richtigen Themen setzen und Inhalte passend aufbereiten (vgl. UTOPIA GMBH 2014: 11 f). Oft ist dies jedoch mit Problemen verbunden. Viele Hersteller wissen sehr wenig über die ökologischen und sozialen Auswirkungen der Produktionsverfahren in den Vorstufen, da sich die Kommunikation zu Vorlieferanten überwiegend auf Preise und Stoffqualitäten bezieht. Fragmentierte Wertschöpfungsketten mit hohem globalem Einkauf und häufigem Lieferantenwechsel sind Ursachen dieses Koordinierungsproblems. Aus diesem Grund sind verstärkte Eigenfertigung und stabile Kooperationen mit ausgewählten Lieferanten notwendig. Eine solche Erhöhung der Wertschöpfungstiefe wird schon jetzt von einigen Unternehmen umgesetzt (vgl. SPILLER ET AL. 2007: 34 ff). Beispielsweise engagiert sich der Textilanbieter Hess Natur bei Anbauprojekten für Bio-Baumwolle sowie bei der Entwicklung neuer Farbstoffe auf Naturbasis, Lebensmittelhersteller nehmen Landwirte langfristig unter Vertrag, um Liefersicherheit zu haben, und der Axel-Springer-Verlag arbeitet mit Papierherstellern, Waldbesitzervereinigungen sowie dem Otto-Versand an der Optimierung der Papierproduktionskette, um nur einige Beispiele zu nennen (vgl. ANKELE 2001: 282). Aber auch das Thema Fairness gewinnt bei Unternehmen inzwischen auch gegenüber Kunden, Partnern und Mitarbeitern an Bedeutung (vgl. SEITZ 2013: 18).

Dies liegt auch an der Erkenntnis, dass Effizienz als einzige ökonomische Überlegung nicht ausreicht, obwohl dieser Faktor über Dekaden immer weiter erhöht wurde. Stattdessen setzen Unternehmen mittlerweile vermehrt auf Resilienz. Überlebensfähigkeit wird damit über Profitmaximierung gestellt, wozu konkret auch gehört, Mitarbeiter fair zu behandeln sowie ihnen Sicherheit und Vertrauen entgegenzubringen. Hieraus entwickelt sich ein neuer Unternehmenstypus, in dem soziales und ökologisches Engagement von der Marketingabteilung ins Zentrum der Wertschöpfungskette gesetzt wird. Diese Determinanten werden somit zusätzlich zum Firmenergebnis aufaddiert. Das Ergebnis einer Vernachlässigung der sozialen Frage ist im Untergang des Unternehmens Schlecker erkennbar. Da dort ethische Grundsätze fehlten, konnte sich besonders erfolgreich dessen Wettbewerber, die dm-Drogerie, etablieren und kann als Vorbild für ökosoziale Verantwortung gesehen werden (vgl. SEITZ 2013: 18). In steigendem Maße sind ethische Standards in Form von CSR auch bei Unternehmen wie Coca Cola, Iglo oder der Deutschen Post festzustellen, um nur einige zu nennen, wobei hier zum Teil auch mit NGOs zusammengearbeitet wird (vgl. BACHMANN/ELGLEB 2008: 1). Seit 2016 sind etwa 6.000 Großunternehmen in der Europäischen Union sogar dazu verpflichtet, über ihre CSR-Aktivitäten zu berichten, um Transparenz bezüglich Sozial- und Umweltbelangen zu schaffen (vgl. ENSTE 2014: 3).

Insgesamt geht es in der Unternehmenswelt darum, Schaden zu verhindern, Marktanteile im Ethikbereich aufzubauen, Risiken zu minimieren, Innovationen zu entwickeln und Ineffizienzen in den Wertschöpfungs- und Lieferketten zu beseitigen, um Ökonomie, Ökologie und Soziales miteinander in Einklang zu bringen. So hat eine Abkehr von einer defensiven, extern getriebenen Einstellung zu Ethikthemen und -aktivitäten, beispielsweise in Form der Einhaltung gesetzlicher Rahmenbedingungen, die als unvermeidlicher Kostenfaktor betrachtet wurden, stattgefunden. Stattdessen hat sich eine positive Sichtweise etabliert, die auf eine Steigerung der Unternehmensprofitabilität, Identifizierung neuer Chancen, Stärkung der Marken und Abgrenzung des eigenen Marktes hinausläuft. Unternehmensethik resultiert folglich zunehmend aus eigenem langfristigen strategischen Interesse (vgl. COMMERZBANK AG 2015: 13 ff). Deutsche Unternehmen nehmen eine gute Startposition im Wettbewerb um ethisches Wirtschaften ein, da viele von ihnen Vorreiter in diesem Geschäftsfeld sind (vgl. PRESSE- UND INFORMATIONSAMT DER BUNDESREGIERUNG 2012: 14).

3.5 Reaktionen der Politik

Für die Gestaltung des Marktes für ethische Produkte sehen 27 % der Befragten einer Studie die Politik an erster Stelle in der Verantwortung. Durch Gesetze, Steuererleichterungen oder Förderprogramme soll dieser Bereich für Konsumenten attraktiver gestaltet werden. Ein Handeln der Politik wäre auch in Anbetracht des fortlaufenden Vertrauensverlustes in den vergangenen Jahren erstrebenswert. Denn immer weniger Menschen glauben, dass der Staat in der Lage ist, sie als Konsumenten effizient zu schützen oder die Eckpfeiler zu setzen, um Wirtschaft und Gesellschaft nachhaltiger zu gestalten (vgl. OTTO GROUP 2013: 44). Aber auch die Tatsache, dass zwischen Konsumentenbewusstsein und Handeln eine Lücke klafft, die sogenannte Mind Behaviour Gap, legt nahe, die moralische Verantwortung zumindest teilweise an staatliche Politik oder das Rechtssystem zu delegieren (vgl. GRUNWALD 2012: o. S.).

Der erste politische Schritt in Richtung Wirtschafts- und Konsumethik wurde in der Rio-Konferenz 1992 unternommen, als nachhaltige Entwicklung mit dem Abbau nicht nachhaltiger Konsum- und Produktionsweisen in Verbindung gebracht wurde. Zehn Jahre später wurde am zweiten Weltgipfel für nachhaltige Entwicklung in Johannesburg das Ziel einer weltweiten Förderung nachhaltiger Konsum- und Produktionsmuster bekräftigt. Einigkeit besteht mittlerweile darüber, dass die Konsummuster der westlichen Länder nicht weltweit übertragbar sind, weshalb nach Möglichkeiten gesucht wird, Lebensstile und Konsummuster national ethisch verantwortungsbewusst zu beeinflussen (vgl. WUPPERTAL-INSTITUT 2005: 19). Erst 2016 verabschiedete die Bundesregierung einen Aktionsplan für „nachhaltige Ernährung". Dieser umfasst eine regelmäßige Erfassung und Analyse des Ressourcenverbrauchs durch Ernährung in Deutschland, die Entwicklung von Indikatoren und Zielen sowie die Integration dieser in die nationale Nachhaltigkeitsstrategie Deutschlands, die Erarbeitung und Verabschiedung von Empfehlungen für eine gesunde und nachhaltige Ernährung und eine Vorbildfunktion öffentlicher Kantinen durch Pilotprojekte. Da gerade der Lebensmittelsektor ein sehr großes Potenzial aufweist und sich am Markt für Konsumethik etabliert hat, ist die politische Auseinandersetzung mit dem Thema Ernährung wichtig. Deshalb soll aufbauend auf dem bestehenden Aktionsplan, 2018 eine Strategie für nachhaltige Ernährung beschlossen werden. Hierzu setzt die Bundesregierung eine groß angelegte Informationskampagne in Bezug auf nachhaltige und gesunde Ernährung um (vgl. WWF DEUTSCHLAND 2015: 14).

Eine Richtschnur für sozial verantwortungsvolles Handeln existiert seit 2011 in Form der UN-Leitprinzipien für Wirtschaft und Menschenrechte auf internationaler und nationaler Ebene. Diese bilden die Grundlage für alle Gesetzgebungsinitiativen, zu denen auch die EU-Richtlinie zu nichtfinanzieller Berichterstattung gehört, die bereits in nationales Recht umgesetzt wurde (vgl. BLECKMANN 2016: 18). Seit 2002 verfügt Deutschland über eine nationale Nachhaltigkeitsstrategie und gehört damit zu den ersten Ländern weltweit, die ein derartiges Regierungsstreben verbindlich formuliert haben. Diese stellt das zentrale Umsetzungsdokument für nationale Maßnahmen zur Erreichung der Sustainable Development Goals der UN dar. Folglich werden hierin auch die Rahmenbedingungen für ethischen Konsum mitgestaltet. Das NPNK ist Teil der Agenda-2030-Maßnahmen und gehört damit zur Gesamtstrategie der Bundesregierung für mehr Nachhaltigkeit (vgl. VERBRAUCHERZENTRALE BUNDESVERBAND E.V. 2016: 4 f). Die 17 SDGs wurden jedoch nicht von den Industrieländern zur Erarbeitung angestoßen, sondern global gesehen vom politischen Süden. Das zwölfte Ziel „Nachhaltige Produktions- und Konsumstrukturen" zielt deutlich auf ethischen Konsum ab und dürfte die Nachhaltigkeitspolitik in Deutschland bis 2030 noch einmal verändern (vgl. SCHÖNHEIT 2016: 4 f).

Konkret wird ethischer Konsum in Deutschland seit 2002 durch folgende Handlungsfelder gefördert:

- Förderung ökologischer Produktstandards durch Normung, Ökodesign sowie freiwillige und verpflichtende Kennzeichen.
- Förderung der umweltfreundlichen Beschaffung.
- Entwicklung von Bewertungsmethoden und Ökobilanzierung.
- Förderung der ökologischen Verbraucherinformation und Verbraucheraufklärung zu zentralen Produkt-, Konsum- und Bedürfnisfeldern mit Fokus auf produktbezogene Umweltkennzeichen und andere Instrumente.
- Förderung von Initiativen von Wirtschaft und Zivilgesellschaft.
- ökologische Verbraucherforschung und sozialökologische Forschung.
- nachhaltiger Konsum als Schwerpunkt im Rahmen der Verbraucherbildung sowie einer Bildung für nachhaltige Entwicklung.

Aktuell mangelt es jedoch noch an geeigneten Indikatoren, mit denen der Erfolg der Fördermaßnahmen gemessen werden kann (vgl. SCHÖNHEIT 2016: 4 f).

Des Weiteren enthält das 2015 beschlossene Maßnahmenprogramm „Nachhaltigkeit" unter anderem konkrete Vorgaben zur Beschaffung auf Bundesebene sowie Nachhaltigkeitskriterien für den Betrieb von Kantinen und für die Organisation von Veranstaltungen der Bundesministerien und deren nachgeordneten Behörden. Ferner wird der Absatz ressourceneffizienter Produkte und Dienstleistungen durch das „Deutsche Ressourceneffizienzprogramm (ProgRess)" gefördert. Wesentliche Impulse gehen ebenso aus dem nationalen Abfallvermeidungsprogramm aus dem Jahr 2013 hervor. Weiterhin wird in der nationalen Strategie zur biologischen Vielfalt gefordert, dass sich die Nachfrage nach naturverträglichen Produkten und Dienstleistungen kontinuierlich verstärken soll. In Bezug auf soziale Determinanten hat die Bundesregierung Maßnahmen zur Förderung besserer Arbeitsbedingungen und zur Prävention von Risiken sowie zur Stärkung der Beschwerdemechanismen ergriffen. Auf diese Weise soll die unternehmerische Verantwortung für Arbeits- und Sozialstandards in globalen Lieferketten unterstützt und die Bedeutung internationaler Vereinbarungen gestärkt werden. Die in allen genannten Bereichen eingesetzten Instrumente erstrecken sich von der Information über die öffentliche Beschaffung und Fördermaßnahmen bis zum Ordnungsrecht (vgl. BUNDESMINISTERIUM FÜR UMWELT, NATURSCHUTZ, BAU UND REAKTORSICHERHEIT 2016: 8). Die Aufzählung aller konkreten Maßnahmen würde jedoch den Rahmen dieser Arbeit sprengen, weshalb eine Beschränkung auf die zentralen Handlungen erfolgt.

Insgesamt ist festzuhalten, dass auch die politische Ebene Naturverträglichkeit, Sozialverträglichkeit und Wirtschaftlichkeit in gleicher Weise anstreben sollte (vgl. REISCH/SCHERHORN 1998: 93). Bei Betrachtung der bisherigen Regulationen ist jedoch festzustellen, dass der wesentliche Fokus auf einer ökologischen Dimension liegt. Natürlich ist zu berücksichtigen, dass eine Sozialverträglichkeit in Deutschland überwiegend bereits gewährleistet und der Einfluss auf Produktionsbedingungen in anderen Ländern gering ist. Infolgedessen muss aber umso mehr der Sozialfaktor auf internationaler Ebene Berücksichtigung finden.

4. Qualitative Analyse zum ethischen Konsum in Deutschland

Die empirische Untersuchung zum ethischen Konsum in Deutschland wird mittels qualitativer Analysen durchgeführt. Dabei ist darauf hinzuweisen, dass die hierbei erlangten Ergebnisse nicht auf eine Gesamtheit verallgemeinerbar sind, jedoch auf bestimmte Tendenzen hinweisen. Der Vorteil der qualitativen Methoden besteht darin, dass eine detaillierte und umfangreiche Auseinandersetzung mit dem Thema möglich ist. Infolgedessen können neue Verhaltensweisen der Konsumenten ermittelt und ein tieferes Verständnis bisheriger Kaufentscheidungen erzielt werden. Darüber hinaus haben zahlreiche quantitative Untersuchungen in diesem Bereich gezeigt, dass das tatsächliche Konsumentenverhalten nicht mit den Angaben der Befragten übereinstimmt. Aus diesem Grund wurde durch Diskussionen und Aufgabenstellungen innerhalb dieser Forschung Wert darauf gelegt, die Teilnehmer möglichst gering zu beeinflussen, um ihre tatsächlichen Gedanken und Entscheidungen zu erfahren. Auf diese Weise kann ein realitätsnäheres Abbild des Verbraucherverhaltens in einem sensiblen Themenfeld wie Konsumethik erreicht werden. Die Anwendung sowohl schriftlicher als auch mündlicher Erhebungsverfahren soll dieses Ziel unterstützen und das Fehlerrisiko mindern. In diesem Kapitel werden die verschiedenen Hilfsmittel und Verfahren der beiden qualitativen Forschungsmethoden aufgezeigt, aber auch die Teilnehmerwahl und das Forschungsdesign zusammenfassend begründet. Das abschließende Ziel dieses Abschnittes ist die Auswertung und Darstellung der Ergebnisse. Dies erfolgt zunächst umfassend innerhalb eines Erhebungsverfahrens und gruppenbezogen, bevor im letzten Teilkapitel auf die wesentlichen Aspekte in einer Zusammenfassung der Ergebnisse eingegangen wird. Hierdurch können Unterschiede und Gemeinsamkeiten zwischen den Aussagen der jeweiligen Sektionen ermittelt werden.

4.1 Gruppendiskussionen

Insgesamt werden zwei Gruppendiskussionen in einem kleinen Rahmen von fünf Personen durchgeführt. Die jeweiligen Gruppen kennzeichnen sich durch ihr Geschlecht. Dadurch wird die kollektive Einstellung und Ideologie einer Gruppe mit möglicherweise heterogeneren Gedankengängen ermittelt und analysiert. Durch die geringe Teilnehmerzahl je Gruppe soll eine rege Diskussionsteilnahme aller Beteiligten erreicht werden. Wichtig ist an dieser Stelle, bei diesem sensiblen Thema psychische Sperren zu durchbrechen und Wunschdenken möglichst auszuschließen. Auch deshalb werden die Diskussionen in einem natürlichen Umfeld der Teilnehmer durchgeführt. Durch Schaffung einer Alltagssituation werden die Teilnehmer in einer offenen Gesprächsrunde durch entsprechende Reize zur Diskussion animiert. Aufgabe des Moderators ist es, auf relevante Themen hinzulenken und den Gesprächsfluss aufrecht zu erhalten. Die Gruppe bewältigt zusätzlich gemeinsam und einzeln zum Teil spielerische Aufgaben, die der Informationsgewinnung dienen. So werden beispielsweise Plakate gestaltet und eine Art schriftliche Flüsterpost in Bezug auf Formen des ethischen Konsums durchgeführt.

4.1.1 Auswahl der Teilnehmer

Im theoretischen Teil dieser Arbeit wurden bereits potenzielle Zielgruppen für ethischen Konsum identifiziert. Eine wichtige Rolle spielen demnach LOHAS. Jedoch ist eine Diskussion von Konsumethik allein im Kontext dieses Personenkreises nicht ausreichend. Um dieses Feld erfolgreich voranzutreiben, ist es von Bedeutung, unterschiedliche Motivlagen und Treiber der jeweiligen Konsumgruppen zu berücksichtigen (vgl. BACHMANN/ELGLEB 2008: 4).

Aus Kapitel 3.2 geht hervor, dass sich die wesentliche Charakteristik ethischer Konsumenten auf Haushaltseinkommen, Geschlecht, Bildungsstand und Alter bezieht. Die Gruppenbildung zur Diskussionsführung findet im Wesentlichen auf Grundlage des Geschlechts der Teilnehmer statt. Somit werden zwei Gruppen aus jeweils weiblichen und männlichen Teilnehmern gebildet. Ziel ist es dabei, das Verhalten und die Gedankengänge aller Gruppenmitglieder zu erfassen und zu begründen. Auf diese Weise können entsprechende Handlungen zur Beeinflussung der Zielgruppen getätigt werden, sodass sich die Auswirkungen des ethischen Konsums sowohl abschätzen als auch steuern lassen. Eine Kategorisierung nach Einkommen, Alter oder Bildungsniveau wäre in diesem Fall theoretisch ebenfalls möglich gewesen, allerdings ist die Bereitschaft potenzieller Teilnehmer, sich gerade hinsichtlich ihres Einkommens und Bildungsniveaus in Gruppen einteilen zu lassen, sehr gering und mit Unverständnis verbunden. Die Variablen Alter und Geschlecht stellen dagegen keine vergleichbare Problematik dar. Jedoch musste bei der Teilnehmersuche festgestellt werden, dass gerade Männer im mittleren bis hohen Alter nicht gewillt sind, an Diskussionen über Konsumethik teilzunehmen, weshalb eine sinnvolle Gruppenbildung anhand des Alters nicht vollzogen werden kann. Darüber hinaus ermöglicht der gesetzte Rahmen dieser Arbeit nur eine geringe Anzahl an Gruppendiskussionen, wenn das Spektrum des Themenfeldes und vor allem die Informationstiefe, die bei qualitativer Forschung typischerweise möglichst hoch ausfällt, beibehalten werden sollen.

Das Ziel bei der Teilnehmerwahl besteht folglich darin, absolute Homogenität im Hinblick auf das Geschlecht innerhalb einer Gruppe herzustellen und möglichst große Heterogenität in Bezug auf sonstige charakterisierende Variablen wie Alter, Haushaltseinkommen und Bildungsstand. Auf diese Weise soll eine Verfälschung der Ergebnisse durch Homogenität in anderen Faktoren als dem Geschlecht vermieden werden. Dabei muss allerdings auch erwähnt werden, dass keine perfekte Durchmischung der Gruppen in allen sonstigen relevanten Variablen gewährleistet werden kann. Bezüglich Bildung, Alter und Einkommen wurde deswegen darauf geachtet, dass sich mindestens ein Gruppenmitglied in diesen Faktoren von den anderen Teilnehmern unterscheidet. Da sich das Bearbeitungsthema geographisch auf Deutschland bezieht, durften ferner nur Personen teilnehmen, die ihren festen Wohnsitz hierzulande haben.

Zusätzlich wurden die Diskussionsteilnehmer anhand ihres Kaufverhaltens ausgewählt. So wurden nur Personen zugelassen, die ethische Kriterien als Bestandteil ihrer Kaufentscheidung wahrnehmen und im letzten Monat mindestens einmal Produkte aus ethisch vertretbarer Herstellung konsumiert oder aus ethischen Gründen auf Produkte verzichtet haben. Hierbei handelt es sich um Voraussetzungen, um an einer Diskussion zum Thema teilnehmen zu können, da ansonsten eine Abneigung der Teilnehmer bezüglich ethischen Konsumverhaltens oder mangelndes themenbezogenes Wissen den Gesprächsverlauf behindern könnte.

Um geeignete Teilnehmer zu rekrutieren, wurde ein Rekrutierungsfragebogen erstellt, der die beschriebenen Faktoren beinhaltet (siehe Anhang „Rekrutierungsfragebogen zur Gruppendiskussion", S. 147 f) und für jeden Teilnehmer auszufüllen ist. Da die Partizipanten privat geworben wurden, erfolgte die Rekrutierung überwiegend mündlich und nur in Ausnahmefällen schriftlich. Zur schriftlichen Rekrutierung geht dem Fragebogen zusätzlich ein kurzer Informationstext voraus, der Zweck, Ablauf und Thema der Gruppendiskussion erläutert und Hinweise zur Beantwortung des Fragebogens enthält. Hierdurch wurde potenziellen Teilnehmern auch ein selbstständiges Beantworten der Fragen ermöglicht. Die Ansprache fand jedoch in der Regel gezielt auf Grundlage der persönlichen Kenntnisse über die Teilnehmer statt, sodass oft lediglich fehlende Informationen abgefragt werden mussten.

Das Ergebnis der Rekrutierungen zu den beiden Gruppendiskussionen ist Tabelle drei zu entnehmen. Hierbei wird zusammenfassend eine Charakteristik der Gruppenstrukturen abgebildet.

Tabelle 3: Charakteristik der Diskussionsgruppen

	Männer-Diskussionsgruppe	**Frauen-Diskussionsgruppe**
Geschlecht	***Männlich: 5x***	***Weiblich: 5x***
Geburtsjahr	1966 - 1980: 1x 1981 - 1995: 3x > 1995: 1x	1956 - 1965: 2x 1966 - 1980: 1x 1981 - 1995: 2x
Wohnort	Deutschland: 5x	Deutschland: 5x
Ausbildung	Abitur/Fachabitur: 3x Berufsschulabschluss: 1x Hochschulabschluss: 1x	Mittlere Reife: 2x Abitur/Fachabitur: 1x Berufsschulabschluss: 1x Hochschulabschluss: 1x
Haushaltseinkommen	< 1.000 €: 3x 1.000 € - 1.500 €: 1x 1.500 € - 2.000 €: 1x	1.500 € - 2.000 €: 1x 2.000 € - 3.000 €: 2x 3.000 € - 4.000 €: 2x
Ethische Kriterien als Bestandteil der Kaufentscheidung	Ja: 5x	Ja: 5x
Häufigkeit des ethischen Konsums im letzten Monat	Ein bis zwei Mal: 4x Mehr als drei Mal: 1x	Ein bis zwei Mal: 2x Mehr als drei Mal: 3x

Quelle: Eigene Darstellung (2017).

4.1.2 Erstellung des Leitfadens

Der Leitfaden dient als Orientierung zur Moderation der Gruppendiskussionen, sodass im Idealfall die jeweiligen Themen von den Teilnehmern selbstständig bearbeitet werden. Der Leitung des Gesprächsverlaufes dienen dennoch einige offene Fragen, die in die Hauptkategorien

Persönliche Einstellung, Einkaufsverhalten, Information und Vertrauen sowie Erwartungen fallen.

Im ersten Abschnitt der Moderation wird jedoch zunächst eine Einführung durch den Moderator gegeben, indem er sich selbst vorstellt, allgemeine Hinweise zur Durchführung der Gruppendiskussion erteilt und den Rahmen erläutert. Gleichzeitig haben die Teilnehmer die Möglichkeit, bereits vorab Fragen zu stellen, um Unterbrechungen während der Diskussionen zu vermeiden. Darauf folgt eine kurze Vorstellungsrunde, in der sich die Teilnehmer gegenseitig kennenlernen, um die Situation aufzulockern und eine angenehme Unterhaltung herbeizuführen. Die Einführung endet mit dem Hervorrufen eines Grundreizes. Bei diesem handelt es sich um eine auf Leinwand projizierte Fotocollage, die Bilder zu ethischem Konsum und Massenkonsum bzw. egoistischem Konsum zeigt. Auf diese Weise sollen die Teilnehmer einen Input zur Diskussion erhalten, ohne dabei durch eigene Formulierungen bzw. persönliches Wissen beeinflusst zu werden. Da ethischer Konsum individuell unterschiedlich aufgefasst und definiert werden kann, wird auf eine genaue verbale Themenerläuterung verzichtet.

Gerade im zweiten Abschnitt ist die subjektive Einstellung zu Konsumethik wichtig und wird dementsprechend erfragt. Die erste Frage in diesem Themenblock lautet deswegen: „Was ist/bedeutet ethischer Konsum für Sie?" Da Konsumethik einen relativ neuen Begriff darstellt, dessen Bedeutung nicht jeder Person bewusst ist, wird die verbale Kommunikation in diesem Fall durch Bilder unterstützt. Die Teilnehmer fertigen eigenständig Fotocollagen aus Zeitschriftenfotos oder Texten an, die sie anschließend erklären. Durch Bild, Schrift und Wort ist hierbei eine deutliche Informationsmitteilung möglich. Frage zwei bezieht sich auf den Grund und Zweck des persönlichen ethischen Einkaufs. Die beabsichtigten Auswirkungen des eigenen Handelns werden in Gruppenarbeit auf ein Plakat geschrieben und von einem Teilnehmer erläutert. Neben beabsichtigten Auswirkungen wird aber auch nach weiteren Gründen für den Kauf entsprechender Produkte gefragt.

Im dritten Abschnitt wird vertieft auf das Konsumverhalten eingegangen. Die erste Frage zielt darauf ab, welche Produkte oder Produktkategorien die Teilnehmer mit ethischem Konsum in Verbindung bringen. Diese werden stichpunktartig vom Moderator auf ein Flipchart geschrieben. Nach Ende der Aufzählungen wird bei besonderen oder auffälligen Punkten nach den Gründen für die Assoziation gefragt. Als nächstes werden die Teilnehmer gebeten, sich vorzustellen, die genannten Produkte zu kaufen. Dabei werden diverse Fragen zu dieser Einkaufssituation gestellt. Hierdurch sollen Ort, Art, Vorgehensweisen sowie negative als auch positive Eindrücke ermittelt werden. Anschließend werden die persönlichen Wünsche erfragt, die zu einer Erleichterung des Konsums ethischer Produkte führen. Als Letztes folgt in diesem Abschnitt eine Auseinandersetzung mit den in Kapitel zwei aufgeführten Formen des ethischen Konsums. Gesucht werden spontane Assoziationen mit den Überschriften. Hierzu werden jedem Teilnehmer zunächst verdeckte Plakate mit den zentralen Begriffen und leeren Textfeldern ausgehändigt. Die Teilnehmer werden daraufhin aufgefordert, jeweils ein Textfeld schnell mit Begriffen, die ihnen spontan einfallen, auszufüllen und im Uhrzeigersinn weiterzugeben, bis die Plakate vollständig beschriftet sind. Die bis hierhin getätigten Fragen verfolgen den Zweck, relevante Bereiche des ethischen Konsums zu ermitteln, ebenso wie die Form und die genaue Ausübung eines realistischen Einkaufsszenarios sowie die gewünschten Auswirkungen bzw. Ziele der Konsumenten zu identifizieren.

Da Informationen und Vertrauen neben Emotionen wichtige Faktoren für Kaufentscheidungen sind, widmet sich Abschnitt vier vollkommen diesem Bereich. Im Wesentlichen wird herausgearbeitet, worin die bedeutendsten Informationsquellen bestehen und wie Vertrauen bei Konsumenten aufgebaut werden kann. Darüber hinaus wird der aktuelle Stand des Wissens über Ethik bei Organisationen, Unternehmen etc. erfragt und geklärt, bei wem und warum die Verantwortung für soziale und ökologische Faktoren in der Wirtschaft liegen könnte.

Abschnitt fünf zeigt die Erwartungen von Konsumenten hinsichtlich Ethik beim Einkauf auf. Hierzu kommt eine Projektivtechnik zum Einsatz. Das heißt, die Teilnehmer stellen sich eine ideale Welt vor, in der ethischer Konsum perfekt praktiziert wird, und beschreiben diese. Dabei wird geklärt, wer in dieser Welt lebt, wie es dort aussieht, wie eine Einkaufssituation abläuft und ob es den Personen dort gefällt. Diese Technik erlaubt es, unabhängig von der aktuellen Situation zu ermitteln, was sich Konsumenten in diesem Bereich tatsächlich wünschen, wenn sie alle Rahmenbedingungen verändern könnten.

Zum Abschluss der Gruppendiskussion wird den Teilnehmern noch einmal Gelegenheit gegeben, Punkte anzusprechen, die bisher nicht behandelt wurden, ihnen jedoch wichtig erscheinen. Der in diesem Abschnitt beschriebene Interviewleitfaden ist dem Anhang beigefügt (vgl. Anhang „Interviewleitfaden", S. 149 ff).

4.1.3 Aufbereitung der Daten

Beide Gruppendiskussionen wurden in zweifacher Ausführung aufgezeichnet und als Audiodateien abgespeichert. Ein Datenträger hierzu befindet sich in der Kartentasche dieser Printversion. Die Dateien sind Grundlagen der im Anschluss angefertigten Transkripte (siehe Anhang „Transkript zur Männer-Diskussionsgruppe", S. 152 ff und Anhang „Transkript zur Frauen-Diskussionsgruppe", S. 190 ff). Als Verfahren wurde die wörtliche Transkription mit Übertragung in normales Schriftdeutsch gewählt, um die Lesbarkeit zu vereinfachen. Gleichzeitig erlaubt dieses Verfahren die vollständige Nachvollziehbarkeit und Interpretierbarkeit der Gedankengänge von Teilnehmern.

Die Transkripte wurden darüber hinaus mittels qualitativer Inhaltsanalyse aufbereitet. Dieses Verfahren wurde aufgrund der großen Datenmengen und Eignung für theoriegeleitete Textanalysen gewählt. Dabei wurden für beide Protokolle insgesamt 13 einheitliche Kategorien gebildet, die sich im Wesentlichen an der Struktur des Leitfadens orientieren:

1. Bedeutung ethischer Produkte
2. Konsumentenziele bei ethischem Konsum
3. Produktkategorien des ethischen Konsums
4. Ort des Einkaufs
5. Vorgehensweise beim Einkauf ethischer Produkte
6. Problematiken
7. Positives beim Kauf ethisch vertretbarer Produkte
8. Handlungswünsche
9. Informationsquellen
10. Vertrauen
11. Perfekte ethische Konsumwelt
12. Sonstiges
13. Assoziation mit Formen des ethischen Konsums

Hierbei handelt es sich um die wesentlichen behandelten Themen der Gruppendiskussionen. Diese Kategorien wurden je nach Diskussionsschwerpunkten und Verlauf der Gespräche in weitere Unterkategorien aufgegliedert. Da jede Diskussionsrunde ihren individuellen Verlauf annimmt, ist eine einheitliche Unterteilung auf dieser Ebene nur bedingt möglich und orientiert sich daher an den Aussagen der Teilnehmer. Eine ausführliche Darstellung der aufbereiteten Informationen mit den jeweiligen Kriterien und Fotos der Teilnehmerplakate zu den Formen des ethischen Konsums ist für die männlichen Teilnehmer aus Tabelle vier (vgl. Anhang S. 220 ff) und für die weiblichen Teilnehmer aus Tabelle fünf (vgl. Anhang S. 249 ff) zu entnehmen. Weiteres Material, dass von den Partizipanten angefertigt wurde und neben direkten Zitaten zur Interpretation der Informationen hinzugezogen wurde, befindet sich als Fotomaterial in Tabelle sechs für Gruppe eins (vgl. Anhang S. 274) und in Tabelle sieben für Gruppe zwei (vgl. Anhang S. 275). Hierbei handelt es sich insbesondere um Material, dass die individuelle Bedeutung des ethischen Konsums darstellt und Auskunft über mögliche Ziele entsprechender Kaufentscheidungen gibt. Aufgrund von Verspätung einer Teilnehmerin enthält die Tabelle zu Gruppe zwei jedoch ein Plakat weniger zu diesem Bereich.

4.1.4 Auswertung und Darstellung der Ergebnisse

Die Auswertung und Ergebnisdarstellung erfolgt zunächst separat für beide Gruppen, wodurch geschlechterspezifische Merkmale und Einstellungen zum Bereich Konsumethik ausführlich identifiziert werden. Diese Vorgehensweise ist notwendig, um zielgruppengerichtete Problematiken nachzuweisen und entsprechende Handlungsmöglichkeiten für Unternehmen, Politik und andere Partizipanten der Warenkette aufzuzeigen, mit denen in Kapitel fünf eine vertiefte Auseinandersetzung erfolgt. Eine zusammenfassende Darstellung erkennbarer Unterschiede und Gemeinsamkeiten, die aus den Diskussionen hervorgehen, ist in Kapitel 4.3 formuliert.

4.1.4.1 Männer-Diskussionsgruppe

Die Frage nach der persönlichen Bedeutung ethischen Konsums wurde vor allem mit der Qualität von Produkten in Verbindung gebracht. Insbesondere Lebensmittel wie Fleisch spielen eine tragende Rolle. Kennzeichen der Qualität ist oft das optische Erscheinungsbild des Produkts selbst. „Da sieht man auch, das ist schön marmoriert, das ist ein edles Stück, das kommt von einer glücklichen Kuh." Aber auch Siegel wie „Bio" oder Regionalität werden als Qualitätsmerkmale wahrgenommen. Ein Grund der starken Assoziation von Qualität mit ethischen Produkten ist vor allem die Annahme besserer Arbeits- und Herstellungsbedingungen, die mit einer Qualitätssteigerung einhergehen sollen. „Weil es dabei andere Arbeits- und Herstellungsbedingungen gibt." Auch unabhängig von Aussagen über Qualität wird deutlich, dass es in dieser Gruppe bei Produktionsbedingungen überwiegend auf eine faire Behandlung von Tieren ankommt „.... Gerade wenn es um tierische Lebensmittel geht, dass da keine Massentierhaltung betrieben wird, sondern dass man im Sinne der Ethik eben darauf achten muss, dass auch die Tiere unter fairen Bedingungen behandelt werden." Bezüglich des

Tierschutzes wird ebenso Vegetarismus mit Ethik in Verbindung gebracht, obgleich die Teilnehmer selbst nicht dazu bereit sind, gänzlich auf entsprechende Produkte zu verzichten. Zwar ist auch die faire Behandlung von Menschen genannt worden, vor allem in Bezug auf Ausbeutung, Arbeitsbedingungen und Bezahlung in fernen Regionen, allerdings sind diese Faktoren nicht als wesentliche Merkmale von Konsumethik in dieser Gruppe anzusehen. Des Weiteren wird ein bewusster Einkauf mit Qualität und erhöhter Haltbarkeit verbunden, was mit einer Konsumreduktion und Ressourcenschonung begründet wird. Ressourcenschonung wird hierbei neben Qualitätssteigerungen durch Kreislaufwirtschaft und technischen Fortschritt erreicht. Kreislaufwirtschaft bedeutet in diesem Kontext primär eine Distanzierung von einer Wegwerfgesellschaft. Somit sollen verbrauchte Güter möglichst umfunktioniert werden. „Wie hier dargestellt, diese Jeans als Deko oder als Tasche, wie auch immer…eben neu zu verwerten." Dabei wird, genau wie bei anderen Faktoren, Massenproduktion häufig als Gegenpol zu ethischem Konsum betrachtet. Technischer Fortschritt wird dagegen nicht nur positiv im Zusammenhang mit Ressourcenschonung gesehen. Zwar gilt er als nachhaltig und umweltschonend, jedoch sind die persönlichen Emotionen negativ behaftet. „Ich meine, dass keiner irgendwie Bock hat auf ein Elektroauto, kann man irgendwie auch verstehen." Anders als bei Lebensmitteln wird in diesem Bereich der Konsumethik Minderqualität angenommen. Zwar wäre allgemein wünschenswert, diese und andere Nachteile in Kauf zu nehmen, die persönliche Bereitschaft hierzu besteht allerdings nicht. Eine mögliche Ursache dieser negativen Verbindung kann das Fehlen von Marken bzw. die fehlende Assoziation von ethischen Produkten mit Marken sein, da diese ebenfalls ein Qualitätsmerkmal darstellen können. Die in den Plakaten der Teilnehmer abgebildeten Marken wurden als selbstverständlich mit Massenkonsum verbunden. Auch Wohlstand wird dabei außerhalb des Lebensmittelbereiches mit Massenkonsum als Gegenpol zu ethischem Konsum in Beziehung gesetzt. Trotz geringeren Wohlstands und des Fehlens von Marken im Bereich der Konsumethik wird eine Preiserhöhung mit ethischem Konsum gleichgesetzt. „Also wenn man mehr ausgibt, kriegt man auch die schönen Sachen." Allerdings wurde auch dieses Merkmal überwiegend in Verbindung zu Lebensmitteln, dabei vor allem mit tierischen Produkten, gesehen und stellt folglich ebenfalls eine Folge der Annahme einer Qualitätsverbesserung dar. Konsumethik im Lebensmittelbereich bedeutet darüber hinaus auch den Kauf natürlicher Produkte, ohne Chemikalien oder die Anwendung von Medikamenten. Diese Annahme ist jedoch ebenfalls nur bedingt vorhanden. So werden Drogerieartikel nicht mit Konsumethik bzw. natürlichen

Produkten in Verbindung gebracht. Zwar ist prinzipiell eine Anwendung ethischer Kriterien in diesem Bereich möglich, allerdings wird die Produktion durch Chemiekonzerne hier durchaus toleriert, da die Möglichkeiten zur Herstellung guter Waren höher eingeschätzt werden. Insbesondere im Hinblick auf zu starke Preiserhöhungen wird Konsumethik im Bereich der Drogerieartikel als nicht vertretbar betrachtet. „Man kann nicht alles vom Biobauern kaufen. Das muss man manchmal auch einsehen, finde ich." Lebensmittel spielen generell eine übergeordnete Rolle bei ethischem Konsum und werden als einzige Produktkategorie mit Gesundheit verbunden. Gesundheit wird grundsätzlich auf die eigene Person bezogen. Die Bedeutung des ethischen Konsums wird unter Betrachtung der Konsumformen, vor allem zu Regionalität in Bezug gesetzt. Eng damit verbunden wird außerdem der Saisonkauf, da dadurch Importe in bestimmten Jahreszeiten vermieden werden. Regionalität steht in dieser Gruppe in diesem Zusammenhang für „Frische" und „Umweltschonung". Der geäußerte Wunsch nach mehr Persönlichkeit beim Einkauf ist ebenfalls ein Grund für diese Assoziation. „Einen Bauer, der gerade auf seinem Feld arbeitet, und da finde ich es gut, dass sie ein Gesicht zu den Produkten zeigen." Die Verbindung zu dieser Konsumform ist hier stärker als zu anderen Formen und rechtfertigt sogar eine Umsatzerhöhung der Produzenten. Insgesamt ist in dieser Gruppe festzustellen, dass ethischer Konsum akzeptiert wird, wenn er einen Mehrwert mit sich bringt. Persönliche Einbußen werden jedoch nicht mit Konsumethik verbunden.

Die Frage nach den Konsumentenzielen bei ethischem Konsum tendiert in eine ähnliche Richtung. An dieser Stelle werden überwiegend egoistische Motive genannt. Nicht die Welt verbessern, sondern vor allem sich selber helfen, stellt dabei ein Hauptmotiv dar, um diese Konsumformen zu praktizieren. In erster Linie soll das eigene Gewissen erleichtert werden. „Die Menschen wollen sich dadurch auch einfach besser fühlen." „Ja, das ist auch so eine Art Synonym, um das Gewissen zu beruhigen." Die schwache direkte Assoziation von Gesundheit mit ethischem Konsum wird dagegen häufig mit den Motiven in Verbindung gebracht, obgleich hierbei nicht vollkommene Sicherheit hinsichtlich einer tatsächlichen Gesundheitsverbesserung durch ethische Lebensmittel herrscht. „Gesünder vielleicht auch." „Hilft natürlich auch viel für das Gewissen, aber wahrscheinlich macht das auch tatsächlich einen Unterschied aus." Auch die viel diskutierte Qualitätssteigerung in diesem Zusammenhang hat neben Ressourcenschonung primär auch monetäre Ersparnis als Hintergrund. „Vielleicht muss ich die dann nur einmal kaufen, aber wenn ich Billigzeug kaufe, muss ich die zweimal kaufen." Des Weiteren nehmen die Teilnehmer an, dass ethischer Konsum häufig aus Gründen der erstrebenswerten Zugehörigkeit praktiziert wird. Vor allem dieses Motiv wird negativ betrachtet. So wird Konsumethik als „Modeerscheinung", „Mainstream" oder gar „Ersatzreligion" bezeichnet. Die Diskussionsteilnehmer selbst möchten sich von diesem aus ihrer Sicht scheinheiligen Trend sogar distanzieren. Allerdings wird gleichzeitig die Erfüllung religiöser Pflichten mit den Zielen ethischen Konsums verknüpft. Hierbei kann ein enger Zusammenhang mit den Werten einer Gesellschaft angenommen werden. „Woher kommen denn deine ethischen Grundsätze? Bei uns ja aus dem jüdisch-christlichen Weltbild." Neben egoistischen Zielen sollen zwar auch Motive zur Weltverbesserung bestehen, diese werden aber vielmehr als Ausnahmen wahrgenommen und auf andere Menschen projiziert. „Da gibt es vielleicht auch welche, die wirklich die Welt verbessern wollen." „Ich glaube, dass es weniger sind, die das wirklich ganz bewusst kaufen..." Obwohl nicht angenommen wird, dass viele Menschen die Welt verbessern möchten, wurde dennoch kommuniziert, dass eine Unterstützung lokaler Unternehmen als wichtiges Ziel angesehen wird. Eine Verbesserung des persönlichen Umfelds scheint mithin durchaus wichtig für die Teilnehmer zu sein, auch wenn dieses Motiv nicht global übertragen werden kann.

Zu den Produkten, welche die Teilnehmer überwiegend zu ethischem Konsum zählen, gehören insbesondere jegliche Arten von Lebensmitteln, aber auch Kleidung. Bei letzterem gilt dies in Zusammenhang mit Bio-Baumwolle, Kreislaufwirtschaft bzw. Recycling, Herkunftsland und verwendeten Stoffen in Anlehnung an Leder und Pelz. Hinsichtlich des Themas Schuhe besteht in diesem Bereich ein Konflikt. Zwar stellt diese Produktkategorie überwiegend Negativbeispiele für ethischen Konsum dar. „Bei den Schuhen auch, da gibt's ja immer wieder was. Vor allem wenn man jetzt an Nike und Adidas denkt." Allerdings wird auch die regionale Produktion aufgrund von Preisen und optischem Erscheinungsbild nicht positiv betrachtet. Ferner wurden Elektroartikel ebenfalls in dieser Gruppe diskutiert. Fair Trade-Geräte und Recycling von Elektroteilen spielen ebenso eine Rolle wie Konsumreduktion durch austauschbare Ersatzteile und vereinfachte Reparaturen. Bei Verkehrsmitteln wurde lediglich das Elektroauto als Alternative zum standardmäßigen Automobil genannt. Auch hier scheint keine Alternativnutzung in Betracht gezogen zu werden, sondern stattdessen eine Verbesserung bestehender Produkte. Neben diesen Gütern des täglichen Bedarfs thematisierten die Teilnehmer außerdem Dienstleistungen aus dem Energie- und Finanzsektor. Hierzu gehört die Wahl von Stromtarifen, die regenerative Energie anbieten, genau wie eine nachhaltige Geldanlage in Projekte, deren Unterstützung aus ethischen Gründen sinnvoll erscheint.

Der präferierte Ort für Einkäufe ist der Supermarkt. Ethischer Konsum spielt bei der Wahl des Geschäfts allerdings eine untergeordnete Rolle. Atmosphäre, Auswahl und Qualität bilden Faktoren, die diese Teilnehmer vom Einkauf bei Discountern abhalten. „Da ist die Auswahl größer und die Qualität besser." Jedoch sind Auswahl und Qualität ebenfalls wichtige Merkmale für den ethischen Konsum. Spezialshops wie Gemüsehändler, Unverpackt-Shops, Metzger oder Hofläden wären allgemein beliebte Anlaufstellen für diese Gruppe, insbesondere in Anbetracht des persönlicheren Einkaufserlebnisses. „Da hast du halt irgendwie so ein idyllisches Bild vor Augen und kaufst das halt." Zugleich werden diese Geschäfte aber überwiegend mit sehr hohen Preisen und zu geringer Auswahl assoziiert. „Ich meine, wenn man jetzt im Real steht, da kannst du was weiß ich was noch alles nebenbei einkaufen. Und in dem Spezialladen, da hast du irgendwie gar nicht ..."

Der Einkauf ethischer Produkte an sich bezieht sich jedoch nicht auf eine bewusste Suche nach diesen Gütern. Vielmehr ist es die Wahl des besseren Produkts, wenn eine Alternative zu Standardwaren vorhanden ist. Kennzeichen für höherwertige Produkte sind Regionalität und Siegel wie Fair Trade oder Bio. „...das sind schon immer solche Eyecatcher."; „...wenn ich die Wahl habe zwischen Billigmilch und vielleicht Frankenmilch, dann lieber Frankenmilch." Hieraus geht zwar hervor, dass nicht bewusst ethisch konsumiert wird, allerdings werden ethisch nicht vertretbare Produkte bewusst vom Konsum ausgeschlossen. Dabei handelt es sich um eine bewusste Boykottierung von Unternehmen, Marken oder Produkten, die bereits negativ aufgefallen sind. „Bei mir sind es eher diese Negativbeispiele, auf die ich achte. Dass man jetzt nicht unbedingt was von Wiesenhof kaufen muss, weil man weiß, was da abgeht."

Der Kauf ethischer Produkte wird in dieser Gruppe mit vielen Problematiken in Verbindung gebracht. Vor allem Informationsmangel stellt eine Schwierigkeit dar. Dies ist auch ein Grund für die Boykottierung von Waren. Gerade bei Kleidung besteht kein oder kaum Wissen über ethisch vertretbare Produktionsweisen. Hingegen sind ausschließlich Negativbeispiele in dieser Kategorie bekannt. „Also bei Kleidung oder so wüsste ich jetzt nicht, wer das jetzt ethisch und wer nicht macht." Generell wird fehlende Markttransparenz beklagt, die mit wachsender Entfernung zum Produktionsort weiter abnimmt. Siegel schaffen auch im Lebensmittelsektor kaum Abhilfe, da Informationen über ihre Bedeutung fehlen. „Die Leute sagen immer Bio, Bio, Bio und keiner weiß irgendwie, was das wirklich ist." Diesbezüglich mangelt es insbesondere auch an Vertrauen in Siegel, welches den hoch bewerteten Preisanstieg rechtfertigen würde. Die Partizipanten sind sich in diesem Kontext überwiegend einig, dass der höhere Preis ethischer Produkte nicht in einer Wertsteigerung begründet liegt. „Ich glaube, dass die da einfach mehr Geld verdienen können, dadurch, dass die ein neues Label draufkleben." Folglich wird davon ausgegangen, dass zwar ein Teil der höheren Einnahmen zur Deckung der steigenden Kosten bei ethisch vertretbarer Produktion eingesetzt wird, allerdings auch eine Gewinnsteigerung bezweckt wird. Dieses Verhalten wird sowohl Unternehmen als auch entsprechenden Stellen unterstellt, welche die Siegel vergeben. Siegel werden in diesem Zusammenhang mit Marken gleichgesetzt, die Preissteigerungen rechtfertigen sollen. Dabei wird auch von einer Marktmanipulation durch Produkte, die mit Siegeln gekennzeichnet sind, gesprochen, die nicht den gewünschten Effekt mit sich bringen. „Das ist auch so eine Marktmanipulation, dass die Leute das schon so eingetrichtert bekommen haben, dass sie jetzt glauben, wenn sie das gekauft haben, haben sie etwas Gutes gemacht." Dies wird damit begründet, dass Regulierungen und Kontrollen in Deutschland bereits ausreichend für alle Waren durchgesetzt werden, weshalb die Einführung von bestimmten Grenzwerten bei Bio-Lebensmitteln beispielsweise zu keinem signifikanten Zusatznutzen führt. Dies wird allerdings nicht den Unternehmen zur Last gelegt. Ihr übergeordnetes Ziel der Gewinnmaximierung wird trotz erstrebenswerten ethischen Verhaltens anerkannt. Ein Zielkonflikt besteht jedoch zwischen dem Wunsch nach möglichst vielen regionalen Produkten und dem Erhalt von Arbeitsplätzen in Ländern der Dritten Welt. Dabei konfrontierten sich die Teilnehmer mit der Frage, ob der Verzicht auf Massenkonsum und damit verbundene schlechte Arbeitsbedingungen zugunsten von Regionalisierung und vollständigem Arbeitsplatzverlust gerechtfertigt werden können. „Aber wenn du denen das da drüben wegnimmst, haben die ja keine Arbeit mehr. Dann müssen die auch hungern. Das darf man auch nicht vergessen." Generell stellen weit entfernte Produktionsstandorte aber ein Problem bei ethischem Verhalten dar. Hier fehlt ein persönlicher Bezug zu den Waren. Der Produktionsweg wird folglich zu abstrakt für Konsumenten, wodurch selbst negative Schlagzeilen schnell in Vergessenheit geraten. „Es ist nicht so, dass es die Leute nicht interessiert, aber dadurch, dass es so weit weg ist und man damit nicht im Alltag konfrontiert wird, vergisst man das ganz schnell." Diese Problematik wird vor allem mit Kleidung in Zusammenhang gebracht, lässt sich jedoch auch auf weitere Produktkategorien außerhalb des Lebensmittelsektors übertragen. Ein persönlicher Bezug zur Produktion, wie er durch Regionalität wahrgenommen wird, weckt auch bei den Teilnehmern die Bereitschaft, einen höheren Preis zu bezahlen. „Und da gibt man dann doch lieber mehr Geld aus, wenn man beim Bio-Hof ist oder beim Imker." Die Bereitschaft, sich mit nicht direkt wahrnehmbaren Faktoren zu beschäftigen, ist dagegen gering. „Man will vielleicht auch nicht darüber nachdenken." Dies bietet darüber hinaus eine Erklärung dafür, weswegen Fair Trade geringen Anklang in dieser Gruppe findet und kaum in Verbindung mit ethischem Konsum gebracht wurde. Hingegen wird kaum etwas Positives beim Kauf ethisch vertretbarer Produkte genannt. Lediglich sich besser zu fühlen, wird neben etlichen Problematiken genannt. Allerdings wird selbst dieser erfreuliche Faktor zumindest nicht von allen Teilnehmern wahrgenommen.

Die Teilnehmer äußerten jedoch auch Handlungsansätze, die ihren Wünschen entsprechen. Der Informationsmangel macht sich dabei auch durch das starke Verlangen nach Aufklärung bezüglich ethischen Konsums bemerkbar. Hierbei werden klare Definitionen und die Behandlung des Themas in Schulen gefordert. Ethische Grundwerte oder Kenntnisse sollen mithin bereits im Grundschulalter erlernt werden, um im Erwachsenenalter angewendet zu werden. Hinsichtlich des politischen Handelns besteht allerdings Uneinigkeit. Zwar wird auf der einen Seite gefordert, dass Regulierungen zunehmen, Gesetze verschärft werden und das Angebot unethischer Produkte sogar beschränkt wird, auf der anderen Seite wird aber dem Konsumenten die freie Wahl seiner ethischen oder nicht ethischen Kaufentscheidungen zugesprochen. „...das müssen die Konsumenten ja selber entscheiden." Grundsätzlich beschränken sich die Forderungen nach verstärktem politischem Handeln vor allem auf den Bereich Tierhaltung und Warenimporte. Ersterer soll die Bedingungen bei der Produktion verbessern. Die Regulierung von Warenimporten hingegen bezieht sich auf ein Einfuhrverbot unethisch produzierter Produkte. Im Allgemeinen werden die Regulierungen in Deutschland jedoch nicht als besonders schlecht angesehen. Verbesserungsmöglichkeiten sind demnach zwar vorhanden, allerdings wird die aktuelle Situation von den Teilnehmern durchaus akzeptiert. Ein dringender Handlungsbedarf wird somit nicht wahrgenommen. „Da ist ja Deutschland auch schon weit sogar. Da gibt es ja Gesetze zur Tierhaltung und so. Da hast du ja eigentlich schon alles reglementiert." Handlungsmöglichkeiten werden ferner bei Siegeln gesehen. Ihre Einführung wird grundsätzlich toleriert, jedoch werden die darüber zur Verfügung stehenden Informationen als verbesserungsfähig betrachtet, da die jeweilige Bedeutung unklar ist. Vorgeschlagen wurde beispielsweise eine farbliche Abstufung der Siegel, die es dem Konsumenten erleichtert zu erkennen, welche Kriterien beim jeweiligen Produkt erfüllt wurden. „Es könnte da auch so eine Abstufung geben...Bronze, Silber oder Gold...sodass man halt genau weiß, bei diesem Siegel ist das und das passiert und der und der Hintergrund muss vorliegen, damit ein Produkt diese Siegel bekommen kann." Verbunden ist dies zugleich mit einer erhöhten Aufklärung der Konsumenten. In diesem Zusammenhang wurden primär Werbemaßnahmen jeglicher

Art genannt, welche Informationen über entsprechende Siegel liefern. „Das könnte man wahrscheinlich gut über irgendwelche Werbekampagnen oder übers Fernsehen machen." Das grundsätzliche Interesse an solchen passiven Informationsmitteilungen ist hier gegeben. „Das würde mich schon interessieren. Das würde ich tatsächlich lesen, ja." Dabei ist ersichtlich, dass sich die Handlungsansätze überwiegend auf verbesserte Informationen oder politisches Handeln beziehen. Die Bereitschaft, selbst tätig zu werden, ist dagegen nicht erkennbar. Lediglich die Idee, einen Laden-Scanner zu verwenden, der durch Scann eines QR-Codes bedient wird und Informationen über Herkunft und Produktionsweg gibt, erfordert eigenes Handeln. Dieses wäre allerdings erst beim Einkauf erforderlich und lässt nicht auf den Wunsch einer allgemeinen Auseinandersetzung mit dem Thema schließen.

Dieses Ergebnis wurde bei der Frage nach verwendeten Informationsquellen bestätigt. Eine Sensibilisierung der Konsumenten für das Thema durch Schule oder Politik ist zwar ausdrücklich erwünscht, aber ohne aktive Suche nach Informationen über ethischen Konsum. „Aktiv würde ich jetzt nicht danach suchen, aber wenn du jetzt mitbekommst, dass ..." „Ich glaube, wenn du die Leute sensibilisiert für sowas, dann schaust du auch eher, wenn du was hörst." Lediglich unabhängige Institute, die Produktbewertungen durchführen, wie Stiftung Warentest, lassen auf persönliche Recherche schließen. „...wenn es halt wirklich irgendwo ein unabhängiges Institut gibt, das unabhängig bewertet." Dies betrifft jedoch lediglich Waren außerhalb des Lebensmittelsektors. Ethische Kriterien der Produkte stellen allerdings auch hier nicht das primäre Ziel der Informationssuche dar. „...man bekommt es mal mit, da wird dies und jenes getestet und dann benotet."

Bezogen auf verschiedene Informationsquellen ist auch das Vertrauen der Teilnehmer sehr unterschiedlich ausgeprägt. So wird Mitteilungen von Unternehmen überhaupt keine Glaubwürdigkeit zugesprochen. „Das ist ja alles Lug und Trug." Hierin sind sich die Gruppenmitglieder einig. Siegel können dieses Vertrauen zwar teilweise zurückgewinnen, jedoch nicht vollständig. Bekannte Marken und Großunternehmen schneiden in Kombination mit Siegeln dabei deutlich besser ab, sofern nach Deutschland geliefert wird. Gerade das MSC-Siegel wird in diesem Zusammenhang genannt. Allgemein ist das Vertrauen in Siegel aber aufgrund von assoziierten Skandalen und häufiger Vergabe geschwächt. „Da gibt es viele Skandale." „Das ist auch gefühlt überall drauf inzwischen." Negative Schlagzeilen wirken sich jedoch hinsichtlich des Vertrauens auf alle Glieder und Einflussnehmer der Wertschöpfungskette nachteilig aus. „Du hörst nie etwas, was wirklich positiv ist ... wenn du solche Dinge hörst, nimmst du irgendwann nur noch das Negative wahr und denkst dir, da hat jemand versagt." Darüber hinaus haben Teilnehmer den Eindruck, dass der Ruf der Siegel besser ist als ihre tatsächliche Wirkung. „...die Leute glauben, dass der Fairtrade-Bauer tolles Geld bekommt und naja, der bekommt dann am Ende ein bisschen mehr...aber..." Medien, insbesondere überregionalen Tageszeitungen, hingegen wird bei der Auseinandersetzung mit Themen des ethischen Konsums Vertrauen entgegengebracht. „Wochenzeitungen würde ich da nicht trauen, nur Tageszeitungen." „Nur irgendwelche überregionalen Zeitungen. Die lokalen Zeitungen schreiben nur irgendwelche Artikel, wie toll die lokale Fabrik ist..." Das Vertrauen gegenüber Politikern ist durchmischt, fällt allerdings tendenziell positiv aus. Kontrollinstanzen wie Ämter, die die Einhaltung entsprechender Kriterien und Regelungen überprüfen, schneiden in der Bewertung deutlich besser ab. „Also in Deutschland hast du eigentlich sehr, sehr starke Kontrollen [...] das Gewerbeaufsichtsamt, dem kann man eigentlich schon vertrauen..."

Die perfekte Konsumwelt charakterisieren die Teilnehmer unter anderem durch vollkommene Transparenz, jedoch zweifeln sie auch die Möglichkeit einer Umsetzung dessen in einer globalisierten Welt an. „Vor allem wo es halt auch transparent ist ... wenn die Gesellschaft größer wird, dann verlierst du irgendwann den Blick." Die Mittel für eine solche Welt halten die Teilnehmer jedoch bereits für gegeben, wonach eine Umsetzung eines vollkommenen ethischen Konsums theoretisch möglich sein sollte. „Also das System, mit dem du es eigentlich perfekt machen könntest, hast du ja. Nur musst du die Leute auch haben, die das eben auch wollen." Vielmehr scheitert es demnach an der Bereitschaft der Konsumenten. Die Gruppenmitglieder selbst würden sich allerdings über vollkommenen ethischen Konsum freuen, ihr bisheriges Handeln wird dabei durch zu hohe Preise der Produkte gerechtfertigt. „Wir würden ja auch alle sofort super ethisch konsumieren, wenn wir eben die finanziellen Voraussetzungen hätten." Teilweise wird diese Aussage aber auch wegen der egoistischen Natur des Menschen bezweifelt. Die Einkaufssituation unterscheidet sich in diesem Szenario allerdings kaum von der heutigen. Es wird als positiv betrachtet, dass man sich keine Gedanken darüber machen muss, was man kauft. „Da müsstest du dir jetzt schon mal keine Gedanken machen, weil ja alles gut ist und es ist alles irgendwie vorhanden und du freust dich." Gleichzeitig gestehen sich die Befragten jedoch ein, auch heutzutage nicht über ihre Kaufentscheidungen nachzudenken. Weiter kennzeichnet sich die perfekte Konsumwelt durch gleichmäßig verteilten Wohlstand für alle und ausreichende Ressourcen zur Umsetzung. Ressourcen werden hierbei als zentrale Anforderung zur Gestaltung ethischen Konsums angesehen, da Umweltschutz und Nahrungsmangel in Verbindung mit ethischem Konsum als ein Konfliktfeld wahrgenommen werden. „...wenn du jetzt sagst, du lässt alle Sojafelder in Brasilien wegmachen, weil das nicht gut für die Umwelt ist, und dann sterben dir 500 Millionen Menschen an Unterernährung. Ist halt auch wieder die Frage, was ist ethisch daran." Der Unterschied zwischen einer perfekten ethischen Konsumwelt und der derzeit vorhandenen scheint insgesamt nicht gravierend zu sein. Die Teilnehmer sind mit der aktuellen Situation relativ zufrieden.

Insgesamt kann festgestellt werden, dass der höhere Preis einen Faktor darstellt, der am Konsum ethischer Produkte hindert, bzw. das Preis-Leistungs-Verhältnis, das als zu gering eingeschätzt wird. Zur Unterstützung von Kleinbauern bzw. Familienbetrieben, für Tierschutz oder regionale Produkte ist jedoch die Bereitschaft, mehr Geld auszugeben, höher. Dabei wird das ethische Handeln beim Einkauf auch mit persönlichen Werten verbunden, die durch Gesellschaft oder Religion vermittelt werden. Das Thema an sich wird an dieser Stelle als schwierig betrachtet, da je nach Grundeinstellung heikle Gespräche entstehen können. Diskussionen finden deswegen überwiegend im familiären Kontext oder Freundeskreis statt, also in einem Umfeld, das ähnliche Werte teilt. Dennoch wird das Thema als wichtig anerkannt, unter anderem weil Konsumenten eine entsprechende Gestaltungsmacht des Marktes zugesprochen wird.

Das Assoziationsspiel spiegelt größtenteils die Ergebnisse der Diskussion wider. Regionale Produkte werden durchweg positiv gesehen und mit Persönlichkeit und hoher Qualität verbunden. Energieeffizienz und Circular Economy wurden zwar wenig besprochen, jedoch ebenfalls positiv betrachtet. Energieeffizienz bezieht sich allerdings überwiegend auf Energieherstellung und Sparsamkeit, wird aber auch als nachhaltige Form angesehen, ebenso wie Circular Economy. Hier wurden vor allem Recycling und damit einhergehende Schadstoffvermeidung assoziiert. Der Begriff Bio bildet ebenfalls die Diskussionsaussagen ab. In diesem Zusammenhang werden Gesundheit und Fleisch an erster Stelle genannt, allerdings wird damit auch ein hoher Preis in Verbindung gebracht. Negativer schneidet dagegen Sharing Economy ab. Zwar wird erkannt, dass Ressourcen hierdurch geschont werden, allerdings wird mit dem Konzept zugleich Armut assoziiert. Teilweise wird die Idee sogar ganz abgewiesen. Vegetarismus und Veganismus werden wie Fair Trade vollständig abgelehnt. Hier sind nahezu alle Begriffe negativ behaftet. Lediglich die Schaffung einer Existenzgrundlage sowie das Vermeiden tierischen Leidens werden als vorteilhaft betrachtet. Generell werden mithin Konzepte zurückgewiesen, die von den Teilnehmern mit einem hohen Preis, oder mit vollständigem Verzicht verbunden werden. Ethischer Konsum wird daher akzeptiert, solange ein gleichwertiger Produktersatz vorhanden ist und der Preis niedrig bleibt. Die Assoziationen mit dem Begriff Konsumverzicht zeigen auch, dass hierbei überwiegend eine Reduktion der Nutzung von Produkten oder Dienstleistungen gemeint ist. Die Bezeichnung Öko wird negativer gesehen als Bio, da dies möglicherweise als extreme Steigerungsform des Umweltschutzes wahrgenommen wird. Konsum in Verbindung mit sozialen Projekten zeigt keine besondere Richtung der Einstellung der Teilnehmer. An dieser Stelle werden keine negativen Begriffe aufgeführt, jedoch wird eine Verbindung zu Fair Trade genannt und Armut assoziiert.

4.1.4.2 Frauen-Diskussionsgruppe

Die Teilnehmerinnen dieser Gruppe verbinden ethischen Konsum verstärkt mit natürlichen Produkten und damit einhergehendem Gesundheitsbewusstsein, aber auch Ressourcenschutz, Tierschutz und Umweltschutz. Der Lebensmittelsektor wird in diesem Kontext primär mit Verzicht auf Chemikalien und Gentechnik in Bezug gesetzt. „Es ist ganz wichtig, dass keine Gentechnik verwendet wird." „Ich bin gegen Gentechnik und gegen Pflanzenschutzmittel, weil die die Tiere einfach krank machen." Auch bei Kosmetika kommt es auf natürliche Produkte an, ebenso wie auf den Verzicht auf Tierversuche. „Zum einen nicht auf der Basis von Tierversuchen." „Dann eben auch keine Chemikalien, dabei geht es aber auch um meine eigene Haut." Der Bereich Drogerieartikel wird mit einer verminderten Nutzung chemischer Mittel verbunden, um Umweltschutz zu betreiben und auch Folgegenerationen eine intakte Natur zurückzulassen. „...die nimmt so viel Desinfektionsmittel, die macht dann immer so viel rein." „Unsere Kinder wollen ja auch noch sauberes Wasser haben." Familien sind ebenfalls ein wichtiger Grund für die starke Assoziation mit Gesundheit. So werden unverträgliche Lebensmittel vom Einkauf ausgeschlossen und verstärkt auf frische, vitaminreiche Produkte geachtet. „Milch trinken wir sowieso nicht viel." Diese werden mit Saisonkäufen und Regionalität verbunden. „... für mich ist es wichtig, sowas in der richtigen Zeit zu kaufen." „Das ist für die regionale Wirtschaft gut und auch für meine Gesundheit und für mein Wohlbefinden." Regionalität umfasst in dieser Gruppe zum Teil auch europäische Länder. „Aus Spanien ist es auch nicht so weit, da spart man Transport." Ebenso stellt der Fischfang in dieser Gruppe ein wichtiges Thema im Hinblick auf ethischen Konsum dar. Das MSC-Siegel wird auch hier als wichtig empfunden. Gleichermaßen gehört das Bio-Siegel zur Thematik. Bio-Produkte werden zwar gekauft, jedoch sind diese nicht unumstritten, da ihre Bedeutung nicht ganz klar ist und die Kriterien nicht in allen Bereichen ausreichen. „Bio weniger, weil ich gar nicht weiß, ob das so gut ist." „Aber Bio bedeutet nicht, dass sie freilaufend sind. Die können immer noch aus Käfigen oder Bodenhaltung stammen." Die Produktionsbedingungen beziehen sich häufig auf eine faire Behandlung von Tieren. Dies gilt sowohl für Lebensmittel durch Verbesserung der Bedingungen als auch für Kleidung und Schuhe durch Verzicht auf Echtleder. „Ich finde, es gibt auch schöne Stoffschuhe oder Kunstleder". Bewusster Einkauf oder Konsumverzicht wird ebenfalls thematisch mit Konsumethik verbunden. Hierbei wird explizit der medizinische Sektor unter dem gesundheitlichen Aspekt genannt. „Da kann man auf Vieles auch verzichten oder auch eigene Heilmitteln verwenden." Konsumverzicht wird in anderen Bereichen allerdings auch durch Eigenproduktion ausgeglichen. Dabei handelt es sich nicht nur um den Anbau von Lebensmitteln im Garten, sondern auch um ihre Weiterverarbeitung, das Nähen von Kleidung und Accessoires sowie das Basteln von Spielzeug und Deko. „Eben das Dinkelmehl selber mahlen." „Am besten selber nähen." Diese Einstellung ist eng verbunden mit Kreislaufwirtschaft bzw. Circular Economy, da zur Produktion dieser Waren abgenutzte oder verbrauchte Güter verwendet werden. „Aus alten Sachen neue machen." „Die Miri macht da was ganz Tolles. Die macht aus alten Jeans Babykleidung." Andere Formen der Ressourcenschonung beziehen sich auf technische Geräte. So wird das Fahrrad als alternatives Verkehrsmittel gesehen, um Treibstoff zu sparen und damit die Umwelt zu schonen. „…es ist für mich eher ein ethisches Produkt als ein Auto." In diesem Zusammenhang wird außerdem auf Haushaltsgeräte, die Energie kosten, geachtet. Zum einen erfolgt dies durch die Vermeidung des Kaufes, wie zum Beispiel bei elektrisch betriebenen Wäschetrocknern. „Ich habe zum Beispiel keinen Wäschetrockner." Zum anderen durch den Kauf energiesparender Elektrogeräte: „Macht man ja automatisch, dass man die A-Klasse kauft." Neben Stromeinsparung geht es den Teilnehmern aber auch um den schonenden Umgang mit der Ressource Wasser. „Das finde ich sehr gut. Wasser sparen." Naturschutz erhält in dieser Gruppe durch verschiedene Formen des ethischen Konsums eine besondere Bedeutung. Dies ist ein Thema jeglicher Produktkategorien, aber auch der Haushaltsversorgung durch Dienstleister. Der Lebensmittelbereich ist insbesondere durch die Vermeidung von Verpackung ein wichtiges Feld. „Da kann man eben auch Tupper mitbringen." „Oder auch mit dem eigenen Körbchen." „Aber eben keine Plastiktüten. Das wundert mich, dass die überhaupt noch so gegenwärtig sind."

Umweltschutz ist ebenfalls ein wichtiges Feld, das in Bezug auf Konsumentenziele bei ethischem Konsum genannt wurde. Zugleich wird jedoch deutlich, dass dieses Ziel nicht unter allen Bedingungen angestrebt bzw. für absolut realistisch gehalten wird. „Schönes Ziel, aber mit Grenzen. Ich glaube, das ist in unserer Welt nicht umsetzbar.“ Auch Tierschutz wird in diesem Zusammenhang angesprochen. In diesen Bereichen handelt es sich oft um die beschränkte Nutzung von Produkten oder Alternativprodukte, vor allem pflanzliche Erzeugnisse. „...ich finde, dass die Menschen normale Milch nicht unbedingt brauchen und die armen Kühe werden so viel gemolken...“ Soziale Faktoren spielen in dieser Gruppe besonders in Bezug auf Kinderarbeit, faire Arbeitsbedingungen und Unterstützung von Kleinbauern eine Rolle. Dabei werden schlechte Verhältnisse in erster Linie mit fernen Ländern in Verbindung gesetzt. „Die haben keinen freien Tag. Das ist ganz schrecklich.“ Dies liefert auch eine mögliche Erklärung dafür, dass die Stärkung der regionalen Wirtschaft als ein wichtiges Ziel betrachtet wird. Da einige der Teilnehmer Selbstproduzenten und/oder Selbstständige sind, handelt es sich jedoch teilweise gleichzeitig um egoistische Motive. „Wenn bei mir jemand kauft, dann kaufe ich auch bei anderen.“ „Regionale Produkte auf jeden Fall.“ Zu den wohl wichtigsten Motiven gehört durchaus die eigene Gesundheit. Vor allem der Verzicht auf Chemikalien und auf tierische Erzeugnisse wird damit assoziiert. „Und dann bin ich auf pflanzliche Eiweiße umgestiegen.“ „Ich denke auch Menschenschutz. Also für uns auch.“ Andere Produktkategorien wurden in diesem Zusammenhang bereits erläutert. Bewusster Konsum wird allerdings zugleich mit einer monetären Ersparnis in Verbindung gebracht, was auch als Ziel des ethischen Konsums wahrgenommen wird. Dies gilt insbesondere aufgrund von geringerem Konsum, ebenso jedoch wegen der höheren Qualität, die mit ethischen Produkten verbunden wird. „Also ich kaufe schon Hochwertiges, aber da überlegt man es sich schon.“ „Ich kaufe nicht so viel.“ Als einziges negatives Ziel wird auch in dieser Gruppe Zugehörigkeit benannt. Dabei wird eine Art Gruppenzwang beschrieben, die die Person zu ethischen Konsum nötigt, um von anderen Personen nicht verachtet zu werden. „Aber da habe ich das erste Mal bemerkt, dass ich die Milch wegen ihr gekauft habe.“

Die Frage nach den zugehörigen Produktkategorien des ethischen Konsums wurde überwiegend mit Beispielen aus dem Lebensmittelbereich beantwortet. Größtenteils handelt es sich um tierische Erzeugnisse und unverarbeitete Produkte. Die starke Verbindung zu Lebensmitteln wurde primär damit begründet, dass die Teilnehmerinnen häufig kochen, an ihre Familien denken und lieber weniger, aber dafür qualitativ höherwertige Lebensmittel zu sich nehmen. „Lieber weniger, aber dafür etwas Gutes.“ „Wir als Frauen denken auch an unsere Familien und wenn ich was Schlechtes kaufe, dann habe ich auch ein schlechtes Gefühl.“ Bei Kleidung spielt der familiäre Hintergrund ebenfalls eine

Rolle. Gerade Second-Hand-Kleidung wird in Zusammenhang mit Kindern genannt. Der bewusste Einkauf, der mit einer höheren Qualität und dadurch weniger Konsum begründet wird, stellt einen wichtigen Faktor dar. Die Beachtung von Siegeln wie „Bio" findet aber auch in diesem Kontext kaum statt. Dies gilt als zu umständlich und kompliziert. „Da muss man dann wieder in einer Stadt sein, wo es einen Öko-Laden gibt, für Schuhe." Stattdessen wird auf Echtleder und Pelz verzichtet. Darüber hinaus sind auch Drogerieartikel ein wichtiger Bereich, der wie bereits beschrieben mit Umweltschutz und eigener Gesundheit verbunden wird. Als neue wichtige Produktkategorie wird bei dieser Frage jedoch darüber hinaus verstärkt auf Spielwaren eingegangen. Natürliche Rohstoffe, schadstofffreie Gegenstände und hohe Qualität sind hier wichtig. Fernöstliche Erzeugerländer wie China werden in diesem Zusammenhang negativ bewertet. Zur Standardprüfung werden die Kriterien der Öko-Tests positiv aufgefasst. „Aber wenn ich schon Plastik kauf, dann achte ich darauf, dass es öko-geprüft ist." Darüber hinaus werden Alternativen für personifizierten Verkehr genannt. „Bus. Statt Auto." „Oder Fahrgemeinschaften". Zur weiteren Beschränkung von Verkehr wird auch Urlaub angegeben. Hierfür kommt es demnach darauf an, diesen möglichst in der näheren Region durchzuführen, um Umweltbelastungen zu verringern. „An Flugreisen. Die sind umweltbelastender, als wenn ich jetzt mit dem Fahrrad an den Bodensee fahre."

Die Produkte werden in dieser Gruppe sowohl in Supermärkten als auch in Discountern oder Spezialläden gekauft. Discounter profitieren allerdings vor allem durch Spezialangebote, die nicht Lebensmittel betreffen und zu ethischen Produkten hinzugerechnet werden, aber auch durch einen niedrigen Preis für Waren. Discounter sind in diesem Bereich durchaus beliebt und könnten aus einer Ausweitung des Angebots ethischer Produkte Vorteile ziehen. „Das könnte auch noch mehr sein". Supermärkte werden hingegen oft in Anspruch genommen, um ethische Produkte zu kaufen, die gezielt gesucht und von Discountern nicht angeboten werden. Die Auswahl ist der entscheidende Faktor. In diesem Zusammenhang wurden beispielsweise Weidemilch, Bio-Abteilung oder FairMast genannt. Ebenso erfreuen sich Spezialshops wie Reformhaus, Bio-Markt oder der Wochenmarkt bei den Teilnehmerinnen großer Beliebtheit und werden häufig aufgesucht. „Reformhaus, da kaufe ich viel für mich." „Ja, Lavera kaufe ich im Reformhaus." Auch hier handelt es sich um gezielte Einkäufe von ethisch vertretbaren Produkten.

Die Vorgehensweise beim Einkauf ethischer Produkte besteht jedoch überwiegend nicht aus einer gezielten Suche nach solchen Gütern. Zwar ist dies bei einigen Produkten aus dem Lebensmittelbereich der Fall, allerdings greifen die meisten Teilnehmerinnen zu dem in ihren

Augen besseren Produkt, wenn sie mehrere Produkte zur Wahl haben und der Preis vertretbar ist. Der Preis stellt auch einen Grund für die auffällige Wahrnehmung von Sonderangeboten dar. Dabei werden keine bestimmten Produkte gesucht, sondern allgemein ethische Produkte. „Weil da gibt es tolle Produkte auch günstiger. Da nehme ich gleich einen Vorrat." Die gezielte Boykottierung von Waren, Marken oder Unternehmen findet in dieser Gruppe dagegen kaum statt. Selbst wenn Negatives bekannt ist, wird überwiegend der Kauf vollzogen, obgleich dies von einem unangenehmen Gefühl begleitet wird. „Ich halte von denen eigentlich gar nichts, aber ich kaufe es trotzdem." „Also bei Teddy oder solchen Sachen denke ich mir, das ist bestimmt schlecht hergestellt. Aber ich geh trotzdem ab und zu rein und kauf auch mal was." Lediglich gewisse Herstellerländer werden gemieden, wenn davon ausgegangen wird, dass eine Gefahr für die eigene Gesundheit besteht. „Also wenn ich sehe, dass die Unterwäsche, die ja direkt an der Haut ist, in China gemacht ist, dann kaufe ich das nicht."

Diese grobe Art der Boykottierung lässt sich unter anderem auf Informationsmangel zurückführen. Bezüglich der Problematiken bei ethischem Konsum wurde dieser Mangel mehrfach angesprochen. Hierbei beklagten sich die Befragten unter anderem stark über Unkenntnisse und Unübersichtlichkeit bei Wertschöpfungsketten, die mehrere Produktionsländer durchlaufen. „Die Krabben werden nach Mexiko geschickt, zum Auspulen und dann wieder an die Nordsee." „Ich habe zum Beispiel etwas gekauft und dann wurde mir gesagt, dass die auch Kinderarbeit haben." „Über sowas informiert man natürlich nicht." Aber auch mangelnde Kenntlichmachung von Informationen auf Verpackungen stellt eine Problematik für die Teilnehmer dar. „Was mich stört, ist, dass die manchmal die Informationen so klein draufmachen, dass man es kaum lesen kann." Eng damit verbunden ist ferner mangelndes Vertrauen in Produkte und ihre Herstellungsbedingungen. Dies bezieht sich auf alle Bereiche des ethischen Konsums, weshalb unter anderem auch für regionale Produkte sowie für Waren aus biologischer Erzeugung häufigere Kontrollen gefordert werden. „Weil ich hab schon von freilaufenden Hühnern gehört, dann ist meine Bekannte selber zum Bauern gefahren und die sitzen im Käfig." „Paar Mal gab es schon Enttäuschungen bei mir." Darüber hinaus wird ein zu hoher Preis beanstandet, der für Teile der Bevölkerung nicht erschwinglich ist, und eine zu geringe Auswahl, wobei sich letztere Problematik primär auf Discounter bezieht. „Bei Discountern ist natürlich schon weniger Auswahl als im Bio-Markt." Des Weiteren ist ein Dilemma festzustellen zwischen der Haltbarkeit der Waren und dem Verzicht auf Chemikalien, was jedoch eine unvermeidbare persönliche Abwägung erfordert. „Weil die sind ja umso länger haltbar, je mehr drin ist." Explizit auf

Kleidung bezogen ist eine Kritik am optischen Erscheinungsbild ethischer Produkte in diesem Segment. „Ja, halt ein bisschen altmodisch." „Man kann doch aus guten Stoffen etwas Schönes schneidern."

Hinsichtlich der Auswahl bei ethischen Produkten äußerten sich die Teilnehmerinnen nicht nur negativ. Supermärkte und explizit Rewe wurden in diesem Kontext positiv erwähnt. „Rewe hat schon eine ganz gute Auswahl, finde ich." Im Übrigen sehen die Teilnehmer das gute Gefühl beim Kauf ethischer Waren als positiv. „Man hat ein gutes Gewissen". Außerdem wird überwiegend eine höhere Qualität mit ethischen Produkten assoziiert. Dies gilt vor allem für Lebensmittel. Bei Kleidung hingegen teilt sich die Meinung bezüglich der Qualität, wobei sowohl negative als auch positive Faktoren genannt werden. „Also bei Kleidung teils, teils, würde ich sagen." „Also ich habe schon oft irgendwelche Sachen angehabt und dann war ich da rosa oder blau und das war dann halt irgend so eine Billig-Jeans."

Explizite Handlungswünsche beziehen sich auf drei wesentliche Bereiche. Wie bereits erwähnt, werden bessere Kontrollen gefordert. Dieser Wunsch betrifft diverse Bereiche des ethischen Konsums wie auch unterschiedliche Produktkategorien. Die Kontrollen sollen dabei unabhängig, häufiger und strenger erfolgen. Zwar werden absolute Kontrollen in allen Bereichen nicht von allen Teilnehmern ausschließlich positiv gesehen, jedoch kann das Vertrauen überwiegend nur auf diese Weise verliehen werden. Ferner wird nach klarer und verständlicher Aufklärung verlangt. Explizit wird ein übersichtliches Nachschlagewerk eingefordert. „Es sollte so eine Tabelle geben, wo man nachschauen kann." Überwiegend sollen jedoch Medien wie Fernsehen, Radio etc. als Übermittler dienen. Die Bildung von Kindern im Grundschulalter bezüglich ethischen Konsums stellt ebenfalls eine Handlungsmöglichkeit dar, die von Teilnehmern geäußert wurde und starken Zuspruch erhielt. Zusätzlich wird mehr Handeln von politischer Seite gefordert. Sowohl auf nationaler als auch internationaler Ebene sollen Regulierungen getroffen werden, die nicht ethische Produkte reglementieren. Auch Steuererhöhungen für solche Waren wurden vorgeschlagen. „Nicht alles Mögliche draufschreiben, sondern die so teuer machen, dass man eben nicht mehr rauchen kann, zum Beispiel." „Wir müssen ja auch die medizinischen Kosten bedenken. Wir müssen das ja alles mittragen." An dieser Stelle wird deutlich, dass die Gesundheit des Menschen im Vordergrund steht.

Im Hinblick auf die Quellen von Informationen sind verschiedene Medien vertreten, wie Internet, Zeitungen und Zeitschriften, Verpackungsangaben. Darüber hinaus werden zumindest für Lebensmittel auch Personen wie Verkäufer oder Ärzte befragt. „Bei Kleidung sind ja oft einfach nur irgendwelche Aushilfen da. Da schau ich dann schon im Internet." Im Allgemeinen wird außerdem geäußert, dass bereits ausreichend Informationsquellen vorhanden sind. Diese werden von den Teilnehmern nach eigener Angabe auch genutzt. Dennoch wurden Informationsmangel und der Wunsch nach mehr Aufklärung zu einem anderen Zeitpunkt der Diskussion genannt. Möglicherweise wurde dies auf passive Informationsmitteilung wie etwa durch Fernsehen oder Radio bezogen. Hinsichtlich der Informationsgestaltung und ihrer Übermittlung sind sich die Teilnehmer einig, dass die Politik dafür zuständig ist und nicht Unternehmen oder andere Einflussnehmer auf die Wertschöpfungskette.

Unternehmen werden von dieser Aufgabe unter anderem auch deshalb ausgeschlossen, weil ihnen kein Vertrauen in Bezug auf Konsumethik entgegengebracht wird. „Nein, da habe ich kein Vertrauen." Dabei ist das Vertrauen in ethische Produkte relativ hoch, wenn auch nicht vollkommen gegeben. „Sagen wir mal 90 %." Definitiv schneiden solche Waren jedoch besser ab als herkömmliche Produkte. „Aber besser als bei Produkten, wo du schon weißt, dass die nicht gut sind." „Das beruhigt uns trotzdem oder?" Eine Erklärung bietet hierfür die erhebliche Steigerung der Glaubwürdigkeit durch Siegel in dieser Gruppe. Ferner wird auch Aussagen von NGOs wie etwa Greenpeace in diesem Zusammenhang Glauben geschenkt. Bei Instituten hingegen ist das Vertrauensverhältnis abhängig von der jeweiligen Anstalt. So wird diesbezüglich Ökotest deutlich besser eingeschätzt als Stiftung Warentest. „Aber dieses Stiftung Warentest glaube ich auch nicht mehr. Weil da ist auch sehr viel gebogen."

Eine perfekte ethische Konsumwelt beschreiben die Teilnehmer durch optimale Information und Transparenz. Alle Produkte in dieser Welt sind ethisch vertretbar. Mit diesem Szenario werden insbesondere regionale Produkte in Verbindung gebracht. „Wenn man weiß, dass zum Beispiel alles regional ist, dann muss man ja gar nicht darüber nachdenken." Des Weiteren wird diese Welt als Paradies ohne Egoisten beschrieben, in der sich die Gruppenmitglieder wohl fühlen würden und zufrieden wären. Lediglich ungesunde Produkte würden einigen Teilnehmern in dieser Welt fehlen. Dies verdeutlicht erneut die starke Assoziation von Konsumethik mit Gesundheit. Die Einkaufssituation wird dabei durch optimales Vertrauen ohne die Notwendigkeit eigener Recherche beschrieben. „Da braucht man nichts wissen." Hierbei wird nochmals die Konsumform regionaler Produkte in Bezug gesetzt. „Das ist dann ein schöner Wochenmarkt."

Insgesamt konsumieren die Teilnehmer nach eigener Einschätzung bedingt ethisch verantwortungsbewusst. „Also nicht immer." „Wo man halt gerade einkauft." Eine Preisreduzierung von ethischen Produkten ist dabei in jedem Fall erwünscht, wobei eine Bereitschaft für Aufpreise besteht, wenn Landwirte davon profitieren und einen fairen Lohn erhalten. „Der Bauer soll natürlich auch von seinem Beruf leben können." Bei Fragen nach Kenntnissen über Siegel oder Kennzeichen wurde deutlich, dass zwar einige bekannt sind, aber häufig Wissen über die Bedeutung der Siegel fehlt. „Was heißt das jetzt nochmal?" „Ja, das weiß ich nicht, was das bedeutet." Mehr Beachtung als Siegel finden dabei Kennzeichen über Schadstofffreiheit oder Angaben hinsichtlich der Inhaltsstoffe. Allerdings werden auch hierbei umgangssprachliche und somit verständliche Formulierungen gefordert. Ebenso steht diesbezüglich die Gesundheit im Vordergrund und weniger die Produktionsweise und ihre Auswirkungen. Generell wird in engen Kreisen über das Thema kommuniziert, allerdings wird zugleich deutlich, dass nicht vollkommen offen über die Thematik gesprochen werden kann. Dies gilt vor allem bei starkem Engagement im Bereich des ethisch verantwortungsbewussten Konsums. „Also meine Kundschaft hält mich teilweise für vollkommen verrückt, weil ich Veganerin bin." „Man muss da glaube ich ein bisschen aufpassen, dass man nicht zu sehr übertreibt."

Das Assoziationsspiel zu unterschiedlichen Konsumformen brachte überwiegend positive oder neutrale Begriffe zu Vorschein. Regionale Produkte werden im Gegensatz zu Bio-Produkten nur mit Lebensmitteln verbunden. Zwar steht auch Bio überwiegend für diese Produktkategorie, allerdings gehören Kleidung und sogar Kosmetika ebenfalls dazu. Öko hingegen wurde kaum mit Nahrung in Verbindung gebracht. Hier steht der Anbau im Vordergrund, der als effizienter angesehen wird, und Produkte wie Kleidung und vor allem das Auto. Hier ist davon auszugehen, dass damit der Verzicht auf dieses Verkehrsmittel gemeint ist, da auch mit dem Begriff Konsumverzicht Autos verbunden wurden. Darüber hinaus wurde Konsumreduktion in diversen Produktkategorien assoziiert und in einem Fall gänzlicher Verzicht durch Produktersatz. Energieeffizienz stellt dabei ebenfalls zumeist einen sparsamen Umgang dar, insbesondere in Bezug auf Wasser und Strom. Aber auch Windkraft als erneuerbare Energie wurde in diesem Kontext aufgelistet. Erneuerbare Produkte werden dagegen der Circular Economy zugerechnet. An dieser Stelle werden in erster Linie Eigeninitiativen aufgelistet, aber auch eine logische Verbindung zur Sharing Economy erstellt. Die gemeinsame Nutzung von Verkehrsmitteln und Gebrauchtwaren werden zur Sharing Economy gezählt. Hierbei wird das Konzept sehr positiv wahrgenommen. „Finde ich gut." „Am Erfolg sind mehrere beteiligt.“ Fair Trade wird dagegen vereinzelt kritisch gesehen. In diesem Kontext wird deutlich, dass ein Aufpreis mit Qualitätssteigerung und fairen Löhnen verbunden wird. Kaffee spielt eine wichtige Rolle. Am negativsten erscheinen jedoch Vegetarismus und Veganismus. „Modeerscheinung des 21. Jahrhunderts.“ Bei Konsum in Verbindung mit sozialen Projekten ist auffällig, dass sowohl Naturschutz als auch Unterstützung von hilfebedürftigen Menschen auf unterschiedliche Arten aufgezählt wurden. Konkrete Beispiele sind hierbei durchaus bekannt.

4.2 Konsumtagebücher

Um das Verhalten und die Gedankengänge der Verbraucher bezüglich Konsumethik über einen längeren Zeitraum zu erfassen, wurden zusätzlich 16 Teilnehmer ausgewählt, die Konsumtagebücher führen. Die Aufgabe soll an sieben aufeinanderfolgenden Tagen ausgeführt werden, um jeden Wochentag zu erfassen. Auf diese Weise sollten die Teilnehmer mindestens bei einem Einkauf zeitnah über ihre Eindrücke berichten können, da davon auszugehen ist, dass die meisten Konsumenten mindestens einmal pro Woche einkaufen. Ferner wird ihnen hierdurch Zeit gegeben, sich länger mit der Thematik auseinanderzusetzen und ihre Gedanken zu formulieren. Neben spontanen mündlichen Informationen durch Diskussionsrunden können somit wohlüberlegte Ideen und Verhaltensweisen von Konsumenten schriftlich festgehalten werden. Die Teilnehmer gehören in diesem Fall einer von vier Gruppen an, die sich in ihrer Generationszugehörigkeit unterscheiden. Da die Teilnehmer zuvor nicht über die Gruppenzuordnung in Kenntnis gesetzt werden, agieren sie bei der Gestaltung der Tagebücher selbstständig und für sich.

4.2.1 Auswahl der Teilnehmer

Die Teilnehmerwahl für die Konsumtagebücher erfolgte auf ähnliche Weise wie für die Gruppendiskussionen. Auch hier wurde ein Rekrutierungsfragebogen verwendet, dem ein entsprechend abgewandelter Informationstext vorangeht. Dieser beinhaltet zusätzlich eine kurze Instruktion für die Ausführung der Aufgabe, die darüber hinaus in den meisten Fällen auch mündlich notwendig war.

Die verwendeten Variablen für die Gruppendiskussion wurden auch für diese Analysemethode abgefragt. Hauptmerkmal der zu bildenden Gruppen ist hier jedoch das Alter. Der Grund für diese Entscheidung ist die suboptimale Heterogenität bezüglich des Alters der männlichen Diskussionsgruppe. Auf diese Weise sollen zusätzlich Informationen identifiziert werden, die stark vom Alter abhängig sind, und Fehlinterpretationen hinsichtlich des Geschlechts vermieden werden. Die Heterogenität in Bezug auf Haushaltseinkommen und Bildungsniveau wird hierbei genauso gehandhabt wie für die Diskussionsrunden. Eine Gruppe besteht in diesem Fall aus vier Teilnehmern, die der gleichen Generation angehören. Die Teilnehmer setzen sich dabei zu jeweils 50 % aus Frauen und Männern zusammen. Als zusätzliche Aspekte fließen darüber hinaus berufliche Situation und Haushaltsgröße in die Rekrutierung mit ein. Im Hinblick auf diese Variablen soll ebenfalls möglichst hohe Heterogenität erzielt werden. Sie dienen der Erweiterung möglicher Interpretationen und sollen lediglich die Möglichkeit gewährleisten, Aufschluss über weitere Zusammenhänge zu geben. Eine feste Personenanzahl zu allen Variablenmerkmalen lässt sich bei dieser geringen Gruppengröße nicht erreichen. Eine ausführliche Typenbildung von Konsumenten überschreitet daher den Rahmen dieser Arbeit. Allerdings können Verhaltensweisen und Einstellungen somit möglicherweise durch andere Eigenschaften als die Generationszugehörigkeit erklärt werden.

Die Tagebücher werden daher innerhalb der Kategorisierung Nachkriegsgeneration (1946 bis 1955), Babyboomer (1956 bis 1965), Generation X (1966 bis 1980) und Generation Y (1981 bis 1995) geführt (vgl. KLAFFKE 2014: 12). Lediglich die Generation Z (ab 1996) wird bei dieser Analyse nicht berücksichtigt, weil es sich hierbei überwiegend um Minderjährige ohne eigenen Haushalt handelt, sodass ihre aktuelle Relevanz für ethischen Konsum aufgrund des geringen Einflusses niedrig ist.

Die Teilnehmerwahl nach Wohnort und Kaufverhalten erfolgt analog zur Teilnehmerwahl für die Gruppendiskussion. Eine genaue Aufstellung des Rekrutierungsfragebogens mit entsprechendem Informationstext ist im Anhang (vgl. Anhang „Rekrutierungsfragebogen zur Konsum-Tagebuch-Führung", S. 276 f) zu finden. Das Ergebnis der Rekrutierung wird auch hier in Tabellenform dargestellt (vgl. Tabelle 8 und Tabelle 9).

Tabelle 8: Charakteristik der Konsum-Tagebuch-Gruppen von Generation Y und Generation X

	Generation Y	Generation X
Geschlecht	Männlich: 2x Weiblich: 2x	Männlich: 2x Weiblich: 2x
Geburtsjahr	***1981 – 1995: 4x***	***1966 – 1980: 4x***
Wohnort	Deutschland: 4x	Deutschland: 4x
Haushaltsgröße	1 Person: 3x 3 Personen: 1x	1 Person: 1x 2 Personen: 1x 4 Personen: 2x
Ausbildung	Berufsschulabschluss: 1x Hochschulabschluss: 3x	Mittlere Reife: 1x Berufsschulabschluss: 2x Hochschulabschluss: 1x
Berufliche Situation	SchülerIn/StudentIn/AzubiNe: 1x Angestellt/ArbeiterIn: 3x	Hausfrau/Hausmann: 1x Selbstständig: 1x Angestellt/ArbeiterIn: 2x
Haushaltseinkommen	< 1.000 €: 1x 1.000 € – 1.500 €: 1x 1.500 € – 2.000 €: 1x 3.000 € – 4.000 €: 1x	2.000 € – 3.000 €: 1x 3.000 € – 4.000 €: 2x > 4.000 €: 1x
Ethische Kriterien als Bestandteil der Kaufentscheidung	Ja: 4x	Ja: 4x
Häufigkeit des ethischen Konsums im letzten Monat	Ein bis zwei Mal: 1x Mehr als drei Mal: 3x	Ein bis zwei Mal: 2x Mehr als drei Mal: 2x

Quelle: Eigene Darstellung (2017).

Tabelle 9: Charakteristik der Konsum-Tagebuch-Gruppen von Generation Baby-Boomer und der Nachkriegsgeneration

	Generation Baby-Boomer	**Nachkriegsgeneration**
Geschlecht	Männlich: 2x Weiblich: 2x	Männlich: 2x Weiblich: 2x
Geburtsjahr	***1955 – 1969: 4x***	***< 1954: 4x***
Wohnort	Deutschland: 4x	Deutschland: 4x
Haushaltsgröße	2 Person: 2x 3 Personen: 2x	1 Person: 1x 2 Personen: 3x
Ausbildung	Hauptschulabschluss: 1x Mittlere Reife: 1x Abitur/Fachabitur: 1x Berufsschulabschluss: 1x	Hauptschulabschluss: 2x Berufsschulabschluss: 2x
Berufliche Situation	Hausfrau/Hausmann: 1x Selbstständig: 1x Angestellt/ArbeiterIn: 2x	Angestellt/ArbeiterIn: 1x In Rente: 3x
Haushaltseinkommen	2.000 € – 3.000 €: 4x	1.000 € – 1.500 €: 2x 1.500 € – 2.000 €: 2x
Ethische Kriterien als Bestandteil der Kaufentscheidung	Ja: 4x	Ja: 4x
Häufigkeit des ethischen Konsums im letzten Monat	Ein bis zwei Mal: 2x Mehr als drei Mal: 2x	Ein bis zwei Mal: 1x Mehr als drei Mal: 3x

Quelle: Eigene Darstellung (2017).

4.2.2 *Erstellung des Tagebuchformates*

Die insgesamt 16 Tagebücher werden in Bezug auf das persönliche Einkaufsverhalten von Konsumenten in einer gewöhnlichen Einkaufswoche geführt. Ziel ist es, idealerweise ohne Beeinflussung der Teilnehmer dieser Studie das Verbraucherverhalten und ihre Eindrücke beim Einkauf sowie kurz davor und danach zu erfassen. Diese Unterteilung der Zeiträume wird in der Vorlage der Tagebücher für jeden Tag angewendet. Das vierte Feld „Sonstiges" bietet den Teilnehmern zusätzlich die Möglichkeit, ihre täglichen Gedanken und Einfälle hinsichtlich ethischen Konsums mitzuteilen. Dem Konsumtagebuch geht ebenso wie dem Rekrutierungsfragebogen ein kurzer Informationstext voraus, der die Durchführung der Aufgabe erläutert sowie die wesentlichen Rahmenbedingungen und Ziele darstellt. Um den Teilnehmern einen grundlegenden Eindruck davon zu vermitteln, wie die Gestaltung des Tagebuches aussehen kann, werden einige zentrale Fragen zu den Tagesbereichen aufgeführt, die beantwortet werden können. Dabei wird darauf aufmerksam gemacht, dass es sich lediglich um Vorschläge handelt, die nicht zwingend berücksichtigt werden müssen. Die Teilnehmer sollten mithin möglichst frei in ihren Formulierungen bleiben und eigene Einfälle präsentieren. Auch handelt es sich bei der grundlegenden Form und Unterteilung der Tagebücher lediglich um einen Vorschlag, der nach eigenen Wünschen und Anforderungen der Verbraucher umgestaltet werden kann. Eine Vorlage des Konsumtagebuchs befindet sich in Anhang (vgl. Anhang „Vorlage des Konsumtagebuchs", S. 279 ff).

Je nach Einkaufsverhalten ist davon auszugehen, dass nicht jede Tagesvorlage ausgefüllt werden kann. Dies muss auch nicht zwangsläufig erfolgen, allerdings können unabhängig von durchgeführtem Konsum Gedanken, Ideen oder Anregungen zu ethischem Konsum an solchen Tagen schriftlich festgehalten werden. Bei persönlicher Rekrutierung der Teilnehmer werden diese mündlich auf alle Gestaltungsmöglichkeiten aufmerksam gemacht. Schriftlich rekrutierte Teilnehmer erhalten diese Auskünfte durch den Informationstext und weitere Instruktionen per E-Mail. Des Weiteren ist die Dokumentation sowohl auf Papier als auch elektronisch erlaubt und wird grundsätzlich in ihrer Form der Übermittlung den Teilnehmern überlassen. Wichtig für die Durchführung der Aufgabe ist außerdem, dass sich die Teilnehmer an die Auflage halten, das Tagebuch an sieben aufeinanderfolgenden Tagen zu führen, um einen gesamten Wochenablauf mit allen darin durchgeführten Einkäufen zu erfassen. Der Tag des Beginns der Aufgabe bleibt daher ebenfalls den Teilnehmern überlassen, da er keinen Einfluss auf das Resultat nimmt.

4.2.3 *Aufbereitung der Daten*

Da die ausgefüllten Tagebücher nur teilweise handschriftlich zurückgegeben und ansonsten digital oder als Foto verschickt wurden, war in manchen Fällen das Abtippen der Informationen notwendig. Dabei fand eine Orientierung an den jeweiligen Originalen statt, sodass die Sprache nicht verändert wurde. Dies dient der Vermeidung von Informationsverlusten, die durch Fehlinterpretationen aufgrund von Korrekturen des Satzbaus entstehen könnten.

Anders als bei den Interviews, richtet sich die Ausarbeitung hierbei nicht nach einem Leitfaden bzw. nach dem Grundbau der Vorlagen. Der Grund dafür ist, dass die Gestaltung der Tagebücher vollkommen offen gehalten wurde und die Teilnehmer dementsprechend keinen einheitlichen Aufbau übergeben haben, obwohl die Vorlage von allen Konsumenten genutzt wurde. Dennoch wird das Verfahren der qualitativen Inhaltsanalyse verwendet, da sich dieses ebenfalls für theoriegeleitete Textanalysen eignet. Die Aufbereitung der Tagebücher erfolgt auf Basis einer Auswertungstabelle, welche die Daten in drei Abschnitte einteilt. Der sehr wichtige und große Abschnitt eins besteht aus Intentionen und Aktionen der Teilnehmer. Dieser umfangreiche und allgemeine Abschnitt lässt sich nicht vermeiden, da Ziele, Durchführung und vorhandenes Wissen in engem Zusammenhang genannt wurden und nicht strikt voneinander getrennt werden können. Ebenso haben sich Emotionen als wichtiger Faktor herausgestellt. Diese wurden von den meisten Teilnehmern aufgezeichnet und stellen einen bedeutenden Indikator für das Verhalten der Konsumenten dar. Der letzte Abschnitt beinhaltet überwiegend allgemeine Aussagen, die meist indirekt mit den getätigten Einkäufen in Zusammenhang stehen. Hierbei handelt es sich oft um generelle Erfahrungen im Bereich Konsumethik, aber auch um Wünsche, Kritik und Lob für diesen Bereich.

Sowohl die ausgefüllten Konsumtagebücher (vgl. Anhang „Konsumtagebücher", S. 282 ff) als auch die nach Altersgruppe unterteilten Aufbereitungstabellen, sind im Anhang zu finden (vgl. Tabelle 10, Anhang S. 311 ff; Tabelle 11, Anhang S. 316 f; Tabelle 12, Anhang S. 318 ff und Tabelle 13, Anhang S. 321 f). Letztere wurden zur Formulierung der Ergebnisse herangezogen. Um den Umfang dieser Arbeit nicht unnötig auszudehnen, sind dem Anhang nur solche Tagesvorlagen beigefügt, welche die Teilnehmer beschriftet haben und nicht das gesamte jeweilige Konsumtagebuch.

4.2.4 Auswertung und Darstellung der Ergebnisse

Die Auswertung und Darstellung der Ergebnisse geschieht zunächst für jede Generation separat. Ähnlich wie bei den Gruppendiskussionen erlaubt diese Vorgehensweise eine umfangreiche Analyse der Daten im Hinblick auf die Hauptmerkmale der Gruppen. Besonderes Augenmerk liegt dabei auf dem Alter, wobei hinsichtlich einer Überprüfung der Thesen der Gruppendiskussionen auch das Geschlecht berücksichtigt wird. Auf diese Weise werden Gemeinsamkeiten innerhalb der Kategorien und Unterschiede bezüglich der heterogenen Gruppen ermittelt.

4.2.4.1 Generation Y

Die Tagebücher der Teilnehmer dieser Generation sind sehr ausführlich gestaltet. Dabei ist ersichtlich, dass hier ein großes Mitteilungsbedürfnis besteht und die Personen über ein umfangsreiches Wissen in Bezug auf Konsumethik verfügen. Drei von vier Teilnehmern wollten sogar nach Abgabe der Tagebücher über ethischen Konsum sprechen. Zu berücksichtigen ist bei dieser Generation, dass es sich um junge Konsumenten handelt, die häufig erstmals ihren eigenen Haushalt gegründet haben und daher teilweise erst jüngst damit begonnen haben, sich mit dem Thema auseinanderzusetzen. Ferner sind die finanziellen Mittel dieser Personen oft äußerst beschränkt. Dies spiegelt sich auch in den Formulierungen der Teilnehmer wider. Zwar ist teilweise großes Engagement in Bezug auf Konsumethik festzustellen, jedoch wird dieses durch Preis und zur Verfügung stehendes Einkommen begrenzt. „Alles vom Biomarkt wäre mir leider zu teuer. Entscheidend ist für mich auch, wo passt der Preis und wo gibt es z.b. auch regionale Ware." „Entscheidend ist auch was der Geldbeutel mir sagt." Bei geringen Preisunterschieden wird allerdings in der Regel zur ethisch verantwortungsbewussteren Produktalternative gegriffen. „Beim Einkauf richte ich mich zugegebenermaßen hauptsächlich nach dem Preis eines Produktes. Wenn es jedoch preislich kaum einen Unterschied zwischen einem ‚normalen' Produkt und einer Bio-Marke oder Fair-Trade-Produkt gibt, dann kaufe ich auch gerne das etwas teurere Produkt." „Bio-Maiswaffeln gekauft. Hab nicht auf den Preis geschaut, weil ich schon weiß, dass der Preisunterschied zu normalen Maiswaffeln gering ist. Kaufe hier immer die Bio-Version." Bei der Wahl des Einkaufsortes ist festzustellen, dass zwar Geschäfte, die verhältnismäßig teurere Produkte anbieten, präferiert werden, wie etwa Supermärkte oder Bio-Läden, aber aufgrund von Preisunterschieden auch bei Discountern eingekauft werden muss. „Meistens kaufe ich die Sachen die für mich in Bio Qualität sein sollen im Bio Markt und das andere im Discounter." „Preis-Leistungsverhältnis teilweise zu hoch → Gang zum ‚Discounter'." Solche Spezialläden werden auch in diesem Kontext nur von Frauen erwähnt, ebenso wie der Konsum ethischer Produkte in Discountern, während männliche Konsumenten einen Einkauf im Supermarkt präferieren. „Rewe hat aber auch an sich einen guten Mix aus Billigware und hochwertigeren Waren (ethische Produkte)." „Ich gehe jedoch immer in einem Supermarkt einkaufen von dem ich weiß, dass dort überwiegend hochwertige Qualität angeboten wird." Im Zusammenhang mit den Dimensionen von Konsumethik werden sowohl ökologische als auch soziale Faktoren genannt, neben persönlichen Bereichen wie etwa Gesundheit. „Aber Fakt ist, Massenhaltung schadet den Tieren, der Umwelt und der Gesundheit der Menschen. Genauso wie nicht umweltbewusstes handeln." „Dies ist mir wichtig, da die Lebensmittel die ich zu mir nehme, direkt meine Gesundheit beeinflussen und ich generell etwas gegen zu viel Spritzmittel und Genmanipulation habe." Auffällig ist vor allem das starke Verlangen nach fairer Behandlung von Tieren. „Bei Eiern achte ich besonders auf Freilandhaltung, da ich absolut gegen das Mästen von Tieren bin und ich die Bedingungen in manchen Produktionsbetrieben erschreckend finde." „Soja-Milch gekauft: Das ist zumindest ein Produkt, bei dem ich auf tierische Erzeugnisse verzichte, weil mir die Tiere leidtun." Die generelle Bereitschaft, auf Waren zu verzichten oder ihren Konsum einzuschränken, ist dabei mittel bis hoch. „Kein Fleisch, keine Wurst, keine Milch ist beim Einkauf für mich Standard." „Achte zwar auch bei Eiern auf Freilandhaltung und bei Fleisch auf bessere Qualität, aber könnte nicht ganz darauf verzichten. Ich trinke nicht so viel Milch und wenn ich das im Müsli hab, schmeckt es fast genauso wie normale Milch." In der Regel wird der Verzicht nur bei einer Wertsteigerung in Kauf genommen. „Weniger Fleisch essen → wenig aber gutes Fleisch kaufen." „Entscheidung: Wenig, aber dafür gutes, einheimisches Obst statt viel Obst (aus der Welt), welches günstiger ist." Ressourcenschonung durch Vermeidung unnötiger Produkte wird dagegen gerne praktiziert. „Außerdem muss man nicht für jede einzelne Apfelsorte eine neue Plastiktüte verwenden. Wenns geht nehm ich irgendeinen leeren Karton der im Regal steht und stapel meine Sachen darin, ohne Tüte." „Einen Rucksack nehme ich mit, damit ich keine Tüte kaufen muss. Dabei möchte ich vor allem Plastikmüll vermeiden." Eine Boykottierung von Produkten aufgrund negativer Kenntnisse über Produktionsbedingungen oder Unternehmen findet in dieser Generation ebenfalls statt. Diese Form des ethischen Konsums wird, ebenso wie bei den Gruppendiskussionen, auch hier von einem männlichen Konsumenten genannt. „Bezüglich Müsli achte ich immer speziell darauf keine Produkte von Nestle zu kaufen. Dies gilt auf für Süßigkeiten oder andere Erzeugnisse von Nestle. Ich weiß von der schlechten Reputation des Unternehmens und, dass beispielsweise in Afrika Menschen das Wasser durch Privatisierung gestohlen wird und katastrophale Arbeitsbedingungen auf Plantagen herrschen. Ich möchte ein solches Unternehmen nicht finanziell unterstützen." Regionalität stellt hier ebenfalls eine wichtige Form der Konsumethik dar, die entsprechende Beachtung findet, wobei dies aus unterschiedlichen Gründen geschieht. „Bäcker von ‚nebenan' unterstützen." „Beim Einkauf achte ich darauf dass ich nicht unbedingt zb. Bei Obst und Gemüse, Ware aus anderen Ländern die erst importiert werden müssen, wähle. Meist gibt es neben Äpfeln aus Spanien auch Äpfel aus Deutschland." Ferner spielen Bio-Produkte und allgemein natürliche Produkte sowie die damit verbundene eigene Gesundheit eine große Rolle beim Einkauf der Konsumenten. „Naturprodukt, d.h. nicht vorher gewürzt/eingelegt… → gesünder." „Naturkosmetik → besser für die Haut." Genau wie bei den Gruppendiskussionen scheint das Thema Gesundheit im Hinblick auf Konsumethik auch hier besonders für Frauen relevant zu sein.

Die Emotionen in Bezug auf ethische Produkte fallen überwiegend sehr positiv aus. Sie werden dabei meist bei der Benutzung der Waren geweckt, sodass sie verstärkt erst nach dem Einkauf relevant sind. „Beim Kochen mit den Eiern hatte ich ein gutes Gefühl, da ich wusste, dass ich etwas gutes für die Hühner getan habe." „Vor allem bei der Milch hab ich ein besseres Gefühl wenn ich sie trinke weil ich weiß, dass es die bessere Alternative ist. Für Natur und Tiere. Ansonsten keine Gedanken." Die Emotionen betreffen hierbei insbesondere Bereiche des Tierschutzes, der eigenen Gesundheit und des Naturschutzes. Positive Emotionen, die bereits vorher auftreten, werden mit Vorfreude und Einkaufsstätte begründet, beziehen sich aber auf wenig vorhandenes Wissen. „Indem ich zu einem teureren Laden gehe, weiß ich zwar immer noch nicht ob die Produkte diesbezüglich besser sind aber es gibt mir zumindest ein besseres Gefühl." „Gutes Gefühl, Zufriedenheit, Vorfreude auf den Geschmack."

Die Teilnehmer formulierten viele weitere Erfahrungen und Eindrücke, die das Thema betreffen. Dabei wird mitgeteilt, dass gemäßigter ethischer Konsum von anderen Personen im Umkreis überwiegend positiv eingeschätzt wird oder dies zumindest vermutet wird. „Ich denke, dass es generell gut ankommt ethisch wertvolle Produkte zu kaufen, jedoch ist es mir nicht wichtig ob andere Menschen dies gut bzw. wichtig finden oder nicht, da es hierbei um meine Gesundheit und die bessere Behandlung von Umwelt, Tieren und Arbeitern geht." Mitunter wird jedoch kritisiert, dass ein starkes Engagement in diesem Bereich überwiegend nicht akzeptiert wird und teilweise bei anderen Personen auf Unverständnis stößt. „Aber als ‚komisch' sehen dass meistens die an, die sich darüber nicht informiert haben oder denen es an Bildung fehlt." Darüber hinaus werden Unternehmen hinsichtlich Ethik deutlich negativer dargestellt als in den Diskussionsgruppen. „Ob Unternehmen das unterstützen? In meinen Augen nein. Ohne Konsum - kein Profit. Je billiger desto besser, egal zu welchem Preis." Gefordert wird mehr Bildung der Menschen in diesem Bereich, welche über unterschiedliche Medien, aber auch durch entsprechendes Engagement in Schulen erlangt werden soll. „Wenig Infos in TV /Politik / Radio zu diesem Thema." „Thema Konsum und seine Folgen, sollte meiner Meinung nach mehr zum Thema in Schulen werden."

4.2.4.2 Generation X

Bei dieser Generation handelt es sich um eine Alterskategorie, in der sich Menschen oft in der Familienplanung befinden oder bereits eine eigene Familie haben. Das Einkommen ist in diesen Fällen meist gesichert. Dennoch war diese Gruppe nicht sonderlich mitteilungsbedürftig in Bezug auf Konsumethik, sodass wenige Informationen vorhanden sind. Auch musste festgestellt werden, dass das Thema für die Teilnehmer teilweise irrelevant war. Dies wird an den Formulierungen ersichtlich. „Benötigte Güter für zwei Haushalte(Online Bestellung)-in Bezug auf Ethik-KEINE." Ein wichtiges Thema stellt jedoch die Vermeidung von Tüten und Verpackungen beim Einkauf dar. Diesbezügliche Äußerungen traten an mehreren Tagen auf. „Ich nehme meinen Einkaufskorb mit, um Tüten zu vermeiden." „Es waren doch einige Produkte mit viel Verpackung dabei." „Ich habe alles in mitgebrachten Taschen gepackt." „Möglichst wenig Verpackung." Ferner wird auf Bio-Lebensmittel geachtet, vor allem aber auf regionale Produkte. Diese Form des ethischen Konsums weist die stärkste Ausprägung auf. „Bio-Gemüse gekauft; bzw. Gemüse von regionalen Anbietern, gute Auswahl vorgefunden. Wurst bei ortsansässigem Metzger gekauft." „Vollkornbrot aus Urgetreide gekauft, beim Ortsansässigen Bäcker." Auch Elektroartikel werden in dieser Generation, anders als bei Generation Y, relevant. Es ist davon auszugehen, dass dies mit Haushaltsgröße und verfügbarem Einkommen zusammenhängt. Dabei kommt es in diesem Bereich, in Bezug auf Haushaltsgeräte, auf Energieeffizienz und damit Sparsamkeit an. „Überlegen neuen Trockner zu kaufen. Suchen nach einem Wärmepumpentrockner (weniger Stromverbrauch). Lesen Testberichte im Internet." Dies zeigt, dass zumindest für teurere Anschaffungen Recherche im Hinblick auf Konsumethik betrieben wird, wobei diese Handlungen auch ökonomisch motiviert sein können. Darüber hinaus informieren sich die Teilnehmer dieser Gruppe aber auch allgemein über

Nachhaltigkeit. „... in Bezug auf die Nachhaltigkeit der Produkte informiere ich mich selbst über die gängigen Medien." Hinsichtlich des Einkaufsortes ist auch hier das bestehende Muster hinsichtlich der Geschlechterunterschiede abzulesen. Frauen dieser Kategorie formulierten dabei einen Einkauf in „Spezialshops". „Ich habe heute regionale Produkte auf dem Markt eingekauft." „Heute werde ich auf dem Markt einkaufen. Eier aus der Region, Wurst beim Metzger." Gleichzeitig wurde jedoch erwähnt, dass ein Teil der Einkäufe in Discountern getätigt wird. „Habe heute beim Discounter eingekauft. Es musste schnell gehen." Dieses Verhalten äußerten ebenfalls einige Teilnehmerinnen der zweiten Gruppendiskussion. Von männlicher Seite wird auch hier ein Einkauf im Supermarkt wahrgenommen, wenn auch online. „Ich vertraue dem Dienstleister - in diesem Fall REWE." Eine mögliche Verbindung zwischen absolutem Vertrauen und fehlendem Praktizieren von ethischem Konsum kann in diesem Fall angenommen werden.

Der Einfluss anderer Menschen ist in dieser Kategorie ebenfalls sehr gering. „Was glaube ich, dass andere jetzt über mich denken? Mir egal." Weiter ist eine Änderung des persönlichen Kaufverhaltens nicht vorgesehen. Neben Bequemlichkeit sind an dieser Stelle vor allem Preis, Qualität und Frische entscheidend. „Günstige und gute Produkte zu kaufen." „Frische Sachen sind mir wichtig." Die Relevanz von Konsumethik ist daher als gering einzuschätzen. Allerdings muss an dieser Stelle nochmals erwähnt werden, dass das Ergebnis dieser Gruppe nicht auf die Allgemeinheit übertragen wird, sondern lediglich eine Tendenz aufgezeigt werden könnte.

4.2.4.3 Generation Babyboomer

Die Generation der Babyboomer ist in der Regel finanziell abgesichert und hat häufig erwachsene Kinder bzw. bereits Enkelkinder. Ihr Einkaufsverhalten wirkt überwiegend sehr durchdacht und begründet. In Bezug auf ethischen Konsum zeigen sich ein relativ hohes Mitteilungsbedürfnis und eine Berücksichtigung vieler Formen und Aspekte des Themas. „Genauso wie Nudeln ohne Gentechnik, usw." „Heute habe ich vier Spendenbehälter von Tupperware gekauft, weil so kann ich Kinderdörfer in Deutschland unterstützen." Bereits die Vorbereitung auf einen Einkauf erfolgt sehr ausführlich und lässt viele Gedanken bezüglich ethischen Verhaltens erkennen. „Ich schaue meine Vorräte an, schreibe Einkaufsliste, bereite Stoffbeutel und Kühltasche vor, dass ich unnötige Autofahrten und Verpackungsmaterial sparen kann (Umweltverschmutzung ist mir wichtig!)." „Kühltasche und Stoffbeutel auf jeden Fall dabei!" Ferner wird deutlich, dass Wissen in Bezug auf Konsumethik und über die Bedeutung von Siegeln vorhanden ist. „Außerdem habe ich Bio-Eier gekauft, finde ich gut, dass auf der Verpackung sehen wir, dass die Eier aus kontrollierter ökologischer Erzeugung sind." Soziale Aspekte werden in dieser Gruppe besonders stark berücksichtigt. Dies zeigt sich zum einen durch die Verbindung von Konsum mit sozialen Projekten durch die bereits genannten Spendenbehälter, aber auch anhand der Berücksichtigung von Arbeitsbedingungen im Ausland. Hierbei spielt allerdings auch Regionalität erneut eine wesentliche Rolle. „Habe vor, die Blumen zu kaufen. Keine Schnittblumen aus dem Supermarkt wegen langen Transporten (bzw. aus Afrika Schnittrosen) usw., schlechte Arbeitsbedingungen und Kinderarbeit." „Ich schaue ob Obst und Gemüse aus der Region im Angebot sind, dann kaufe ich etwas mehr davon." Neben sozialen Faktoren und Umweltschutz werden im Übrigen Saisonprodukte mit Regionalität verbunden. „Auf jeden Fall müssen die Produkte von dieser Saison sein, die anderen kaufe ich lieber aus dem Tiefkühlregal. (Im Sommer gereift und aus der Region)" Der Einkaufsort wird in dieser Generation weniger aufgrund unterschiedlicher Preise oder Qualitäten gewählt, sondern überwiegend auch aus ethischen Gründen. Hier werden kurze Wege präferiert, um Luftverschmutzung zu vermeiden. „Ich fahre morgen zum Bioladen, weil das liegt mir auf dem Weg zum Arzttermin (vermeide extra Fahrt zum Einkaufen)." „Ich kaufe bewusst in der Nähe von meiner Arbeit (Verschmutzung und Stau vermeiden)." Ebenso ist jedoch die Gesundheit ein wesentlicher Faktor, der ethischen Konsum hier so bedeutend macht. Die Verbindung dieser beiden Bereiche wird von den Teilnehmern sehr stark gesehen. „Schaue beim Kauf von Brot genau, welche Zutaten drinnen sind oder frage bei Bäcker." „Ich kaufe Brot lieber aus Natursauerteig (Keine künstliche Zusatzstoffe)." Anders als bei anderen Generationen betrifft Ressourcenschonung nicht nur Energieeffizienz, sondern auch Schutzgüter wie Wasser. „Ich habe vor, einen Regenspeicher zu kaufen, weil so spare ich Trinkwasser (Garten gießen und Abwasser reinigen sparen)." Des Weiteren werden auch Dienstleistungen wie Urlaub erwähnt, die sich unter anderem auf Umweltschutz beziehen. „Ich habe vor, eine Reise in Deutschland zu buchen (keine Luftverschmutzung, unterstützen heimische Wirtschaft, kurzer Weg)." „Weil es in Bayern ist, habe ich diese Reise gebucht und ich möchte mehr über das Land wissen in dem ich wohne." Insgesamt spielt der Naturschutz in dieser Generation eine sehr wichtige Rolle, dieses Thema wird auf verschiedene Arten im Zusammenhang mit dem Einkauf berücksichtigt. Daneben sind aber vor allem auch Gesundheit und Regionalität relevante Bereiche für die Teilnehmer.

Auffällig ist ferner, dass die Teilnehmer rundum zufrieden mit dem Einkauf sind. „Ich war zufrieden mit dem Obst und Gemüse aus der Region - Erdbeeren, Frühlingszwiebeln, Rhabarber usw." „Ich bin zufrieden, dass es in meiner Nähe Auswahl gibt." Vor allem scheint aber auch der Preis ethischer Produkte für Babyboomer akzeptabel zu sein. „War mit Qualität und Preis zufrieden." „Ich habe mir einen Wasserspeicher ausgesucht, bin sehr zufrieden. Hat 160 Liter, sieht optisch sehr gut aus und oben drauf kann ich noch Blumen anpflanzen und ist Platzsparend. Der Preis war auch OK." Dieser wird demnach nicht negativ wahrgenommen, vielmehr wird der Konsum ethischer Produkte sogar mit einem positiven finanziellen Aspekt in Bezug gesetzt. „So spare ich auch Abwassergebühren." Positive Emotionen äußern sich hier bereits während des Einkaufs und werden beispielsweise mit Qualität und Auswahl verbunden. Diese positiven Gefühle bleiben auch nach abgeschlossenem Konsum erhalten und werden auf diverse Dimensionen des ethischen Konsums bezogen. „Ich bin zufrieden, weil ich das Gefühl habe, gutes für meine Familie und für die Umwelt in der Zukunft getan zu haben (Näher zur Natur, ohne künstliche Zusatzstoffe usw., ohne Missbrauch von Menschen und Tieren)." „Ich bin zufrieden, dass ich einheimische Bauern unterstützt habe." Bei dieser Gruppe handelt es sich um selbstbewusste Konsumenten, die ihr eigenes ethisches Konsumverhalten höher bewerten als die Meinung anderer Personen dazu. „Was die anderen über mich denken, interessiert mich nicht!"

4.2.4.4 Nachkriegsgeneration

Die Nachkriegsgeneration zeichnet sich durch ein sehr strukturiertes und planvolles Einkaufsverhalten aus. Die Produkte werden dementsprechend bewusst ausgewählt und Unnötiges wird vermieden. „Einmal in der Woche gibt es meist Fisch, den ich normalerweise auf dem Markt am Fischauto kaufe, meist Seelachs, weil er der Billigste und vom Nährwert der Beste ist." „Durch den Besuch habe ich heute Fleisch auf dem Tisch - war nicht geplant - was Kurz-gebratenes gibt's aus Putenschnitzel. Gibt's ein Geschnetzeltes mit Gemüse u. Reis (Vollreis) dazu u. frischen Salat, leider noch nicht aus dem Garten, aber aus der Gegend." Ebenso spielt die Eigenproduktion hier für beide Geschlechter eine bedeutende Rolle. „Was in meinem Garten wächst, hat Vorrang, verwertet zu werden, da es dann echt frisch ist." „Schnelles Versorgen des Einkaufs ist mir wichtig, bes. wenn es Tiefkühlkost ist, was ich wenig kaufe, wenn ich es frisch haben kann oder im Garten habe." Dabei steht vor allem traditioneller Anbau bzw. traditionelle Produktion im Vordergrund. „Wenn ich Hülsenfrüchte (habe ich immer im Vorrat) kaufe, kaufe ich trockene, kaum in Dosen oder fertige Doseneintöpfe."

Dies wird häufig auch mit einer höheren Frische der Lebensmittel sowie mit verbessertem Geschmack und Gesundheit verbunden.

Aus ähnlichen Gründen sind gerade regionale Produkte bei dieser Generation sehr beliebt. „Ich schaue auf regionale u. auf deutsche Produkte.“ „Milch nehme ich entweder (am liebsten) vom Bauern (Rohmilch) oder die 3,5 % Frischmilch. H-Milch ist tabu! Dazu gibt's Kompott - selbst eingemacht.“ Diese Form des ethischen Konsums erreicht hier den größten Umfang und maximale Reichweite der Produktkategorien. „Fleisch kaufe ich beim Bauern und friere es in Portionen ein. Auch Wildfleisch - Hirsch u. Reh - lieben wir so zubereitet u. es kommt auch vom ‚Hersteller', aus heimischen Gehegen, wo es die Tiere gut haben.“ Persönlicher Bezug zu Produzenten und Waren ist dabei von besonderer Wichtigkeit. Dies ist zugleich ein Grund dafür, dass der traditionelle Markt eine erhebliche Relevanz für Personen dieser Altersgruppe aufweist. „Eier kaufe ich auf dem Wochenmarkt von Bauern, die ich ‚kenne' - wo wir den Hof u. die Haltung angeschaut haben.“ „Auf dem Markt kaufe ich regelmäßig, frischen Fisch, Pute oder Hähnchen vom Erzeuger, Eier vom Bauern, Käse vom Käsewagen, Äpfel ungespritzt fürs tägl. Müsli u. Kuchen, ab + an Fleisch vom Bauernladen + Wurst, im Geschäft Käse + Wurst eher an der Frischetheke in kleinen Mengen.“ Andere Spezialshops werden in diesem Zusammenhang jedoch nicht erwähnt. Geschlechterspezifisch zeigt sich allerdings auch an dieser Stelle das bereits typisierte Einkaufsverhalten der weiblichen Teilnehmer. „In die Mega-großen Läden wie Kaufland, Rewe, Real, Edeka gehe ich nicht so gerne - so viel Zeit verlaufe ich da beim Lebensmittelkauf. Wenn kaufe ich da spezielle Dinge, die eben nur dort zu bekommen sind.“ Discounter und der Markt als Spezialshop werden mithin auch hier deutlich bevorzugt, während Supermärkte aufgrund der größeren Auswahl einem gezielten Einkauf für Produkte dienen.

Zwar wird Kreislaufwirtschaft ebenfalls betrieben, insbesondere in Form von Second-Hand, allerdings besteht die Motivation hierfür häufig in der eigenen Gesundheit. Bei Kleidung gehe ich auch in second-hand-läden. Ich selbst muss auf reine Baumwolle achten, wegen Verträglichkeit.“ Ein begrenztes Budget spielt jedoch auch in dieser Generation eine wichtige Rolle. „Ich schaue auf den Preis, weil ich nur begrenztes Budget habe.“

Deshalb werden unter anderem auch Einsparungen aus finanzieller Sicht mit positiven Emotionen verbunden. „Ich freue mich, wenn ich ein ‚Schnäppchen' gemacht, ein frisches ‚Angebot' gefunden habe.“ Ähnliche Gefühle werden auch durch Persönlichkeit beim Kauf sowie den bei traditioneller Herstellung empfundenen besseren Geschmack hervorgerufen. „Beim Fahren zum Bauern freue ich mich schon auf den ganz anderen Geschmack der Milch. Auch wenn es ein extra Weg ist, der lohnt sich." „Manchmal bringen mir Leute eigene Eier von ihren Hühnern mit - das ist dann bes. schön u. das schmeckt man." Eine Abweichung von solchen traditionellen Produktionsweisen wird daher klar zurückgewiesen und negativ wahrgenommen. „Leider sind auch die heimischen Milche alle ‚länger haltbar', also auseinandergenommen u. wieder zusammengesetzt u. kaum noch ‚traditionell hergestellt'."

4.3 Zusammenfassung der Ergebnisse

Die Bedeutung von Konsumethik ist in den zwei moderierten Gruppen teilweise unterschiedlich dargestellt worden. Das wichtigste Merkmal in diesem Zusammenhang war für Männer die Qualität, deren Kennzeichen oft bereits das optische Erscheinungsbild von Produkten ist, aber auch Siegel und Regionalität sind hier von erhöhter Bedeutung. Der Grund für diese Verbindung sind vermutete Verbesserungen bei Arbeits- und Herstellungsbedingungen, aber auch höhere Haltbarkeit der Produkte, die eine langfristige Konsumreduktion nach sich zieht und in Ressourcenschonung resultiert. Hauptmerkmale der weiblichen Teilnehmer für ethischen Konsum sind hingegen natürliche Produkte und das damit zusammenhängende Gesundheitsbewusstsein. Dies ist gerade in der Generation der Babyboomer auffällig. Insbesondere der Verzicht auf Chemikalien und Gentechnik im Lebensmittelbereich stellt hierbei einen wichtigen Punkt dar. Das hohe Gesundheitsbewusstsein wird von den Teilnehmern selbst mit Familienverantwortung begründet. Zwar sind natürliche Produkte ohne die Verwendung von chemischen Mitteln zumindest bei Lebensmitteln auch für Männer wichtig, jedoch ist dies die einzige Produktkategorie, die mit Gesundheit verbunden wird. Bei Drogerieartikeln unterscheiden sich die Gruppen daher stark. In diesem Bereich wird von männlicher Seite die Anwendung künstlicher Stoffe toleriert und eine Preiserhöhung in diesem Segment nicht akzeptiert. Die Verwendung natürlicher Stoffe, aber auch der Verzicht auf Tierversuche vor allem bei Kosmetika wie auch bei anderen Drogerieartikeln ist den weiblichen Teilnehmern dagegen äußerst wichtig im Hinblick auf Nachhaltigkeit. Die Bedeutung von Circular Economy wird allerdings von beiden Gruppen anerkannt. Frauen äußerten in diesem Zusammenhang vor allem Eigenproduktion durch das Umfunktionieren von alten oder abgenutzten Produkten, wobei diese Form überwiegend bei Frauen der Generation Babyboomer oder der Nachkriegsgeneration auftritt. Generell wird diese Form des ethischen Konsums zum Zweck der Ressourcenschonung anerkannt. Dieses Ziel wird bei den männlichen Teilnehmern jedoch auch stark durch technischen

Fortschritt erreicht. Allerdings sehen diese Teilnehmer selbst eine Minderqualität bei technischen Neuerungen und würden diese deshalb nicht kaufen. Eine Erklärung hierzu kann darin gesehen werden, dass in dieser Gruppe Marken, die ebenfalls für Qualität stehen können, nicht mit ethischem Konsum verbunden werden, sondern mit Massenkonsum. Dabei wurde Massenkonsum als Gegenpol zu ethischem Konsum identifiziert. Allgemein bedeutet Konsumethik für die männlichen Teilnehmer zugleich eine Preiserhöhung, besonders bei Lebensmitteln. Dies ist jedoch mit der angenommenen Qualitätssteigerung verbunden. Der finanzielle Aspekt spielt dabei vor allem bei der Generation Y und der Nachkriegsgeneration eine wesentliche Rolle, da gerade hier ein begrenztes Budget angegeben wurde.

Naturschutz ist ein Faktor, der vor allem für weibliche Partizipanten eine erhebliche Bedeutung hat. Auch lässt sich bei diesen Teilnehmern ein starkes Engagement bei der Vermeidung von Verpackung und Plastiktüten feststellen, was ebenfalls dem Umweltschutz zugesprochen werden kann. Eine ähnliche Absicht kann hier auch durch den Kauf von Bio-Produkten angenommen werden. Allerdings ist diese Form des ethischen Konsums teilweise umstritten, da die Bedeutung des Siegels nicht vollkommen klar ist und die Kriterien hierbei teilweise als zu schwach angesehen werden. In Bezug auf Produktionsbedingungen kommt es allen Teilnehmern überwiegend auf eine faire Behandlung von Tieren an. Im Gegensatz zu den männlichen Teilnehmern sind zumindest einige Frauen aber auch bereit, auf Produkte vollständig zu verzichten, um Tierschutz zu gewährleisten. Dies betrifft den Lebensmittelsektor, aber auch Kleidung und Schuhe in Bezug auf den Verzicht auf Pelze und Leder. Die wohl wichtigste Form des ethischen Konsums ist allerdings der Kauf von regionalen Produkten. Diese Form wird von allen Teilnehmern praktiziert und erhält innerhalb aller Generationen volle Zustimmung. Männliche Teilnehmer begründeten diese Präferenz mit dem starken Wunsch nach Persönlichkeit beim Einkauf. Sogar eine Preiserhöhung wird hierbei in Kauf genommen, um lokale Unternehmen zu unterstützen und somit auch das persönliche Umfeld aufzubessern. Persönlichkeit und Kenntnisse über die Herkunft der Produkte sind hierbei auch insgesamt von hoher Bedeutung bei der Nachkriegsgeneration. Hiermit werden sehr positive Emotionen verbunden, weshalb traditionelle Einkaufsstätten wie Märkte oder Direktkäufe bei Landwirten sehr wichtig sind. Ebenso werden mehr Frische, besserer Geschmack und Gesundheit mit dem persönlichen Einkaufserlebnis bzw. regionalem Einkauf in Verbindung gesetzt. Ein Abweichen von traditionellen Herstellungsabläufen führt dabei zu negativ behafteten Gefühlen.

Die Ziele des ethischen Konsums sind hingegen vor allem bei Männern negativ behaftet. Oft stehen hier auch egoistische Motive im Vordergrund. Die Erleichterung des eigenen Gewissens wird dabei als Hauptgrund für ethischen Konsum genannt. Des Weiteren wird davon ausgegangen, dass Konsumethik häufig ausgeübt wird, um dem Trend zu folgen oder um dazuzugehören und nicht um die Welt zu verbessern. Zwar soll Letzteres auf manche Personen zutreffen, jedoch gehören die Teilnehmer ausnahmslos nicht dazu. Allerdings wird die eigene Gesundheit ebenfalls als Ziel genannt, wobei sich die Teilnehmer nicht vollkommen sicher sind, ob ethische Produkte zwangsläufig gesünder sind. Dagegen bildet Gesundheit das Hauptmotiv der Frauen-Gruppe. Darüber hinaus zählen diese aber auch mehrere ökologische und soziale Faktoren als Ziele auf. Hierbei wird erneut Regionalität erwähnt, um Importe aus dem Ausland zu vermeiden, da vor allem weit entfernte Produktionsländer mit sehr negativen Herstellungsbedingungen verbunden werden. Daneben kommt es den weiblichen Teilnehmern jedoch darauf an, Geld zu sparen, indem weniger, gesünder, besser konsumiert und Ressourcenverschwendung vermieden wird. Der Faktor Zugehörigkeit wird allerdings auch hier negativ gesehen, da dies als eine Art Gruppenzwang empfunden wird.

Auch beim Einkaufsort sind Unterschiede festzustellen. So äußerten die männlichen Teilnehmer einen überwiegenden Konsum in Supermärkten, was im Wesentlichen mit höherer Qualität und Auswahl begründet wird. Discounter können in ihren Augen nicht mithalten. Im Gegensatz dazu sind diese jedoch sehr beliebt bei den weiblichen Teilnehmern. Zwar wird auch hier die Auswahl hinsichtlich ethischer Produkte bemängelt, allerdings sind an dieser Stelle der niedrigere Preis und die Möglichkeit, auf Spezialangebote zurückzugreifen, ausschlaggebend. Supermärkte werden deshalb für gezielte ethische Produkte gewählt, die nicht von Discountern angeboten werden. Ähnlich verhält es sich mit Spezialshops wie Reformhaus, Bio-Markt oder Wochenmärkten. Diese sind zwar auch bei männlichen Teilnehmern vor allem wegen Persönlichkeit begehrt, werden aber aufgrund geringer Auswahl und zu hoher Preise nicht aufgesucht. Diese allgemeine geschlechterspezifische Wahl der Einkaufsstätten in Bezug auf ethische Produkte ist in allen Generationen festgestellt worden.

Generell suchen die männlichen Teilnehmer allerdings auch nicht gezielt nach ethischen Produkten. Vielmehr wird das in ihren Augen bessere und damit oft ethische Produkt gewählt, wenn die Wahl zwischen zwei oder mehreren Produkten einer Kategorie besteht. Diese fallen häufig durch Siegel oder Angaben über die Region ins Auge. Zwar werden hier demzufolge nicht gezielt ethische Produkte gewählt, jedoch werden gezielt nicht ethische Produkte vom Konsum ausgeschlossen.

Ebenso verhält es sich mit Marken oder Unternehmen, über die negative Berichte bekannt geworden sind. Gerade männliche Konsumenten der Generation Y weisen dieses Einkaufsverhalten auf. Bis auf die Produktboykottierung, die von den weiblichen Teilnehmern überhaupt nicht vertreten wird, kennzeichnet sich der alltägliche Einkauf von Frauen durch einen sehr ähnlichen Ablauf, sofern der Preis im Vergleich zum Standardprodukt vertretbar ist. Allerdings wird dieser durch eine gezielte Suche nach Sonderangeboten für ethische Produkte ergänzt, die dann im Vorrat gekauft werden. Eine Boykottierung findet nur in Bezug auf bestimmte Herstellerländer statt, die mit schlechten Arbeitsbedingungen, geringer Qualität und damit einhergehenden negativen Auswirkungen auf die eigene Gesundheit verbunden werden.

Einig sind sich dagegen beide Gruppen im Hinblick auf einen bestehenden Informationsmangel. Dabei wurde deutlich, dass die Markttransparenz sinkt, je weiter entfernt sich der Produktionsstandort befindet. Wenig Kenntnisse und Unübersichtlichkeit wurden hierbei mit den wahrgenommenen komplexen Wertschöpfungsketten verbunden. Aus diesem Grund mangelt es den Teilnehmern oft an Vertrauen in ethische Produkte, die einen Preisanstieg rechtfertigen würden, da infolgedessen nicht klar ist, ob eine Wertsteigerung der Güter tatsächlich vorhanden ist. Gerade Männer gehen davon aus, dass ein großer Teil der Einnahmen nicht in die teurere Produktion ethischer Waren fließt, sondern der Gewinnmaximierung von Unternehmen und Marken dient. Regionalität ist auch deshalb so wichtig, weil lange Produktionswege zu abstrakt sind und der persönliche Bezug zu den Waren fehlt. Ebenso werden negative Vorkommnisse schnell vergessen, wenn der Standort weit entfernt ist. Dies ist vor allem bei Kleidung der Fall, aber auch in anderen Produktkategorien außerhalb des Lebensmittelsektors. Hinsichtlich des Vertrauens konnte darüber hinaus häufig festgestellt werden, dass weniger ethisch konsumiert wird, wenn das Vertrauen in Unternehmen hoch ist. Hierbei stellt sich allgemein die Frage, ob der Trend der Konsumethik eine Folge des allgemeinen Vertrauensmangels in Produzenten und Händler darstellt. Frauen äußerten weiterhin in allen Bereichen der Konsumethik den deutlichen Wunsch nach strengeren Kontrollen von Betrieben und ihren Produktionsabläufen. Ferner beklagen sie in erster Linie einen zu hohen Preis der Produkte und eine zu geringe Auswahl bei Discountern.

Dagegen wurde sehr wenig Erfreuliches über den Konsum ethischer Produkte genannt. Männern fiel dazu überhaupt kein Gefühl oder Erlebnis ein. Bei Frauen bezieht sich dies überwiegend auf eine sehr gute Auswahl bei bestimmten Supermärkten, ein gutes Gefühl beim Konsum und eine teilweise höhere Qualität. Generell ist festzustellen, dass positive Emotionen während des Einkaufs größtenteils die Rahmenbedingungen des Einkaufs betreffen, wie Einkaufsstätte, Preis und Persönlichkeit, oder durch Vorfreude entstehen. Wirklich positive Gefühle im Hinblick auf die ethische Verhaltensweise ergeben sich jedoch meist bei Verwendung oder Gebrauch der ethischen Produkte und demzufolge erst nach dem Einkauf. Diese Emotionen beziehen sich häufig auf das Wohl der Tiere, die eigene Gesundheit oder den Schutz der Natur und wirken sich sogar positiv auf den empfundenen Geschmack bei Lebensmitteln aus.

Die Handlungswünsche sind in beiden interviewten Gruppen stark auf die angesprochenen Problematiken bezogen. Eine verbesserte Aufklärung bezüglich Konsumethik stellt dabei eine klare Forderung dar. Männer äußerten in diesem Kontext den Wunsch, eindeutige Definitionen aufzustellen und das Thema bereits in der Schule zu behandeln. Uneinigkeit herrscht allerdings hinsichtlich des politischen Handelns, hier wird teilweise mehr Regulierung gefordert, mitunter sind die Teilnehmer aber auch der Ansicht, dass bereits ausreichend Regulierungen vorhanden sind und der Konsument selbst über sein Verhalten und damit den Konsum entscheiden sollte. Allgemein ist ein Handlungsbedarf nach Meinung der Männer-Gruppe nicht dringend vorhanden. Lediglich im Bereich Tierhaltung und Import könnten Verbesserungen stattfinden. Hingegen fordern Frauen klare Kontrollen in allen Bereichen, die verstärkt durchgeführt werden sollen, um Vertrauen zurückzugewinnen. Politisches Handeln wird dabei sowohl national als auch international klar gefordert. Steuererhöhungen oder Produktverbote sind in diesem Zusammenhang ein akzeptables Mittel. Aber auch an dieser Stelle wird themenbezogene Bildung im Grundschulalter gefordert. Zur verbesserten Aufklärung wird zusätzlich ein einheitliches Nachschlagewerk in Tabellenform vorgeschlagen, das entsprechende Erläuterungen in Bezug auf ethischen Konsum und seine Formen enthält. Männer äußerten einen ähnlichen Wunsch, allerdings sollen die Siegel dabei so verändert werden, dass eine Abstufung zu erkennen ist, die über entsprechend erfüllte Kriterien Auskunft gibt.

Bezüglich der persönlichen Beschäftigung mit dem Thema wird deutlich, dass sich Frauen im Gegensatz zu Männern aktiv über Konsumethik informieren. Hierfür sind ihrer Meinung nach bereits ausreichend Informationsquellen vorhanden. Jedoch fordern beide Gruppen eine passive Informationsmitteilung über weitere Medien wie Radio, TV etc. sowie eine Sensibilisierung für das Thema durch Schule und Politik. Dabei wird die Politik eindeutig für eine verbesserte Informationsmitteilung in die Verantwortung genommen.

Auf die Frage nach entgegengebrachtem Vertrauen beim Einkauf gaben beide Gruppen ein äußerst geringes Maß gegenüber Unternehmen an. Das Vorhandensein von Siegeln führt generell zu einem Vertrauensaufbau, vor allem bei der Frauen-Gruppe, auch wenn dieses nicht vollkommen ist. Darüber hinaus vertrauen diese insbesondere Äußerungen von NGOs und unabhängigen Instituten. Männer sehen die häufige Vergabe und aufgetretene Skandale bei Siegeln kritisch, was sich negativ auf das Vertrauen in diese Label auswirkt. Im Allgemeinen profitieren hier jedoch in erster Linie bekannte Marken oder Unternehmen in Kombination mit Siegeln von einem starken Vertrauensgewinn. Kontrollinstanzen und Ämtern sowie Medien und in erster Linie überregionalen Zeitungen wird im Hinblick auf Konsumethik aber von Männerseite das größte Vertrauen entgegengebracht.

Die Bedeutung von Informationen und Transparenz spiegelt sich auch in der Beschreibung einer perfekten Konsumwelt wider. Beide Gruppen nannten diese Faktoren als klare Bestandteile dessen. Alle Teilnehmer würden sich über eine solche Welt freuen und verbinden sie mit sehr positiven Emotionen. Sämtliche Produkte wären hier ethisch vertretbar, sodass keine eigenen Recherchen notwendig sind und optimales Vertrauen gegeben ist. Allerdings gaben die männlichen Teilnehmer auch an, dass die jetzige Situation nicht sehr viel anders sei. Das Problem sei demnach nicht das System, da dieses bereits die Voraussetzungen für eine optimale Konsumwelt liefere, sondern das egoistische Verhalten der Konsumenten. Die optimale Kaufsituation wäre demnach ähnlich wie die bisherige Kaufsituation. Man müsste sich keine Gedanken um Ethik machen, allerdings nicht aus Bequemlichkeit, wie es die Teilnehmer heute sehen, sondern weil es nicht mehr notwendig wäre, da alle Produkte ethisch vertretbar wären. Diese Käufer wollen demnach nicht die Verantwortung, die mit ihrer Konsumentenmacht einhergeht, übernehmen, sondern die optimale Konsumwelt gestaltet bekommen. Hierbei sind vor allem Politik und Unternehmen gefragt. Generell sind die männlichen Teilnehmer jedoch relativ zufrieden mit der aktuellen Einkaufssituation.

Allgemein wird das Thema meist nur engen Bekannten gegenüber angesprochen, denn der Bezug des Themas zu den individuellen Werten der Menschen macht es oft konfliktgeladen. Vor allem bei einer starken Auslebung von ethischem Konsum gestaltet sich die Kommunikation diesbezüglich schwierig und wird kritisch betrachtet. Ferner ist gerade bei den weiblichen Teilnehmern der Wunsch nach Preissenkungen für ethische Produkte vertreten. Lediglich eine Aufpreisbereitschaft zur Gewährleistung eines fairen Lohnes für Landwirte stellt in diesem Kontext eine Ausnahme dar. Auffällig ist bei dieser Gruppe außerdem, dass Kennzeichen über Schadstofffreiheit und Inhaltsstoffe oft wichtiger sind als Siegel. Dies gilt zum einen, da bei letzteren oft das Wissen über die Bedeutung fehlt, und zum anderen, weil der Faktor Gesundheit einen sehr hohen Stellenwert einnimmt.

Bezüglich des Wissensstandes hinsichtlich ethischen Konsums ist vor allem Generation Y positiv aufgefallen. Diese wusste mit dem Begriff Konsumethik sofort etwas anzufangen, während gerade in höheren Alterskategorien häufig Erklärungsbedarf bestand. Auch ist das Interesse am Thema bei dieser Gruppe groß und diverse Formen des ethischen Konsums, insbesondere im Lebensmittelbereich, werden unterstützt. Andere Produktkategorien gewinnen dagegen überwiegend erst ab Generation X an Relevanz. Begrenzt wird das ethische Konsumverhalten der Generation Y meist durch Preis und vorhandene finanzielle Mittel. Bei geringen Preisunterschieden wird aber tendenziell zu ethischen Produkten gegriffen. Dabei kommt es sowohl auf soziale als auch ökologische Faktoren an, wobei auch hier Gesundheit und Tierwohl im Vordergrund stehen. Vor allem letzterer Faktor führt zur bedingten Bereitschaft, auf Produkte gänzlich zu verzichten. Neben Bio und regionalen Produkten wird auch in diesem Zusammenhang Fair Trade als ethische Konsumform genannt. Diese Variante wurde in allen anderen Generationen nicht thematisiert. Zwar sind soziale Faktoren gerade in den beiden älteren Generationen wichtig, jedoch konnte auch festgestellt werden, dass diese Konsumform bei diesen Altersgruppen oft vollkommen unbekannt ist. Neben Generation Y zeigen allerdings auch Babyboomer einen hohen Wissensstand und Interesse bezüglich Konsumethik und gewisser Siegel. Dabei sind hier zugleich ausreichend finanzielle Mittel vorhanden, sodass teilweise sogar Konsumethik wichtiger ist als Preis und Qualität der Waren. Kleidung, Elektroartikel und Dienstleistungen werden bezüglich Konsumethik erst ab Generation X berücksichtigt und begründen sich überwiegend in Sparsamkeit und Energieeffizienz, aber auch in Naturschutz. Bei den beiden höheren Altersgruppen konnte darüber hinaus festgestellt werden, dass das Einkaufsverhalten sehr durchdacht und strukturiert ist, wodurch überwiegend deutlich bewusster konsumiert wird. Generation X weist hingegen das geringste Interesse an Konsumethik auf, zwar achtet auch sie teilweise auf Bio- und regionale Produkte, jedoch erfolgt eine intensive Auseinandersetzung mit dem Thema größtenteils erst bei teureren Anschaffungen.

Hinsichtlich der verschiedenen Konsumformen lässt sich feststellen, dass Frauen diesen allgemein deutlich positiver gegenüberstehen. Regionale Produkte schneiden hierbei in beiden Gruppen sehr positiv ab. Auch Energieeffizienz und Circular Economy werden mit überwiegend positiven Eigenschaften verbunden. Dabei geht es vor allem um den sparsamen Umgang mit Ressourcen, erneuerbare Energie sowie Recycling und Schadstoffvermeidung. Eng verbunden sehen Frauen in diesem Kontext Circular Economy mit Sharing Economy, während letztere Konsumform bei Männern wenig geschätzt wird. Fair Trade sowie Vegetarismus oder Veganismus werden hingegen in beiden Gruppen kritisch bzw. auch negativ betrachtet. Des Weiteren empfinden Männer das Preis-Leistungs-Verhältnis bei Bio-Waren nicht als angemessen und sind nicht bereit, auf Produkte zu verzichten. Lediglich einer Konsumreduktion wird hier zugestimmt. Auffällig ist außerdem, dass der Begriff Öko in dieser Gruppe negativer betrachtet wird als Bio, während beide Begriffe von Frauen toleriert werden.

Tabelle 14 zeigt eine zusammenfassende Übersicht der Vor- und Nachteile einzelner ethischer Konsumformen, die auf Grundlage der theoretischen und praktischen Analysen dieser Arbeit ermittelt wurden. Die Anordnung dieser Formen erfolgte so, dass das Potenzial von oben nach unten abnehmend zu interpretieren ist. Hierbei handelt es sich jedoch lediglich um eine grobe Einschätzung anhand der ermittelten Ergebnisse.

Tabelle 14: Potenziale der ethischen Konsumformen

Potenzialeinschätzung

Form	Vorteile	Nachteile
Regionale Produkte	+ Entspricht Verbraucherwünschen + Am Markt etabliert + Transparent + Preis	- Nicht auf alle Produkte übertragbar
Circular Economy	+ Entspricht Verbraucherwünschen + Einfache Steuerung	- Beteiligung aller Marktteilnehmer erforderlich
Bio-Produkte	+ Am Markt etabliert + Starkes Wachstum + Entspricht dem Trend	- Geringes Wissen der Käufer - Fehleinschätzungen - Preis
Sharing Economy	+ Wachstumspotenzial + Entspricht überwiegend Verbraucherwünschen + Junge Kunden	- Wenig Akzeptanz bei klassischen Händlern - Bisher wenig Kenntnisse
Effizienzsteigerungen	+ Kosteneinsparungen + Neue Märkte + Entspricht überwiegend Verbraucherwünschen	- Preis - Akzeptanz von Innovationen dauert
Vegetarismus/Veganismus	+ Stabiler Markt + Starkes Wachstum durch „Flexitarier“	- Produktverzicht selten akzeptabel - Kritik anderer Verbraucher
Fair Trade	+ Politische Einflussnahme + Trend zu sozialen Faktoren	- Nicht transparent - Wenig Kenntnisse - Schlechte Einschätzung des Nutzens - Preis

Quelle: Eigene Darstellung (2017).

5. Problemzentrierte Handlungsfelder und Auswirkungen

Die Ergebnisse des vorherigen Kapitels zeigen diverse Problematiken auf, die sich negativ auf den Konsum ethischer Produkte auswirken. Deshalb werden in diesem Abschnitt entsprechende Handlungsfelder und ihre potenziellen Auswirkungen beschrieben. Viele der Problematiken wurden von den Studienteilnehmern selbst genannt und mit unterschiedlichen Handlungsvorschlägen in Verbindung gebracht. Anhand des Modells für ethisches Konsumentenverhalten aus Kapitel 3.1 (siehe S. 30) werden diese Empfehlungen analysiert und diskutiert. Der Grund dieser Herangehensweise ist die enge Verflechtung des theoretischen Modells mit den Aussagen der Studienteilnehmer. Konfliktpotenziale, aber auch Lösungsansätze können auf diese Weise anschaulich dargelegt werden.

5.1 Individuelle Determinanten

Gerade in Bezug auf ethischen Konsum wächst die Bedeutung individueller Determinanten, die ausschlaggebend für Kaufentscheidungen sind. Zentrale Faktoren sind Informationen und Wissen über das Themenfeld und die jeweiligen Produkte. Diese Annahme wird durch die Ergebnisse der Gruppendiskussionen bestätigt. So bestand überwiegend Einigkeit darüber, dass eine verbesserte Informationsmitteilung im Bereich Konsumethik erforderlich ist. Auch quantitative Daten des Zukunftsinstituts darüber, was Menschen davon abhält, häufiger oder überhaupt nachhaltige und sozialverträgliche Produkte zu kaufen, bestätigen diese Hypothese (vgl. Abbildung 14). Die beiden am häufigsten genannten Gründe beziehen sich an dieser Stelle auf Informationsmangel. Erst Platz drei steht in Zusammenhang mit dem Preis und auch die an vierter Stelle genannte Unübersichtlichkeit bezieht sich auf die Informationsdarstellung.

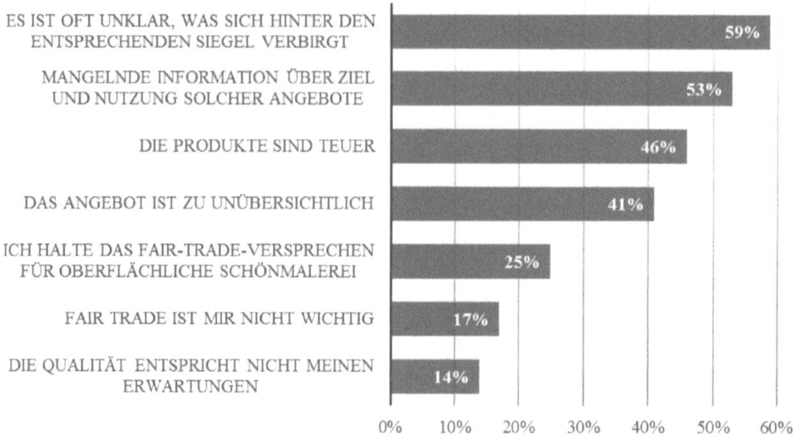

Abbildung 14: Hinderungsgründe für ethischen Konsum

Quelle: Eigene Darstellung nach S*EITZ* *(2013).*

Hierbei mangelt es jedoch nicht an ausreichend Informationsquellen oder Datenmaterial, denn diese sind bereits in hinreichender Menge vorhanden. Vielmehr liegt die Problematik darin, dass sich Verbraucher meist nicht aktiv mit Konsumethik befassen möchten. Eigene Recherchen über Missstände, Bedeutung der Siegel und ihrer Kriterien oder institutionelles bzw. unternehmerisches Engagement in diesem Feld finden in der Regel nicht statt. Dennoch besteht der deutliche Wunsch der Konsumenten nach mehr Verbraucherbildung. Diese soll jedoch passiv erfolgen. Gefordert wird dabei vor allem eine frühe Sensibilisierung für das Thema in Schulen. Aber auch Werbemaßnahmen in Fernsehen, Radio, Zeitung oder auf Plakaten etc. werden als gern gesehene Mittel angegeben. Wie im Modell dargestellt, sind demzufolge vor allem externe Einflüsse entscheidend, die das vorhandene Wissen prägen, allerdings wird dies keineswegs negativ von Konsumenten bewertet. Gleichzeitig dürfen Verbraucher bei ihrem Einkauf nicht überfordert werden. Dies geschieht aktuell durch die Anwendung von Siegeln. Denn diese sind zahlreich und in unterschiedlichen Formen vorhanden, wobei diverse Unterschiede hinsichtlich Kriterien der Vergabe und Bedeutungen bestehen, die den Konsumenten teilweise vollkommen unbekannt sind. Hiervon sind auch bekannte und bereits am Markt etablierte Siegel nicht ausgenommen. Verbraucher wünschen sich deswegen in diesem Kontext eine Vereinfachung und mehr Übersichtlichkeit.

Eine konkrete Handlungsmöglichkeit in diesem Sachbereich ist die Erstellung von zugänglichen und zusammenfassenden Übersichtstabellen, die Auskunft über die Bedeutung diverser Siegel erteilen. Darüber hinaus ist eine Reduzierung der Anzahl der Siegel möglich, die mit einer farblichen Abstufung der verbleibenden Siegel einhergeht. Je nach erfüllten Kriterien bei der Herstellung sollen somit klare Grenzen gezogen werden, die dem Verbraucher durch farbliche Kennung auf den ersten Blick deutlich werden. Hierbei handelt es sich um Handlungswünsche, die von Studienteilnehmern geäußert wurden. Eine schnelle Erkennung ethischer Kriterien bei der Produktion ist auch insofern sinnvoll, als sich Konsumenten weder vor noch während des Einkaufs lange mit Ethik und den Folgen des eigenen Konsums befassen möchten. Der Verbraucher entscheidet sich bei Wahlmöglichkeit für ein Produkt mit einem Siegel, jedoch nicht aufgrund einer bewussten Entscheidung oder Abwägung der Konsequenzen, sondern infolge einer impulsiven Assoziation von Siegeln mit einer möglichen Wertsteigerung der Ware. Ein anderes Verhalten ist dem Verbraucher aufgrund der Unübersichtlichkeit auf dem Markt kaum möglich, wenn er sich nicht ausführlich mit den mehr als 400 unterschiedlichen Siegeln, die es heutzutage gibt, auseinandergesetzt hat (vgl. HARTMANN 2014: 6). Für eine verbesserte Informationsmitteilung werden allerdings nicht etwa Produzenten oder Händler in die Verantwortung genommen, sondern primär die Politik unter Einbezug diverser Mittel der Verbraucherbildung.

Erschwert wird die bewusste Entscheidungsfindung der Konsumenten durch eine Vielzahl ungeschützter Begriffe, die lediglich den Eindruck erwecken, dass Produkte beispielsweise aus ökologischer Landwirtschaft oder der Region stammen (vgl. GÖBEL 2015: 221). Diese weisen den Charakter von Siegeln auf und gestalten den ethischen Konsummarkt folglich noch unübersichtlicher, da in solchen Fällen das Informationsdefizit der Verbraucher oft bewusst ausgenutzt wird. Denn die Verwendung dieser ungeschützten Begriffe ist ohne Einhaltung bestimmter Kriterien und Standards möglich. Verbraucherbildung und Schaffung von Transparenz stellen demnach durchaus auch Interessenkonflikte dar und werden nicht von allen Marktteilnehmern verfolgt. Hierbei handelt es sich jedoch um ein natürliches Phänomen auf einem konkurrierenden Markt, das nicht der Gesetzgebung oder Regelungen widerspricht. Anders als im liberalen Marktmodell darf die alleinige Verantwortung für Kaufentscheidungen daher aber nicht dem Konsumenten zugeschrieben werden, da der Markt vor allem im Bereich von Konsumethik zu intransparent ist (vgl. GÖBEL 2015: 220). In Anbetracht dieser Informationsasymmetrie ist die Zuschreibung der Verantwortung für eine bessere Informationsgestaltung an die Politik von Konsumentenseite logisch nachvollziehbar. Entsprechende Handlungsmöglichkeiten sind hier für die Legislative gegeben.

Ebenso überfordern globale Wertschöpfungsketten den Wissensstand der Verbraucher. Je weiter entfernt das Produktionsland ist oder je mehr Länder an der Produktion der Ware beteiligt sind, desto komplexer und abstrakter wird die Nachvollziehbarkeit für Konsumenten. Auch in diesem Zusammenhang führt der Verlust von Transparenz zu einer Aversion von Käufern, da tendenziell negative Faktoren mit der Herstellung im Ausland verbunden werden. Dies ist auch eine Erklärung für die deutliche Präferenz von regionalen Produkten. Zwar ist die Anwendung dieser Form von Konsumethik in vielen Bereichen nicht realisierbar, allerdings stellt eine spürbare Vereinfachung des Produktionsweges bzw. eine Verständlichmachung einen wichtigen Punkt für Käufer dar.

Dies gilt insbesondere für Produktkategorien außerhalb des Lebensmittelsektors, die bisher vom Thema Konsumethik nahezu ausgeschlossen wurden. Zwar findet im Bereich Kleidung zunehmend eine Auseinandersetzung hiermit statt, aber auch hier ist die Informationsdichte erheblich geringer. Konsumenten wissen demzufolge überhaupt nicht, worauf bezüglich der Herstellungsbedingungen zu achten ist und welche Unterschiede bestehen können, sodass in Bereichen außerhalb der Lebensmittelbranche überwiegend nach altem Konsummuster und damit auf der Basis von Preis und Qualität entschieden wird. Eine Ausweitung der Informationen auf weitere Branchen ist deshalb erforderlich.

Allerdings reicht es nicht aus, die Informationen über die ökologischen und sozialen Aspekte in der Wertschöpfungskette nur verfügbar zu machen. Vielmehr muss auch das notwendige Vertrauen hergestellt werden. Dieses ist im Kontext mit der Kennzeichnung von Produkten durch Missbrauch oder Betrug vorbelastet. „Greenwashing" ist in diesem Zusammenhang ein wesentlicher Faktor mit Trend-Charakter, der zu Misstrauen bei Konsumenten führt, denn hierbei soll nur der Anschein erweckt werden, sich an ethischen Kriterien zu orientieren (vgl. BUNDESMINISTERIUM FÜR UMWELT, NATURSCHUTZ, BAU UND REAKTORSICHERHEIT 2016: 14). Dies erschwert jedoch eine bewusste Kaufentscheidung vermehrt auch bei Vorhandensein von Informationen. Wie bereits im Modell für ethisches Konsumentenverhalten dargelegt, ist Vertrauen oder das Fehlen von Vertrauen ein Resultat des vorhandenen Wissens der Konsumenten und somit der empfangenen Informationen durch externe Einflussnehmer wie Unternehmen, Politik, Medien etc. Die Studienteilnehmer äußerten sich dabei ausführlich zu diesem Punkt und waren sich überwiegend einig, dass Vertrauen gegenüber Unternehmen in Bezug auf konsumethische Fragen und Informationen nicht vorhanden ist. Dieser Eindruck bestätigte sich nochmals in einem Konsumtagebuch. Dies stellt zugleich einen Grund dafür dar, weshalb wenig Wert auf Informationen von Firmen gelegt wird. Das Vertrauen gegenüber Unternehmen kann aber unter anderem durch Kontrollen der Einhaltung von Standards zumindest teilweise zurückgewonnen werden. Denn entsprechenden Kontrollinstanzen und Ämtern wird jedenfalls im Inland durchaus Glaubwürdigkeit zugeschrieben. Auch der politischen Ebene wird von Konsumenten weitgehend Vertrauen entgegen gebracht. Den größten Einfluss im Hinblick auf vertrauenswürdige Informationen und Aussagen weisen jedoch Medien, NGOs und unabhängige Institute auf. Unternehmen, die sich in sozialer oder ökologischer Hinsicht engagieren, können daher von einer Zusammenarbeit bzw. Berichterstattung auf solchen Kanälen durchaus profitieren. Dabei sollte bei Medien auf vertrauenswürdige überregionale Pressen zurückgegriffen werden. Darüber hinaus schaffen Siegel, obgleich ihre Bedeutung nicht vollkommen klar ist, einen Vertrauensaufbau in entsprechende Produkte und ihre Qualitäten, auch wenn Verbraucher selbst hierbei nicht gänzlich unkritisch sind. Den größten Effekt auf Vertrauen in Waren haben allerdings Siegel in Verbindung mit bekannten Unternehmen und vor allem Marken, sofern diese nicht bereits negativ in Erscheinung getreten sind. Siegel wurden bei den Gruppendiskussionen häufig mit Marken gleichgesetzt, wobei beide einen Vertrauensaufbau herbeiführen können. In Bezug auf ethisch vertretbare Produkte sind den Studienteilnehmern jedoch kaum Marken oder Unternehmen eingefallen, die hierfür bekannt wären. Dieser Mangel liefert Unternehmen entsprechende Handlungsmöglichkeiten bezüglich des immer wichtiger werdenden Vertrauens der Konsumenten.

Doch auch die Politik ist hier gefragt und muss bestimmte Regelungen und Kontrollen einführen. Denn gerade ethische Produkte zeichnen sich durch sogenannte Vertrauenseigenschaften aus, die vom Käufer weder durch Inspektion noch durch Ge- und Verbrauch verifiziert werden können. Aufgrund dessen ist hier Handeln anderer Instanzen der Wertschöpfungskette erforderlich, zumal Echtheitszweifel für viele Konsumenten ein wichtiges Argument gegen ethischen Konsum darstellen. Negative Vorkommnisse und Skandale im Bereich der Konsumethik führen hierbei immer wieder zu Vertrauenseinbußen, wobei Verbraucherschützer teilweise sogar von „Etikettenschwindel" sprechen. Auch die Diskussionsteilnehmer nannten Skandale als Hinderungsgrund für eigenen ethischen Konsum, da die Mehrkosten schließlich einen gewissen Sinn erwarten lassen sollen, der dem Verbraucher garantiert wird (vgl. GÖBEL 2015: 222).

Ein Zusatznutzen bildet infolgedessen ebenfalls einen bedeutenden Faktor, der die Handlungen von Konsumenten beeinflusst. Ein privater Zusatznutzen ist häufig schwer festzustellen, da der Sinn bei ethischen Produkten zum großen Teil darin besteht, in öffentliche Güter zu investieren bzw. negative externe Effekte zu vermeiden. Neben Informationsmängeln und Echtheitszweifeln wird die Nachfrage nach ethischen Produkten folglich auch von der Forderung an die Verbraucher belastet, über den Preis öffentliche Güter mitzufinanzieren. Hierzu sind viele nicht bereit. Aus diesem Grund ist es umso wichtiger, die Emotionen der Verbraucher anzusprechen. Denn ein privater Zusatznutzen kann auch in dem Gefühl zu sehen sein, etwas für die Gesundheit zu tun, um nur ein Beispiel zu nennen (vgl. GÖBEL 2015: 223). Den Äußerungen der Studienteilnehmer zufolge wird ohnehin nicht eine Finanzierung öffentlicher Güter mit ethischem Konsum verbunden, sondern vielmehr persönliche Faktoren und somit Zusatznutzen wie Gesundheit, Qualität, Geschmack oder die Stärkung des sozialen und wirtschaftlichen Umfelds. Auch hinsichtlich der persönlichen Ziele bei ethischem Konsum ist festzustellen, dass Emotionen den Verbrauchern wichtig sind. Gerade bei den Gruppendiskussionen wurde offen darüber gesprochen, dass eine Verbesserung des eigenen Gefühlszustandes vielfach beim Kauf ethischer Produkte sogar im Vordergrund steht. Allerdings ist aus den Konsumtagebüchern ebenfalls herauszulesen, dass Emotionen kaum während des Einkaufs geweckt werden, sondern überwiegend beim Ge- oder Verbrauch der Güter zum Vorschein kommen.

Da die Motive der Verbraucher bei ethischem Konsum demnach häufig nicht davon geprägt sind, die Welt, sondern vor allem sich selbst zu verbessern, sich besser zu fühlen oder sein Gewissen zu erleichtern, kann in Betracht gezogen werden, die Emotionen der Konsumenten durch gezieltere Werbemaßnahmen anzusprechen und damit den Eigennutzen hervorzuheben. Daher sollte im Idealfall bereits beim Einkauf der Gefühlszustand der Verbraucher adressiert werden. Werbung sollte an dieser Stelle also nicht etwa Klimaschutz oder faire Löhne in den Vordergrund rücken, sondern beispielsweise auch Gesundheit und Qualität. Natürlich sind die ökologischen und sozialen Faktoren der Kern bei ethischem Konsum und müssen inhaltlich behandelt werden, allerdings können zur Unterstützung des Konzepts, die für Verbraucher interessanteren Nebeneffekte des ethischen Konsums hervorgehoben werden.

Als letzter Faktor individueller Determinanten des Modells für ethischen Konsum sind die persönlichen Werte zu betrachten, da sie direkten Einfluss auf Einstellungen und Überzeugungen haben. Zwar hängt dieser Faktor auch mit den eingehenden Informationen einer Person zusammen, jedoch haben die Glieder der Wertschöpfungskette in diesem

Kontext eine geringe Bedeutung, wodurch kaum Handlungsmöglichkeiten diesbezüglich gegeben sind. Vielmehr spielen hierbei Familie, Freunde, Gesellschaft und sonstige persönliche Bezüge eine wesentliche Rolle. Dennoch werden Werte auch von einigen Studienteilnehmern als Voraussetzung bzw. Grundlage für ethischen Konsum gesehen. Dabei wurde Religion als ein bedeutender Faktor zur Bildung der notwendigen Werte angesehen und damit auch zum ethisch verantwortungsbewussten Verhalten. Die Diskussion der Bildung von Werten eines Individuums oder der Gesellschaft übersteigt jedoch das thematische Feld dieser Arbeit. Vorliegend kann lediglich eine Rückbesinnung auf grundlegende Werte und die Definition oder Diskussion dieser als Handlung empfohlen werden. Die gesellschaftlichen Ansichten werden dagegen im nächsten Abschnitt ausführlicher behandelt.

5.2 Soziale Determinanten

Eng verflochten mit den individuellen Determinanten sind die sozialen Determinanten, wobei der Übergang fließend ist. Obgleich die Einflussnahmen und damit die Handlungsmöglichkeiten in diesem Bereich beschränkt sind, ist die Behandlung wichtig. Denn Güter stellen längst nicht mehr nur Mittel zur Befriedigung des individuellen Bedarfs dar, sondern markieren auch einen Lebensstil, versprechen Erlebnisse und Gefühle und dienen darüber hinaus der sozialen Differenzierung und Erzeugung von Status. Ethischer Konsum hat hierbei aus gesellschaftlicher Sicht keinen einfachen Standpunkt. Folglich werden ethische Konsumenten nicht nur positiv wahrgenommen, sondern sehen sich in manchen Fällen auch mit Kritik konfrontiert. Teilweise herrscht die Auffassung, dass Personen, die ökologisch und sozial vertretbar konsumieren, weltfremd und naiv, nervige Gutmenschen und ideologische Besserwisser sind, die den Lebensstandard von anderen gefährden (vgl. GÖBEL 2015: 225).

Diese Gefahr wird vor allem dann gesehen, wenn es um den Verzicht auf Güter geht. Formen des ethischen Konsums wie Vegetarismus oder Veganismus sind demzufolge besonders stark betroffen. Dies äußerten auch die Studienteilnehmer. Personen, die sich besonders im Bereich Konsumethik engagieren, haben es daher schwer, sich mitzuteilen. Häufig verzichten sie sogar darauf, um ihren sozialen Standpunkt und damit ihre gesellschaftliche Sichtweise nicht zu präsentieren, da sie ansonsten Gefahr laufen, gesellschaftlich kritisiert und missachtet zu werden. Kommunikation über dieses Themenfeld findet deshalb überwiegend in engen Personenkreisen statt, die ein ähnliches Wertegefüge aufweisen. Doch was ist der Grund für dieses soziale Verhalten? Die Teilnehmer äußerten mehrfach das Gefühl, einem Gruppenzwang zu unterliegen, wenn es um ethischen Konsum geht, oder dazu genötigt zu werden, einem bestimmten Trend zu folgen, um den Anschluss an die Gruppe oder die Gesellschaft nicht zu verlieren. Menschen beider Sichtweisen fühlen sich folglich von der jeweils anderen bedroht.

Um unter sozialen Determinanten einen positiven Effekt auf ethischen Konsum auszuüben, ist eine vermehrte öffentliche Behandlung des Themas erforderlich. Hierbei wäre es sinnvoll, einen Mittelweg zu finden und somit nicht über sogenannte „Extremformen" des ethischen Konsums zu debattieren. Diese hängen oft mit Verzicht für die einen, aber auch mit Angst vor Verlust für die anderen Konsumenten zusammen und können folglich zu einer generellen Boykottierung des Themas führen. Ohnehin wird die Auseinandersetzung mit diesem Feld oftmals als lästig empfunden und hat daher nicht den beabsichtigten Effekt. Auch hier könnte also die passive, zwanglose Informationsmitteilung Positives bewirken, um den Trend des ethischen Konsums zu unterstützen und den Bereich einer breiteren Gesellschaft zugänglich zu machen. Ethischer Konsum sollte dabei als Standard angesprochen werden und nicht als eine alternative, neue oder außergewöhnliche Konsumform, um von der Allgemeinheit akzeptiert zu werden. Wie bereits erwähnt, ist der Einfluss auf die gesellschaftliche Sichtweise und damit die sozialen Determinanten aber äußerst schwierig zu gestalten.

5.3 Institutionelle Determinanten

Die bereits beschriebenen Faktoren Informationen und Vertrauen sind nicht nur aus Sicht des Konsumenten bedeutend, sondern werden zunehmend auch für Unternehmen in einer ethischen Wertschöpfungskette wichtiger. Dies gilt insbesondere, wenn es sich hierbei um globale Warenketten mit zahlreichen und häufig wechselnden Lieferanten handelt. Denn in vielen Fällen wissen Hersteller wenig über die ökologischen und sozialen Auswirkungen der Produktionsverfahren in den Vorstufen. Entscheidende Faktoren bei der Wahl von Zulieferern sind immer noch überwiegend Preise und Qualitäten und nicht etwa Energieverbrauch, Schadstoffbelastung oder soziale Bedingungen an den Fertigungsstandorten. Allerdings muss dabei zusätzlich berücksichtigt werden, dass auch die Vorlieferanten, die vielfach in Niedriglohnländern angesiedelt sind, nur wenig Kenntnisse über die Schädlichkeit ihrer Mittel oder Produktionsweisen haben, da die entsprechenden Informationen nicht vorhanden sind (vgl. SPILLER ET AL. 2007: 34 f).

Um ethischen Konsum wirksam betreiben zu können, ist es deshalb notwendig, die Wertschöpfungskette entsprechend zu koordinieren. So müssen überbetriebliche Informationsströme aufgebaut werden, die den einzelnen Unternehmen die ökologische und soziale Bewertung der vor- oder nachgelagerten Prozessstufen ermöglichen. Darüber hinaus sind Kontrollstrukturen einzurichten, die eine Überprüfung entsprechender Regeln ermöglichen. Es handelt sich mithin um eine Erhöhung der Wertschöpfungstiefe, die angestrebt werden sollte, um Unsicherheiten und Abstimmungsprobleme zu minimieren. Hierbei stellen jedoch fragmentierte Wertschöpfungsketten mit hohem globalem Einkauf und häufigem Lieferantenwechsel ein zentrales Hindernis dar. Neben verstärkter Eigenfertigung bedarf es daher stabiler Kooperationen mit ausgewählten Lieferanten, die auf Vertrauen, vertraglichen Absicherungen und langfristigem Planungshorizont beruhen (vgl. SPILLER ET AL. 2007: 35 f).

Trotz ethischer Aspekte bietet auch der Preis eine wesentliche Handlungsmöglichkeit, um die Verkaufszahlen ethischer Produkte zu erhöhen. So bezeichneten die Studienteilnehmer diesen mehrfach als zu hoch. Demnach rechtfertigt das vorhandene Wissen und Vertrauen in solche Produkte oft nicht die Preissteigerung, da der Nutzen nicht ersichtlich ist. Vertrauenssteigerung und Verbraucherbildung wurden dahingehend bereits diskutiert, weshalb die zusätzlich in Betracht zu ziehende Lösung in einer Reduzierung des Preises liegt. Hierauf hat der Einzelhandel bereits teilweise reagiert und damit sein Angebot ethischer Produkte vor allem in Discountern ausgeweitet. Dieses wird primär von weiblichen Konsumenten wahrgenommen, wenn auch die Qualität solcher Produkte in Discountern als geringer eingeschätzt wird, als bei anderen Verkaufsorten. Fraglich ist an dieser Stelle, ob eine Preisreduktion im Bereich des ethischen Konsums überhaupt zielführend ist oder ob soziale bzw. ökologische Standards darunter leiden. Eine klare Prämisse muss demzufolge die Einhaltung bisheriger Kriterien sein, bevor der von Verbrauchern geäußerte Wunsch nach niedrigeren Preisen verfolgt wird. Generell erscheint dieses Handlungsmotiv unter dem Aspekt der allgemeinen Akzeptanz von ethischem Konsum sinnvoll, da ethischer Konsum bei geringeren Preisunterschieden als neuer Standard beim Einkauf fungieren kann. Allerdings müssen dem Verbraucher die tatsächlichen Kosten von Gütern inklusive deren Folgekosten vor Augen geführt werden, um Preisunterschiede zwischen nachhaltigeren und konventionellen Produkten nachvollziehen zu können (vgl. SCHUDAK ET AL. 2014: 55).

Zwar sollten Käufer in unserer Wohlstandsgesellschaft meist in der Lage sein, die entsprechend höheren Preise zu zahlen, jedoch ist die Bereitschaft hierzu gering. Denn das Budget der Verbraucher ist begrenzt. Mehrausgaben beispielsweise für Lebensmittel können zu Konsumeinbußen in anderen Bereichen führen. Wie bereits erwähnt, steht Konsumverzicht in welcher Form auch immer für den Großteil der Käufer nicht zur Debatte. Vor allem bei Lebensmitteln ist die Barriere aus Sicht der Nichtkäufer hoch. So kostet fair gehandelter Biokaffee etwa doppelt so viel wie herkömmlicher Kaffee. Allerdings liegt die Mehrpreisbereitschaft bei Gelegenheitskäufern nur bei etwa 10 bis 20 %. Dass der Preis nach wie vor zu den zentralen Entscheidungskriterien gehört, lässt sich anhand gewisser Marktereignisse im Bereich des ethischen Konsums feststellen. So wächst der Anteil der Discounter im Lebensmitteleinzelhandel, aber auch Biohandelsmarken in Supermärkten gewinnen schon bei kleinen Preisvorteilen schnell Marktanteile, um nur zwei Beispiele zu nennen (vgl. GÖBEL 2015: 221 f). Unabhängig davon, ob die finanziellen Mittel für ethischen Konsum ausreichen oder nicht, liefert ein höherer Preis in allen Produktkategorien eine Ausrede bzw. Entschuldigung für Käufer, die nicht auf ökologische oder soziale Kriterien achten möchten. Auch viele Studienteilnehmer begründeten ihr Einkaufsverhalten häufig mit einem beschränkten Budget. In Anbetracht der wachsenden Konkurrenz auf dem Markt für ethische Produkte und des Ziels Kunden zu gewinnen, ist allerdings zu erwarten, dass eine Preisreduktion in vielen Bereichen stattfinden wird.

Hierbei handelt es sich jedoch um einen langsamen Prozess, da auch auf Angebotsseite Vertrauen dahingehend fehlt, ob Nachfrager bereit sind, nachhaltige Alternativen zu wählen, sodass wenige entsprechende Produkte und Dienstleistungen entwickelt und angeboten werden. Nichtsdestotrotz ist ebenfalls zu beachten, dass ethische Produkte oftmals auch als Premiumprodukte mit relativ hohen Handelsmargen vermarktet werden und diese somit aus finanziellen Gründen nicht für alle Verbraucher zugänglich sind. Natürlich ist aber eine preisliche Angleichung an Billigprodukte häufig nicht möglich, da ethische Produktalternativen oft tatsächlich teurer in Herstellung und Vertrieb sind (vgl. BUNDESMINISTERIUM FÜR UMWELT, NATURSCHUTZ, BAU UND REAKTORSICHERHEIT 2016: 14). Wie bereits erwähnt, können zwar die Margen durch entsprechende Konkurrenz und Zeit gesenkt werden, allerdings ist es schwierig, das Vertrauen der Anbieter in ihre Konsumenten herzustellen. Marktanalysen und Prognosen können hier hilfreich sein. Allgemein hält der Trend zu ethischem Konsum bereits lange an und die Wachstumsraten in diesem Bereich sind weiterhin hoch, sodass ein gewisses Vertrauen in die Kaufkraft vorhanden sein sollte.

Auch die Studienteilnehmer haben sich eine deutliche Ausweitung des Produktangebots gewünscht, insbesondere im niedrigpreisigen Segment bzw. bei Discountern. Gerade weibliche Konsumenten, die die Hauptzielgruppe darstellen, erledigen hier ihren Grundeinkauf und müssen diesen durch zusätzliche Wege in Supermärkte ergänzen, da dort weitere ethische Waren angeboten werden. Discounter könnten folglich von einer Ausweitung ihres ethischen Angebots profitieren und diesen Markt für eine breitere Gesellschaft zugänglich machen.

Umgekehrt verhält es sich mit Spezialshops wie Bio-Märkten oder Reformhäusern. Dort wird zwar im Bereich Lebensmittel eine große Auswahl gewährt, jedoch sind diese Geschäfte noch relativ selten aufzufinden, im Vergleich zu Supermärkten oder Discountern. Da aber gleichzeitig auch nur wenige Produktkategorien angeboten werden, ist der Einkauf in diesen Shops meist mit Extrafahrten verbunden, die viele Käufer nicht in Kauf nehmen möchten. Vor allem männliche Konsumenten zählen zu dieser Gruppe. Selbstverständlich würde eine Aufstockung der Anzahl von Standorten Abhilfe schaffen, jedoch muss dies auch für Unternehmen rentabel sein und wird ohnehin vollzogen, falls dies der Fall ist. Daneben könnte allerdings auch eine Agglomeration von Einkaufsstätten und hierbei vor allem die Kombination aus Discountern und sogenannten Spezialshops erfolgversprechend sein. Da ein unterschiedliches Segment bedient wird, ist die direkte Konkurrenz dieser beiden Geschäftsformen deutlich geringer als beispielsweise zu Supermärkten. Discounter könnten folglich die von Studienteilnehmern beklagte geringe Auswahl an einem Standort ausgleichen. Zugleich sind keine Extrafahrten für Konsumenten notwendig, da der Grundeinkauf, der ohnehin meist in Discountern vollzogen wird, also ebenso an einem Standort ermöglicht wird. Darüber hinaus werden gerade Bio-Märkte für gezielte Einkäufe aufgesucht, ebenso wie für Premiumprodukte, die eine besonders hohe Qualität aufweisen sollen. Diese Faktoren werden jedoch unabhängig davon nicht mit Discountern verbunden. Eine exakte Aussage über dieses mögliche Vorgehen erfordert allerdings zusätzliche Standort- und Marktanalysen.

5.4 Weitreichende Folgeerscheinungen des ethischen Konsums

Die unmittelbaren Folgen des ethischen Konsums beziehen sich dem Sinn gemäß auf ökologische und soziale Dimensionen. Demzufolge ist das direkte Ziel eine Verbesserung der Situation in Bezug auf Menschen, Tiere und Natur. Viele der Auswirkungen betreffen hierbei Produktionsstandorte und damit überwiegend Entwicklungsländer. Dies gilt insbesondere im Hinblick auf soziale Faktoren, da sich die Arbeitsbedingungen hierzulande bereits auf einem sehr hohen Niveau befinden und die Ziele des ethischen Konsums nicht miteinschließen. Aber auch die meisten Produktkategorien außerhalb des Lebensmittelsektors weisen einen geringen Bezug zur inländischen Herstellung auf. Somit beziehen sich die wesentlichen Folgen innerhalb des geographischen

Rahmens dieser Arbeit primär auf die Bereiche Tier- und Umweltschutz. Ferner sind aber auch die Auswirkungen aufgrund der Konsumentenpräferenzen bzw. des Konsumentenverhaltens auf Glieder der Wertschöpfungskette innerhalb Deutschlands zu betrachten. Wie bereits erwähnt, zählen vor allem Politik und Einzelhandel hierzu, aber auch einige Industrieunternehmen, wie etwa aus der Automobilbranche. Die Folgen sind dabei je nach Form des ethischen Konsums unterschiedlich und müssen teilweise separat betrachtet werden. Daneben sind auch die genannten Handlungsmöglichkeiten in die Einschätzung von Auswirkungen einzubeziehen.

So sind Verbraucherbildung und Vertrauensaufbau bei Konsumenten mit Kosten verbunden. Diese werden allerdings nur zu einem geringen Anteil von Unternehmen getragen und hierbei meist nur von solchen, die mit entsprechenden Produkten aus dem Bereich Konsumethik handeln. Der Grund dafür ist, dass Verbraucherbildung und Informationsgestaltung dem Aufgabenbereich der Politik zugeordnet werden. Des Weiteren hängt Vertrauensaufbau in erheblichem Umfang mit erweiterten Kontrollen zusammen, die ebenfalls aus öffentlichen Mitteln finanziert werden müssen. Handlungsmöglichkeiten aus dem Bereich der individuellen Determinanten werden daher überwiegend durch den Steuerzahler getragen. Hierdurch werden Verkaufsförderungen für ethischen Konsum indirekt durch den Konsumenten finanziert, was zwangsläufig auch entsprechenden Unternehmen zugutekommt. Positiv ist hierbei zu sehen, dass Handlungsmöglichkeiten aus diesem Segment nicht über den Preis umgesetzt werden und somit nicht nur Verbraucher zur Kasse gebeten werden, die verantwortungsbewusst handeln. Stattdessen wird die Verkaufsförderung von allen gemeinsam getragen. Unter dem Aspekt, dass jeder Bürger die Umwelt belastet und soziale Verantwortung übernehmen sollte, erscheint dies jedoch als gerechte Lösung. Zumal nur so die Kosten für ethisches Handeln auch auf Konsumenten übertragen werden können, die keine ethischen Produkte kaufen und damit die Belastung für Umwelt, Tiere und Menschen in einem stärkeren Maß erhöhen.

Mit wachsender Sensibilisierung und steigendem Interesse am Thema, welches sich unter anderem auf die sozialen Determinanten bezieht, entwickelt sich zugleich die mediale Berichterstattung zu Fragen des ethischen Konsums. Auf diese Weise würden die Kosten für den staatlichen Apparat zur Informationsgestaltung sinken. Darüber hinaus führen auch Medien Kontrollen durch bzw. decken Missstände auf, wodurch die Steuerausgaben ebenfalls entlastet würden. Allerdings reguliert bei diesem Aspekt die Nachfrage das Angebot, was bedeutet, dass ein gewisses Interesse an solchen Berichterstattungen vorhanden sein muss. Demzufolge muss zumindest der Impuls zur Verbraucherbildung wie auch der Beeinflussung von Konsumenten durch den staatlichen Apparat gegeben werden.

Wie bereits erwähnt, müssen sich insbesondere global agierende Unternehmen der Problematik der eigenen Informiertheit und des Vertrauens gegenüber ihren Produzenten stellen. Deshalb ist eine tiefergehende Gestaltung der Wertschöpfungskette erforderlich, die auf langfristigen Verträgen beruht. Dies wirkt sich vor allem auf Hersteller im globalen Süden positiv aus, da diese ihre Existenz langfristig sichern können. Ferner wird allerdings auch eine Produzentenbildung bzw. Schulung notwendig sein, da Hersteller ebenfalls ein Bewusstsein hinsichtlich sozialer und ökologischer Folgen aufbauen müssen. Denn für Missstände werden schließlich die jeweiligen Großkonzerne in die Verantwortung genommen. Da sich negative Nachrichten immer schneller verbreiten, wäre eine Produktboykottierung die Folge, die durch entsprechende Bildung und Information vermieden werden kann. Außerdem müssen auch von unternehmerischer Seite bestimmte Kontrollen durchgeführt werden. All diese Faktoren sind zwangsläufig auch mit Kostensteigerungen für Firmen verbunden, die sich letztlich auf den Preis auswirken. Dies ist bei der Vermarktung von ethischen Produkten als Premiumware für Konsumenten zu akzeptieren.

Verbraucher fordern jedoch im Allgemeinen niedrigere Preise für ethische Produkte, die infolge zunehmender Konkurrenz im Laufe der Zeit auch gewährleistet werden. Bei weiterhin wachsender Nachfrage werden Auswahl und Menge solcher Produkte ebenso steigen. Infolgedessen ist davon auszugehen, dass sich die Kriterien für ethische Produkte als neuer Standard etablieren werden, zumindest in Bezug auf einige ethische Konsumformen. Gerade für neue Marktteilnehmer stellt der Trend zum Umdenken beim Konsum von Gütern ein Potenzial dar, da diese keine vorhandene Unternehmensorganisation umstellen müssen und ihr Unternehmensbild bzw. Marketing von Anfang an den Anforderungen der Verbraucher anpassen können. Die Konsequenzen des ethischen Konsums in Deutschland stellen aber auch Konfliktpotenzial dar. Dies gilt vor allem in Bezug auf steigende Kosten, den Konsumentenwunsch nach niedrigeren Preisen, die Einhaltung von Standards sowie die Erhöhung der Menge und Auswahl.

Regionale Produkte hingegen sind hiervon überwiegend ausgenommen. Sie sind sehr beliebt bei Konsumenten, weshalb davon auszugehen ist, dass die Nachfrage weiter steigen wird. Zugleich ist diese Form des ethischen Konsums meist nicht mit Mehrkosten verbunden, da keine besonderen Kriterien erfüllt werden müssen, es sei denn, der Produktionsstandort muss erst aus dem Ausland nach Deutschland verlagert werden. Verbraucher können folglich gerade bei Lebensmitteln von einem niedrigen Preis profitieren und dennoch ökologische Aspekte berücksichtigen. Es ist davon auszugehen, dass das Angebot hier erweitert wird. Der Trend mit Bio-Produkten ist ebenfalls nicht bestreitbar. Hierbei wird vor allem der Gedanke an Qualität und Gesundheit vermittelt, was vom Verbraucher sehr gut angenommen wird. Daher ist zu erwarten, dass auch dieser Markt weiter wachsen wird. Wenn dies zutrifft, müssen allerdings auch notwendige Anbauflächen hierfür in Deutschland entstehen, da aufgrund von Präferenzen der Konsumenten im Zweifelsfall auf regionale Produkte zurückgegriffen wird. Eine Verbindung aus Bio- und regionalen Produkten würde dabei dem Ideal für Käufer entsprechen, zumindest in Bezug auf Lebensmittel.

Wie in Kapitel 2.1.1 bereits erwähnt, reichen die ökologisch bewirtschafteten Flächen, die zur Erzeugung von Bio-Waren notwendig wären, jedoch nicht aus. Das in der Agrarwende 2010 beschlossene Ziel einer Ausweitung entsprechender Anbauflächen auf 20 % wurde bisher nicht erreicht. 2016 lagen diese bei nur 6,5 % der gesamten Landwirtschaftsflächen (vgl. BUNDESANSTALT FÜR LANDWIRTSCHAFT UND ERNÄHRUNG 2017: 1). Dabei hat durchaus eine Erweiterung stattgefunden (vgl. Abbildung 15). Zwar liegen die Wachstumsraten der Anbauflächen von 2009 bis 2015 teilweise sehr hoch, doch können diese selbst bei moderat angesetzten Umsatzwachstumsraten von jährlich sieben Prozent, den Bedarf in der Regel nicht decken. Lediglich dem Bundesland Rheinland-Pfalz ist ein ausreichender, wenn auch überdurchschnittlicher Anstieg von mehr als 97 % gelungen (vgl. BUNDESANSTALT FÜR LANDWIRTSCHAFT UND ERNÄHRUNG 2017: 1). Auch im EU-Vergleich wird deutlich, dass Deutschland in Bezug auf ökologische Anbauflächen, seinem Marktpotenzial nicht gerecht wird. Aus diesem Grund sind weiterhin hohe Importraten bei Bio-Lebensmittel zu erwarten, wenn an den Grundbedingungen nichts verändert wird. Hierbei muss beachtet werden, dass der Anbau entsprechender Produkte zunehmend unattraktiv wird. Die Ursache dafür liegt darin, dass Verbraucher in diesem Segment immer häufiger einen niedrigeren Preis wollen, Händler unter Konkurrenzdruck stehen und folglich dem nachgeben und gleichzeitig bereits eine Kürzung der Fördermittel erfolgt ist. Um die Nachfrage künftig decken zu können, ist ein Eingreifen des Staates erforderlich, sei es durch Subventionen oder andere Maßnahmen. Zwar müssen grundsätzlich Subventionen im Agrarsektor auch kritisch gesehen werden, doch ist im Fall der Bio-Produkte auch abzuwägen, inwiefern der positive ökologische Effekt dieser Waren erhalten bleibt, wenn sie importiert werden müssen.

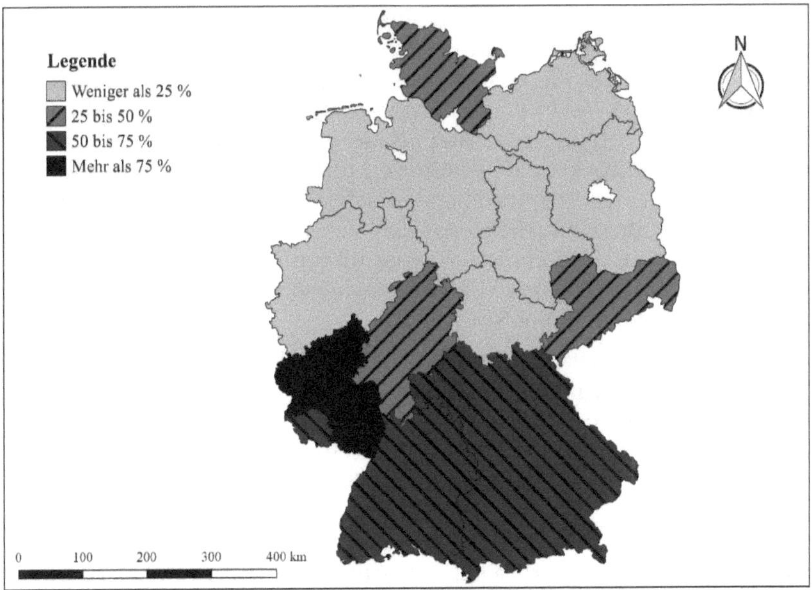

Abbildung 15: Anstieg ökologisch bewirtschafteter Flächen von 2009 bis 2016 in %

Quelle: Eigene Darstellung, Daten entnommen aus Bundesanstalt für Landwirtschaft und Ernährung (2017 und 2010), erstellt durch QGIS auf Kartengrundlage Bundesamt für Kartographie und Geodäsie (2017).

Sharing Economy und Circular Economy sind dagegen Trends, die in deutlich geringerem Maße ausgeübt werden, allerdings bevorzugen auch hier immer mehr Menschen diese Konzepte. Für Hersteller bedeutet dies jedoch geringere Absatzzahlen, sodass eine Unterstützung dieser Formen aus Produzentensicht nicht zu erwarten ist. Allerdings werden vermehrt Dienstleistungen in diesem Bereich angeboten, wodurch auch der ökonomische Faktor bei diesen Konzepten gewährleistet werden kann. Der Dienstleistungssektor dürfte daher in Zukunft sein Angebot ausweiten, sofern die Nachfrage steigt.

Effiziente Produkte sind vor allem im Hinblick auf Energie gefragt. Dabei geht es den Konsumenten primär darum, ihren Verbrauch zu verringern und auf die Herkunft des Stroms zu achten. Damit spielt dieses Thema sowohl für Energieproduzenten als auch für Hersteller von Elektrogeräten eine wichtige Rolle. In Bezug auf erstere wird sich der

Anteil regenerativer Energien erhöhen, da Verbraucher entsprechende Stromtarife wählen. Produzenten von Gütern hingegen werden als Folge des ethischen Konsums den Energieverbrauch ihrer Produkte senken. Allerdings wird sich dieser Bereich im Vergleich zu anderen langsamer entwickeln, da Verbraucher neuen Entwicklungen oder Innovationen geringes Vertrauen entgegen bringen. Hier wird die Qualität zunächst schlechter eingeschätzt als bei bereits etablierten Produkten. Energiesparsamkeit und verstärkte Nutzung regenerativer Energien bedeuten für diesen Wirtschaftsbereich jedoch Einbußen und Kostensteigerungen, die weitgehend auf den Verbraucher übertragen werden. Dagegen werden technische Neuerungen immer wieder eingeführt, sodass in diesem Kontext keine gravierenden Veränderungen in der Produktion anzunehmen sind.

Die Auswirkungen des ethischen Konsums auf Fair Trade oder durch Fair Trade sind als geringer einzuschätzen. Hierbei handelt es sich meist um kompliziertere Wertschöpfungsketten und Produktionsstandorte in entfernten Ländern. Aufgrund dessen ist es für Verbraucher schwierig, einen Überblick zu erhalten, um den Nutzen zu realisieren. Ferner sind Emotionen diesbezüglich nur kurzzeitig vorhanden, wodurch auch negative Ereignisse an Produktionsstandorten schnell in Vergessenheit geraten. Diese Form des ethischen Konsums entspricht folglich nur in geringem Maße den Bedürfnissen der Studienteilnehmer. Hinzu kommt, dass Fair Trade gerade bei den Älteren und somit finanziell Bessergestellten kaum bekannt ist. Überwiegend hat dieses Feld eine Bedeutung für Generation Y. Ein Trend ist hier nur zu erwarten, wenn auch nachfolgende Generationen zu Mehrausgaben aus sozialen Gründen bereit sind. Aktuell ist der Marktanteil ebenso wie die Perspektiven allerdings gering, auch wenn das aktuelle Wachstum auf etwas anderes hindeutet. Auswirkungen auf Deutschland sind in diesem Zusammenhang aus sozialer Sicht nicht vorhanden und auch wesentliche Folgen für den Markt hierzulande bleiben überschaubar.

Vegetarismus und Veganismus werden von vielen Konsumenten kritisch betrachtet. Dies steht in deutlichem Zusammenhang mit dem bereits beschriebenen Konsumverzicht, der von den meisten Verbrauchern nicht akzeptiert wird. Dennoch wird das Angebot von veganen oder vegetarischen Produkten stetig erweitert, da auch die Nachfrage entsprechend steigt. Für die Gesamtwirtschaft bedeutet dies keinen Nachteil, da lediglich andere Produkte konsumiert werden. Der Effekt auf Umwelt und Tierwohl ist jedoch weitestgehend positiv. Auch an dieser Stelle besteht daher Potenzial für neue Marktteilnehmer, die in dieser derzeit vorhandenen Nische investieren und von den Wachstumsraten, die in Zukunft möglicherweise steigen werden, profitieren möchten.

Insgesamt ist zu erkennen, dass sich die Auswirkungen des ethischen Konsums innerhalb Deutschlands überwiegend auf den Markt beziehen. Zwar sind auch ökologische Folgen gegeben, jedoch ist deren Messbarkeit schwierig und überschreitet den Rahmen dieser Arbeit. Hingegen beziehen sich die sozialen Folgen meist auf entfernte Produktionsstandorte.

6. Fazit

Auf den nächsten und die Arbeit zugleich abschließenden Seiten erfolgt eine Zusammenfassung und Darstellung der Gesamtresultate dieser Arbeit. Hierbei werden wesentliche Problematiken beim Forschungsgegenstand Konsumethik erwähnt. Darüber hinaus erfolgt ein Ausblick hinsichtlich der Perspektiven der Themenfelder, um mögliche Entwicklungsszenarien ausführlich darzustellen.

6.1 Resultate

Ethischer Konsum umfasst ein sehr großes thematisches Spektrum. Infolge globaler Warenketten sind meist mehrere Länder an den Produktionen beteiligt, wodurch entsprechendes Handeln für alle Glieder der Wertschöpfungskette erschwert wird. Ferner kann hierbei keine Beschränkung auf bestimmte Produkte oder Produktkategorien vorgenommen werden, da bei nahezu allen Waren Alternativen existieren, die aus ökologischen oder sozialen Gründen präferiert werden können. Dabei sind Konsumenten immer häufiger dazu bereit, derartige Abwägungen vorzunehmen. Das Maß des ethischen Handelns ist jedoch individuell unterschiedlich und hängt von diversen Faktoren wie Wissen oder finanzieller Situation ab. Die Antriebskraft für ethisch verantwortungsbewussten Konsum ist allerdings in der Regel nicht die persönliche Verantwortung für Umwelt und Menschen, sondern der jeweilige Nutzen, der aus Sicht des Konsumenten durch den Kauf solcher Produkte entsteht. Dieser wird dabei von Individuum zu Individuum anders empfunden und beruht auf unterschiedlichen Faktoren. Dies erschwert entsprechende Reaktionen und Handlungsmöglichkeiten von Unternehmen oder Politik. Denn während in der Vergangenheit überwiegend Preis oder Qualität entscheidend waren, sind es heute vermehrt Eigenschaften von Produkten, die an Bedeutung gewinnen. Dies erhöht die Komplexität des alltäglichen Konsums erheblich.

Der zu Beginn dieser Arbeit beschriebene Wertewandel, der sich insbesondere auf zunehmende Toleranz für andere, steigende Bedeutung des Umweltschutzes und verstärktes Verlangen nach Partizipation in wirtschaftlichen und politischen Entscheidungsprozessen bezieht, findet statt, jedoch steht er beim Thema Konsumethik nicht im Vordergrund. Wie im Modell des ethischen Konsumentenverhaltens dargestellt, bilden Werte eine wichtige Grundlage für die Absichten der Verbraucher und damit des tatsächlichen Konsums. Allerdings stehen diese nicht im Mittelpunkt der Kaufabsicht. Trotzdem ist dieser Wertewandel ein wichtiger Prozess, da er Kaufentscheidungen nachhaltig beeinflusst und somit eine tragende Säule für ethisches Konsumentenverhalten bildet. Der Grund dafür ist, dass gerade Verbraucher, die sehr bewusst ihren ethischen Konsum ausleben, in der Regel ein solches Wertegerüst mit sich tragen.

Unabhängig von den Grundlagen oder den Motiven der Kaufentscheidungen ist es ein Ziel dieser Arbeit, Formen des ethischen Konsums zu identifizieren, die sich am Markt etablieren können oder auch ein gewisses Wachstumspotenzial aufweisen. Neben theoretischen Erkenntnissen und quantitativen Daten, die zur Analyse herangezogen wurden, haben sich potenzielle Konsumenten diesbezüglich sehr ausführlich innerhalb dieser qualitativen Studie geäußert. Im Ergebnis lässt sich festhalten, dass sich besonders Bio-Waren und regionale Produkte am Markt etabliert haben, wobei vor allem letztere in hohem Maße den Anforderungen der Käufer entsprechen. Bio-Produkte erfüllen nicht alle Kriterien der Konsumenten, jedoch reicht dies den meisten Verbrauchern aus. Möglicherweise handelt es sich hierbei auch um einen gesellschaftlichen Trend, dem dieses Käuferverhalten folgt. Weniger stark am Markt vertreten, allerdings mit Wachstumspotenzial verbunden sind hingegen Dienstleistungen aus den Bereichen Sharing Economy und Circular Economy. Diese Konzepte werden aktuell überwiegend im kleinen privaten Bereich praktiziert, jedoch existieren bereits Unternehmen, die ihr Angebot dahingehend angepasst haben. Die Verbraucher stehen diesen Formen des ethischen Konsums meist positiv gegenüber, weshalb diese Märkte wachsen könnten. Aussagen über effizientere Produkte sind dagegen schwieriger zu treffen. Solche Anschaffungen werden im Allgemeinen selten getätigt, da dieser Bereich in der Regel höherpreisige Produkte umfasst. In Bezug auf Sparsamkeit wird gezielt nach Effizienzsteigerungen gesucht, vor allem in Bezug auf Elektrogeräte. Grundlegende technische Neuerungen werden jedoch kritisch betrachtet und sind deswegen mit einer langwierigeren Marktakzeptanz verbunden. Allerdings wird dieser Bereich auch verstärkt durch Produzenten gelenkt und beeinflusst, da es hier insbesondere auf Technik und Produktionsfaktoren ankommt. Der Verbraucher beeinflusst diese Warenketten lediglich in geringem Maße. Selbst bei zunehmendem ethischem Konsumentenverhalten sind hier infolgedessen nur geringe Veränderungen zu erwarten. Vegetarische und vegane Produkte erfreuen sich bei einem kleinen Anteil der Konsumenten immer größerer Beliebtheit. Die Masse der Verbraucher steht dem aber zum Teil kritisch gegenüber und ist nicht bereit, ihre Konsumgewohnheiten umzustellen. Dies liegt in erster Linie daran, dass dieses Feld mit einem persönlichen Verzicht auf etwas verbunden wird, was sich für Verbraucher in den meisten Fällen sehr schwierig darstellt. Dennoch ist an dieser Stelle weiteres Wachstum zu erwarten, wenn auch in einem langsamen Prozess.

Fair Trade ist dabei in einem ähnlichen Zusammenhang zu sehen. Der Marktanteil ist hier sehr gering und diese Form des ethischen Konsums ist beim Großteil der Verbraucher nicht sehr begehrt. Ferner entspricht das Konzept überwiegend nicht den Wünschen von Verbrauchern bei ethischem Konsum, da hierbei vor allem soziale Faktoren im Vordergrund stehen. Diese werden zwar zunehmend wichtiger, allerdings ist die Bedeutung von Natur und Tierwohl deutlich größer. Ebenso greifen die sozialen Auswirkungen nicht im Umfeld der Verbraucher hierzulande, wodurch kaum Verbindung zu den positiven Effekten besteht. Der Marktanteil dieser Konsumform wird somit nur wachsen, wenn soziale Faktoren weiterhin an Bedeutung gewinnen und dies mit einem persönlichen Nutzen für die Masse der Verbraucher verbunden werden kann. Dies gestaltet sich in diesem Feld jedoch besonders schwierig.

Aus diesem Grund ist Fair Trade ein spezielles Feld des ethischen Konsums. Diesbezüglich wurde längst anerkannt, dass der Marktanteil weltweit sehr gering ist und der Einfluss dementsprechend niedrig ausfällt. Deshalb wird hier eine andere Strategie verfolgt als bei sonstigen Formen des ethischen Konsums. Den Präferenzen der Verbraucher zu entsprechen und diese zum Kauf zu animieren, stellt folglich nicht das Hauptmotiv dar. Vielmehr soll Fair Trade Eingang in den politischen Diskurs finden und in den alltäglichen Einkaufskreislauf eingebunden werden. Ziel ist es, auf diese Weise das Konzept massentauglich zu machen und damit genau wie bei anderen Konsumformen einen neuen Standard zu setzen (vgl. ULINSKI 2013: 136).

Das herausgearbeitete Modell für Verbraucherverhalten beschreibt mögliche Einflüsse auf den „ethischen Konsumenten". Allerdings muss gleichzeitig angemerkt werden, dass Käufer nicht nur nach ethischen Kriterien, Werten, Informationen etc. handeln, sondern häufig nach wie vor konventionelle Faktoren wie Preis oder Qualität eine Rolle spielen. Dies ist für den größten Teil der Konsumenten der Fall. Das Modell eignet sich mithin vor allem zur Identifizierung der Einflussnahme auf Verbraucher, die bereits ethisch konsumieren, und für eine entsprechende Ausweitung und Gestaltung des ethischen Konsums.

Da eben nicht nur ethische Faktoren von Verbrauchern berücksichtigt werden, sind auch nicht alle Produktkategorien gleich bedeutend für diesen Markt. Konsumenten verbinden überwiegend Lebensmittel mit diesem Bereich. Bei diesen handelt es sich um günstige Waren, sodass die Gewichtung von Preiserhöhungen gering ausfällt. Der Kosten-Nutzenfaktor ist demzufolge für Konsumenten akzeptabel. Je teurer die Produkte jedoch sind, desto höher muss die Aufpreisbereitschaft für ethische Waren sein. Auch steigender Wohlstand in unserer Gesellschaft reicht meist nicht aus, um ökologische oder soziale Faktoren höher zu gewichten als finanzielle Aspekte, jedenfalls nicht in zahlreichen Produktkategorien. Ausgenommen hiervon sind jedoch wie bereits erwähnt Waren, die mit Einsparungen einhergehen. Zwar gibt es auch Beispiele für ethischen Konsum außerhalb des Lebensmittelsektors und Kleidungsbereiches, in denen Konsumethik ebenfalls immer wichtiger wird, allerdings fehlt es darüber hinaus auch an Siegeln oder entsprechendem Angebot im Allgemeinen. Aufgrund der deutlich geringeren Aussagen zu Produktkategorien außerhalb des Lebensmittelsektors ist es schwierig, ein Fazit in diesen Kategorien zu ziehen. Anhand der Resultate, die vorhanden sind, kann aber der von Voller durchgeführten Studie zugestimmt werden, dass vor allem Markenimage und Preissegment die Nachhaltigkeitseinschätzung von Konsumenten beeinflussen und weniger die vorhandenen Informationen. Die Boykottbereitschaft ist deshalb bei Gebrauchsgütern deutlich höher als die Bereitschaft, ethische Produktion zu unterstützen, was zum Teil aber auch daran liegt, dass Siegel in diesem Kontext keine bedeutende Rolle spielen (vgl. VOLLER 2016: 14 ff).

Die Frage nach den Konsumententypen für ethischen Konsum ist jedoch nicht einfach zu klären. Werden die tatsächlichen Käufe betrachtet, so ist in der allgemeinen Literatur zum Thema meist festzustellen, dass Frauen im Alter zwischen 30 und 50 Jahren die primäre Zielgruppe darstellen. Zweifelhaft ist aber, ob diese Betrachtungsweise ausreicht und ob dabei tatsächlich ein direkter Zusammenhang zur bewussten Konsumethik besteht. Denn es handelt sich bei dieser Personengruppe um einen finanziell gefestigten Typus, wodurch höherwertiger Konsum möglich wird, und um Konsumenten, die nach der klassischen Rollenverteilung häufig eine Familie versorgen. Folglich sind die Ausgaben im Bereich Lebensmittel, der den wesentlichen Teil ethischer Produkte ausmacht, generell sehr hoch in dieser Gruppe. Dies bedeutet allerdings nicht zwingend, dass sich diese Zielgruppe bewusst für ethische Produkte entscheidet und das Thema für relevant hält oder einfach einem Trend folgt und unter anderem zufällig bzw. unbewusst zu solchen Produkten greift. Betrachtet man jedoch die Aussagen der Teilnehmer dieser Studie, lässt sich ebenfalls feststellen, dass bei Frauen eine deutlich intensivere Auseinandersetzung mit dem Thema stattfindet, es sich aber bei der Hauptzielgruppe nicht nur um die Alterskategorie handelt, die in der Literatur am häufigsten genannt wird. So wurde das größte Wissen diesbezüglich bei weiblichen Teilnehmern der Generation Y und Babyboomer festgestellt. Diese Personen können gezielt und bewusst abwägen, welche Auswirkungen ihr Konsum auf die Umwelt hat, und setzen dies entsprechend um. Bei diesen Personenkreisen handelt es sich somit möglicherweise um die Early Adopters des ethischen

Konsums, die in der Lage sind, neue Trends in diesem Bereich zu setzen.

Politik und Unternehmen haben bereits auf die Bedürfnisse der Verbraucher reagiert bzw. sogar den Weg zu Konsumethik geebnet. Im Hinblick auf das Fortschreiten des Trends und entsprechender Förderung sehen Konsumenten jedoch die Politik in der Verantwortung. Diese muss Kontrollen durchführen lassen, Standards regeln und sie wenn möglich sogar international vertreten sowie die Verbraucher bilden. Die Rolle der Unternehmen wird von Konsumenten dagegen als gering eingeschätzt, wenn es um Konsumethik geht. Deren allgemeines Ziel der Gewinnmaximierung wird anerkannt, jedoch wird auch das Vertrauen in diesen Marktteilnehmer für so gering gehalten, dass Käufer lediglich eine Reaktion auf ihre Nachfrage erwarten. Diesbezüglich ist ein Vertrauensaufbau notwendig, um auf dem Markt für Konsumethik zu bestehen. Vor allem aber müssen negative Erscheinungen bei der Produktion vermieden werden, da sonst eine Boykottierung durch eine breite Käufergruppe die Folge sein kann. Gerade jüngere Konsumenten bedienen sich dieses Mittels.

Des Weiteren wurde festgestellt, dass eine Lücke zwischen Wunschkonsum bzw. beabsichtigtem Konsum und tatsächlichem Einkauf besteht, die es zu schließen gilt. Die Rede ist von der sogenannten „Attitude-Behaviour Gap" (vgl. SCHENKEL-NOFZ 2015: 56). Denn laut Umfragen behaupten über die Hälfte der Verbraucher von sich selbst, an sozialen und ökologischen Standards von Gütern und Dienstleistungen interessiert zu sein (vgl. BORGSTEDT ET AL. 2010: 6 ff). Letztlich setzen aber nur etwa zehn Prozent ihre Einstellung in die Praxis um (vgl. WIPPERMANN ET AL. 2009: o. S.). Hinzu kommen methodische Probleme bei der Erhebung solcher Daten. So muss berücksichtigt werden, dass Personen generell Fehler unterlaufen, wenn sie ihr aktuelles Kaufverhalten oder ihre zukünftigen Kaufabsichten einschätzen sollen. Darüber hinaus ist zu beachten, dass Studien insbesondere durch Laborbedingungen eine künstliche Aufmerksamkeit schaffen und infolge der moralischen Aufladung des Themas Personen dazu verleitet werden, sozial erwünschte Antworten zu geben (vgl. WALTHER/SCHENKEL-NOFZ 2014: 9).

Auch die zu Beginn dieser Arbeit aufgeführten wissenschaftlichen Definitionen von ethischem Konsum entsprechen in der Regel nicht der persönlichen Interpretation des Begriffs durch Konsumenten. Dies ist unter anderem daran zu erkennen, dass wie bereits erwähnt häufig Gesundheit und weitere persönliche Faktoren in diesem Zusammenhang betrachtet werden. Außerdem herrscht mitunter auch Unwissen über die Bedeutung von Ethik, weshalb teilweise Erklärungsbedarf besteht.

Diesbezüglich ist der Begriff Nachhaltigkeit für Konsumenten oft einfacher zu begreifen, allerdings werden soziale Faktoren bei dieser Bezeichnung kaum berücksichtigt. Aus diesem Grund besteht aktuell keine Alternative zum Begriff ethischer Konsum, die den gleichen thematischen Umfang fasst und für Studienteilnehmer leichter zu verstehen ist. Die Definition des Begriffs gestaltet sich ohnehin schwierig, da ihr in der Regel eine subjektive Einschätzung zugrunde liegt. Soziale oder ökologische Aspekte einer Person müssen daher nicht zwingend von einer anderen Person als ebenso wichtig erachtet werden (vgl. DEVINNEY ET AL. 2010: o. S.). Ferner muss eine ethische Orientierung in einem bestimmten Produktbereich nicht zwangsläufig in einer anderen Güterkategorie handlungsleitend sein (vgl. BELZ/REISCH 2007: 281 ff).

6.2 Ausblick

Insgesamt konnte festgestellt werden, dass bei Käufern überwiegend durchaus ein gewisses Interesse für Konsumethik vorhanden ist. Allerdings wird in der Regel nicht bewusst oder gezielt nach Produkten gesucht. Ein solches Vorgehen ist nur dann möglich, wenn Verbraucher über das notwendige Wissen verfügen. Zwar gibt es Käufer, die gezielt vorgehen und ein gewisser Trend dahingehend ist erkennbar, jedoch handelt es sich hierbei eher um eine geringe Anzahl von Verbrauchern. Der weitaus größere Teil folgt zwar einem Trend, beschäftigt sich aber nicht intensiv mit der Thematik. Allerdings konnte ebenfalls festgestellt werden, dass meist gar nicht der Wunsch besteht, sich während des Einkaufs mit den Folgen des eigenen Konsums zu beschäftigen. Somit ist fraglich, ob die in der Literatur häufig beschriebene Konsumentenmacht tatsächlich bedeutend ist. Der Großteil der Konsumenten möchte die Verantwortung gerne an Politik und Unternehmen abgeben. Ethischer Konsum wird mithin gerne praktiziert, aber nur mit möglichst geringer eigener Beteiligung. Ob die Konsumentenmacht zukünftig an Bedeutung gewinnen wird, hängt somit von der Teilhabe der Verbraucher ab. Theoretisch wäre diese jedoch in jedem Fall gegeben, da durch entsprechende Nachfrage das Angebot gelenkt und bestimmt werden kann. Dies liegt daran, dass die Warenketten üblicherweise käufergetrieben sind (vgl. BARRIENTOS ET AL 2011: 312). Da solche Warenketten ihren Erfolg meist nicht durch hohe Stückzahlen oder unverzichtbare Technologiefortschritte generieren, wird vor allem Design, eine starke Marke oder das Marketing von wesentlicher Bedeutung sein (vgl. GEREFFI 1999: 37 ff). Je nachdem, ob der Anteil von Konsumenten, die gezielt einkaufen, wächst, wird die Marktbeeinflussung durch Käufer infolgedessen möglicherweise steigen. Wichtig hierbei sind auch Early

Adopters bzw. Trendsetter, die die Masse der Konsumenten folgen lassen. Fraglich ist, ob LOHAS zu diesem Personenkreis gehören. Diese sind zwar Käufer von ethischen Produkten, allerdings oft keine bewussten Konsumenten. Generation Y hingegen ist im Bereich Konsumethik sehr gut informiert und zeigt zumindest beim gezielten Produktausschluss das größte Potenzial. Diese Gruppe wird in Zukunft ihre finanzielle Situation verbessern und kann daher den Markt entscheidend mitbestimmen. Die Analyse von Verbraucherverhalten und ihren Präferenzen wird somit bei steigender Nutzung der Konsumentenmacht immer wichtiger. Darüber hinaus ist jedoch auch Forschung in Bezug auf Wünsche und Verhalten der Generation Z erforderlich. Deren Angehörige werden in den nächsten Jahren vermehrt eigene Haushalte gründen und als zusätzliche Player auf dem Markt erscheinen. Aktuell ist jedoch relativ wenig über diese Käufergruppe bekannt. Es ist aber davon auszugehen, dass es sich auch hier um einen relativ gut informierten Personenkreis handelt. Allerdings kann keine Aussage darüber getroffen werden, inwiefern Konsumethik eine Rolle für sie spielt.

Weiterhin ist eine genaue Typenbildung für Verbraucher im Hinblick auf Konsumethik notwendig. Zwar fand bereits in dieser Arbeit eine Konzentration auf Faktoren wie Geschlecht oder Alter statt, jedoch spielen noch viele weitere Variablen eine Rolle für das Verhalten von Konsumenten. Hierbei sind vor allem Bildungsstand, Einkommen oder Haushaltsgröße zu nennen. Dies ist insbesondere für eine gezielte Informationsvermittlung und das Marketing notwendig. Aber auch Produkte des ethischen Konsums können durch eine umfangreiche Analyse der Konsumenten den Wünschen und Präferenzen der Käufer angepasst werden. Marktforschung in diesem Bereich wird folglich aufgrund des Wandels im Verbraucherverhalten und der damit einhergehenden steigenden Komplexität zunehmend wichtiger.

Viele Quellen setzen darüber hinaus Überkonsum oder Konsumverzicht in Zusammenhang mit Konsumethik. Hierbei handelt es sich zwar um ein wichtiges Thema, das die Hauptproblematik in Bezug auf Konsum und seine sozialen oder ökologischen Folgen benennt, allerdings entspricht dieses Feld sinngemäß nicht den in Kapitel zwei erläuterten Determinanten des ethischen Konsums und ist daher einem separaten Bereich zuzuordnen. Konsumverzicht lässt marktorientierten Unternehmen keinerlei Handlungsmöglichkeiten und ist mit ihren Zielen nicht vereinbar, da eine ökonomische Dimension nicht vorhanden ist. Auch Konsumenten sind wie bereits erläutert nicht dazu bereit, auf Waren zu verzichten. Aus diesen Gründen wurde bei der Behandlung des Themas auf dieses praxisferne Feld verzichtet. Ausschlaggebend war hierfür vor allem der Umstand, dass ethischer Konsum dem Verbraucher vielmehr das Gefühl verleiht, etwas Positives durch seinen Kauf zu bewirken, und dies zu einem bedenkenlosen und ausgiebigen Konsum führen kann (vgl. ULINSKI 2013: 136). Ebenso motiviert das Wissen um die hohe Wahrscheinlichkeit des Eintretens einer Dystopie hinsichtlich Klimawandel, Überfischung etc. die Veränderungsbereitschaft des Menschen in sehr geringem Maße. Wissen ist hierbei keinesfalls gleichbedeutend mit Handeln. Die Veränderungen im Konsumentenverhalten verlaufen somit zwar konstant, aber langsam, in einer Geschwindigkeit, wie sie für Megatrends üblich ist (vgl. THOMASCHEWSKI/VÖLKER 2016: 63).

Abschließend bleibt festzuhalten, dass Konsumenten keine gravierenden Änderungen in ihrem Verhalten oder auf dem Markt wünschen, sondern weitestgehend bisherige Konsummuster, aber „in gut" beibehalten möchten (vgl. HARTMANN 2014: 5). Andere Marktteilnehmer und dabei in erster Linie Politik müssen infolgedessen die entsprechende Gestaltung des Marktes vornehmen. Global agierende Unternehmen sollten die teilweise deutlichen Unterschiede zwischen den Kulturen berücksichtigen und daher länderspezifische Entwicklungsstrategien entwerfen (vgl. THOMASCHEWSKI/VÖLKER 2016: 66).

Das Zukunftsinstitut gelangt zu einer relativ ähnlichen Prognose wie die vorliegende Arbeit. So soll die Nachfrage nach sozial und ökologisch fairen Produkten in den nächsten Jahren weiter steigen. Die hierfür notwendige Produktion werde zu einem „Management-Prinzip und zur Business-Strategie", prognostiziert das Institut. Demnach ist eine Voraussetzung dafür, dass die Initiatoren der Gütesiegel für mehr Transparenz sorgen, auch im Hinblick auf die zugrunde liegenden Standards. Denn auch sie kommen zu dem Schluss, dass die Ansprüche und Unterschiede verschiedener Label für den Verbraucher ohne eingehendes Studium kaum zu überschauen sind (vgl. SCHMITZ-HOFFMANN/SCHWESIG-SIMAC 2014: 15).

Das Thema Konsumethik wird auch in Zukunft spannend bleiben. Die genannten Perspektiven stellen Annahmen dar, die auf der bisherigen Entwicklung und dem aktuellen Verbraucherverhalten und seinen Anforderungen beruhen. Der Trend ist in jedem Fall positiv zu bewerten, da er zumindest ansatzweise die Bedingungen für Umwelt und Menschen verbessert. Ob die Auswirkungen einen messbaren Effekt nach sich ziehen, bleibt abzuwarten. Je nachdem, ob die beschriebenen Konsumformen von der Masse akzeptiert werden, können sich die Folgen gegenseitig verstärken und nicht abschätzbare Ergebnisse erzielen. Daher ist zu hoffen und zu erwarten, dass mehr Menschen diesem Trend folgen werden. Denn heute gilt mehr denn je die Erkenntnis, „ein Mehr an Produktion, Gewinn und Konsum bringt inzwischen nicht automatisch ein Mehr an Zufriedenheit, Glück und Entwicklungschancen für den Einzelnen." (WILLY BRANDT, zit. n. FORSCHELEN 2017: 616).

LITERATURVERZEICHNIS

AJZEN, I. (1991): „The theory of planned behavior". In: *Organizational Behavior and Human Decision Processes* 50 (2), S. 179-211.

AJZEN, I. (2001) „Nature and operations of attitudes". In: *Annual Review of Psychology* 52, S. 27-58.

AJZEN, I., FISHBEIN, M. (1980). *Understanding Attitudes and Predicting Social Behavior.* Eglewood Cliffs.

ANKELE, K. (2001): „Stoffstrommanagement". In: Lutz, U., Nehls-Sahabandu, M. (Hrsg.): *Praxishandbuch Integriertes Produktmanagement.* Düsseldorf, S. 267 - 286.

BACHMANN, L., ELGLEB, F. (2008): *Grüner Lifestyle Nachhaltigkeitstypologien jenseits der LOHAS.* Berlin.

BALDERJAHN, I. (2013): *Nachhaltigkeit aus Konsumentensicht - Nachhaltiger Konsum.* Potsdam.

BARDT, H. (2006): „Umwelt-Effizienz im internationalen Vergleich". In: *IW-Trends* 33 (4), S. 1-12.

BARRIENTOS, S., GEREFFI, G., ROSSI, A. (2011): „Economic and social upgrading in global production networks: A new paradigm for a changing world". In: *International Labour Review* 150 (3-4), S. 319-340.

BELZ, F.-M., REISCH, L.-A. (2007): „Geteilte Verantwortung für nachhaltigen Konsum: Grundzüge einer polyzentrischen Verbraucherpolitik". In: Belz, F.-M., Karg, G., Witt, D. (Hrsg.): *Nachhaltiger Konsum und Verbraucherpolitik im 21. Jahrhundert.* Marburg, S. 281–315.

BERGER, J. (2012): *Umweltpolitische Instrumente zur Steigerung der Ressourceneffizienz von Produkten auf Ebene der EU und des Bundes.* Hamburg.

BLECKMANN, P. (2016): „Verantwortung für die Lieferkette – Menschenrechte achten". In: *Wirtschaft in Mittelfranken* (11), S. 18-19.

BOKSBERGER, B., NOVOTNY-SCHLEGEL, L., FRICK, N. (2009): *Nachhaltiger Konsum.* St. Gallen.

BORGSTEDT, S., CHRIST, T., REUSSWIG, F. (2010): *Umweltbewusstsein in Deutschland 2010. Ergebnisse einer repräsentativen Bevölkerungsumfrage.* Dessau.

BRÜCK, C., CASPARI, D., GMEINER, E. (2013): *TransFair Jahresbericht 2012/2013.* Köln.

BUNDESAMT FÜR KARTOGRAPHIE UND GEODÄSIE (Hrsg.) (2017): *vg2500 Shapefiles Kreisgrenzen Deutschlands.* URL: http://www.geodatenzentrum.de/geodaten/gdz_rahmen.gdz_div?gdz_spr=deu&gdz_akt_zeile=1&gdz_anz_zeile=2 (Abrufdatum: 30.03.2017).

BUNDESANSTALT FÜR LANDWIRTSCHAFT UND ERNÄHRUNG (2017): *Strukturdaten zum ökologischen Landbau für das Jahr 2016.* Bonn.

BUNDESANSTALT FÜR LANDWIRTSCHAFT UND ERNÄHRUNG (2010): *Strukturdaten zum ökologischen Landbau für das Jahr 2019.* Bonn.

BUNDESMINISTERIUM FÜR UMWELT, NATURSCHUTZ, BAU UND REAKTORSICHERHEIT (2016): *Das Bio-Siegel und nachhaltiger Konsum.* Berlin.

BUNDESMINISTERIUM FÜR UMWELT, NATURSCHUTZ, BAU UND REAKTORSICHERHEIT (2016): *Nationales Programm für nachhaltigen Konsum.* Berlin.

CHRISTANELL, A. (2009): *Nachhaltiger Konsum und gesellschaftliche Lebensrealitäten – Ansätze zur Förderung nachhaltiger Konsummuster unter besonderer Berücksichtigung soziokultureller Einflüsse, gesellschaftlicher Trends und Kommunikationsstrategien.* Wien.

COCA COLA (2011): *Nachhaltigkeitsbericht Coca-Cola Deutschland 2011.* Berlin.

COMMERZBANK AG (2015): *Einblicke: Die fünf Treiber für einen nachhaltigen Handel – Den Wandel und seine Auswirkungen verstehen Financial.* Frankfurt am Main.

DEVINNEY, T.M., AUGER, P., ECKHARDT, G.-M. (2010): *The Myth of the Ethical Consumer.* Cambridge.

DILLEMUT, P. (2013): „Präsentation anlässlich green forum". *GfK.* Rorschacherberg, 11. Juni 2016.

ENSTE, D.-H. (2014): „Vegetarismus Fleischlos liegt im Trend". In: *Wirtschaft und Ethik* (3), S. 1.

EUROPÄISCHE KOMMISSION (2016): *Jeder 5. Deutsche nutzt Sharing Economy-Angebote.* Brüssel.

FORSCHELEN, B. (2017): *Kompendium der Zitate für Unternehmer und Führungskräfte.* Frankfurt am Main.

FORSCHUNGSINSTITUT FÜR BIOLOGISCHEN LANDBAU, BIO SUISSE (2009): „Ethische Werte als Verkaufsargumente". In: *bioaktuell* (1), S. 14-15.

FRANK, R., UNFRIED, M., SCHREDER, R., DIECKMANN, A. (2016): „Ethischer Textilkonsum: Nur eine Frage der Selbstlosigkeit?" In: *GfK Research* 8 (1), S. 52-58.

GEREFFI, G. (1999): „International trade and industrial upgrading in the apparel commodity chain". *Journal of International Economics* 48, S. 37-70.

GERGINOV, D. (2013): „Ethischer Konsum: Kaufentscheidungen mit Nachhaltigkeit". URL: http://www.gevestor.de/details/ethischer-konsum-kaufentscheidungen-mit-nachhaltigkeit-672295.html (Abrufdatum: 26. April 2017).

GFK (2007): „Bio ist auf dem Vormarsch: Ergebnisse der GfK-Studie zum Konsum von biologisch produzierten Lebensmitteln". URL: http://www.gfk.com/group/press_information/press_releases/001133/index.-de.html (Abrufdatum: 18. Mai 2017).

GÖBEL, E. (2015): „Ist ethischer Konsum möglich?" In: Maring, H. (Hrsg.): *Vom Praktisch-Werden der Ethik in interdisziplinärer Sicht: Ansätze und Beispiele der Institutionalisierung, Konkretisierung und Implementierung der Ethik.* Karlsruhe, S. 217-236.

GRUNWALD, A. (2012): *Ende einer Illusion – warum ökologisch korrekter Konsum nicht die Welt rettet.* München.

HÄUSLER, R., KERNS, C. (2008): *LOHAS – Mythos und Wirklichkeit.* Berlin.

HARRISON, R., NEWHOLM, T., SHAW, D. (2005): *The Ethical Consumer.* London.

HARTMANN, K. (2014): „Grüner wird's nicht". In: *presente extra* 14 (2), S. 4-7.

HARTMANN, K. (2011): *Das Ende der Märchenstunde – Sind Wachstum und Nachhaltigkeit vereinbar?* Oldenburg.

HEIDBRINK, L. (2014): „Consumer Social Responsibility – Die gesellschaftliche Verantwortung der Verbraucher". In: *forum wirtschaftsethik* (2), S. 2-6.

HOCHSTRASSER, F. (2009): „Ethischer Konsum erwünscht – daher kritisch betrachtet". In: *Rote Revue* (2), S. 15-19.

HOFMANN, L. (2015): „Moralisierung des Konsums". In: *Journal für korporative Kommunikation* (1), S. 29-43.

HUBER, J. (1995): *Nachhaltige Entwicklung. Strategien für eine ökologische und soziale Erdpolitik.* Berlin.

HUGHNER, R.-S., MCDONAGH, P., PROTHERO, A., SHULTZ II, C.-J., STANTON, J. (2007): „Who are organic food consumers? A complication and review of why people purchase organic food". In: *Journal of Consumer Behaviour* 6 (2/3), S. 94-110.

IDIES, Y. (2015): *Kritischer Konsum zwischen Selbsttechnologie und globalem Handeln – zur Konstituierung verantwortlicher und raumsensibler Konsumsubjekte*. Leipzig.

INSTITUT DER DEUTSCHEN WIRTSCHAFT (2016): *Qualitative und quantitative Auswirkungen der Sharing Economy in Nordrhein-Westfalen*. Köln.

INSTITUT FÜR HANDELSFORSCHUNG (2016): *Vegan-Boom: Kernmarkt der vegetarischen und veganen Lebensmittel wächst auf 454 Millionen Euro*. Köln.

INSTITUT FÜR HANDELSFORSCHUNG (2014): *Rewe individual reporting CSR-Tracker – 7. Welle*. Köln.

JACKSON, P., WARD, N., RUSSELL, P. (2009): "Moral economies of food and geographies of responsibility". In: *Transactions of the Institute of British Geographers* 34 (1), S. 12-24.

JANSSEN, M., BUSCH, C., KILIAN, D., GIDER, D., HAMM, U. (2014): *Regionalfenster – Wie beurteilen Verbraucher und Händler das Regionalfenster?* Kassel.

JESCHKE, D. (1975): *Konsumentensouveränität in der Marktwirtschaft - Idee, Kritik, Realität*. Berlin.

KEARNEY, A.-T. (2008): *Zwischen Öko-Labels, grüner Logistik und fairem Handel*. Köln.

KECSKES, R. (2013): „Bewusster Genuss und Inszenierung – Wie die junge Generation versucht, ein Paradox zu leben". In: GfK Consumer Panels, Bundesvereinigung der Deutschen Ernährungsindustrie e.V (Hrsg.): *Consumers' Choice '13 – Bewusster Genuss – Nachhaltige Gewinne für Ernährungsindustrie und Konsumenten*. Nürnberg, S. 80-87.

KIY, M., TERLAU, W., VOTH, J. (2015): „Konsumentenbefragungen zum Thema „Fair Trade" und „Bio" an Hochschulen in Nordrhein-Westfalen". In: Bala, C., Schuldzinski, W. (Hrsg.): *Der verantwortungsvolle Verbraucher – Aspekte des ethischen, nachhaltigen und politischen Konsums*. Düsseldorf, 41-58.

KLAFFKE, M. (2014): *Generationen-Management – Konzepte, Instrumente, Good-Practice-Ansätze*. Wiesbaden.

KLOOS, D. (2009): *Sozial-ökologische Mode auf dem Prüfstand – Überblick und Analyse*. Siegburg.

KOLLENBROICH, B. (2013): „Ethischer Konsum liegt im Trend". URL: http://etailment.de/news/stories/Ethischer-Konsum-liegt-im-Trend-15077 (Abrufdatum: 15. Mai 2017).

KOTHS, G., HOLL, F. (2012): „Verantwortungsvoller Konsum - ein Problem asymmetrisch verteilter Information?" In: Schneider, A., Schmidpeter, R. (Hrsg.): *Corporate Social Responsibility: verantwortungsvolle Unternehmensführung in Theorie und Praxis.* Berlin, S. 662 - 678.

KPMG INTERNATIONAL (2013): *The KPMG Survey of Corporate Responsibility Reporting 2013.* Amstelveen.

KROL, G.-J. (2010): *Ökonomische Bildung online.* Bad Heilbrunn.

LELL, O. (2008): „Ethik - ein neuer Luxusartikel?" In: *WISO direkt* (12), S. 1-4.

LEẞMANN, O., MASSON, T. (2016): „Ökologisch nachhaltiger Konsum und ungleiche Teilhabe". In: Forschungsverbund Sozioökonomische Berichterstattung (Hrsg.): *Dritter Bericht zur sozioökonomischen Entwicklung in Deutschland: Exklusive Teilhabe – ungenutzte Chancen.* Bielefeld, S. 1-22.

LEUBECHER, M. (2014): „Die Macht der Konsumenten kann die Welt verändern". URL: https://www.welt.de/debatte/kommentare/article127076903/Die-Macht-der-Konsumenten-kann-die-Welt-veraendern.html (Abrufdatum: 16. Mai 2017).

MAIER, A.; Financial Times Deutschland (HRSG.) (2006): „Öko wird Sexy". 07/2006.

MAYER, F. (2016): *- Ethisches Konsumentenverhalten - am Beispiel der Textilbranche in Deutschland.* Wismar.

MAYRING, P. (2002): *Einführung in die qualitative Sozialforschung.* Weinheim.

NATURALEARTH (2017): „Free vector and raster map data". URL: http://www.naturalearthdata.com/ (Abrufdatum: 30. März 2017).

N-TV.DE, DPA (2013): „Kaufverhalten hat Einfluss auf die Lebensqualität - Ethischer Konsum wird immer wichtiger". URL: http://www.n-tv.de/ticker/Ethischer-Konsum-wird-immer-wichtiger-article11451436.html (Abrufdatum: 10. Mai 2017).

OTTO GMBH UND CO KG (2017): „Ethischer Konsum". URL: https://www.otto.de/reblog/rexikons/ethischer-konsum/ (Abrufdatum: 02. Mai 2017).

OTTO GROUP (2013): *Lebensqualität: Konsumethik zwischen persönlichem Vorteil und sozialer Verantwortung.* Hamburg.

OTTO GROUP (2009): *Trendstudie: Die Zukunft des ethischen Konsums.* Hamburg.

PECH-LOPATTA, D. (2013): „LOHAS - ein Leben für Nachhaltigkeit". In: *Consumers´ Choice '13 – Bewusster Genuss – Nachhaltige Gewinne für Ernährungsindustrie und Konsumenten* 13 (5), S. 36-51.

PRESSE- UND INFORMATIONSAMT DER BUNDESREGIERUNG (2012): *Nationale Nachhaltigkeitsstrategie – Fortschrittsbericht 2012.* Berlin.

RANALLI, S. (2009): „Bio & fair". In: SevenOne Media GmbH (Hrsg.): *Nachhaltigkeit.* Unterföhring, S. 20-27.

REISCH, L.-A., SCHERHORN, G. (1998): „Auf der Suche nach dem ethischen Konsum". In: *Der Bürger im Staat* 48 (2), S. 92-99.

REITBAUER, S. (2009): „Nachhaltig leben". In: SevenOne Media GmbH (Hrsg.): *Nachhaltigkeit.* Unterföhring, S. 5-15.

REYNOLDS, S.J. (2006). „Moral Awareness and Ethical Predispositions. Investigating the Role of Individual Differences in the Recognition of Moral Issues". In: *Journal of Applied Psychology* 91 (1), S. 233-243.

ROEHL, J., SORGE, N.-V. (2009): „Ethischer Konsum Auf Sinnsuche bei McDonald's". URL: http://www.manager-magazin.de/unternehmen/artikel/a-647415-3.html (Abrufdatum: 09. Mai 2017).

ROGALL, H. (2004): *Ökonomie der Nachhaltigkeit. Handlungsfelder für Politik und Wirtschaft.* Wiesbaden.

SCHAACK, D., RAMPOLD, C., DIEKHAUS, H. (2017): *AMI Markt Bilanz Öko-Landbau.* Bonn.

SCHAUS, K. (2013): *Gutachten: Der Weg zu nachhaltiger Kleidung – Standards, Siegel und politische Rahmenbedingungen.* Konstanz.

SCHENKEL-NOFZ, M.-M., (2015): *Corporate Social Responsibility und Stakeholder – Befunde zur Wahrnehmung und Relevanz von CSR bei zentralen Stakeholdern.* Kassel.

SCHENKEL-NOFZ, M.-M., WALTHER, M. (2014): „Ideal und Wirklichkeit ethischen Konsums – Eine empirische Untersuchung unter Konsumenten zum Kleidungskauf". In: *Zeitschrift für Wirtschafts- und Unternehmensethik* 15 (2), S. 215-236.

SCHMITZ-HOFFMANN, C., SCHWESIG-SIMAC, A. (2014): „Nachhaltiger Konsum". In: *nah dran* (1), S. 10-33.

SCHÖNHEIT, I. (2016): *Indikatoren für den Nachhaltigen Konsum.* Hannover.

SCHÖNHEIT, I. (2004): „Neue Politikfelder, nachhaltiger Konsum und Produktion - State-of-the-Art und Vorschläge zum Vorgehen bei der Festlegung von Indikatoren für nachhaltige Konsum- und Produktionsmuster". In: Bundesministerium für Verbraucherschutz, Ernährung und Landwirtschaft (Hrsg.): *Nachhaltigkeits- und Agrarumweltindikatoren.* Bonn, S. 117-131.

SCHÖNHEIT, I. (2001): „Denkanstöße zum Konzept des nachhaltigen Konsums". In: Schrader, U.; Hansen, U. (Hrsg.): *Nachhaltiger Konsum. Forschung und Praxis im Dialog.* Frankfurt am Main, S. 117-124.

SCHUDAK, A., SCHÖNHEIT, I., GRÜNEWALD, M. (2014): *Nachhaltiger Konsum: Schon Mainstream oder noch Nische?* Hannover.

SCHULZ, O. (2012): „Nachhaltige ganzheitliche Wertschöpfungsketten". In: Schneider, A., Schmidpeter, R. (Hrsg.): *Corporate Social Responsibility: verantwortungsvolle Unternehmensführung in Theorie und Praxis.* Berlin, S. 271-284.

SCHULZ, W.-F. (2008): *200 Milliarden Euro Marktpotential: Ausgabefreudige Weltverbesserer etablieren sich als Mega-Konsumentengruppe.* Hohenheim.

SEITZ, J. (2013): *Fair – Von der Nische zum Mainstream.* Frankfurt am Main.

SHAW, D., SHIU, E., CLARKE, I. (2000). „The Contribution of Ethical Obligation and Selfidentity to the Theory of Planned Behaviour. An Exploration of Ethical Consumers". In: *Journal of Marketing Management* 16 (8), S. 879-894.

SOLOMON, M.-R. (2009). *Consumer Behaviour: Buying, Having, and Being.* New Jersey.

SPIEGEL ONLINE (2009): „Ethischer Konsum - Nachhaltige Unternehmen sind Gewinner der Krise". URL: http://www.spiegel.de/wirtschaft/service/ethischer-konsum-nachhaltige-unternehmen-sind-gewinner-der-krise-a-646976.html (Abrufdatum: 17. Mai 2017).

SPILLER, A., ZÜHLSDORF, A., SCHALTEGGER, S., PETERSEN, H. (2007): *Nachhaltigkeitsmarketing I – Grundlagen, Herausforderungen und Strategien.* Lüneburg.

SRNKA, K.-J., SCHWEITZER, F.-M. (2000): „Macht, Verantwortung und Information : der Konsument als Souverän? ; theoretische Reflexion und praktische Ansätze am Beispiel ökologisch verantwortlichen Kaufverhaltens". In: *Zeitschrift für Wirtschafts- und Unternehmensethik* 1 (2), S. 192-205.

STATISTISCHES BUNDESAMT (2016): *Daten aus dem Gemeindeverzeichnis Städte in Deutschland nach Fläche und Bevölkerung auf Grundlage des ZENSUS 2011 und Bevölkerungsdichte – Gebietsstand: 31.12.2015.* Wiesbaden.

SÜDDEUTSCHE ZEITUNG (2015): „Ethischer Konsum: Wertewandel oder Lippenbekenntnisse?" URL: http://www.sueddeutsche.de/news/wissen/umwelt-ethischer-konsum-wertewandel-oder-lippenbekenntnisse-dpa.urn-newsml-dpa-com-20090101-150422-99-08470 (Abrufdatum: 30. April 2017).

TENBRUNSEL, A. E., SMITH-CROWE, K. (2008). „Ethical decision making. Where we've been and where we're going". In: *Academy of Management Annals* 2, S. 545-607.

THOMASCHEWSKI, D., VÖLKER, R. (2016): *Nachhaltige Unternehmensentwicklung: Herausforderungen für die Unternehmensführung des 21. Jahrhunderts.* Stuttgart.

THOMPSON, C.-J. (2011): "Understanding consumption as political and moral practice: Introduction to the special issue". In: *Journal of Consumer Culture* 11 (2), S. 139-144.

TRANSFAIR (2017): „Kampagne Fairtrade Towns". URL: https://www.fairtrade-towns.de/mitmachen/die-fuenf-kriterien/ (Abrufdatum: 06. Juli 2017).

TRANSFAIR (2017): "Städteverzeichnis". URL: https://www.fairtrade-towns.de/fairtrade-towns/staedteverzeichnis/ (Abrufdatum: 14. Juli 2017).

TULLY, C.-J., (2012): „Nachhaltiger Konsum". URL: http://www.bpb.de/apuz/139202/nachhaltiger-konsum?p=all (Abrufdatum: 26. April 2017).

ULINSKI, S. (2013): „Ethical Consumption vs. Reducing Consumption: To what extent does Fair Trade merely act to deflect the attention away from the real problem of overconsumption?" In: *Momentum Quarterly* 2 (3), S. 127-138.

UMWELTBUNDESAMT (2006): *Nachhaltiger Konsum – Die Zukunft sichern.* Dessau-Roßlau.

UTOPIA GMBH (2014): *Utopografie – die grüne Blogosphäre.* München.

Vasileva, V., Blendin, M. (2014): *Der Faire Handel in Deutschland Zahlen, Entwicklungen und Trends für das Geschäftsjahr 2013.* Berlin.

Vegetarierbund Deutschland e.V. (2016): „Vegetarische und vegane Lebensmittel auf Erfolgskurs: Umsatzplus von 25,9 Prozent im Jahr 2015". URL: http://www.fruchtportal.de/artikel/vegetarische-und-vegane-lebensmittel-auf-erfolgskurs-umsatzplus-von-259-prozent-im-jahr-2015/020949 (Abrufdatum: 06. Juli 2017).

Verbraucher Initiative (2011): „Umfrage Nachhaltigkeit - Verbraucher achten auf verantwortungsvolle Unternehmen". In: *Verbraucher Konkret* (2), S. 12-14.

Verbraucherzentrale Bundesverband e.V. (2016): *Nationales Programm für Nachhaltigen Konsum (NPNK).* Berlin.

Vogt, L. (2008): *Konsumverhalten: gesellschaftliche Trends und ethische Ansatzpunkte für eine humane und ökologische Gestaltung.* München.

Voller, R. (2016): *Unternehmen-Kunden-Beziehung im CSR-Kontext.* Berlin.

Walther, M., Schenkel-Nofz, M. (2014): „Ethischer Konsum - mehr als ein frommer Wunsch?" In: *forum wirtschaftsethik* (2), S. 7-11.

Welzel, C. (2013): *Freedom Rising.* Lüneburg.

Winterfeld, U. (2007): „Keine Nachhaltigkeit ohne Suffizienz. Fünf Thesen und Folgerungen". In: *Vorgänge* (3), S. 46-54.

Wippermann, C., Berthold, B., Calmbach, M. (2009): *Umweltbewusstsein und Umweltverhalten der sozialen Milieus in Deutschland.* Dessau-Roßlau.

Wuppertal-Institut (2005) *Analyse vorhandener Konzepte zur Messung des nachhaltigen Konsums in Deutschland einschließlich der Grundzüge eines Entwicklungskonzepts.* Wuppertal.

WWF Deutschland (2015): *Positionspapier des WWF Deutschland zu Nachhaltige Ernährung.* Berlin.

Rekrutierungsfragebogen zur Gruppendiskussion

Informationen zur Gruppendiskussion:

Liebe Interessentin, lieber Interessent,

im Rahmen einer Abschlussarbeit an der Julius-Maximilians-Universität Würzburg, suchen wir Personen, die an einer Gruppendiskussion zum Thema „Ethischer Konsum" teilnehmen möchten.

Die Diskussionsrunden bestehen jeweils aus fünf Teilnehmern, sind vollkommen offen und beinhalten diverse Fragestellungen, sowie Aufgaben zum Thema.

Ethische Produkte können dabei ökologisch hergestellte, regional produzierte, fair gehandelte, klimafreundlich hergestellte, getauschte oder gebrauchte Produkte, etc. sein. Ebenso kann der Verzicht auf Produkte aus ethischen Gründen berücksichtigt werden. Alle Produktkategorien wie Lebensmittel, Kleidung, Elektronikartikel, etc. sind offen gehalten.

Bitte beantworten Sie folgende sieben Fragen und geben Ihre E-Mailadresse an, um an der Diskussionsrunde teilzunehmen. Sie erhalten daraufhin eine Bestätigungsmail für die Teilnahme.

Hinweis: Bitte füllen Sie den Fragebogen ernsthaft und vollständig aus. Nur so können wir Sie für die Studienteilnahme berücksichtigen. Sie bleiben bei Ihrer Teilnahme vollkommen anonym, alle Daten werden vertraulich behandelt und nicht an Dritte weitergegeben.

Vielen Dank!

Allgemeine Informationen:		
Nr.	**Fragen**	**Antworten**
1.	Geschlecht	Weiblich ☐ Männlich ☐ Keine Angabe ☐
2.	Geburtsjahr	< 1956 ☐ 1956 - 1965 ☐ 1966 - 1980 ☐ 1981 - 1995 ☐ > 1995 ☐

3.	Wohnort	Deutschland ☐ Österreich ☐ Schweiz ☐ Sonstige ☐
4.	Ausbildung	Kein Schulabschluss ☐ Hauptschulabschluss ☐ Mittlere Reife ☐ Abitur/Fachabitur ☐ Berufsschulabschluss ☐ Hochschulabschluss ☐ Keine Angabe ☐
5.	Haushaltseinkommen	< 1.000 € ☐ 1.000 € – 1.500 € ☐ 1.500 € – 2.000 € ☐ 2.000 € – 3.000 € ☐ 3.000 € – 4.000 € ☐ > 4.000 € ☐
<u>Informationen zum Kaufverhalten:</u>		
6.	Ethische Kriterien sind zu einem Bestandteil meiner Kaufentscheidung geworden.	Ja ☐ Nein ☐ Keine Angabe ☐
7.	Wie häufig haben Sie im letzten Monat Produkte aus ethisch vertretbarer Herstellung konsumiert oder aus ethischen Gründen auf Produkte verzichtet?	Überhaupt nicht ☐ Ein bis zwei Mal ☐ Mehr als drei Mal ☐ Keine Angabe ☐

Quelle: Eigene Darstellung (2017).

Interviewleitfaden

A. Einführung und Vorstellung

- Einleitung durch den Moderator
  - Es freut mich, dass Sie heute hier sind.
  - Ich bin Andreas Reger, etc.
  - Ich bin kein Experte in diesem Bereich, sondern führe diese Studie im Rahmen meiner Masterarbeit durch.
  - Es gibt kein Richtig oder Falsch, alle Meinungen sind für mich von Bedeutung.
  - Die Gespräche werden heute aufgezeichnet, ich behandle aber alle Daten vertraulich und gebe sie an niemanden weiter. Das heißt, alles was Sie heute sagen, bleibt anonym und es wird nicht möglich sein, Aussagen auf Ihre Namen zurückzuführen.
  - Gibt es zunächst noch Fragen von Ihrer Seite, bevor wir beginnen?
- Kurze Vorstellungsrunde
  - Name, Hobbies, Alter, Beruf, etc.
- Grundreiz

B. Persönliche Einstellung

- Was ist/bedeutet ethischer Konsum für Sie?
  - Fotocollage aus Zeitschriften dazu erstellen und von jedem präsentieren lassen (nicht künsteln, sondern reißen und kleben in Einzelarbeit).
- Wenn Sie ethisch einwandfreie Produkte kaufen, was wollen Sie dadurch erreichen oder verändern? Was bewirkt Ihr Verhalten?
  - Gewünschte Auswirkungen des ethischen Konsums auf Plakat schreiben lassen und erklären lassen (Gruppenarbeit).
- Welche Gründe gibt es außerdem, dass Sie ethisch einwandfreie Produkte kaufen?

C. Einkaufsverhalten

- An welche Produkte oder Produktkategorien denken Sie, bei dem Begriff ethischer Konsum? (Aufschreiben auf Board)
- Stellen Sie sich vor, Sie wollen sich Produkte aus diesen Bereichen kaufen.

- Wie und wo kaufen Sie ein?
- Welche Unterschiede in der Vorgehensweise für die einzelnen Bereiche gibt es oder kaufen Sie alles auf die gleiche Art und Weise ein? Warum/Warum nicht?
- Was stört Sie beim Einkaufen dieser Produkte?
- Was gefällt Ihnen besonders gut? Beispiele? Marken? Unternehmen? Produkte? Warum?
- Worauf achten Sie beim Kauf?

➢ Was würden Sie sich bei Ihrem persönlichen Einkauf wünschen, um den Kauf von ethischen Produkten zu erleichtern oder angenehmer zu gestalten?

➢ Was assoziieren Sie mit den folgenden Formen des ethischen Konsums? (Siehe Kapitel zwei)

- Flüsterpost mit Plakat und Post-it's.

D. Information und Vertrauen

➢ Wie informieren Sie sich über Ethik im Konsumbereich oder wie werden Sie informiert?

- Wo? Warum?
- Was ist gut oder schlecht dabei, informiert zu werden? Warum wünschen Sie sich das oder warum nicht?

➢ Was muss getan werden um in Bezug auf Ethik, Vertrauen bei Ihnen aufzubauen?

- Bestimmte Organisationen oder Unternehmen?
- Warum? Warum nicht?
- Welchen Einfluss haben Gütesiegel auf Ihr Vertrauen?

➢ Welche Unternehmen/Organisationen/Institutionen gibt es, über die Ihnen in Bezug auf Ethik etwas bekannt ist? Negativ oder positiv?

- Was ist bekannt?
- Wie reagieren Sie darauf in Ihrem Einkaufsverhalten?
- Wie haben Sie die Informationen erhalten?
- Gibt es Marken oder Produkte die Sie generell vermeiden? Warum?

➢ Wer sollte mehr Verantwortung übernehmen? Unternehmen? Konsumenten? Politik? Organisationen? Produzenten?

- Warum und wie?
- Wer ist für die derzeitigen Konsumprobleme verantwortlich? Warum?

E. Erwartungen

- Projektivtechnik: Stellen Sie sich vor, Sie könnten mit einer Rakete zu einem fernen Planeten reisen, auf dem perfekt ethischer Konsum gelebt wird.
  - Wie sieht es dort aus? Wer lebt dort? Wie ist die Stimmung dort? Wie läuft dort eine Einkaufssituation ab? Was gefällt Ihnen dort nicht?
- Wie fühlen Sie sich, wenn Sie mit anderen Personen über Themen bezüglich ethischen Konsum/Lifestyle/Produkte reden?

F. Ausklang und Verabschiedung

- Gibt es wichtige Punkte, die wir noch nicht angesprochen haben?
- Dank und Verabschiedung

Transkript zur Männer-Diskussionsgruppe

Datum: 31.05.2017 Ort: Würzburg

Teilnehmer: 5 Dauer: 1h 45min

A. Einführung und Vorstellung:

Fangen wir schon Mal an.

Es freut mich, dass wir heute so Viele sind. Es geht heute nicht um eine Wissensabfrage, sondern um eine allgemeine Meinungsäußerung und Diskussion zu ethischem Konsum. Ich werde das Gespräch aufzeichnen, einmal da hinten und am Laptop auch noch, zur Sicherheit. Ich anonymisier aber Alles, es werden keine Namen auftauchen und alles was ihr sagt, höre nur ich. Und wenn ich das Ganze dann abtippe, heißt es nur Gruppe M hat dies und jenes gesagt. Ich denke auf die Vorstellungsrunde können wir verzichten, da wir uns alle kennen.

Ich habe euch hier einen Grundreiz mitgebracht, der den ethischen Konsum teilweise darstellt. Kann jemand beschreiben, was er hier noch sieht, außer ethischen Konsum?

- Werbung

Werbung ja.

- Discounter-Einkäufe
- Massenproduktion

B. Persönliche Einstellung:

Massenproduktion genau. Das wäre im Endeffekt der Gegenpol zu ethischem Konsum. Könnte man auch egoistischen Konsum oder eben Massenkonsum nennen. Und als erste Aufgabe würde ich euch bitten zu beschreiben, was für euch ethischer Konsum ist, oder was für euch ethischer Konsum bedeuten könnte. Da Bilder oft mehr sagen als Wörter, machen wir eine kleine Bastellaufgabe daraus. Ich habe hier ein paar Zeitschriften und Plakate und da bitte ich euch einfach mal die Bilder aus den Zeitschriften auszuschneiden oder rauszureißen, die ihr mit ethischem Konsum in Verbindung bringt. Das Ganze muss nicht schön aussehen. Einfach eure ersten Eindrücke drauf auf ein Plakat.

- Was für uns ethisch ist?

Genau. Die Bilder die ihr verwenden würdet, um ethischen Konsum zu beschreiben.

Ihr könnt die Zeitschriften auch ruhig durchtauschen.

- Machst du das Gegenteil von ethischem Konsum, weil du da Rippchen hast?
- Nein. Nicht jedes Stück Fleisch muss ja unethisch sein. Ein gutes Stück kommt ja nicht aus der Massenproduktion.

Philipp magst du schon mal anfangen zu zeigen, was du für ein Plakat gemacht hast? Wenn du aufgegessen hast. Einfach kurz beschreiben was du da drauf gemacht hast und was das für dich bedeutet.

- Also wir sehen einmal ganz links die Uhr. Die Uhr ist ja auch ein Zeichen von Wohlstand. In der Zeitschrift habe ich halt viele Uhren gesehen...dass halt ständig Werbung damit gemacht wird.

Verbindest du Wohlstand dann mit ethischem Konsum oder ganz im Gegenteil mit Massenkonsum?

- Eher mit Massenkonsum.

Okay. Was hast du da noch drauf?

- In der Mitte den Mann mit dem Parfum. Es wird immer suggeriert, dass man gut riechen muss, gut aussehen muss und dass man sich doch schon etwas abheben möchte. Natürlich die Marke, ganz klar. Also dass man mit einer ganz bestimmten Marke herausdefiniert...

Also Marken stehen dann auch für Massenkonsum?

- Ja, schon.

Okay.

- Und ganz rechts werden zwei attraktive Leute gezeigt mit einem Parfum. Auch dass man mit Erotik die Leute ansprechen möchte und dass das eigentlich immer funktioniert.

Bedeutet das dann für dich, dass Leute die einen gewissen Wohlstand haben und Marken kaufen eher nicht die Konsumenten für Ethikprodukte sind?

- Nicht unbedingt. Ich würde eher sagen so eine bestimmte Zielgruppe möchte man damit erreichen.

Mit den Ethikprodukten oder mit den Markensachen?

- Mit den Markensachen

Okay. Alles klar, danke.

Kannst du weiter machen?

- Also für mich besteht ethischer Konsum aus zwei großen Komponenten. Einmal eben die Produktion, dass man dabei eben darauf achtet, dass gerade wenn es um tierische Lebensmittel geht, dass da keine Massentierhaltung betrieben wird, sondern dass man im Sinne der Ethik eben darauf achten muss, dass auch die Tiere unter fairen Bedingungen behandelt werden. Was hier auf diesem Bild ganz gut dargestellt wird.
- Und eben auf der anderen Seite, dass man nicht sofort Alles wegwirft, nur weil es einem nicht mehr passt oder nicht gefällt und dann neue Sachen kauft. Sondern eben dass man versucht, das auch mehr wertzuschätzen. Wie hier eben dargestellt, diese Jeans als Deko oder als Tasche, wie auch immer...eben neu zu verwerten. Eben als Kontrast oder Gegenpol zur Massenproduktion. So dass man eben versucht mit den Ressourcen die man hat, nachhaltiger umzugehen.

Geht es dir bei ethischem Konsum dann eher um Tiere und Umwelt oder sind es auch soziale Faktoren, die da eine Rolle spielen?

- Also das war jetzt eben nur das Beispiel mit den Tieren, aber klar, was andere Sachen angeht...Produktion von T-Shirts oder eben Jeans oder wie auch immer geht...da hat bestimmt jeder diese Bilder von den riesigen Arbeiterhallen in Süd-Ost-Asien vor Augen. Das geht natürlich nicht nur um Tiere, sondern auch um Menschen und die sozialen Faktoren.

Da ist dann eben auch diese Kreislaufwirtschaft, dass man Sachen nicht wegwirft, sondern weiter verwertet?

- Genau, dass man eben versucht, das weiter zu verwerten...damit etwas nachhaltiger umgeht...bewusster umgeht...

Okay. Alles klar, danke.

Machst du weiter?

- Okay. Ich habe jetzt hier ein bisschen bessere Qualitätsprodukte, zum Beispiel was Essen angeht...Fleisch. Also da ist es vielleicht eine gute Idee weniger zu kaufen, aber dafür in besserer Qualität. Also so Massenprodukte zu stoppen, die voll mit irgendwelchen Medikamenten sind.

Also Qualität steht dann für dich für ethischen Konsum?

- Ja, weil es dabei andere Arbeits- und Herstellungsbedingungen gibt. Für Tierhaltung...Und dass man weiß von welchem Bauern das Tier...das Schwein, etc. kommt...wo es geschlachtet wurde.

Woran machst du das dann fest, dass ein Produkt eine höhere Qualität aufweist, als ein anderes?

- Naja das ist keine Massenware

Aber woran erkennst du, dass da Produkt eine höhere Qualität aufweist, wenn du im Laden stehst?

- Also bei Fleisch sehr oft an der Farbe, Fettanteil. Es gibt ja auch viele Läden die dabei tricksen. Da gibt es ja Beleuchtung in anderen Farben, wo das Fleisch dann mehr Rosa aussieht. Aber wenn man dann zu Hause ist, sieht es nicht mehr so aus.

Gibt es auch etwas an der Verpackung, woran du das erkennst?

- Ja, irgendwelche Siegel....Bio...oder dass es zum Beispiel hier in Bayern hergestellt wurde oder in Franken...aus der Region. Also die Ökobilanz ist hier schon besser, als wenn das Fleisch aus Argentinien oder sonst woher kommt.

Okay. Was hast du da noch drauf?

- Einen Bauer, der gerade auf seinem Feld arbeitet und da finde ich es gut, dass sie ein Gesicht zu den Produkten zeigen. Also das sind keine Großkonzerne in den USA wo das alles Massenware ist. In Europa ist das halbwegs normal. Familienbetriebe..

Also du kaufst das lieber von Familienbetrieben und Kleinbauern, als von Großkonzernen?

- Ja. Auf jeden Fall. Und da kann man ein bisschen mehr Geld für solche Sachen ausgeben, anstatt Billigzeug zu kaufen.

Und was stellt das letzte Bild da unten dar?

- Ja das ist Obst, das finde ich schon auch gut...

Verbindest du dann Gesundheit auch mit ethischem Konsum?

- Ja, schon.

Also Gesundheit für dich selbst, durch die Lebensmittel die du kaufst?

- Ja genau.

Okay. Danke.

Machst du weiter?

- Ja.
- Also ich habe hier auch mittig ein schönes Stück Fleisch drauf. Da sieht man auch, das ist schön marmoriert, das ist ein edles Stück, das kommt von einer glücklichen Kuh. Eine die wahrscheinlich in Freiland lebte und solche Dinge. Die meisten von uns sind ja wahrscheinlich keine Vegetarier und wenn man dann sieht, wie es in Massentierhaltung ist, ist es ja schon schön, wenn

man dann sieht, dass es den Tieren verhältnismäßig gut geht oder die nicht so beengt gelebt haben. Und da finde ich es dann durchaus vertretbar.

Machst du das dann auch am Fleisch selber fest?

- Ich denke man sieht das an der Fleischqualität teilweise. Daran erkennt man das. Und ja dadurch dass die dann einfach die Zeit haben zu wachsen und nicht so den Stress erleben, kann man das dann eigentlich aus dem Fleisch rauslesen glaube ich. Wenn man dann auch das Geld dazu hat, kann man es sich auch ab und zu mal gönnen.

Also kosten solche Produkte generell mehr als Massenware?

- Ja also beim Fleisch ist das eigentlich durchaus mit einer Preiserhöhung verbunden meistens. Bei den Eiern ist das ja auch so. Also wenn man mehr ausgibt, kriegt man auch die schönen Sachen. Also die Legebatterie-Eier kosten ja irgendwie einen Euro und bei den Freiland-Eiern kosten ja irgendwie sechs Stück schon zwei Euro.
- Dann habe ich hier oben noch ein paar frische Kräuter. Weil es ja auch ganz nett ist, wenn man sich auf dem Markt frische Kräuter kauft und nicht die Tiefgefrorenen von irgendwoher. Da muss man die Umwelt nicht so sehr zerstören.

Geht es dir dann auch um die Kleinbauern, die du damit unterstützt? Kaufst du solche Sachen dann auch?

- Das auch, ja. Und wenn es frisch ist und man weiß wo es her kommt, kann der Bauer ja vielleicht auch ein bisschen mehr verkaufen.
- Ja dann habe ich hier noch ein Wurzelextrakt, weil man muss ja auch nicht immer Chemie rein kippen, man kann ja auch organische Dinge nehmen.
- Und gleichzeitig habe ich hier auch von Loreal, weil man manchmal auch einsehen muss, dass diese ganzen Chemiekonzerne ja auch gute Sachen machen. Man kann nicht alles vom Biobauern kaufen. Das muss man manchmal auch einsehen finde ich.

Ist das eine Creme?

- Ja das ist so eine Gesichtscreme glaube ich. So eine Feuchtigkeitscreme. Vielleicht kann man sich da als Hausmittel auch Tomaten auf die Augen legen, aber wenn es dann auch so gute Produkte gibt, die irgendwo chemisch hergestellt werden, ist das nicht verwerflich. Man darf ja auch nicht alle großen Konzerne „haten".

Glaubst du dann, dass es bei Drogerieartikel allgemein keine Alternative zum Massenkonsum gibt? Also irgendwelche ethischen Produkte in der Drogerieabteilung?

- Die gibt es schon würde ich sagen. Also wenn man sich auskennt, kann man bestimmt auch mit irgendwelchen Hausmitteln viel machen. Und es gibt bei den Drogerieartikeln ja gerade auch immer diese Weleda Duschshampoo, das dann irgendwie acht Euro kostet und da gibt es dann irgendwie keine Tierversuche oder sowas. Aber das ist dann auch wieder stark auf den Preis fixiert.
- Und dann habe ich noch einen Gin. Weil ich da ganz gut finde, dass man sieht was drin ist. Das ist halt ein Schnaps wo Wasser, Wacholderbeeren und was weiß ich was noch drinnen. Nicht irgendwelche Mittel die man nicht kennt. Geschmacksverstärker oder sonst was.

Findet ihr, dass solche hochqualitativen oder auch ethischen Sachen zu teuer sind?

- Also als Student schon.
- Also ich finde in Deutschland sind solche Basissachen wie Fleisch sehr sehr günstig und deswegen fällt es dann auf, dass die anderen Sachen dann eben teurer sind. Weil der deutsche Konsument gibt ja auch prozentual wenig von seinem Gehalt für Fleisch aus oder für Essen generell. Ich glaube da fällt es dann halt mehr auf, wenn man sich mal was Gutes kauft.

Okay. Machst du weiter?

- Was soll ich dazu sagen…
- Ich verbinde Ethik auch mit Nachhaltigkeit. Das Auto ist zum Beispiel auch ein Elektroauto. Natürlich #Klimawandel. Trump ist aus dem Pariser Abkommen ausgestiegen. Das sind ja bewiesene Fakten, dass die Menschheit da einen großen Einfluss hat. Und dass man anfangen müsste, dem entgegen zu wirken. Im Interesse der nachfolgenden Generation wieder.

Also dir geht es dann vor allem darum, die Umwelt zu schonen? Und Nachhaltigkeit für die nächste Generation?

- Ja schon. Ich meine, dass keiner irgendwie Bock hat, auf ein Elektroauto, kann man irgendwie auch verstehen.

Warum?

- Weils weniger Leistung hat. Vielleicht weniger Qualität. Also in dem Aspekt. Aber da müsste vielleicht der Einzelne ein bisschen zurückstecken oder? Keine Ahnung.
- Dann ist hier auch noch frisches Heu in Bezug auf Nachhaltigkeit.
- Hier vegan und vegetarisch. Verbindet man ja auch irgendwie mit Ethik. Wenn man komplett darauf verzichtet, dass die Tiere im Prozess beteiligt sind…leiden…Obwohl ich jetzt auch kein Veganer oder Vegetarier bin.

Was hat das noch mit dem Fisch da unten auf sich?

- Das ist einfach noch nachhaltige Fischerei. Ist ja auch eine Überfischung der Weltmeere.

Kennst du auch irgendwelche Produkte oder Kennzeichen woran man erkennt, dass der Fisch gut ist oder nicht?

- MSC. Was steht da drauf? Zertifizierte nachhaltige Fischerei. Die haben dann so Fangquoten. Ist auch nicht ganz billig. Da kann man dann auch sehen, dass irgendwelche Großfischereien ihren Gewinn machen und irgendwelche Kleinfischer auf ihren Inseln verrecken. Vielleicht ein bisschen übertrieben.

Okay. Alles klar. Danke.

Dann räume ich die Plakate mal weg, damit wir mehr Platz haben.

Bevor wir jetzt mit der eigentlichen Diskussion anfangen, habe ich noch eine Aufgabe, die ihr in der Gruppe bewältigen könnt.

Stellt euch vor, ihr kauft ethisch einwandfreie Produkte. Was wollt ihr damit erreichen? Oder was könntet ihr euch vorstellen, dass Menschen erreichen wollen, die ethische Produkte kaufen? Einfach mal ein paar Stichpunkte auf das Plakat schreiben.

- Gewissen erleichtern.
- Selbstwertgefühl steigern.
- Da gibt es vielleicht auch Welche, die wirklich die Welt verbessern wollen. Nachhaltig gestalten.
- Lokale Unternehmen unterstützen.
- Gesunde Öko-Bilanz fördern.
- Auf Äpfel im Winter zu verzichten, statt Äpfel aus Neuseeland zu kaufen.
- Auch einfach um auszudrücken, dass man keine Massenproduktion will. Zum Beispiel bei Fleisch. Durch seine Kaufentscheidung.
- Ich schreibe jetzt Mal gegen die Massen. Gegen den Massenkonsum.

- Mit Selbstwertgefühl meinst du dass man sich besser fühlt?
- Ja das ist auch so eine Art Synonym um das Gewissen zu beruhigen.
- Gesünder vielleicht auch.
- Ja genau, gesünder leben.
- Ich finde das ist gewissermaßen auch in Mode gekommen. Ich glaube dass das viele kaufen…
- Ersatzreligion ist das ja fast schon.
- Jaja genau. Dass man das einfach nur macht, weil das Alle machen oder dass man nach außen zeigen will, ich achte da drauf.
- Mainstream.
- Damit man an der Uni mitreden kann, beim veganen Pesto.
- Wenn man Veganerinnen rumkriegen möchte…

Gibt es noch irgendwas?

- Da fällt einem eigentlich viel dazu ein.
- Menschen in der dritten Welt helfen.
- Eigentlich kann man da so eine Trennlinie machen, also dass die Leute mehr in die linke Richtung tendieren.
- Oder liberal halt.
- Man will seine religiösen Pflichten erfüllen.
- Hab ich schon geschrieben. Ersatzreligion.
- Man will ja auch nach der echten Religion so leben.
- Ach so echte Religion.
- Zum Beispiel ein Moslem soll ja auch in Halal investieren und so. Oder dass er zum Beispiel nicht in eine Schweinefarm investiert oder sowas. Ein Jude auch nicht. Das ist ja auch ethisches Handeln.
- Und eine Rinderfarm?
- Das ist ja in Ordnung, aber ein gläubiger Jude dürfte nicht in eine Schweinefarm investieren.
- Was ist eigentlich Ethik?
- Das ist ja eine persönliche Frage erstmal.
- Das ist das, was man gemacht hat, wenn man keinen Bock auf Religion hatte.
- Sittenlehre. Da ergründest du ja was richtiges Handeln ausmacht und bewertest Handeln. Das muss ja jeder erstmal für sich bewerten, was ethisch ist.
- Das ist ja das Grundproblem.
- Da kann ja auch einer sagen, ist mir ganz egal. Tiere kümmern mich sowieso nicht so viel.

Gut, habt ihr noch was für die Liste?

- Ja vielleicht einmal kaufen, aber dafür dann richtig kaufen. Schöne Sachen kaufen, einfach bessere Qualität einmal und dann reicht das für 20 bis 30 Jahre. Anstatt sich jedes Jahr ein Neues Teil zu kaufen. Wegen Umweltverschmutzung, Herstellung.
- Vielleicht auch die Haltbarkeit.
- Nur weil es ethisch ist, muss es ja nicht besser sein.
- Massenproduktion ist ja an sich nichts Schlechtes. Das Produkt muss ja nicht schlechter oder besser sein.
- Gerade bei so Kosmetika.
- Oder bei Autos. Ist ja auch alles Massenproduktion. Auch wenn es Elektroautos sind.
- In welche Richtung soll denn unsere Diskussion tendieren?

Warten wir erstmal die Liste ab, fällt euch noch etwas dazu sein? Die Richtung ist egal, die Richtung bestimmt ja ihr. Es geht ja um eure Meinung.

- Gerade wenn es um Lebensmittel geht, alles was Gesundheit angeht.
- Zum Beispiel gibt es von Bio auch solche Flaschen die nicht nur aus Plastik hergestellt sind…
- Glasflaschen?
- Sondern aus anderen Stoffen…
- Weichmacher.

Dazu kommen wir gleich auch noch. Aber habt ihr hierzu noch wesentliche Punkte die ihr aufschreiben wollt, oder war es das?

Wenn nicht, gehen wir das mal durch.

- Fair Trade

Also gewissen erleichtern…Meint ihr damit, dass die Leute gar nicht etwas Gutes bewirken wollen, sondern sich einfach nicht schlecht fühlen wollen?

- Ja
- Die Menschen wollen sich dadurch auch einfach besser fühlen.
- So gibt es halt auch keinen Altruismus.

Okay. Und Selbstwertgefühl steht da. Also sind schon eher egoistische Motive ethische Produkte zu kaufen als…

- Ja.

Also man will den Schein waren oder wie?

- Ja. Also in der Uni habe ich letztens die Diskussion verfolgt, wo sich drüber unterhalten wurde wo es gutes veganes Pesto gibt und da hatte ich auch so das Gefühl dass da manche drin saßen, die dann meinten, ja ich esse ja eigentlich auch kein Fleisch und so. Und dass sie einfach dadurch dass sie vegan sind oder so hip sind oder fast schon cooler. Weil die sich alle gegenseitig übertroffen haben, wie krass es ist Fair Trade zu kaufen und wie ethisch sie leben. Dass es jetzt irgendwie fast schon so ein tolles Merkmal jetzt ist.

Also man will einfach dazugehören, weil es ein Trend ist?

- Ja.

Ihr habt gleichzeitig aber auch Welt verbessern hingeschrieben. Gehört ihr dazu oder meint ihr, dass viele Leute dazu gehören, die die Welt verbessern möchten?

- Ich glaube schon mehr als man denkt.
- Man kann ja auch egoistisch handeln und trotzdem die Welt verbessern.
- Es gibt ja auch Menschen die wirklich damit die Welt verbessern möchten.

Ist es also ein netter Nebeneffekt, dass man die Welt verbessert?

- Naja…
- Wobei viele schon wirklich die Welt verbessern wollen.
- Ich glaube, dass es eher weniger sind, die das wirklich ganz bewusst kaufen, nur weil sie jetzt denken okay, dann bekommt der…
- Ich glaube das ist eine Mischung aus Beidem.
- Alles kommt da zusammen.

Wer würde sagen…per Handzeichen…dass die Leute ethische Produkte kaufen, weil sie die Welt verbessern möchten?

Also niemand

- Ich weiß nicht…
- Ich glaube meistens, um ein gutes Gefühl zu haben.

Okay.

Lokale Unternehmen unterstützen habt ihr noch drauf stehen. Wie macht man das? Gibt es da irgendwelche Abfolgen oder …

- Indem man sein Geld in der Region ausgibt und nicht ständig bei Amazon irgendeine Scheiße bestellt.

Aber wenn du jetzt in den Real gehst, unterstützt du ja auch nicht wirklich die Region.

- Ja doch, da sehe ich ja manchmal so fränkische Kartoffeln oder sowas.

Die kaufst du dann?

- Ja.

Machst du das dann wirklich um die Region zu unterstützen oder weil du denkst...

- Nein. Es ist meistens billiger.

Es ist billiger aus der Region?

- Ja.

Okay. Was sagen die anderen dazu? Macht ihr auch sowas in der Art? Lokale Unternehmen zu unterstützen?

- Ja.
- Wenn ich auf den Wochenmarkt gehe zum Beispiel
- Ich habe jetzt eine Hose zum Beispiel aus der Stadt, statt bei Zalando. Mache ich nie wieder...

Also konsumierst du normalerweise schon online und bestellst es irgendwo?

- Weil es billiger ist. Und man kann alles zurückgeben und man muss sich nicht um die Quittung kümmern. Es ist nachvollziehbar.

Gegen den Massenkonsum angehen. Was ist damit gemeint?

- Dass man mit seiner Kaufentscheidung zeigt, dass es einen Markt gibt für solche Sachen? Dass eben nicht Massenproduktion die einzige Option ist.

Meint ihr der Konsument hat wirklich die macht oder wird er zu stark von Unternehmen oder Medien beeinflusst?

- Eigentlich hätte man ja schon die Macht, aber der Preis diktiert im Endeffekt unser Kaufverhalten.
- Ich finde eigentlich sollte das die Politik regeln. Ist ja klar dass man die billigste Ware kauft, oder?
- Ja gut, aber wenn morgen keiner mehr Kaffee kauft, produzieren die übermorgen keinen Kaffee mehr. An sich hast du richtig macht.
- Aber das passiert ja nicht.
- Ja aber was wäre denn wenn...
- An sich hat der Konsument ja die Macht

Wie könnte man dafür sorgen, dass der Konsument seine Macht auch anwendet?

- Aufklärung
- Aufklärung

- Filme
- Aber es klappt ja irgendwie nicht, weil in der Regel der Preis dann doch alles diktiert, weil die Leute einfach keine Lust haben.

Okay. Also der Preis ist dann letztlich doch der entscheidende Faktor.

- Meistens.
- Ja.
- Nicht nur der Preis, sondern das Preis-Leistungs-Verhältnis.

Okay. Also wenn die Qualität entsprechend hoch ist, dann ist auch ein höherer Preis vertretbar?

- Ja.

Okay. Gesünder leben habt ihr da noch. Was meint ihr damit?

- Wenn man Bio-Produkte kauft, statt irgendwelche Massenprodukten dann sind die ja in der Regel frei von irgendwelchen Pestiziden oder sonst irgendwas. Hilft natürlich auch viel für das Gewissen, aber wahrscheinlich macht das auch tatsächlich einen Unterschied aus.
- Man lebt natürlich auch gesünder wenn man keine hormonbehandelten Tiere ist, sondern eben Bio-Tiere zum Beispiel. Das macht ja schon einen Unterschied aus.
- Oder insgesamt weniger Fleisch. Also nicht ständig Putenfleisch essen oder Schnitzel. Da wachsen nach ein paar Jahren die Brüste.

Machst du das weil es gesünder für dich ist oder weil du die Tiere retten willst?

- Allgemein also…auf Fleisch zu verzichten…Es ist gesund….aber nicht komplett…Also nicht täglich oder zu jeder Mahlzeit.
- Aber es ist ja auch relativ billiger, das Putenzeug
- Eigentlich sollte man das Geld nehmen, um irgendwas Gutes zu kaufen. Wenn du jetzt zum Metzger gehen würdest und dir ein gutes Steak holen würdest.
- Wir können aber nicht jeden Tag Steak essen.

Also ihr würdet ethische Produkte kaufen, weil es für euch gesünder ist oder für eure Familien?

- Ja.

Und was überwiegt da? Ist es der Zweck etwas Gutes für die Umwelt zu tun oder die Gesundheit für euch selbst?

- Gesundheit
- Für uns selber.

Okay. Dann haben wir hier noch Modeerscheinung als Ersatzreligion. Was ist mit Ersatzreligion gemeint?

- Früher haben sich die Leute Ablassbriefe gekauft und heute klatschen die sich das Dach voll mit Solaranlagen.

Ist das gut?

- Naja teilweise ist da auch nicht unbedingt schlecht, aber ...
- Schadet ja auch nicht...
- Na gut es gibt auch Leute die da wirklich gute Dinge machen...aber ja...

Gehört ihr dazu?

- Ne
- Das ist ja eigentlich schon so, dass sich der Strompreis erhöht, weil die ganzen Leute die Solaranlagen haben. Weil zu viele Leute einspeisen.
- Liegt auch daran, dass die Subventionen so hoch sind und keine ??? auf dem Markt ist.

Religiöse Pflichten erfüllen? Das heißt es hat weniger mit ethischem Konsum zu tun....

- Na gut aber du hast...Woher kommen denn deine ethischen Grundsätze? Bei uns ja aus dem jüdisch-christlichen Weltbild. Dahingehend bedeutet das ja, dass du nicht gerade den Waffenproduzenten unterstützt, sondern den Bio-Bauern eher.

Also es geht bei ethischem Konsum auch um Werte, die man unter anderem auch durch Religion mitbekommt?

- Ja.

Gibt es noch andere Quellen, die dafür sorgen, dass wir diese Werte mitbekommen? Wer liefert uns diese Werte? Ist es die Erziehung der Eltern oder...

- Die Gesellschaft eigentlich.
- Gesellschaft ja.

Okay. Bessere Qualität. Ethische Produkte weißen also auch eine höhere Qualität auf?

- Einmal kaufen, dafür besser
- Naja wenn du dir so eine Fair Trade Schokolade kaufst...die schmeckt auch noch scheiße.
- Naja wenn ich Scheibenwischer kaufe...die trennen das nicht
- Da musst du dir deine Fair Trade Scheibenwischer kaufen...

- Wenn ich die von Bosch kaufe, halten die länger. Vielleicht muss ich die dann nur einmal kaufen, aber wenn ich Billigzeug kaufe muss ich die zweimal kaufen.

Aber sind die Scheibenwischer dann nach irgendwelchen ethischen Grundsätzen hergestellt oder inwiefern hat das damit zu tun?

- Naja das sind ja auch Rohstoffe die verwendet werden und die kann man nicht wieder herstellen. Weil die gewisse Mineralien dafür verwenden.
- Wenn du natürlich recycle-fähiges kaufst, ist es an sich besser.

Gibt es da die Möglichkeit bei Scheibenwischern?

- Sind aus Plastik normalerweise.
- Da müsste man den Markt analysieren, ob es da irgendwelche Alternativen gibt.

C. Einkaufsverhalten: -

Was für Produkte würdet ihr dem ethischen Konsum typischerweise zuordnen? An welche Produkte oder Kategorien denkt ihr dabei?

- Lebensmittel
- Kleidung vor allem auch.
- Bio-Baumwolle
- Bei den Schuhen auch, da gibt's ja auch immer wieder was. Vor allem wenn man jetzt an Nike und Adidas denkt.

Nike und Adidas gehören dann zu ethischen Konsum dazu oder wie?

- Nein, das wären jetzt mehr oder weniger Negativbeispiele. Weil da ja das mit Bangladesch war, dass da Kinder alles nähen.

Also Schuhe gehören dann zu egoistischem Konsum.

- Naja es kommt halt darauf an. Ich habe letztens eine Doku gesehen, da hat jemand von deutschen Bauern alles nähen lassen. Da kostet jeder Schuh dann über 50 Euro und sieht auch nicht gut aus.

Gibt es noch weitere Produkte? Ihr habt jetzt generell Lebensmittel und Kleidung.

- Autos würde ich auch sagen, vor allem wenn man jetzt an Elektroautos denkt.
- Strom dann vor allem. Aus welchen Quellen du Strom machst.

Wie kann man das bei Strom unterscheiden? Wie kann man es da richtig machen?

- Zum Beispiel Sachen nehmen, die wenig CO^2 ausstoßen, wie Kernkraft. Das ist zum Beispiel eine ganz gute Sache.

Aber kannst du da als Konsument mitentscheiden?

- Ja, also es gibt ja schon ganz viele Stromtarife wo du sagen kannst, da kommt alles aus regenerativer Energie. Da gibt es ja inzwischen ganz viele Angebote.
- Umwelt gehört ja auch da mit rein. Umweltbewusstsein...

Es geht jetzt um die Produkte, die man mit ethischem Konsum in Verbindung bringt. Oder fallen euch vielleicht auch irgendwelche Marken ein? Oder irgendwelche Unternehmen, die man mit ethischem Konsum in Verbindung bringt oder Nachhaltigkeit?

- Nachhaltig Geld anlegen. Ich war gestern im Kino und da kam eine Werbung, da stand einer im Anzug...so ein Anlageberater...Barfuß auf so einem Kunstrasen und hat halt gesagt, dass man bei ihm ethisch Geld anlegen kann.

Weißt du wie er das machen wollte?

- Nein, hat er nicht gesagt. Ich habe auch nicht richtig zugehört eigentlich. Aber er hat auf jeden Fall so auf „Öko" gemacht. Fair.

Also den Finanzsektor könnte man auch zu ethischem Konsum dazuzählen?

- Ich habe jetzt nicht so viel mit dem Finanzsektor zu tun
- Eigentlich ist das ja im Grund genommen ein Markt, in dem sich viel Geld erschließen lässt.

Ja. Damit ethische Projekte dann unterstützt werden können?

- Ja auch.
- Ich meine wenn die Leute irgendein Siegel sehen, dann sind die ja ganz begeistert davon.
- Ja aber das ist ja auch nicht immer gut. Die packen ja auf alle Verpackungen...bei Bananen, aus Afrika...irgendwelche extra Siegel...die alle Länder unterstützen wollen...auch ehemalige Kolonien...und schaden damit möglicherweise auch den Bauern in Amerika. Weil die dann....was weiß ich...noch drauf zahlen auf die Produkte. Ist das dann ethisch? Eine Gruppe zu bevorzugen und die andere nicht?

Wenn die jeweilige Gruppe etwas Gutes für die Umwelt tut, dann vielleicht schon. Was meinst du dazu?

- Ja vielleicht kann man auch die anderen dafür gewinnen, etwas Gutes für die Umwelt zu machen.

Okay. Ihr habt hier ganz oben Lebensmittel. Was wären denn so typische Lebensmittel, die ihr da kaufen würdet?

- Fleisch
- Kaltgepresstes Olivenöl.
- Olivenöl aus Italien.

Ist es dann ethisch wenn es kaltgepresst ist?

- War nur ein Scherz.
- Milch
- Ist auf jeden Fall besser für die Gesundheit.

Milch gehört dazu...

- Ja, aber nicht immer.

Es geht nur darum, was euch in den Kopf kommt, wenn ihr ethischer Konsum hört.

- Das ist überhaupt nicht ethisch, weil die Bauern so wenig Geld für die Milch bekommen. Die Discounter drücken den Preis.
- Das nennt sich Marktwirtschaft.
- Nein, die bringen einfach...
- Kleidung, Schuhe, ist auch noch was, was du immer hörst.

Und bei Lebensmittel?

- Südfrüchte.

Warum Südfrüchte?

- Ich meine als Überbegriff...die ganzen Bananen und so...
- Oder Gemüse...da gibt's ja auch Leute...wenn du im Winter die Tomaten haben willst, dann sind die aus Spanien im Prinzip. Und da gibt's halt auch Leute die darauf verzichten und sagen, das esse ich nicht.
- Wie kann man das zusammenfassen? Zur richtigen Zeit...

Kleidung? Schuhe?

- Ja da ist es generell...

Aber da kann man jetzt nicht weiter unterscheiden?

- Ja da gibt's dann alles irgendwie

Bio-Baumwolle wurde da vorhin genannt. Gibt's da noch irgendwas auf das man achten kann?

- Herkunftsland
- Prinzipiell dann auch in wie weit das recyclebar ist. So ein Baumwoll-Shirt kommt dann wieder in die Fabrik und da werden dann die Fasern getrennt und wieder zusammengefügt. Das

kann man dann bis zu einem gewissen Grad wieder verwenden. Jetzt nicht wenn du was Synthetisches ist…ich weiß nicht wie es dann da wieder ist.

- Leder

Echtleder oder Kunstleder?

- Und auch woher das Leder kommt.
- Beides.
- Vielleicht in dem Zusammenhang auch Pelz.

Wie schaut es mit dem Wohnbereich aus? Wenn ihr jetzt an Möbel denkt. Was man halt so in der Wohnung stehen hat? Auch Elektroartikel? Das wurde jetzt nicht genannt. Warum verbindet man das nicht mit ethischem Konsum?

- Naja wenn man so drüber nachdenkt schon oder?
- Die Herstellermarke, was weiß ich. Wenn die nach zwei bis drei Jahren nicht mehr von den Herstellern aktualisiert werden und man dann Neues kaufen muss. Das ist nicht gerade ethisch…
- Für dein Apple oder was?
- Nein, aber ich meinte jetzt auch für meinen Fernseher. Ab einem gewissen Zeitpunkt kann ich da kein YouTube mehr anschauen.

Gibt es noch andere Bereiche bei Elektronikartikel?

- Ja es gibt ja so Fair-Trade-Handys.
- Das du da den Akku nimmst und das ist dann auch so recyclebares Zeug.
- Dass du dir dann im Endeffekt auch nicht jedes Jahr ein neues Handy holst.
- Dass man dann auch einfach die Teile wegnehmen kann..
- Die Edelmetalle?
- Nein, zum Beispiel wenn die Batterie kaputt ist, warum sollte man dann ein neues Handy kaufen. Man kann auch eine neue Batterie dazu kaufen. Oder was weiß ich, den Display kann man vielleicht auch vom restlichen Teil trennen. Oder was weiß ich, Kameraausbau. So dass man die erneuern kann.

Wenn ihr jetzt diese Produkte aus dem Ethikbereich…Lebensmittel…kaufen wollt, wo geht ihr da hin?

- Inzwischen hat ja fast jeder Supermarkt sowas
- Ich war neulich im Edeka, da gibt's vorne ganz viel Bio…teures Zeug und hinten das Normale. Die sind inzwischen bei Discountern glaub ich auch ganz gut.
- Es gibt ja auch spezielle Shops dafür, die extra damit werben, dass sie nur Bio oder Fair Trade anbieten.

- Der Unverpackt-Shop in der Sanderstraße...
- Türkischer Gemüsehändler

Geht ihr da hin? Gehst du zum Spezialladen?

- Nein überhaupt nicht. Ich weiß nur, dass es das gibt. Ich habe es gesehen, aber das liegt weit über meinem Budget.
- Das ist glaub ich das große Problem. Ansonsten würde ich auch mal in den Spezialitäten- oder Feinkostladen gehen. Aber da habe ich halt die finanziellen Mittel eher nicht.
- Die Leute haben auch keine Lust da hin zu gehen.
- Ja. Ich kaufe beim Supermarkt. Ich kaufe nicht beim Discounter. Da ist die Auswahl größer und die Qualität besser.

Du hast gesagt die Leute haben keine Lust da hin zu gehen. Liegt es daran, dass es zu wenig solcher Spezialshops gibt?

- Ja und auch von der Auswahl. Ich mein wenn man jetzt im Real steht, da kannst du was weiß ich was noch alles nebenbei einkaufen. Und in dem Spezialladen, da hast du irgendwie gar nichts, da musst du noch drei oder vier Mal irgendwo anders hinfahren. Da ist ja genauso viel Energie verbraucht wie wenn du jetzt einmal zum Großmarkt gehst.

Okay. Also die meisten von euch würden jetzt zum Supermarkt gehen. Was ist mit Discountern? Warum nicht dort hin?

- Ist ja auch ein Supermarkt.

Nein...

- Die holen das ja auch von lokalen Bauern. Die Äpfel oder Kartoffeln kommen dann auch aus Franken zum Beispiel. Nur weil es Massenware ist, muss es ja auch nicht automatisch schlecht sein.
- Ja irgendwo muss die Massenware ja auch herkommen.
- Ja. Natürlich. Aber es muss ja nicht automatisch schlecht sein.
- Ja.
- Da muss man vielleicht genauer drauf schauen.

Okay. Wenn ihr jetzt diese Produkte kaufen wollt...ihr seid im Laden...Geht ihr da irgendwie anders vor, als bei normalen Produkten? Also bei Massenware. Wie macht ihr das? Habt ihr dafür vielleicht irgendeine Vorgehensweise oder macht ihr das ganz nebenbei beim normalen Einkauf.

- Wenn ich jetzt die Wahl bei Milch hab...da steht ein normaler Karton und daneben steht eine Milch wo drauf steht, der Bauer verdient hier 15 % mehr beim Liter Milch, dann würde ich das Andere kaufen und nicht das Billigzeug.

Suchst du dann manchmal auch gezielt nach solchen Sachen?

- Ja...ich habe sowas bisher nicht gesehen...aber wenn ich die Wahl hab zwischen Billigmilch und vielleicht Frankenmilch, dann lieber Frankenmilch

Ist das bei den Anderen auch so?

- Sind dann eher diese Symbole...wie Fair Trade oder Bio...Wenn man dann zwei solche Produkte in der Hand hält...das sind dann schon immer solche Eyecatcher. Wenn man dann sieht okay da sind diese Symbole drauf, denkt man automatisch naja das ist was Gutes und nimmt dann vielleicht auch eher das. Ich glaube wenn das einfach nur drauf stehen würde, würde das gar nicht so in Augenschein geraten, wie wenn man da halt diese speziellen Symbole drauf hat.
- Bei mir sind es eher diese Negativbeispiele auf die ich achte. Dass man jetzt nicht unbedingt was von Wiesenhof kaufen muss, weil man weiß, was da abgeht.

Wieso? Was geht da ab?

- Hormonzeug und so die ganze Hähnchen- und Putenhaltung. Die sind so dick, das kann da ja gar nicht anders sein.

Das heißt, du sortierst die Produkte aus, von denen du weißt, dass sie schlecht sind?

- Ja.
- Ja.

Die besonders schlecht auffallen?

- Ja.

Geht noch jemand so vor?

- Ja so würde ich das auch immer machen. Du hast aber auch irgendwie keine Markttransparenz. Nur weil da jetzt so ein Bio-Sticker drauf ist, weißt du ja nicht was das bedeutet. Die Leute sagen immer Bio Bio Bio und keiner weiß irgendwie was das wirklich ist.

Warum kaufen das die Leute dann?

- Weil sie halt automatisch denken, dass das besser sei.
- Das ist auch so eine Marktmanipulation, dass die Leute das schon so eingetrichtert bekommen haben, dass sie jetzt glauben wenn sie das gekauft haben, haben sie etwas Gutes gemacht.

- Das hat gestern der Till erzählt. Wenn seine Frau einkaufen geht und da Bio drauf steht, dann kauft sie das einfach, weil sie meint, dass das besser für die Kinder sei.
- Ist halt auch eine Zielgruppe.
- Und dann kaufen die Kartoffeln für 5 Euro, statt für 1,50 Euro. Nur weil Bio drauf steht. Und der Nachbarbauer verwendet vielleicht die ganzen Dinge und der andere nicht und trotzdem hat man ein gutes Gefühl. Aber Wasserverschmutzung, etc. gibt es vielleicht in beiden Fällen.
- Wenn wir jetzt zum Beispiel hier in Deutschland keine Atomkraftwerke haben werden, aber alle Nachbarländer schon, ist das dann gut?

Wir waren ja gerade bei Bio-Produkten...Oder allgemein aus dieser Kategorie...Gibt es da irgendwas, was euch dabei stört? Oder beim Einkauf, wenn man sowas kaufen will?

- Der Preis.
- Ja der Preis
- Der ist richtig hoch, ja.
- Ich glaube dann manchmal dass die auch wirklich gut sind, aber dann frage ich mich ob die auch wirklich diesen Preisanstieg Wert sind. Wenn ein normaler Apfel 1 Euro kostet und der Bio-Apfel was weiß ich...2 Euro, dann habe ich vom puren Geschmack jetzt nicht das Gefühl, dass es das wert ist.

Müsste man die Konsumenten dann besser informieren, über die Siegel?

- Das vor allem, weil man eigentlich gar nicht weiß was die alle bedeuten.
- Naja Bio heißt ja auch nur, dass gewisse Grenzwerte da nicht überschritten worden sind. In Deutschland hat man aber auch das große Glück, weil eben so viel kontrolliert wird, auch die regulären Produkte kaum über die Grenzwerte kommen.

Also lohnt es sich praktisch gar nicht die Bio-Produkte zu kaufen?

- In Deutschland nicht.
- Das ist eigentlich nur so eine Marktmasche. Ich habe da gelesen, dass in Industriekäse gar keine richtige Milch drinnen ist, den nennt man jetzt halt vegan. Weil es sich dann besser verkauft.

Okay. Also es ist eine Möglichkeit für die Großkonzerne, mehr einzunehmen.

- Es ist zum Beispiel auch so, wenn der Apfel vom Feld weniger gespritzt wird, ist es besser für den Hersteller wenn die Leute das kaufen, weil die Herstellung dann weniger kostet und die dann mehr verdienen.

- Ich glaube dass die da einfach mehr Geld verdienen können, dadurch dass die ein neues Label drauf kleben. Vielleicht 5 Gramm weniger Pestizide verspritzen im Jahr und dann das Doppelte verlangen können.

Was wolltest du?

- Die Frage ist halt, ob dieser Preisanstieg daher kommt, dass die Produktion um diesen Preisanstieg teurer ist oder ob die sagen das ist nur die Hälfte und den Rest packen wir halt für die Marke Bio an den Mann. Als Zuschlag drauf. Und das ist eben wo man sich nicht ganz sicher sein kann. Ob man tatsächlich nur das mehr zahlt, was auch tatsächlich die Produktion mehr kostet oder ob die nicht auch deutlich mehr daran verdienen wollen.

Was meinst du dazu?

- Wahrscheinlich ist es auch eine Mischung aus Beidem. Die Marke Bio hat sich ja inzwischen so etabliert. Ist ja wie bei jeder anderen Marke auch, was weiß ich, wenn man sich einen teureren Schuh oder sowas kauft, dann liegt es ja auch nicht nur daran, dass die Produktion teurer ist und die Materialen teurer sind, sondern wenn man sich einen teuren Markenschuh kauft, muss halt auch die Marke bezahlt werden. Ich denke bei Bio ist es mittlerweile fast genauso. Dass eben auch die Marke Bio bezahlt werden muss.

Aber Bio ist ja eigentlich jetzt nur ein Siegel, das manche Unternehmen verwenden.

- Aber es wird ja praktisch auch damit geworben und es wird auch geführt wie eine Marke. Genauso wie Fair Trade mittlerweile fast auch und die Leute sind halt eben darauf fokussiert, wie halt eben auf andere Marken auch. Und deswegen glaube ich eben schon, dass es eher in die Richtung geht.

Also die Unternehmen, die die Marken dann verwenden, verdienen einen guten Teil dabei?

- Weiß nicht wie viel, aber die werden bestimmt einen guten Teil daran verdienen. Ich glaube halt nicht, dass nur der Mehrwert an Produktionskosten da reinfließt, sondern dadurch das es Bio ist und die Leute dabei auch gewillt sind dafür viel Geld auszugeben, kann man natürlich auch den Preis noch ein bisschen in die Höhe drücken. Ohne dass es jetzt wirklich auffällt. Aber ich denke dass man da auch deutlich mehr verdienen kann. Wie es ist weiß ich nicht, aber das ist halt so eine Sache.

Also eher negativ dargestellt diese ganze Bio-Sache. Wie sieht es bei anderen Siegeln aus oder regionalen Produkten? Baumwolle, etc.? Verdienen die da auch mehr Geld oder...

- Ja H&M hat ja auch Bio-Baumwolle eingeführt und die Sachen wurden dann viel viel teurer.
- Das ist aber auch erst seit ein paar Jahren bei denen so, ich glaube weil die halt überall negativ aufgefallen sind. Ich glaube dass die ganzen Großkonzerne das halt so lange machen, bis halt ein negatives Beispiel auftritt. Das wollen ja Alle.
- Die wollen damit ja auch eine größere Zielgruppe ansprechen. Mehr Geld auch. Aber die wollen auch vielleicht etwas Gutes tun.
- Aber wenn das Produkt das gleiche kostet und Bio ist, weil die das zum Beispiel irgendwo herstellen lassen wo die die Leute einen Dollar pro Tag verdienen, dann ist das auch nicht ethisch.
- Aber wenn du denen das da drüben wegnimmst, haben die ja keine Arbeit mehr. Dann müssen die auch hungern. Das darf man auch nicht vergessen.

Das heißt, bevor die gar keine Jobs haben, machen wir lieber noch Massenkonsum?

- Ich habe letztens so eine Doku gesehen. Ich glaube das war H&M da haben die in Bangladesch eine Fabrik geschlossen weil die halt gefährlich war, nach europäischen Standards. Und so eine Näherin hatte danach keine Arbeit und ihr Mann ist gestorben und solche Geschichten. Wenn halt irgendwo in Indien die Kinder arbeiten gehen, ist das natürlich von uns aus gesehen auch brutal, aber in ihrer Gesellschaft ist das halt irgendwie noch so und da leben die halt von. Wer sind wir dann, um denen etwas aufzudrücken?

Wie könnte man das ändern? Dass die besser verdienen und Kinder nicht arbeiten müssen? Können wir da überhaupt irgendwas machen?

- Eben die Produkte kaufen, wo ich weiß, dass die da vor Ort gute Sachen machen.
- Wenn die Firmen mehr Geld verlangen, können die auch an die Arbeiter mehr zahlen.

Also liegt das dann mehr in der Hand der Firmen oder in Unserer?

- In Unserer. Weil die Firmen reagieren ja nur.

Okay.

- Ich glaube das ist aber auch so, wenn ein Schuh 80 Euro kostet, kriegt der Arbeiter der dann tatsächlich da sitzt, nur 40 oder 50 Cent habe ich gelesen. Wenn die dann einen Euro mehr verdienen, kostet der dann 81 Euro. Für uns ist das dann auch mehr oder weniger egal und für die natürlich eine riesige Steigerung. Es liegt ja gar nicht mal an den Arbeitnehmerkosten. Die sind ja verschwindend gering.
- Das Ziel einer Firma ist ja erst einmal Geld zu machen. Die müssen ja auch ihr Geld verdienen.
- Ja natürlich, aber die Steigerung von 80 auf 81 Euro wird die Verkaufszahlen nicht unbedingt drücken.
- Ja gut, aber in der Menge ist das schon sehr viel.
- Zum Beispiel verkauft der Lidl im Jahr 3 Mrd. solcher Flaschen. Wenn jetzt beim Lidl so eine Flasche ein Cent günstiger ist, dann sind das zum Beispiel im Jahr 30 Mio. Euro die sie mehr verdienen. Also das ist natürlich jetzt eine krasse Menge.
- Ich glaube da hast du dich vertan.
- Nein. 3 Mrd. mal….

Fällt euch auch etwas Positives ein, das mit ethischem Konsum zu tun hat?

- Die Leute fühlen sich besser.

Okay. Fühlst du dich auch besser?

- Nein. Ich…
- Ich finde schon dass es einen Unterschied macht. Wenn du jetzt zum Aldi rein gehst, oder zum Penny oder wenn du jetzt in so einen neuen Edeka rein gehst. Ganz andere Atmosphäre…

Was ist besser und was schlechter?

- Edeka ist deutlich besser.
- Ja.

Weil die jetzt mehr Bio-Produkte haben oder woran liegt das?

- Nein, eher wie das eingerichtet ist.
- Aber ich finde das was jetzt wirklich schön ist, wenn du jetzt auf so einen blöden Hofladen gehst und dann siehst du, da kommt jetzt die dicke Metzgerfrau raus und dann kaufst du da eine Wurst wo du weißt, die haben das halt selber gemacht. Da hast du halt irgendwie so ein idyllisches Bild vor Augen und kaufst das halt. Oder wenn du jetzt zum Imker gehst, dann erzählt er die stolz und zeigt dir die Bienen. Da hast du auch irgendwie das Gefühl der Kontrolle und vielleicht auch Transparenz.

Bei regionalen Produkten jetzt, da fühlst du dich besser?

- Also bei so Produkten wie Kleidung oder so, da hast du sowieso keinen Bezug mehr zur Herstellung. Weil wir da so weit weg sind, da kannst du das auch irgendwie gar nicht einordnen. Was weiß ich, ob mein Polo-Shirt jetzt irgendwie ethisch gemacht ist oder nicht. Ich glaube nicht, aber ich weiß es nicht.

Glaubt ihr, dass wenn der Produktionsstandort so weit weg ist, dass es die Leute einfach nicht interessiert was dort passiert? Kümmert euch das persönlich?

- Es ist nicht so, dass es die Leute nicht interessiert, aber dadurch dass es so weit weg ist und man damit nicht im Alltag konfrontiert wird, vergisst man das ganz schnell. Da liest man mal irgendwas oder schaut sich eine Doku an und denkt sich okay, nächstes Mal kaufst du dir vielleicht doch mal so ein Fair Trade-Ding. Aber wenn man dann eine Woche später in der Stadt ist und Sachen kauft, hat man das eigentlich schon wieder vergessen.
- Ich finde auch, dass es mehr in der Hand des Konsumenten liegen sollte, daran was zu ändern. Wenn man da eine Umfrage durchführen würde, würden so viele sagen, dass sie da was verändern wollen, aber das macht halt keiner, weil du selber mehr Geld dafür ausgeben musst.
- Die Leute stimmen halt mit dem Geldbeutel ab. Das ist das Problem an der Sache.
- Ich glaube, dass die Politik da mehr machen muss.
- Es gibt ja auch so handgewebte Shirts oder sowas, aber das kostet dann 200 Euro oder so. Das haste halt nicht.

Das Hauptproblem ist also weiterhin der Preis. Gibt es noch weitere Probleme, die dem im Weg stehen?

- Du weißt ja nicht, wer jetzt ethisch handelt und wer nicht. Also bei Kleidung oder so wüsste ich jetzt nicht, wer das jetzt ethisch ist und wer nicht macht. Man kennt dann nur die Negativbeispiele. Aber du kennst jetzt wenige wo du weißt, die sind jetzt 100 % toll oder so. Und selbst wenn die das drauf schreiben, stimmt das so? Ist das so?

Gibt es irgendwelche Siegel bei Kleidung die zeigen, dass.....

- Gibt's auch
- Fair-Trade
- Ist einfacher wenn wir drauf schauen, ob das in Rumänien, Bulgarien, Deutschland oder Bangladesch hergestellt wurde. Weil

die Menschen in Bulgarien oder Deutschland unter besseren Arbeitsbedingungen arbeiten. Wenn da jetzt Bangladesch und Türkei drauf stehen, weiß man ja, dass die in der Türkei besser verdienen. Und auch etwas bessere Bedingungen haben.

- Das Problem ist finde ich, dass wenn das ganze so weit weg ist, der ganze Produktionsweg so abstrakt ist. Wenn ich so wie du jetzt gesagt hast, zu einem Bauern gehe oder zum Imker und man genau sieht, dass der das gemacht hat und woher das kommt, dann gibt man lieber noch ein bisschen mehr aus als wenn man nur davon gehört hat und da eigentlich keinen persönlichen Bezug dazu hat. Dass es da irgendwelche Leute gibt, die in Indien oder Bangladesch unter grauenhaften Bedingungen arbeiten… ich habe davon nur gehört und gehört, aber nie selbst wahrgenommen und deswegen vergisst man da auch so schnell, weil es nicht so präsent ist. Und da gibt man dann doch lieber mehr Geld aus, wenn man beim Bio-Hof ist oder beim Imker. Weil man da einen viel eindeutigeren und klareren Bezug dazu hat.

Also die sozialen Faktoren fallen wesentlich stärker ins Gewicht, wenn es hier produziert wird?

- Ja. Weil man auch einfach mehr damit konfrontiert ist und man es genau sieht. Wenn man jetzt gerade in Indien war, für ein halbes Jahr und ehrenamtlich viel mit solchen Leuten zu tun hatte und hier her kommt, dann hat man auch einen anderen Bezug dazu und achtet vielleicht doch viel mehr da drauf. Aber für den Normalo hier ist das ja zu weit weg und zu Abstrakt, als das er das hier mal irgendwie vor Augen hat.

Wie sieht es mit den ökologischen Faktoren aus? Ich meine man sieht ja nicht, dass sich da irgendwas verbessert. Tangiert es euch dann überhaupt? Ob jetzt irgendein Produkt schlecht für die Umwelt ist oder nicht?

- Das ist ja auch etwas, was man nicht so leicht beurteilen kann vielleicht. Man merkt es ja auch nicht. Man will vielleicht auch nicht darüber nachdenken.

Denkt ihr darüber nach?

- Eigentlich nicht.
- Oder wenn jetzt vielleicht für deine Schuhe oder dein Shirt auch direkt in Indien die Baumwolle wächst, direkt dort gepflückt wird, direkt dort verarbeitet wird und dann direkt hierher geschickt wird, warum dann nicht? Ja. Du weißt es halt einfach nicht.

- Es fehlt halt auch das Kapital, als das man das entscheiden kann.
- Uns fehlt auch generell die Markttransparenz.
- Bis die Jeans mal bei uns landet, kommen die über verschiedene Länder, weil irgendwo vielleicht einige Farben für Stoffe nicht erlaubt sind, dann schickt man das in ein anderes Land und dann nähen die das woanders.
- Oder zum Beispiel die Krabben aus der Nordsee. Die kommen von den deutschen Fischern aufs Festland und man denkt sich ja, das ist genau das was gerade auf meiner Semmel gelandet ist, aber die fahren erstmal eine Woche nach Marokko, werden dort aufgemacht, dann wieder eine Woche zurück nach Europa, werden in irgendeiner Fabrik gewaschen und dann verteilt.

Okay. Was könnte man tun, um euch den Einkauf von ethischen Produkten schmackhafter zu machen oder angenehmer zu gestalten? Vielleicht auch vor oder nach dem Einkauf.

- Ich finde die Idee mit den Siegeln eigentlich ziemlich gut. Man müsste halt irgendwie konkret wissen, wenn da jetzt das und das Siegel drauf ist...Es könnte da auch so eine Abstufung geben...Bronze, Silber oder Gold...So dass man halt genau weiß, bei diesem Siegel ist das und das passiert und der und der Hintergrund muss vorliegen, damit ein Produkt diese Siegel bekommen kann. Diese Siegel gibt es ja auch schon, aber so richtig konkret drunter vorstellen, was es damit auf sich hat, weiß man ja eben nicht. Da fehlt es uns an Aufklärung.

Wer sollte diese Aufklärung machen?

- Das könnte man wahrscheinlich gut über irgendwelche Werbekampagnen oder übers Fernsehen machen.

Also die Unternehmen, die diese Produkte auch anbieten?

- Ja oder diese Firmen die diese Siegel verwalten. Die müssten dann eindeutiger sagen nach welchen Kriterien sie das bewerten. Wann ein Produkt die Voraussetzungen erfüllt hat, um mit diesem Siegel akkreditiert zu werden.

In der Werbung dann?

- Ja, generell in der Werbung könnte man darauf aufmerksam machen. Okay, alle Produkte die mit dem und dem Siegel gekennzeichnet sind, haben auch die und die Voraussetzungen. Oder eben...es gibt ja auch andere Möglichkeiten im Fernsehen darauf aufmerksam zu machen und Werbung dafür zu machen. In der Zeitung oder in der Stadt auf irgendwelchen Plakaten. Wie auch immer.

Würdet ihr das lesen?

- Das würde mich schon interessieren. Das würde ich tatsächlich lesen, ja.
- Also beim Aldi war es mal so, da gab es einen QR-Code beim Fleisch und das konnte man einscannen, so dass alles nachvollziehbar wurde. Wo das Tier geboren ist, wo es geschlachtet wurde, wann es geschlachtet wurde. Dann weiß ich ganz genau Bescheid. Vielleicht sollte es das auch bei anderen Sachen geben. Dann bekommen manche vielleicht auch den Gedanken, dass es sich um ein Tier handelt und überlegen sich, ob sie darauf verzichten und weniger Fleisch essen.

Okay. Noch andere Wege wie man es vereinfachen kann?

- Man müsste das vielleicht auch in der Schule dran bringen, dass man auf sowas achten sollte. Ansonsten bringt das den Leuten nicht so viel. In anderen Ländern gibt es ja auch vielfach solche Schulfächer wie, was weiß ich, so Home-Room-Zeug. In Japan gab es auch so Lebensführung. Da hast du gelernt wie du kochst und eine Zeitung liest und gelernt was für Essen du einkaufen sollst. Und wenn du das den Kindern schon in der Schule, in der Grundschule so beibringst, dann achten die immer da drauf. Dann kommt vielleicht die Besserung.

Okay. Schule, Bildung schreibe ich mal auf.

- Und man müsste das ganze vielleicht auch klarer definieren. Weil das Problem ist ja, das hast du ja auch gesehen, wenn du von Konsumethik anfängst musst du den Leuten erstmal erklären, was das ist. Aufklärung.

Glaubt ihr, dass die meisten Menschen etwas mit ethischem Konsum anfangen können? Mit dem Begriff an sich? Wissen die was das ist?

- Ja.
- Alle mit Abitur wahrscheinlich schon.

Also hat das auch was mit dem Bildungsniveau zu tun?

- Das hat was mit dem Bildungsstand zu tun.
- Stärker gebildete sind definitiv eine Zielgruppe ja. Auch die mit höherem Einkommen.

Einkommen, Bildung. Je höher das ist, desto wahrscheinlicher wird ethischer Konsum betrieben?

- Ja.

- Leonhard Prechtl hat ja auch gesagt, erst kommt das Fressen, dann die Moral.

Okay. Noch irgendwelche Ideen, wie man es uns vereinfacht? Oder wie man uns da heranführt?

- Nur noch diese Produkte anbieten.

Also die Politik müsste...

- Politische regulieren.
- Grüne wählen.
- Jo.
- Also wirklich gesetzlich regeln, dass halt bestimmte Sachen einfach nicht mehr gehen.

Was?

- Wirklich gesetzlich regeln, dass halt keine Ahnung, nicht 100 Millionen Puten auf so und so viel
- Ja. Im Betrieb so geregelt...
- Da ist ja Deutschland auch schon weit sogar. Da gibt es ja Gesetze zur Tierhaltung und so. Da hast du ja eigentlich schon alles reglementiert.

Findet ihr die aktuellen Gesetze dann auch so gut oder könnte man die noch verbessern?

- Ja man könnte schon dafür sorgen, dass halt die Tiere ein bisschen mehr Platz haben. Momentan ist es so, dass die so viel Platz haben sollten wie die verbrauchen plus die Hälfte. Das ist einfach zu wenig. Das sind Millionen von Küken einfach.
- Ich wüsste jetzt auch nicht wieviel ein Schwein ungefähr haben müsste. Wenn du dich damit nicht beschäftigt hast, kannst du nicht sagen ob das jetzt besser oder schlechter sein muss.
- Naja vom Gefühl... Ich mein man sieht es ja daran, dass du diese Packung Bierschinken für 99 Cent kaufen kannst. Das kann halt nicht sein. Oder? Das kann nicht normal sein.
- Aber auf der anderen Seite muss man ja die Unternehmen nicht grundsätzlich dazu zwingen so und so viel...Gut es wird bestimmt Mindestgrößen geben, die man haben muss, aber darüber hinaus nicht unbedingt. Weil es gibt ja auch genügend Leute, die weniger gut finanziell dargestellt sind und die sowieso schon Probleme haben. Dann muss man indem man die Unternehmen dazu zwingt, die Bedingungen und das Futter zu verbessern...dann wird das nachher auf den Preis übertragen...das müssen die Konsumenten ja selber entscheiden.

- Ja eigentlich ist man in Deutschland ja schon weit gekommen, dass du hier Tierschutzgesetze hast und dass du allein schon über solche Sachen überhaupt nachdenkst. Also wenn du in Rumänien oder so bist… ich weiß nicht. Oder in Afrika…
- In Afrika kannst du gar nicht darüber nachdenken, weil du erst Fressen musst.
- Ja gut aber in Deutschland werden dann männliche Küken einfach geschreddert oder vergast, weil die nicht so schnell wachsen wie die Weiblichen. Die gewinnen nicht so viel Fleischmasse. Das ist echt scheiße.

Kann Deutschland überhaupt Einfluss nehmen, auf die Produktion in anderen Ländern?

- Doch man kann ja sagen, in Deutschland kaufen wir das nicht.

Also wieder der Konsument?

- Wie Putin es zum Beispiel gesagt hat, aus Polen kaufen wir die Äpfel nicht.

Also müsste man zum Beispiel sagen, dass Deutschland keine Importe mehr aus Indien bekommt, weil die Produktionsweise dort nicht in Ordnung ist?

- Ja vielleicht muss man das aufteilen, auf gewisse Branchen und gewisse Produkte. Wenn die restliche Herstellung passt, dann ist das okay. Was weiß ich, vielleicht ist der Anbau von Kaffee okay aber bei anderen Sachen werden die Kinder benutzt um was weiß ich…die Sachen zu trocknen, auf den Feldern zu helfen und was weiß ich.

Okay gut, wir müssen uns ein bisschen beeilen. Ich hab hier fünf Plakate, einer kann leider nicht mitmachen.

- Doch wir sind nur fünf.

Ne. Ach so, okay. Da nimmt sich mal jeder Eins. Das machen wir jetzt im Schnelldurchlauf. Jeder darf zehn Sekunden kurz mal brainstormen, was er zu den Produkten denkt. Was euch einfach ganz schnell dazu einfällt und dann gebt ihr das einfach eine Runde weiter…an die nächste Person.

- Nur ein Zettel davon?

Ein Zettel. Oben und unten einer. Also zwei insgesamt.

- Keine Ahnung was ich schreiben soll
- Also zwei auf einen Zettel

Oben und unten eins.

- Nur ein Wort?

Ein Wort. Was euch spontan einfällt und dann weiter geben.

Okay. Das war gut. Kommen wir zu Informationen und Vertrauen.

Wenn ihr euch über Ethik informieren wollt, wo macht ihr das?

- Internet

Internet. Gibt's noch andere Medien?

- Zeitungen
- Bibel

Was nutzt ihr am ehesten?

- Internet
- Zeitung
- Buch

Okay. Welche Internetseiten gibt es denn, wo man sich informieren kann?

- Google
- Stiftung Warentest

Macht ihr das auch?

- Ja. Ich schaue mir das an.
- Ja.

Wo machst du das?

- Nicht direkt was Essen angeht, aber bei ein paar anderen Sachen. Aber man bekommt es mal mit, da wird dies und jenes getestet und dann benotet. Da steht immer die Bewertung, also der Testsieger und die Note. Gut, sehr gut und so weiter. Da gab es vor kurzem diesen Lippenstift, oder wie heißt das?

Labello?

- Ja genau. Die haben verschiedene getestet und dann bewertet. Das war komisch, weil einige Marken von Rossmann und dm besser waren als irgendwelche Großmarken, weil die irgendwelche Schadstoffe gehabt hätten.

Aber ansonsten? Der Rest hat sich jetzt nicht wesentlich über Konsumethik informiert?

- Ne.
- Man sollte ja auch sein eigenes Wertegerüst mitbringen und dann auf seinen Konsum anwenden oder?

Sollte man, ja.

Okay, bringt es dann überhaupt etwas wenn wir jetzt durch Politik oder Schule besser informiert werden? Denn scheinbar wollt ihr ja auch nicht informiert werden, bzw. ihr Vier nicht. Ihr informiert euch ja selbst nicht. Würdet ihr die Informationen aufnehmen, wenn euch jemand dazu zwingt?

- Selbstverständlich. Aktiv würde ich jetzt nicht danach suchen, aber wenn du jetzt mitbekommst, dass Wiesenhof scheiß Bedingungen hat, dann kaufst du es nicht mehr.

Wie hast du das mit Wiesenhof mitbekommen?

- In der Presse war das. Ganz groß sogar.
- Ich glaube wenn du die Leute sensibilisierst für sowas, dann schaust du auch eher wenn du was hörst.

Also findet ihr es prinzipiell gut, wenn ihr besser informiert werdet?

- Ja.

Über die negativen Schlagzeilen, aber nicht über die positiven Schlagzeilen?

- Doch.
- Das wäre auch gut, mal was Positives zu hören.

Was könnte so eine positive Nachricht sein?

- Ja zum Beispiel jetzt Trigema, das ja in Deutschland produziert und hier eigentlich alles macht, die Preise trotzdem hält. Aber eigentlich hier in Deutschland produzieren, das wäre eine positive Nachricht. Dass die nicht die armen Leute in Bangladesch dafür nutzen.

Welchen Medien oder wem würdet ihr generell vertrauen, wenn es um solche Informationen geht?

- Der FAZ vertraue ich noch. Das ist die einzige ordentliche Zeitung.
- Süddeutsche
- Wochenzeitungen würde ich da nicht trauen, nur Tageszeitungen.
- Nur irgendwelche überregionalen Zeitungen. Die lokalen Zeitungen schreiben nur irgendwelche Artikel, wie toll die lokale Fabrik ist…
- Hier sowas zum Beispiel nicht unbedingt.

Dem Unternehmen selbst würdet ihr nicht vertrauen?

- Nein

- Nein
- Das ist ja alles Lug und Trug.

Okay. Wenn jetzt bei Nestle auf der Homepage steht, die haben ein soziales Projekt da und da, würdet ihr sagen das stimmt nicht?

- Ich würde es denen Prinzipiell schon glauben, dass die da irgendwo was haben, aber das ist ja dann schon irgendwie....
- Es gab ja mal die Kinowerbung...Rauchen ist gesund...von Dr. Marlboro
- Das ist ja grad das Selbe.

Okay. Würdet ihr der Politik vertrauen in der Hinsicht?

- Eigentlich schon
- Nein, nicht in den USA. Weil dort kann man genug bezahlen und dann...

Und der Politik hier in Deutschland?

- In den USA würde ich sogar mehr vertrauen. Ich finde in Deutschland ist die Bauernlobby so stark, du weißt ja nicht was da wirklich im Endeffekt herauskommt.

Warum vertraut ihr denen nicht? Also sowohl Politik als auch Unternehmen?

- Weil du in den letzten Jahren immer nur so Negativ-Beispiele hörst. Du hörst nie etwas, was wirklich positiv ist. Immer nur so Wiesenhof-Dinger. Gammelfleisch-Skandal und so. Wenn du solche Dinge hörst, nimmst du irgendwann nur noch das Negative wahr und denkst dir, da hat jemand versagt.

Okay. Also wären Medien wie Zeitungen oder auch Onlinezeitungen die wichtigsten Faktoren, wenn es um Informationen geht.

- Ja.
- Oder wenn es halt wirklich irgendwo ein unabhängiges Institut gibt, dass unabhängig bewertet.

Bio-Siegel zum Beispiel?

- Dem könnte man prinzipiell schon vertrauen.
- Ja auch würde ich sagen.

Vertraut ihr den Kontrollen?

- Ja.
- Also in Deutschland hast du eigentlich sehr sehr starke Kontrollen. Wenn du irgendjemanden hast der eine Gastwirtschaft hat...das Gesundheitsamt ist ja ständig unterwegs. Also in

Deutschland, das Gewerbeaufsichtsamt, dem kann man eigentlich schon vertrauen, weil die hier extrem am Kontrollieren sind. Ich glaub in keinem anderen Land der Welt ist das so.

Wie schaut es bei Fair Trade aus, wo der Bauer in Indien einen fairen Lohn bekommen soll, glaub ihr das?

- Ich glaube nicht.
- Letztens habe ich auch einen Artikel gelesen...diese Fair Trade sagen die zahlen dann auch ein Vielfaches von dem was auf dem Weltmarkt üblich ist, aber trotzdem einen Hungerlohn. Seitdem kaufe ich die Dinger auch nicht mehr, weil das eigentlich auch nicht so super ist.

Was für Siegel gibt es, denen ihr vertraut? Oder gibt es generell Siegel, denen ihr vertraut?

- Bei den Fischen
- Stiftung Warentest
- Stiftung Warentest ja genau.

Was meinst du mit Fischen?

- Da gibt es so ein...
- Das MSC ist das.
- Ja. Nachhaltigkeit und so...

Gibt es das nur in Deutschland?

- Nein, ich habe das schon in Polen gesehen.

Vertraut ihr darauf, dass die im Ausland auch diese Kriterien erfüllen?

- Bei Marken wie Iglo oder sowas schon oder wie ...ich komme nicht drauf wie das andere heißt.
- Die machen überall das gleiche Produkt, die können es sich nicht leisten Fehler zu machen.
- Ich denke, dass sie für Deutschland die Anforderungen erfüllen, aber wenn es jetzt nach Simbabwe oder so geht, dann liefern die halt irgendwas hin.

Also wenn man die Produkte in Deutschland kauft, mit diesen Siegeln, kann man denen vertrauen? Außer Fair Trade.

- Du kannst dem schon vertrauen. Es geht eher darum, dass wenn du durchliest, was die halt wirklich machen bei Fair Trade. Ich glaube eher dass die Leute von Fair Trade so eine hohe Meinung haben. Das finde ich halt eher kritisch. Dass die Leute glauben, dass der Fair Trade-Bauer tolles Geld bekommt und naja der bekommt dann am Ende ein bisschen mehr...aber...

Also es ist eigentlich gar nicht so gut, wie die sich darstellen?

- Das eher. Das würde ich eher sagen, ja. Schon deutlich besser als der Rest, aber …

Wie sieht es mit Bio aus?

- Da gibt es zu viele Skandale
- Das ist auch gefühlt überall drauf inzwischen.

Was sind das für Skandale weswegen ihr das Vertrauen verloren habt?

- Fällt mir jetzt nichts ein.
- Bio heißt ja auch nicht, dass es Pestizidfrei ist, sondern das heißt ja nur, dass du weniger Pestizide hast. Dass du eigentlich gar nicht weißt, was genau das ist.
- Und wie du schon gesagt hast, dass das Logo inzwischen überall drauf ist. Letztens hatte ich den Bio-Reis vom Kaufland…weiß nicht…

War es vielleicht besser als die Bio-Lebensmittel sage ich mal, nur in den kleinen Bauernläden verkauft wurden?

- Konnte sich nicht jeder leisten
- Es gibt ja nochmal diese….wie heißt das….extremen Bio-Siegel…wo kein Gramm Chemikalien drauf sein darf, kein Gramm irgendwas Pestizide und so…Das kostet dann richtig viel Geld. Das kannst du halt auch nicht machen. Ich glaube in Deutschland sind die normalen Regeln vor Ort schon so hoch, dass du eigentlich auch da schon ganz gute Richtlinien hast.

Findet ihr es dann gut, dass diese Bio-Lebensmittel in die Discounter kamen?

- Stört ja eigentlich nicht oder?
- Wenn die Leute damit glücklich werden, sollen die es machen.

Also dass die Preise dann für Bio-Produkte sinken ist dann auch gut?

- Die Preise sinken sowieso
- So lange der Standard nicht sinkt.
- Das ist dann halt die Frage. Aber wenn man nicht weiß was der Bio-Standard genau ist…

Okay, dann kommen wir auch schon zum letzten Bereich.

Da müsst ihr ein bisschen Vorstellungskraft anwenden. Stellt euch vor ihr steigt in eine Rakete ein und fliegt zu einem fernen Planeten,

auf dem perfekt ethischer Konsum gelebt wird. Wie stellt ihr euch diese Welt vor?

- Wohlstand für alle

Wohlstand für alle. Warum?

- Naja wegen ethischem Konsum...gerechte Löhne für alle und eben keiner mehr für 20 Cent pro Woche einen Schuh zusammennähen muss.
- Grundeinkommen für alle und wenn jemand etwas mehr haben will dann sollte...
- Optimale Marktwirtschaft für alle...vor allem wo es halt auch Transparent ist. Wo die Transparenz hast zu wissen, was ist ethisch produziert worden und was nicht. Das ist ja das Problem, wenn die Gesellschaft größer wird, dann verlierst du irgendwann den Blick.

Wie sieht es dort generell aus? Auf diesem Planeten wo perfekt ethischer Konsum gelebt wird?

- Grün
- So wie hier auch.

So wie hier? Aber hier ist es ja nicht grün.

- Also ich stell mir das mehr wie im Mittelalter vor, weil da gab es ja eigentlich den ganzen Müll von heutzutage gar nicht.
- Es ist doch grün.

Also würde es relativ ähnlich zur jetzigen Welt aussehen?

- Ja.
- Ich würde eher was an der Gesellschaft verändern und nicht daran, wie es aussieht.
- Heutzutage ist der ethische Konsum ja auch möglich oder den hast du ja auch schon hier

Also ist es schon ziemlich perfekt?

- Also das System mit dem zu es eigentlich perfekt machen könntest, hast du ja. Nur musst du die Leute auch haben, die das eben auch wollen.

Was für Leute würden dann auf so einem Planeten leben?

- Gute Christen

Noch jemand?

- Die alternativen Leute, die grün wählen.

- Aber wir wollen das ja eigentlich auch alle, aber das Problem ist eben...Wir würden ja auch alle sofort super ethisch konsumieren, wenn wir eben die finanziellen Voraussetzungen hätten. Deswegen sage ich ja, eigentlich könntest du hier das auch schon verwirklichen, aber du müsstest halt das Kleingeld haben.
- Das ist ja eigentlich das Ziel, wenn die Leute mehr ausgeben und alle was davon haben, wäre es ja schön.

Wie ist es auf dem Planet?

- Wunderbar
- Perfekt
- Da musst du auch eben die Ressourcen haben, um diesen ethischen Konsum zu gestalten. Ist ja auch so eine Sache, wenn du jetzt sagst du lässt alle Sojafelder in Brasilien wegmachen, weil das nicht gut für die Umwelt ist und dann sterben dir 500 Millionen Menschen an Unterernährung. Ist halt auch wieder die Frage, was ist ethisch daran.
- Muss halt eben der perfekte Kompromiss sein.
- Ja.
- Es muss halt geteilt werden auf dem Planeten und es muss so geteilt werden dass...
- Die ethischen Maxime die du anwendest, musst du auf den jeweiligen Einzelfall entscheiden. Dann Gewissensentscheidungen treffen und dass kann dann auch vielfach so ein Siegel einfach nicht bringen

Wie würde so eine Einkaufssituation auf dem Planeten aussehen?

- Da müsstest du dir jetzt schon mal keine Gedanken machen, weil ja alles gut ist und es ist alles irgendwie vorhanden und du freust dich.
- Aber auch nicht anders als...ich kanns mir nicht anders vorstellen als jetzt.
- Aber eigentlich denkst du ja jetzt auch nicht drüber nach, du stehst ja auch nicht davor und denkst dir ich esse jetzt keine Südfrüchte weil die so weit gefahren sind und zu viel CO^2 verursacht haben. Das machst du eigentlich auch jetzt nicht unbedingt. Also ich weiß gar nicht ob das Konsumverhalten so anders wäre.

Würdet ihr euch dort wohl fühlen?

- Ja, es wäre ja schön. Wenn du wüsstest dass alles gut ist...

Gibt es irgendwas was euch dort nicht gefallen würde?

- Ja eigentlich nicht, es geht uns dort ja recht gut.

Also alles perfekt so wie es ist?

- Das ist eigentlich alles schwer vorstellbar, weil der Mensch lebt ja meist egoistisch und er sucht ja den Konflikt.

Meinst du dann allein schon wegen der Natur des Menschen, dass der ethische Konsum nicht funktionieren kann?

- Ja, glaube ich nicht.
- Wir sind ja schon weit gekommen und vielleicht kommt man ja irgendwann noch weiter. Aber man müsste dann wie gesagt erstmal definieren, was ethischer Konsum ist. Wenn ich jetzt eine andere Definition habe, als der XYZ, haben wir schon ein Problem.

Redet ihr generell über ethischen Konsum?

- Ja
- Ja

Mit wem?

- Wenn die Mutter beim Einkaufen war oder so?
- Ich weiß nicht. Es ist ja auch so, im Winter brauchst du eigentlich eh keine Tomaten kaufen. Weil die aus Spanien nicht schmecken oder so und weil die halt aus irgendwelchen Gewächshäusern kommen und so. Das muss ja dann eigentlich auch nicht unbedingt sein.

Würdet ihr euch dann auch mit Freunden über ethischen Konsum unterhalten?

- Ja.
- Würde ich auch sagen.

Auch in der Uni über Bio-Sachen oder sowas?

- Ein Freund von mir ist überzeugter Vegetarier...da muss ich dagegen halten... Aber du redest ja schon darüber was du konsumierst und wie. Mit Strom oder eigentlich Allem.

Sind das eher angenehme Themen? Über die man gerne spricht? Oder meidet man es?

- Gut Ethik an sich ist halt auch immer ein Schwieriges Feld, deswegen sind es dann glaube ich vielfach auch schwierige Gespräche. Wo du die Grundfeste der Menschen auch irgendwo festmachst, je nachdem wo du stehst. Das kann dann auch schon unangenehm werden. Aber auf alle Fälle wichtig.

Okay. Gibt es noch irgendwelche Punkte über die ihr reden wollt? In Bezug auf Konsumethik?

Dann bedanke ich mich, dass ihr an der Diskussion teilgenommen habt.

- Bitte.

Transkript zur Frauen-Diskussionsgruppe

Datum: 06.06.2017 Ort: Ansbach

Teilnehmer: 5 Dauer: 1h 40min

A. Einführung und Vorstellung:

Ich zeichne das Gespräch auf, hoffe das stört euch nicht. Das ist aber nur für mich und Namen tauchen sowieso nicht auf. Das mache ich nur, weil ich mir nicht alles merken kann, was ihr sagt. Ich muss das ja alles abtippen.

Es geht heute auch nicht darum, Wissen abzufragen, sondern um eure allgemeine Einstellung zum Thema. Deswegen gibt es auch kein Richtig oder Falsch, sondern alle Meinungen sind mir wichtig

Das hier ist ein kurzer Anreiz zum Thema. Hier ist sowohl ethischer Konsum, als auch egoistischer Konsum dargestellt. Also das, was mir dazu in den Kopf gekommen ist. Zum Beispiel tauschen statt kaufen oder Klimaschutz und Nachhaltigkeit und auf der anderen Seite Massenkonsum und die Konflikte im Ausland.

B. Persönliche Einstellung:

Und als erstes möchte ich von euch wissen, was für euch ethischer Konsum ist. Weil jeder ja eine andere Vorstellung dazu hat.

Generell geht es um Produkte die man kauft und dabei gleichzeitig gut für die Umwelt sind oder gut für Menschen sind, vielleicht für höhere Löhne sorgen, usw.

Und das Ganze möchte ich mit Bildern darstellen. Deswegen habe ich hier ein paar Zeitschriften hingelegt. Ich teile mal jedem ein Poster aus und da könnt ihr einfach aus den Zeitschriften die Bilder rausreißen oder ausschneiden, die ihr mit ethischem Konsum verbindet. Das können auch Emotionen sein, oder Produkte, das Erste was euch einfach zu dem Thema in den Kopf kommt, was man mit den Bildern aus den Zeitschriften verbinden könnte.

- Kannst du uns das Wort Ethik erklären? Was das auf Deutsch heißt? Weil da kann man sich ja viel darunter vorstellen und jeder hat seine eigene Vorstellung darunter.

Also im Grunde genommen geht es um den Umweltschutz oder den Schutz von Menschen...Also man handelt so, dass die Welt die wir heute haben, für die nachfolgende Generation noch vorhanden ist. Verantwortungsbewusstes Handeln also

- Ahja. Konsumieren...

Genau.

- Ich sag auch immer meiner Kollegin, die nimmt so viel Desinfektionsmittel, die macht dann immer so viel rein. Ich sag dann immer, Simone das können wir auch anders machen. Nur zum Schluss ein bisschen was rein und vorher ein paar Eimer Wasser. Das reicht ja. Man muss ja nicht immer so ganz lange das Zeug rein. Unsere Kinder wollen ja auch noch sauberes Wasser haben.
- Also was wir mit Ethik verbinden?

Genau. Manche verbinden vielleicht Bio-Produkte damit, andere vielleicht regionale Produkte oder Energiesparsamkeit. Manche verbinden vielleicht einfach ein schönes Gefühl damit.

- Machen wir auch.
- Sollen wir es auch beschriften?

Wenn ihr möchtet, könnt ihr auch was dazuschreiben.

- Ahja, ist ja wie in der Schule.

Ja.

- Hahaha. Das macht mal wieder Spass.
- Wie lang haben wir Zeit?

So lange wie ihr braucht.

Ich habe da vorne noch ein Tonbandgerät liegen, also nicht wundern. Das liegt dort, damit ich die Infos später abtippen kann. Aber ich mache das ganze anonym, das hört sich nicht nochmal jemand an und Namen kommen auch nicht darin vor.

- Eine Fahrradfahrerin wäre auch schön.

Ihr könnt die Zeitschriften auch ruhig tauschen.

- Ja, ich hab hier auch was Schönes.
- Bio-Eier
- Das habe ich auch daheim.
- Es ist ganz wichtig, dass keine Gentechnik verwendet wird. Das ist ganz wichtig.
- Und Bienen. Meinen Mann wurde vorgeschlagen, auch Bienen zu züchten, aber da braucht man viel Zeit und auch ein gewisses Wissen.
- Ja, gerade mit den Milben.
- Also wenn ihr Honig direkt vom Erzeuger wollt, könnt ihr euch auch bei mir melden. Kostet 3,50 Euro.
- Von wem?

- Bei Windsheim. Wir haben da zwei Erzeuger.
- Die Miri macht das was ganz Tolles. Die macht aus alten Jeans Babykleidung.
- Das ist toll.
- Ich hab jetzt dahin geschrieben aus Alt mach Neu.
- Sie näht ja auch Alles selber. Das ist auch ethischer Konsum, oder?

Ja. Kreislaufwirtschaft.

- Genau.
- Und Taschen.
- Schöne Taschen. Aus einer alten Jeans von mir.
- Weißt du wem ich das geschenkt habe? Der Ivonne, die in München wohnt. Die wo so heiß darauf, da hab ich gesagt na gut, dann schenke ich sie dir.
- Dann mache ich dir noch eine, ich mache die so gerne.
- Echt?
- Ich habe eine Gebrauchte, die zeige ich dir mal.
- Da passt so viel rein.
- Ich lasse da alles dran, die ganzen Taschen hinten und vorne.
- Wie viele Bilder sollen da drauf? Ist das egal?

Ist egal. Manche haben auch nur zwei Bilder drauf geklebt.

- Da schreiben wir dann noch lieber oder?

Könnt ihr auch machen, ja.

- Ich hab der Miri gesagt, ich kauf euch ein Mobile über den Wickeltisch, aber die hat gesagt nein, das mache ich selber. Sie hat sich da eine Spieluhr gekauft und einen Ring...

Wenn du fertig bist, kannst du es ja auch gleich vorstellen.

- Ach wir müssen nicht unbedingt schreiben, wir können auch was dazu sagen...
- Dann muss ich mir das nochmal durchlesen
- Habt ihr auch Erdbeeren im Garten?
- Ein bisschen.

Tamara möchtest du mit dem Vorstellen beginnen?

- Also ethischer Konsum... Da habe ich natürlich an irgendwelche Dinge gedacht, die man kauft. Zum Beispiel ein Fahrrad...Das ist für mich ein ethischer Konsum, weil...im Vergleich zu einem Auto...Ein Fahrrad schadet der Umwelt nicht. Klar, ein Fahrrad muss produziert werden, mit Gummireifen...Aber es ist für mich eher ein ethisches Produkt, als ein Auto. Und ich versuche eben auch, wenn möglich, das Auto nicht zu benutzen.

Geht es dir dann darum, auf den Treibstoff zu verzichten oder die Produktion des Autos zu vermeiden?

- Treibstoff. Also eher Umweltschutz. Ah hier steht umweltfreundlich.
- Dann Produkte, wie zum Beispiel auch Naturkosmetika. Zum einen nicht auf der Basis von Tierversuchen. Es gibt immer noch Lippenstifte und so weiter, die an Tieren getestet werden.

Kennst du auch Marken, bei denen das so ist? (Bei denen darauf verzichtet wird)

- Annemarie Börlind oder dieses Lavera
- Ja, Lavera kaufe ich im Reformhaus.
- Deswegen steht hier auch Naturkosmetik, die werden auch nicht getestet an Tieren.
- Dann eben auch keine Chemikalien, dabei geht es aber auch um meine eigene Haut.

Also um deine Gesundheit?

- Genau.
- Also das sind jetzt nur Beispiele.
- Dann... Also auch wenn man einkauft, dass man Dinge kauft, die... Also das hab ich mal in Augsburg gesehen, so ein Geschäft, da muss man selbst mit der eigenen Dose kommen. Da gibt es überhaupt kein Verpackungsmaterial mehr.
- Super.
- Da geht es auch um Umweltschutz.
- Plastik vermeiden.
- Die haben eine Waage, da wiegt man das ab, dann kann man auch mal nur 50 g haben.
- Waschmittel...egal was.
- Das ist so ihr Motto
- Und da gibt es eben so ein Geschäft in Augsburg und das finde ich natürlich toll.

Um die Verpackung zu vermeiden?

- Um Müll zu vermeiden.
- Da kann man eben auch Tupper mitbringen.
- Oder auch mit dem eigenen Körbchen.
- Dass man eher damit kommt, statt mit einer Plastiktüte rumzulaufen oder eben auch Taschen, da gehen natürlich auch Stofftaschen
- Aber eben keine Plastiktüten. Das wundert mich, dass die überhaupt noch so gegenwertig sind.
- Die kosten ja auch.

- Dann eben auch bei der Nahrung. Also jetzt nicht nur für die Katze, sondern eben auch für den Menschen. Was ist da alles drin?
- Und wenn das ein regionales Produkt ist, um die eigene Region zu unterstützen. Oder dass da eben nicht so viele Inhaltsstoffe drin sind, die das Produkt lange haltbar machen, aber die jetzt eigentlich nicht so gesund sind, glaube ich.
- Glycerin in den Semmeln und so.
- Also bei Tieren, bei meinem Hund achte ich darauf, dass da mindestens 80 % Fleisch drin ist. Einmal wegen dem Hund auch, weil es einfach gesünder ist. Ich finde einfach so künstliche Sachen schaden einfach.
- Gut wenn die jungen Leute auch schon so denken.

Okay. Danke.

- Die jungen Leute machen oft noch mehr als die Alten.
- Das ist gut.

Elfi möchtest du vielleicht weiter machen?

- Ja. Ich habe hier ein Hochbeet, dass man sich selber die Kräuter und Salate anbaut. Ich habe auch selber viel Salate, meine Schwiegermutter hat Salat.
- Und die Bienen, da eben keine Gentechnik. Ich bin gegen Gentechnik und gegen Pflanzenschutzmittel, weil die die Tiere einfach krank machen. Das Bienensterben eben und die haben keine Immunstärke mehr. In Amerika gibt es fast keine Bienen. Sind ganz gefährdet.

Sind es irgendwelche Siegel auf die du dabei achtest, oder woher weißt du, dass da keine Gentechnik drin ist?

- Da steht da drauf. Also wenn wir in Österreich einkaufen, steht überall Gentechnikfrei. Das habe ich jetzt auch schon beim Lidl oder Aldi gesehen. Fleisch gentechnikfrei. Da kann man echt darauf achten. Ich achte nicht jedes Mal darauf, aber wenn es da ist, dann nehme ich lieber das. Bei Joghurt oder solchen Sachen, Milch.
- Milch trinken wir sowieso nicht viel. Hafermilch trinken wir jetzt mehr. Weil der Benny eine Lactoseintoleranz hat. Aber das ist eh gut.
- Trinkt ihr noch viel Milch?
- Nicht mehr so viel, aber für den Kaffee.

- Ja und wie gesagt, einfach auch gesunde Früchte, statt Chemischen. Oder statt Vitamin C in den Dosen. Das ist gar nicht gesund. Einen Apfel am Tag soll man ja essen. Ja und das halt eben die Natur erhalten bleibt…Kräuter…

Kaufst du dann auch Produkte, die hier aus der Gegend kommen?

- Ja, oft regionale Produkte. Genau. Da achte ich auch darauf.
- Oder ich kaufe Bio-Karotten. Immer die Gleichen, beim Aldi. Also wenn ich mal schnell einkaufe, gehe ich schon in den Supermarkt.
- Aber ich glaube, das bieten jetzt fast Alle an.
- Genau. Oder Bananen. Da nehme ich immer Bio-Bananen. Weil die sind echt gut. Sind die anderen auch, aber ich kauf halt die.
- Dann hast du einfach ein gutes Gefühl, dass du für deine Familie auch was Gutes tust.
- Genau.
- Ich kauf auch regional. Bio weniger weil ich gar nicht weiß ob das so gut ist.

Magst du gleich weiter machen?

- Ja.
- Also bei mir sind die Eier an erster Stelle zufällig abgebildet. Für mich ist das sehr wichtig, denn ich habe schon viele Reportagen gesehen, in denen gezeigt wird, wie brutal mit den Küken umgegangen wird. Das ist einfach schlimm. Wenn ich Eier kaufe, dann achte ich darauf, dass sie wenigstens aus Freilandhaltung stammen. Bio oder Freiland. Aber Bio bedeutet nicht, dass sie freilaufend sind. Die können immer noch aus Käfigen oder Bodenhaltung stammen. Bodenhaltung ist auch sehr schlimm, weil die da einfach zu viele sind. Deswegen ist es mir sehr wichtig, dass sie da nicht so leiden. Also freilaufende Hühner.
- Das zweite Bild ist bei mir Fisch. Das ist für mich auch wichtig. Seit dem wir an der Ostsee waren, da wurde uns gesagt, dass wir nicht zu viel Fisch essen sollen und nur zu bestimmten Zeiten. Wir wollen immer Fisch essen, aber das ist nicht gut, weil es einfach zu wenige von ihnen gibt.

Geht es dir dann darum, dass die nicht aus weiter Entfernung hierher gebracht werden?

- Nein. Aus weiter Entfernung ist das gar nicht nötig. Transport ist für mich natürlich wichtig, ich schaue immer von wo das Produkt kommt. Aber ich versuche auch, nur zu bestimmten Zeiten Fisch zu kaufen.

Saisonal also.

- Wir wollen alles. Wir wollen Erdbeeren im Januar haben. Wassermelonen im Januar. Das ist nicht normal, finde ich. Das muss so sein, wie in der Natur. Die Fische haben auch ihre eigene Zeit. Und man braucht nicht immer so eine riesen Auswahl. In dem Moment können wir auch Kraut essen oder Kartoffel oder sowas. Fisch ist natürlich gut, aber man sollte ein bisschen darauf achten.
- Damit sich die Fischbestände erholen.
- MSC

Was zeigt das andere Bild weiter unten? Ist das Schokolade?

- Nein, die verpacken die Kirschen. Wir versuchen die selbst zu pflücken. Kirschen brauchen wir nicht zu kaufen, wir haben einen Kirschbaum. Aber ansonsten versuchen wir es genauso wie bei den Erdbeeren. In Deutschland findet man ja überall Felder zum Pflücken. Natürlich gibt es auch ältere Menschen, die das nicht machen können. Aber ich mache das gerne, weil man dann nicht dieses Verpackungsmaterial braucht. Für mich ist das Umweltverschmutzung. Das ist überhaupt nicht schön und die bespritzen die Dosen ja auch mit irgendwas und viele haben darauf auch eine Allergie.

Ist es dann für dich das gleiche, wie mit dem Bild von der Wassermelone da?

- Die Wassermelone verbinde ich ein bisschen mit dem Fisch. Weil für mich ist es wichtig, sowas in der richtigen Zeit zu kaufen. Aus Spanien ist es auch nicht so weit, da spart man Transport. Da spart man auch dieses Spritzmittel, dass sie auch bei Erdbeeren verwenden, wegen Schimmel, weil die nicht genug Sonne bekommen. Genauso ist es bei den Wassermelonen, die haben dann sehr wenige Vitamine. Und da finde ich, dass wenn wir schon Erdbeeren oder Himbeeren im Winter wollen, dann soll man doch Gefrorene kaufen. Am meisten aus der Region. Wenn es die Wassermelone ist, ist Spanien okay, das ist sowieso nicht so weit, oder Italien. Aber es ist nicht so, dass man das das ganze Jahr, jeden Tag braucht. Das muss nicht sein. Das finde ich schon übertrieben.

Und was bedeuten die Schuhe da?

- Die Schuhe. Ja. Leder. Ich finde es gibt auch schöne Stoffschuhe oder Kunstleder. Es geht nicht nur um Schuhe. Ledermäntel mag ich auch nicht gerne. Finde ich unangenehm.

Um Tierschutz geht es dir also.

- Ja. Das muss nicht sein.
- Beim nächsten hier, da steht schon das Zeichen.

Was bedeutet das?

- Glutenfrei. Ohne Gluten.
- Ich achte auf Vollkornnudeln.

Für die eigene Gesundheit dann aber?

- Ja. Nicht nur. Nein. Weil es geht dabei auch um Gentechnik.
- Dass man keine Gentechnik verwendet.
- Ich kämpfe gegen Gentechnik. Ich finde das muss so sein, wie es von Anfang an wächst.

Und was bedeutet das Letzte da oben mit dem Schiff?

- Das ist Wasser.
- Die Ressourcen.
- Als kleines Kind habe ich immer darauf geachtet, dass der Wasserhahn nicht tropft, weil das überall in der Schule ein Thema war. Das finde ich sehr gut. Wasser sparen.
- Ich kann das nicht mal ansehen. Gerade wenn sie südliche Länder zeigen, wo es wenig Wasser gibt und es trotzdem einfach fließt. Da denke ich Mensch, mach das doch zu. Wieso fließt das Wasser dort so, wo es sowieso schon einen Mangel gibt. Also das ist für mich wichtig.
- Und das ist ein künstlicher Fluss. Der ist zwar schön, aber aus einem normalen Fluss lenken sie denn über hunderte Kilometer auf neuen Wegen. Und dann gibt es im Alten so viele tote Fische. Das war bei uns in Kasachstan, in einem großen Fluss. Irtysch heißt der. Meine Mutter hat immer gezeigt wo der früher verlaufen ist und wo jetzt. Und wenn wir einfach am Strand spazieren gegangen sind, dann lagen da tote Fische.
- Es gibt ja auch Überschwemmungen wenn die solche Eingriffe in die Natur machen.
- Rede ich zu viel? Hahaha.
- Da könnten wir den ganzen Tag drüber reden.

Christine möchtest du weiter machen?

- Also. Manches wurde schon gesagt. Frisches Gemüse. Selber kochen. Keine Fertignahrung.
- Ich achte auch noch auf sehr reduzierten Fleischkonsum. Weil die vielen Kühe machen ja auch die Umwelt kaputt, durch das viele Mono… Was ist das? Mono…

Kohlenmonoxyd.

- Kohlenmonoxyd. Ja. Genau. Aber auch um der Tiere willen. Damit die auch nicht in den Ställen so dich stehen müssen, sondern auch ein lebenswertes Leben haben.
- Dann.... Das habe ich schon gesagt. Am besten selber nähen. Aus alten Sachen neue machen.
- Dann überlegen, was kaufe ich mir? Muss das sein, was ich mir kauf? Ist das sinnvoll? Oder steht es nur rum, dass man es dann wieder wegschmeißt?

Also Konsumverzicht vielleicht auch?

- Genau. Ja. Sparsamer Konsum.
- Sehr gut.
- Dann bei Medikamente überlegen wenn der Arzt was verschreibt. Brauch ich das überhaupt? Oder geht es auch so? Da kann man auf Vieles auch verzichten oder auch eigene Heilmittel verwenden.
- Genau.
- Was mir auch wichtig ist, ist Vollkorn. Vollkorngetreide. Ich habe auch eine Schrotmühle daheim. Eben das Dinkelkorn selber mahlen. Kaum fertiges Mehl verwenden. Das ist für die regionale Wirtschaft gut und auch für meine Gesundheit und für mein Wohlbefinden.
- Was noch ganz wichtig ist, ist Stromsparen. Auf Spülmaschinen, auf Wäschetrockner verzichten, um den Strom eben zu reduzieren. Die ganzen Solarfelder, die Biogasanlagen, das ist ja alles weil wir so viel Strom brauchen.

Achtest du dann vielleicht auch auf energiesparende Elektrogeräte? Wie Kühlschränke die weniger verbrauchen?

- Ja. Auch. Also wenig. Nur die Geräte die ich brauche und die natürlich auch energiesparend. Macht man ja automatisch, dass man die A-Klasse kauft.
- Ja.

Die meisten Geräte sind ja schon A-Klasse. Okay. Danke. Die Nummern habe ich nur drauf geschrieben damit ich weiß, welche Reihenfolge wir hatten.

- Okay.
- Ich habe zum Beispiel keinen Wäschetrockner. Habe auch noch nie einen gekauft. Ich hänge die Wäsche immer raus. Oder im Winter an die Treppenhaus-Dinger. Das trocknet so schön.
- Vor allem wenn man einen Ofen hat. Einen Kaminofen. Dann trocknet das ganz schnell.

Ich erkläre schon mal die nächste Frage. Und zwar geht es darum, was ihr bewirken wollt, wenn ihr solche Produkte kauft, die ihr gerade auf euren Plakaten gezeigt habt. Wollt ihr die Umwelt schonen oder wollt ihr was für die Gesundheit tun oder wollt ihr vielleicht was Gutes für Menschen in anderen Ländern bewirken?

Tamara magst du vielleicht für die Gruppe schreiben? Einfach mal zusammentragen, was eure Ideen dazu wären. Was man mit solchen Produkten erreichen kann.

- Oder möchte jemand anderes schreiben?
- Mir ist wichtig, dass keine Kinderarbeit vorkommt, dass die Leute nicht so ausgebeutet werden. In Indien…das wäre mir schon wichtig.

Faire Löhne dann und keine Kinderarbeit?

- Ja.
- Dass die Kleinbauern dann auch ihr Geld kriegen, für ihre mühevolle Arbeit.
- Wenn alle so denken würden, wäre es gut.
- Faire Arbeitszeiten dann wahrscheinlich auch.
- Ja.
- Dass sie nicht 12, 13 Stunden arbeiten müssen.
- So wie in China oder?
- Die haben keinen freien Tag. Das ist ganz schrecklich.
- Die leben in so Kästen…
- Was ist die Überschrift?

Gründe für ethischen Konsum.

- Ich kaufe Sojamilch, Reismilch, Mandelmilch…Warum? Weil ich finde, dass die Menschen normale Milch nicht unbedingt brauchen und die armen Kühe werden so viel gemolken und das auch noch mit Stolz. Das ist unglaublich viel Milch. Die arme Kuh.
- Ja. Als ob wir auch immer gestillt würden.
- Ja genau.
- Umweltschutz ja dann auch. Mit den eigenen Häcken und wenn man eigene Lebensmittel anbaut.
- Gemüse, Obst…
- Ich denke auch Menschenschutz. Also für uns auch.
- Ja genau.
- Oder? Ich sag mal Gesundheit.
- Ja.
- Nicht so viel Chemie.
- Regionale Produkte auf jeden Fall.

- Und auch selbst Gemachtes und auch um die regionale Wirtschaft zu stärken. Die Selbstproduzenten zu unterstützen.

Regionale Wirtschaft unterstützen, genau.

- Das merke ich auch. Wenn bei mir jemand kauft, dann kaufe ich auch bei anderen.
- Ich hab zwei Körnerkissen von dir. Die benutze ich so oft.
- Das einzige ist, dass man eine Mikrowelle für die Körnerkissen braucht, damit es schnell geht.
- Im Backofen geht's auch aber das dauert und braucht viel Energie.
- Also ich fasse zusammen. Ethischer Konsum, warum? Keine Kinderarbeit, keine Ausbeutung, faire Löhne, faire Arbeitszeiten, Tierschutz, Umweltschutz, eigene Gesundheit, selbst Gemachtes, regionale Wirtschaft unterstützen.
- Ja. Und natürlich auch aus Sparsamkeit.
- Stimmt.

Weil die Produkte günstiger sind oder meinst du damit, dass Material eingespart wird?

- Ähm. Ich kaufe nicht so viel.

Ach so, man kauft dann weniger?

- Ja. Das ist schon das Erste. Dass ich dann weniger kaufe. Bzw. wohl überlegt.

Ist die Qualität dann höher von solchen Produkten?

- Ja. Natürlich.
- Also da kaufe ich schon hochwertiges, aber da überlegt man es sich schon.
- Gut, da ist es nicht unbedingt eine Sparsamkeit, aber dann denke ich an später, dass ich nicht so viele Medikamente im Alter brauche. Wenn ich jetzt zum Beispiel hochwertige Sachen esse.
- Wobei das natürlich ganz schön ins Geld geht. Also man muss schon sagen, dass solche Produkte teurer sind. Also als Studentin hatte ich da echt Probleme. Sage ich ehrlich. Dann kauft man halt einfach die billigsten Eier, die es gibt. Wenn man dann am Ende des Monats nur fünf Euro hat, dann muss man überlegen.
- Das ist klar.

Gibt es vielleicht noch irgendwelche egoistischen Gründe, warum man auf ethische Produkte achtet? Also nicht nur um der Umwelt etwas Gutes zu tun?

- Wenn ich eine Kollegin zu Gast habe, dann weiß ich ganz genau…Da war ich Referendarin und da hab ich einfach H-Milch gekauft. Also nicht Heumilch oder was weiß ich, sondern einfach das Günstigste. Und da war sie bei mir zu Kaffee und Kuchen und da hat sie gesagt, nein, so eine Milch trinke ich nicht. Aber als sie ein zweites Mal kam, habe ich tatsächlich eine andere Milch gekauft. Weil es sonst heißt, wie kannst du die andere Milch kaufen? Das kannst du doch nicht unterstützen. Und ich war halt Referendarin, da ist das Gehalt ein Drittel von dem eines Lehrers. Aber das war schon so…die Heidi…

- Und dann gab es noch Himbeeren und sie hat gefragt, wo hast du das gekauft?
- Das ist schon extrem.
- Aber auf dem Markt, da sind die Dinge schon einfach teurer. Das waren normale Himbeeren, Frische, aber einfach aus dem Supermarkt. Rewe war das. Aber da habe ich das erste Mal bemerkt, dass ich die Milch wegen ihr gekauft habe.

Gibt es sonst noch irgendwelche anderen Gründe, warum man solche Produkte kauft?

- Wir haben ja schon Einiges.
- Also wegen der Gesundheit verzichte ich überhaupt auf einige Sachen. Tierische Eiweiße…Weil ich an Krebs erkrankt war, hat mir der Arzt gesagt, ich soll tierische Eiweiße vermeiden und damit bin ich auch zufrieden.
- Geschmack!
- Und dann bin ich auf pflanzliche Eiweiße umgestiegen. Das schmeckt nicht schlechter.
- Cholesterin auch…
- Wenn man Sport treibt…
- Ja…

C. Einkaufsverhalten

Okay. Wenn ihr jetzt an ethischen Konsum denk, welche Produkte kommen euch da als Erstes in den Sinn?

- Naja als erstes meine Schrotmühle natürlich, mit meinem geschrotetem Dinkel.

Oder vielleicht auch irgendwelche Produktkategorien?

- Ich denke an Fleisch.
- Bio-Produkte.
- Vollkorn. Egal was.
- Ich denke auch an Urlaub.

Urlaub?

- Ja.

Warum genau?

- An Flugreisen. Die sind umwelt-belastender als wenn ich jetzt mit dem Fahrrad an den Bodensee fahre. Zum Beispiel.
- Flugreisen, klar.

Also nicht nur Produkte an sich, sondern auch Dienstleistungen. Gibt es vielleicht noch andere Dienstleistungen die euch dazu einfallen?

- Bus. Statt Auto.
- Oder Fahrgemeinschaften.
- Fahrgemeinschaften, genau.
- Gebrauchte Kleidung. Für die kleinen Kinder ist das sowieso besser, die sind ausgewaschen.
- Second-Hand genau.
- Für mein Enkelkind habe ich noch die Kleidung von Andreas und sein Spielzeug.
- Das finde ich so toll.

Gibt es sonst noch Produkte?

- Zum Beispiel Putzmittel, Waschmittel
- Spielzeug. Dass die nicht aus Plastik sind.
- Sehr gut.
- Obwohl Plastik auch seine Berechtigung hat, ich war heute beim Fechter und habe geschaut, was es alles gibt. Da habe ich mir gedacht naja, für manche Sachen ist Plastik schon auch nicht schlecht.
- Ja. Bei Spielzeugen für Babys muss man schon schauen, was das genau ist. Genauso bei Stofftieren, Kuscheltieren. Die müssen auch Schadstoffgeprüft sein und so
- Dass es nicht so viel Gift enthält, genau. Diese chinesischen Sachen.
- Da muss man einfach schauen.

Da sind jetzt drei Mal Lebensmittel dabei. Warum bringt ihr vor allem Lebensmittel in Verbindung mit ethischen Produkten?

- Weil wir kochen.
- Oder? Wenn jemand nie in der Küche ist, dann ...Wenn jemand Pilot ist, dann wird er glaub ich irgendwie mehr Transportmittel aufzählen.
- Und weil wir halt jeden Tag essen müssen...drei Mal...Das ist ein ständiges Thema.

- Wir als Frauen denken auch an unsere Familien und wenn ich was Schlechtes kaufe, dann habe ich auch ein schlechtes Gefühl. Dann bin ich ja auch schuld.
- Ja. Genau.
- Und das möchte ich auch vermeiden.
- Ja aber ich denke jemand der mehr kocht, der wird natürlich auch eher an diese Dinge denken.
- Oder jemand der nie den Putzlappen schwingt, wird auch nie an Putzmittel denken.
- Apropos Putzmittel. Man kann auch viel mit Essig. Kalk geht zum Beispiel super damit weg.

Geht es euch dann beim Putzen darum, die Chemikalien wegzulassen?

- Ja.

Oder darum die Umwelt zu schonen?

- Ja, auch die eigene Haut.
- Ja und für uns auch.
- Und da geht nicht so viel in die Abwässer
- Umweltschutz auch…
- Das wird ja wieder aufbereitet.
- Regenwasser ist ja auch wichtig und diese Regentonne….

Worum geht es euch bei gebrauchter Kleidung?

- Dass keine Überproduktion stattfindet.
- Um Qualität auch.
- Wenn ich was Teures kaufe, dann schmeiße ich es nicht weg, dann überlege ich schon ob ich es ein zweites Mal verwende.
- Manchmal gibt es ja auch so einen „Unfall"…dann kaufst du das und schmeißt es sowieso nach einer Woche weg.

Also auch um Ressourcenschonung?

- Ja.
- Man muss schon überlegen, was man sich überhaupt kauft.
- Ja und auch einfach weniger kauft
- Ja…diese Konsumgesellschaft…
- Und nicht so viel essen
- Nicht so viel essen?
- Übersättigung ist nicht gut, steht ja auch in der Bibel. Ist sogar eine Sünde.
- Stimmt…
- Ja…das finde ich auch wichtig…für ethischen Konsum…nicht so viel essen.

- Wenn man jetzt was Hochwertigeres kauft, was teureres…dann isst man es meistens auch bewusster.
- Genau.
- Und dann isst man auch nicht so viel davon.
- Genau. Lieber weniger, aber dafür etwas Gutes.
- Sehr gute Einstellung.
- Das Wasser ist so gut, hast du da Zitronen drin?
- Ja. Bio-Zitronen.
- Mache ich auch. Die sind so günstig im Aldi.
- Da kaufe ich auch nicht alles…also wenn es schnell gehen muss…

- Fünfte Teilnehmerin erscheint –

Weißt du was ethischer Konsum ist?

- Nein.

Also es geht darum, dass man beim Einkauf auf Menschen, Tier oder Umwelt, etc. achtet.

- Meinst du jetzt bei Lebensmittel oder generell?

Generell.

- Okay.

Hier stehen die Produkte, die wir bisher mit ethischem Konsum in Verbindung gebracht haben. Fällt dir noch irgendwas dazu ein?

- Nein.

Oder fällt euch noch irgendwas ein?

Warum ist Spielzeug dabei? Also Holz statt Plastik, aber geht es euch dabei darum, dass es gut für die Kinder ist oder darum, dass es auch besser für die Umwelt ist?

- Eher für die Kinder
- Ja Holz ist schon gut, die Bakterien leben da nicht so lange
- Aber wenn ich schon Plastik kauf, dann achte ich darauf, dass es Öko-geprüft ist. Auf jeden Fall. Das muss schon eine hohe Qualität haben. Ohne Weichmittel und ohne diese Farbstoffe. Also etwas das extra für die Kinder geprüft ist und Öko-Test drauf steht.

Okay. Sagen wir mal ihr kauft jetzt diese Produkte oder wollt sie kaufen. Wo fahrt ihr dafür hin? Wo kauft ihr die?

- Bio-Markt
- Bio-Abteilung im normalen Geschäft
- Reformhaus, da kaufe ich viel für mich

- Aber selbst im Kaufland gibt's ja auch schon Bio
- Ja. Viel.
- Im Supermarkt.
- Lidl. Oder?
- Im Lidl gibt's das auch.
- Schon, oder?
- Man muss halt nur schauen.
- Auf dem Markt.
- Auf jeden Fall. Stimmt.
- Und im Mühlenlädchen.

Was ist denn das?

- Steinbach. An Mühlen gibt's oft auch ein Lädchen. Oder die Wintermühle, da kaufe ich meine Sachen.

Wo würdet ihr diese Produkte jetzt am häufigsten kaufen?

- Also was noch gut ist, kann ich sagen, im Kaufland. Da gibt es FairMast. Fleisch oder für Kinder. Diese FairMast Brüste, also Hühnerbrüste sind auch gut. Also nicht Bio, aber.... Und recht günstig. Gar nicht so teuer wenn man für Kinder was Gutes möchte, ohne Penicillin. Die verzichten weitestgehend auf Penicillin und auf Antibiotikum. Und die laufen auch frei rum, die haben Freilauf.
- Ja, kaufe ich auch bei Kaufland.

Also kauft ihr sowas überwiegend im Supermarkt?

- Ja
- Oft auch.
- Weidemilch kaufe ich dort

Warum nicht in Discountern wie Lidl oder Aldi? Da ist es ja eigentlich günstiger.

- Ja. Aldi hat jetzt ab und zu Freitagabend Angebote von Hermine Wech. Die haben so Vertragsbauern, so kleine Bauern. Die sind gar nicht teuer, ich kenn die aus Tirol. Ich kauf da viel mehr so Brüste und friere es ein, dann hat man was daheim. Und die machen das auch ohne Antibiotikum weitestgehend. Also gutes Futter. Öko-geprüft. Also die spritzen nicht so. Die kleinen Bauern machen das einfach noch natürlich. Ohne Gentechnik...super.

Also schaut ihr je nachdem, wo es welche Produkte gerade im Angebot gibt?

- Genau.
- Da schau ich auch immer wieder.

- Die Prospekte die kommen finde ich auch gut, manchmal schreiben die von wo die Kleidung oder Milch kommt. Die informieren einfach. Das finde ich gut, aber es ist wenig. Da muss mehr sein
- Und irisches Fleisch ist auch sehr gut. Das schmeckt super. Im Real gibt es das jetzt immer und im Rewe glaube ich.
- Bei Aldi manchmal.
- Bei Aldi ab und zu mal auch.

Du hast ja gesagt, du schaust in Prospekten. Machst du irgendwas anders wenn du ethische Produkte kaufst, als bei normalen Produkten? Wenn du die kaufen möchtest. Gehst du da irgendwie anders vor?

- Naja ich schaue schon nach Angeboten. Auf jeden Fall.
- Klar.
- Weil da gibt es tolle Produkte auch günstiger. Da nehme ich gleich einen Vorrat.
- Ist ja auch teuer.
- Ist ja auch eine Kostenfrage irgendwo.
- Gar nicht unbedingt.
- Für 99 Cent gibt es im Moment ein Kilo Karotten bei Aldi. Aus Israel. Israel ist ja auch mein Lieblingsland.
- Aber Israel ist ja auch weit. Wegen Transport...
- Ja genau...Das gibt es nicht so oft...
- Ich unterstütze es halt einfach, ich mag es gern....

Findet ihr es gut, wenn solche Bio-Produkte sage ich mal, günstiger werden?

- Ja.
- Naja, wer findet das nicht gut?
- Ja eben.
- Ja aber die Bauern sollen... da zahle ich gern auch ein bisschen mehr. Weil die Bauern sollen ja auch ihr Geld haben.
- Fair für beide Seiten. Sagen wir mal so. Der Bauer soll natürlich auch von seinem Beruf leben können.

Also ist es auch gut, dass solche Produkte mittlerweile bei Discountern angeboten werden?

- Ja.
- Ja. Finde ich schon ganz gut.
- Das könnte auch noch mehr sein.
- Rewe hat schon eine ganz gute Auswahl finde ich. Abhängig von der Filiale. Wenn es eine kleine Filiale ist, natürlich nicht, aber wenn es eine Große ist...

- Also in Ulm...wir haben einen riesigen Rewe.
- Ja bei euch ist es super.

Bei der Auswahl stört dich, dass die zu gering ist?

- Bei Einigen.
- Bei Discountern ist natürlich schon weniger Auswahl, als im Bio-Markt.
- Wenn die Produkte schon ganz knapp haltbar sind. Bei pflanzlichen Joghurts zum Beispiel... ich kaufe nur Pflanzliches...alles ganz gut haltbar, aber extrem wenig, weil die das nicht reduzieren. Und dann muss man wirklich schauen, ob das Datum nicht verfallen ist. Es ist zwar dann noch gut, aber ich schaffe es vielleicht trotzdem nicht rechtzeitig zu essen und wegschmeißen will ich das auch nicht.
- Aber Haltbarkeit hängt natürlich auch mit den Chemikalien zusammen, die da drin sind.
- Nein, Tamara.
- Weil die sind ja umso länger haltbar, je mehr drin ist.
- Die Milch und den Joghurt kann man schon lange halten. Die sind sowieso nicht aus Kuhmilch

Aber ein künstliches Produkt hält sich ja schon länger.

- Und ich habe vor kurzem entdeckt, Soja-Milch aus Deutschland und Soja-Milch von...wer weiß von wo...die doppelt so teuer war. Warum brauchen wir das unbedingt?
- Wo gibt es das aus Deutschland?
- Beim Bio-Markt. Das habe ich in Ulm gekauft. Verschiedene und das schmeckt wirklich sehr gut. Der Calcium-Anteil war auch viel höher als bei den anderen. Kostet sonst 2 Euro und mehr, aber dort habe ich das für 99 Cent gekauft.

Gibt es noch irgendwas, was euch stört? Nicht nur an Lebensmittel denken, sondern vielleicht auch an Elektronik oder Kleidung.

- Ja, halt ein bisschen altmodisch.
- Ja.
- Nicht immer, aber oft.
- Für die jungen Leute..., ja, was modernes.
- Die Schnitte einfach. Man kann doch aus guten Stoffen etwas Schönes schneidern
- Baumwolle einfach...
- Es gibt viel Unnötiges.

Und was gefällt euch besonders gut?

- Na die Qualität

- Man hat ein gutes Gewissen.
- Weil das einfach super ist für Alle. Für die Umwelt, für uns, für die Gesellschaft.

Ist die Qualität generell höher bei solchen Produkten?

- Ich denke schon.
- Ich weiß es nicht.
- Ich hätte jetzt schon gedacht.
- Kommt drauf an, also bei Lebensmittel würde ich schon sagen.
- Also bei Kleidung teils, teils würde ich sagen.
- Ja, das ist schon was anderes.
- Was mir zur ersten Frage noch eingefallen ist… Man braucht häufigere Kontrollen, auch bei Bio-Läden. Weil ich hab schon von frei laufenden Hühner gehört, dann ist meine Bekannte selber zum Bauern gefahren und die sitzen im Käfig. Die kontrollieren nicht.

Also Ehrlichkeit.

- Ja Ehrlichkeit.
- Mehr Kontrolle.
- Mehr strenge Kontrollen
- Häufiger.
- Und wie das Futter beschaffen ist auch.
- Vertrauen einfach.
- Ja genau.

Wegen der Gesetze? Oder muss die Politik da reagieren?

- Beides
- Ja, Politik auf jeden Fall.
- Dass da der Bauernbund oder der Landwirtschaftsminister was macht.
- Und einfach dies Kontrollen…
- Zu selten..
- Ja zu selten…
- Dass das einfach öfters gemacht wird.
- Und unangekündigt.
- Ja genau.
- Ja, viele vertrauen den Bio-Produkten nicht.
- Paar Mal gab es schon Enttäuschungen bei mir.

Gibt es irgendwelche Marken, die euch besonders gut gefallen? Aus dem Bereich Konsumethik? Oder gibt es irgendwelche Unternehmen, die euch dazu einfallen?

- Bestimmte?

- Also bei Kosmetik sind das glaube ich wirklich die Zwei.
- Also Lavera…
- Und Hauschka
- Das nehme ich jetzt nicht so, weil die machen das mit Demeter.
- Pedigree Hundefutter.

Warum? Was ist bei denen besser?

- Weil die einen höheren Fleischanteil haben.
- Die Leute müssen besser informiert werden. Mir fehlt auch das Wissen.
- Ich habe zum Beispiel etwas gekauft und wurde mir gesagt, dass die auch Kinderarbeit haben.
- Über sowas informiert man natürlich nicht…
- Der Benny hat mal recherchiert und gesagt, dass man beim Thunfisch total aufpassen muss. Dass die ganz viel so Quecksilber und Gifte enthalten können.
- Ohje.
- Also ganz giftig.
- Aus Asien…
- Nur noch Regionale…
- Die Norma hat Karpfenfilet aus Franken gehabt. Die waren ganz lecker.
- Was mich stört ist, dass die manchmal die Informationen so klein drauf machen, dass man es kaum lesen kann.
- Und weil die darauf spezialisiert sind…Die schicken das nach China mit dem Schiff…
- Der Fisch von der Nordsee kommt nach China…
- Oder die Krabben…
- Die Krabben werden nach Mexiko geschickt, zum Auspulen und dann wieder an die Nordsee.

Gibt's beim Fisch dann auch irgendwelche Siegel, woran man erkennt, dass der Fisch jetzt gut ist?

- MSC Siegel
- Das steht schon drauf.
- Was heißt das jetzt nochmal?
- Ja das weiß ich nicht, was das bedeutet.
- Keine Ahnung
- Also das wird kontrolliert.
- Überwachte Fanggebiete
- Das nicht zu viel rausgenommen wird.
- Da achte ich sehr darauf. Also ich nehme nur noch das Siegel.
- Aber der Fisch selber hat so viele Schwermetalle und Gifte, hat der Benny mir gesagt.

- Schuld ist die Menge. Wir essen einfach zu viel. Alles zu viel.

Aber gibt es bei anderen Produkten auch noch Siegel, auf die ihr achtet? Auf die ihr besonders achtet? Oder irgendwelche Kennzeichen?

- Vielleicht kotrollierter Anbau.
- Ja.
- So wie Schadstofffrei oder noch was. Auf solche Zeichen schauen wir schon.
- Vegetarisch, Vegan.
- Das finde ich ganz gut.
- Das eben nicht etwas mit Tieren drin ist.
- Auf Zusatzstoffe achte ich immer. Bei Brotaufstrichen oder anderen Sachen. Da achte ich drauf, was drin ist. Das ist aber so klein geschrieben.
- Bei Säften zum Beispiel, wenn da steht 10 %. Was weiß ich.

Aber da geht es um deine Gesundheit oder?

- Ja.
- Und auch noch versteckter Zucker. Wieso schreiben die das mit solchen chemischen Buchstaben, dass die Leute das nicht verstehen?
- Ja. Das stimmt.
- Umgangssprache oder so. Dass das klar ist.
- Ist wieder Verkaufsdenken.
- Das ist ja letztendlich international und die Fachbegriffe kann man dann schon einigermaßen entschlüsseln, egal in welchem Land du bist.
- Ich verstehe überhaupt nicht was das ist.
- Das musst du dann halt lernen.
- Warte mal. Da steht deutlich Milch zum Beispiel, aber Zucker....
- Glucose...
- Das musst du aber lernen, dass Zucker Glucose heißt.
- Da gibt es noch Schlimmeres.
- Naja wenn da nicht Glucose steht, ist es kein Zucker.

Also um es euch zu vereinfachen, müsste man die Informationen...

- Umgangssprachlich formulieren.
- Und überhaupt die Leute mehr informieren.
- Es sollte so eine Tabelle geben, wo man nachschauen kann.
- Ja.
- Ich find das schon gut alles. Die Infos werden schon immer besser. Weil die Leute mehr wissen wollen.
- Ja, schon mehr.

- Mir hat jetzt jemand gesagt, bei Dr. ???, da ist lauter Butter drin.
- Voll aufgeklärt. Die hat selber so Pralinenkugeln gemacht.
- Ganz viel Butter.
- Wer hat die gemacht?
- Die Tanja.
- Und weiße Schokolade. Da ist noch mehr Fett drin.

Kann man euch den Einkauf noch irgendwie vereinfachen?

- Vereinfachen?

Ja. Oder angenehmer machen.

- Ja indem es geliefert wird. Kostenlos.
- Ja.

Bei ethischen Produkten oder allgemein?

- Nein, das gibt es ja schon.
- Man kann sogar Menüs zusammenstellen.
- Happy Fresh nennt sich das.
- Ich hab mir mal überlegt, das zu kaufen.
- Einfach mal zum Spass. Weil die sagen es ist total gesund, frisch und da hast du solche Menüs halt und du musst nichts kochen.
- Da musst du schon kochen. Da wird alles zusammengestellt, dann hast du dein Rezept und dann kochst du.
- Achso.
- Also ich hab mal geschaut, für fünf Menüs zahlst du knapp 50 Euro.
- Ja.
- Für eine Person wird dann knapp.
- Es wird ja auch alt.
- Aber da sind gute Rezepte dabei muss ich sagen. Hat schon lecker geschmeckt. Ich hab dann alles gekocht, weil ich es nicht verderben lassen wollte.

Wir spielen jetzt ein kurzes Spiel. Auf jedem Plakat stehen jetzt zwei Begriffe und wir spielen jetzt sowas wie Flüsterpost. Also ihr habt jetzt ein paar Sekunden Zeit und das erste Wort, dass euch dazu einfällt schreibt ihr einfach auf und gebt es eine Runde weiter. Also zu jeder Reihe. Tamara hat zum Beispiel Kreislaufwirtschaft und schreibt dazu das erste Wort, dass ihr einfällt. Und Teilen. Da das Selbe.

- Voll die schweren Begriffe.

Und gibt es dann an die nächste Person weiter.

- Auch was wir schon hatten?

Auch was wir schon hatten. Genau. Das was einem zuerst in den Kopf kommt.

Gar nicht lange überlegen.

- Also ein Wort einfach.

Genau. Muss auch nicht immer etwas positives sein. Es kann auch etwas Negatives sein.

- Was meinst du denn damit?

Konsumverzicht? Naja vielleicht kaufst du statt fünf paar Schuhe, nur Zwei, um Leder zu sparen...

- Also wir sollen einfach rein schreiben, was uns gerade einfällt?

Genau. Einfach das erste Wort.

- Auf jeden Zettel?

Nein. Immer nur ein Wort. Oben eins und Unten eins.

- Und dann wieder austauschen?

Genau.

- Für jedes?

Genau.

- Was ist Fair Trade?

Fairer Handel. Also zum Beispiel, dass die Bauern in Indien einen gerechten Lohn bekommen. Höhere Löhne allgemein, vielleicht auch in Deutschland.

D. Information und Vertrauen

Wenn ihr euch jetzt über solche Produkte informieren wollt, wie macht ihr das oder wo macht ihr das?

- Ich gehe in den Laden und lese es durch.
- Ich google
- Im Internet kann man ja auch Alles
- Verpackung.
- Inhaltsangaben
- Internet
- Den Verkäufer fragen
- Und Zeitungen, Zeitschriften, mehr Informationen und sogar auch von den Ärzten. Manchmal sagen die auch einfach kurz, naja die haben auch keine Zeit.
- Zeitungen

- Mehr informieren.

Macht ihr das bei allen Produkten gleich? Oder macht ihr das bei Kleidung zum Beispiel anders als bei Lebensmittel? Die Informationssuche

- Ne doch, bei beiden.
- Bei Kleidung sind ja oft einfach nur irgendwelche Aushilfen da. Da schau ich dann schon im Internet.
- Einfacher. Wir kaufen nicht jeden Tag Kleidung.
- Hauptsächlich Lebensmittel
- Bei Kleidung achte ich gar nicht so drauf. Höchstes auf das textile....
- Dass keine...

Sind denn die Infoquellen ausreichend?

- Ja.
- Eigentlich schon.

Gibt es da noch irgendwas, was man besser machen könnte?

- Mehr im Fernsehen einfach.
- Media
- Media ja
- Radio
- Und in der Schule sogar. Die Kinder auch ganz gut informieren.
- Die Lehrer.
- Es gibt ja auch Gesundheitserziehung
- Wenn man Hauswirtschaft hat. Wo man kocht, da lernt man sowas.
- Bei uns schon ab der 1. Klasse
- Kenn ich gar nicht.
- Ernährungskreislauf.
- Ja okay.
- Dies Gesundheitspyramide oder?
- Ja und auch weniger Auto fahren, weniger Wasser verbrauchen. Das macht man jetzt schon.
- Und auch Wasser trinken.
- Genau. Nicht Cola und so.
- Machen die im Kindergarten schon.

Wer ist eurer Meinung nach für die Informationen verantwortlich? Sind das die Unternehmer, der Einzelhandel, oder die Politik?

- Politik
- Politik
- Politik

- Unterrichtsministerium
- Naja die Unternehmer wollen halt Geld.
- Ja.
- Die werden vielleicht nicht immer so…
- Gesetze ändern und Kontrolle.

Wie schaut es dann mit dem Vertrauen bei euch generell aus? Mit dem Vertrauen zu ethischen Produkten? Glaubt ihr das was die Siegel aussagen? Oder was die Firmen dazu sagen? Dass die gut sind?

- Ich könnte jetzt nicht sagen zu 100 %
- Sagen wir mal 90 %
- Ja
- Aber besser als bei Produkten wo du schon weißt, dass die nicht gut sind.
- Das beruhigt uns trotzdem oder?
- Aber was ist zum Beispiel mit McDonalds? Weil die preisen ja damit, dass das Fleisch…
- Nein, da habe ich kein Vertrauen.
- Jedes Unternehmen wird doch sein eigenes Produkt nicht schlecht machen.
- Ja genau.
- Da glaube ich das gar nicht, bei McDonalds. Obwohl die ja total damit preisen.

Wenn da jetzt so ein Siegel drauf ist, glaubst du das denen mehr?

- Ja.
- Ja.
- Ich würde es mehr glauben, wenn jemand anderes das sagen würde.
- Also jemand der nicht für McDonalds arbeitet.

Also dann die Politik wieder.

- Kontrollen
- Kontrolle
- Die, die das wirklich nebensächlich machen.
- Greenpeace.
- Oder dieses Ökotest
- Aber dieses Stiftung Warentest glaube ich auch nicht mehr. Weil da ist auch sehr viel gebogen.
- Da gibt es doch extra diese Zeitschriften?
- Ja.
- Aber darauf kannst du nicht vertrauen
- Nicht?
- Nein

- Warum?
- Also ich weiß das von meiner Schwester. Die hat sich da mal informiert.
- Also ich halte mich da jetzt auch nicht so dran. Das bedeutet mir jetzt auch nicht so viel, was da drauf steht.
- Aber ich glaub das jetzt auch nicht so...die Bewertung.

Was könnten die machen, damit ihr denen mehr vertraut? Also generell Politik und Unternehmen.

- Ja Beweise.
- Unabhängige Kontrollen.
- Ich glaub das ist schwierig.
- Das kann man nicht beweisen.
- Nein.
- Also mich hat gefreut, dass jetzt von der EU ausgehen soll, dass der Zuckergehalt in den Lebensmittel nach und nach vermindert werden soll. Das finde ich toll. Und das nehme ich auch ernst. Da denke ich mir hoppla, da passiert endlich was.
- Also Politik

Also sollte die Politik auch in anderen Bereichen mehr handeln.

- Auch beim Rauchen. Nicht nur alles Mögliche drauf schreiben, sondern die so teuer machen, dass man eben nicht mehr rauchen kann. Zum Beispiel.

Also auch Gesetze...Steuern...

- Schon. Also die Politik muss da auch unterstützen.

Also nicht nur gute Produkte unterstützen, sondern auch schlechte Produkte rausnehmen oder so teuer machen, dass die keiner mehr kauft?

- Genau. Oder auch die Fanta und die ganzen Sachen die Kinder so kaufen und sich keine Gedanken machen. Wir müssen ja auch die medizinischen Kosten bedenken. Wir müssen das ja alles mittragen.
- Eben.

Boykottiert ihr auch irgendwelche Unternehmen? Wenn ihr jetzt in der Zeitung gelesen habt, dass irgendeine Firma etwas Schlechtes getan hat? Kauft ihr die dann noch?

- Weniger.
- Nein
- Also ich weniger
- Der Appetit vergeht dann.
- Ja bei Lebensmittel

- Oder auch bei Kleidung
- Auch als es den Skandal bei H&M eine Zeitlang gab, war das einfach unangenehm.
- Ach da war was?
- Ich halte von denen eigentlich gar nichts, aber ich kaufe es trotzdem.
- Also bei Teddy oder solchen Sachen denke ich mir, das ist bestimmt schlecht hergestellt. Aber ich geh trotzdem ab und zu rein und kauf auch mal was.
- An Deko denke ich dabei, weil das so günstig ist.
- Da will man nicht viel dafür ausgeben und dann kauft man das.
- Alle Nachbarskinder kriegen von mir auch noch eine CD von…Ist wahrscheinlich auch giftig, aber ….
- Aber ich muss auch sagen, wenn man bei Kleidung darauf achtet, dann sind die auch dementsprechend teuer. Das geht halt auch nicht. Dann geh ich halt doch mal zu H&M.
- Da gibt es dann halt auch die Grenzen.
- Genau. Ich meine ab und zu ja
- Aber so schlecht ist H&M auch nicht. Das ist ja immerhin kein Kik oder Takko
- Beim Kik hab ich gehört, dass der auch darauf achten soll
- Der Kik?
- Oder das nicht so viel Gifte drin sind.
- Ich glaub das machen jetzt alle
- Weil sich die Leute immer mehr dafür interessieren.

Gibt es vielleicht auch irgendwelche Marken, die ihr generell nicht kauft weil ihr wisst, dass die schlecht sind?

- China.

Generell?

- Wie gesagt, es kommt drauf an. Also wenn ich sehe, dass die Unterwäsche die ja direkt an der Haut ist, in China gemacht ist, dann kaufe ich das nicht.
- Ich auch nicht.
- Obwohl ja nicht alle China-Unternehmen schlecht sind. Aber da ich weiß, dass es so weit weg ist…ich kann es nicht prüfen…ich kann nicht verstehen was die chinesischen Zeichen bedeuten.
- Aber auch Adidas…Nike….Das müsste eigentlich in Deutschland geprüft werden.

Auf Schadstoffe?

- Auf alles. Weil das ist das gleiche Material wie hier. Das ist nicht anders.

- Ja da gibt es schon die Mindestgrenze. Aber die Mindestgrenze ist halt auch nicht immer gut.
- Weil die Kontrolle ist ja eigentlich die Gleiche.
- Ist nicht das Gleiche…Also Adidas aus dem Adidas-Laden…

Ist das gut oder schlecht?

- Ja also mit Adidas kenne ich mich jetzt nicht so aus. Also ich glaube echte Marken…da müsste man das halt prüfen. Aber ich habe schon oft gehört, dass wenn man die Sachen wäscht, dann färbt sich halt da das Wasser rot, das heißt die Farbstoffe gehen da weg und da nicht.

Sind bei nicht-ethischen Produkten die Qualitäten dann generell schlechter?

- Nein. Besser. Halt warte mal. Nein nicht besser
- Nicht generell…
- Vielleicht ist da mehr Chemie drin.
- Aber man muss ich ja denken wenn sich das färbt, dann färbt sich das ja auch auf unsere Haut, wenn wir schwitzen.
- Natürlich.
- Also ich habe schon oft irgendwelche Sachen angehabt und dann war ich da Rosa oder Blau. Und das war dann halt irgend so eine Billig-Jeans.
- Aber ich hab auch mal was bei Wöhrl gekauft und dann war ich so enttäuscht. Eine schöne Seidenbluse mit schöner Farbe, aber nur bis zum ersten Waschen. Das war eine Katastrophe…das Wasser war immer grün.
- Ja aber Wöhrl hat ja viele Marken.
- Und da war ich schon geschockt. Aber es war natürlich gut, dass die mir das Geld rückerstattet haben. Das war dann am Schluss einfach fleckig.

Bei wem liegt dann die Verantwortung, dass sowas nicht passiert? Beim Unternehmen oder…?

- Ja, beim Unternehmen.
- Ich finde Kontrolle

Kontrollen.

- Ja.
- Härtere Kontrollen. Überall.
- Aber das ist auch nicht schön, wenn alles so kontrolliert wird.
- Ja aber wir sind so weit entfernet, da wird sehr selten kontrolliert…
- Wir sind schon Kontrollfreaks. Glaube ich.

- Oder wer kontrolliert noch mehr?
- Eigentlich geht es uns allen doch so gut.
- Auch die Lebensmittel sind viel besser als wo anders glaube ich.
- Deswegen achten wir ja jetzt darauf, weil es uns so gut geht.
- Weil wir uns das leisten können.
- Ich hab auf Zentrum der Gesundheit im Internet gelesen, dass wir alle zu wenig Magnesium haben, weil zu viel Pflanzenschutzmittel und Chemie gespritzt wird. Die Salate haben dadurch nicht mehr die Magnesiumwerte drinnen wie Normale. Da wurde die Kontrolle gemacht. Also soll man das zuführen.

Würdet ihr generell sagen, dass ihr jemand seid, der ethische Produkte kauft?

- Ja.
- Bedingt.
- Mittel
- Also nicht immer
- Ich bin ehrlich.
- Wo man halt gerade einkauft

Ist das eher zufällig, so dass man im Laden steht und man sagt, da steht Bio drauf, das nehme ich mal mit?

- Genau.
- So mache ich das auch.
- Hängt auch vom Preis ab. Wenn ich jetzt sage, das ist in Ordnung vom Preis her, dann nehme ich das mit.

Sucht ihr auch mal gezielt nach solchen Produkten?

- Nein.
- Ich schon
- Bananen immer und bei Fleisch achte ich drauf.
- Bei Eiern
- Milch

Wie schaut es mit der Kommunikation aus? Redet ihr mit Freunden oder Verwandten über Bio...regionale Produkte?

- Auf der Arbeit
- Ein bisschen
- Zu Hause
- Also meine Kundschaft hält mich teilweise für vollkommen verrückt weil ich Veganerin bin. Deswegen halte ich mich jetzt ein bisschen zurück und denke mir, das muss ich nicht unbedingt sagen.
- Manche verstehen das nicht.

- Man muss da glaube ich ein bisschen aufpassen…
- Dass man nicht zu sehr übertreibt.
- Ich kaufe trotzdem gerne viele Sachen, aber ich steigere mich da nicht rein.
- Also mit Schuhen…da achte ich jetzt nicht drauf. Auf Bio-Leder oder so, das wäre mir jetzt zu viel. Da muss man dann wieder in einer Stadt sein, wo es einen Öko-Laden gibt, für Schuhe.
- Also Echtleder oder Pelz kaufe ich jetzt nicht.

E. Erwartungen

Kommen wir zur letzten Frage. Da braucht ihr ein bisschen Vorstellungskraft. Stellt euch vor, ihr fliegt mit einer Rakete zu einem fernen Planeten. Auf dem Planeten wird perfekt ethischer Konsum gelebt. Also es werden nur solche Produkte gekauft.

- Okay.

Wer wohnt dort? Was für Menschen wohnen dort?

- Keine Egoisten
- Das ist dann ein Paradies

Wie schaut es dort aus?

- Wie im Paradies…so ähnlich
- So wie es sein sollte

Wie fühlen sich die Menschen dort?

- Zufrieden
- Ja.

Stellt euch vor, ihr seid dort und kauft ein. Wie läuft dort eine typische Einkaufssituation ab?

- Da braucht man nichts wissen.
- Genau
- Jeder nimmt einfach alles

Also optimales Vertrauen?

- Ja.
- Wenn man weiß, dass zum Beispiel alles regional ist, dann muss man ja gar nicht darüber nachdenken.
- Nichts nachschauen oder so
- Das ist dann ein schöner Wochenmarkt
- Genau

Gefällt es euch dann dort?

- Na klar.
- Weiß ich nicht, ich war noch nicht dort.
- Da ist sicher manches angenehmer.

Gibt es irgendwas, was euch dort fehlen würde?

- Naja die ungesunden leckeren Sachen
- Genau. Die Süßigkeiten.
- Ab und zu…
- Das würde uns alles nicht fehlen.
- Bestimmt nicht.

F. Ausklang und Verabschiedung:

Gut, das war es. Oder wollt ihr dazu noch irgendwas sagen, was euch auf dem Herzen liegt?

- Dass wir uns um sowas sorgen und auch sparsam leben. Ich finde, dass das wichtig ist. Jeder macht seine Sache ehrlich.
- Schönes Ziel…Aber mit Grenzen. Ich glaube, das ist in unserer Welt nicht umsetzbar.
- Nein.

Okay. Danke, dass ihr mitgemacht habt.

Tabelle 4: Aufbereitungstabelle der Männer-Diskussionsgruppe

1. Bedeutung ethischer Produkte:

Gesundheit:

Verbindest du dann Gesundheit auch mit ethischem Konsum?

- Ja, schon.

Also Gesundheit für dich selbst, durch die Lebensmittel die du kaufst?

- Ja genau.

Regionalität:

- Dann habe ich hier oben noch ein paar frische Kräuter. Weil es ja auch ganz nett ist, wenn man sich auf dem Markt frische Kräuter kauft und nicht die Tiefgefrorenen von irgendwoher. Da muss man die Umwelt nicht so sehr zerstören.

Saisonkauf:

- Auf Äpfel im Winter zu verzichten, statt Äpfel aus Neuseeland zu kaufen.

Natürliche Produkte (bedingt):

- Ja dann habe ich hier noch ein Wurzelextrakt, weil man muss ja auch nicht immer Chemie rein kippen, man kann ja auch organische Dinge nehmen.
- Und dann habe ich noch einen Gin. Weil ich da ganz gut finde, dass man sieht was drin ist. Das ist halt ein Schnaps wo Wasser, Wacholderbeeren und was weiß ich was noch drinnen. Nicht irgendwelche Mittel die man nicht kennt. Geschmacksverstärker oder sonst was.
- Also so Massenprodukte zu stoppen, die voll mit irgendwelchen Medikamenten sind.

Kritisch bei Drogerieartikel:

- Und gleichzeitig habe ich hier auch von Loreal, weil man manchmal auch einsehen muss, dass diese ganzen Chemiekonzerne ja auch gute Sachen machen. Man kann nicht alles vom Biobauern kaufen. Das muss man manchmal auch einsehen finde ich.
- Ja das ist so eine Gesichtscreme glaube ich. So eine Feuchtigkeitscreme. Vielleicht kann man sich da als Hausmittel auch Tomaten auf die Augen legen, aber wenn es dann auch so gute Produkte gibt, die irgendwo chemisch hergestellt werden, ist das nicht verwerflich. Man darf ja auch nicht alle großen Konzerne „haten".

Glaubst du dann, dass es bei Drogerieartikel allgemein keine Alternative zum Massenkonsum gibt? Also irgendwelche ethischen Produkte in der Drogerieabteilung?

- Die gibt es schon würde ich sagen. Also wenn man sich auskennt, kann man bestimmt auch mit irgendwelchen Hausmitteln viel machen. Und es gibt bei den

Drogerieartikeln ja gerade auch immer diese Weleda Duschshampoo, dass dann irgendwie acht Euro kostet und da gibt es dann irgendwie keine Tierversuche oder sowas. Aber das ist dann auch wieder stark auf den Preis fixiert.

Technik/Ressourcenschonung:

- Ich verbinde Ethik auch mit Nachhaltigkeit. Das Auto ist zum Beispiel auch ein Elektroauto. Natürlich #Klimawandel.
- Ich meine, dass keiner irgendwie Bock hat, auf ein Elektroauto, kann man irgendwie auch verstehen.
- Weils weniger Leistung hat. Vielleicht weniger Qualität. Also in dem Aspekt. Aber da müsste vielleicht der Einzelne ein bisschen zurückstecken oder?

Gute Produktionsbedingungen:

Faire Behandlung von Tieren:

- Also für mich besteht ethischer Konsum aus zwei großen Komponenten. Einmal eben die Produktion, dass man dabei eben darauf achtet, dass gerade wenn es um tierische Lebensmittel geht, dass da keine Massentierhaltung betrieben wird, sondern dass man im Sinne der Ethik eben darauf achten muss, dass auch die Tiere unter fairen Bedingungen behandelt werden.
- Eine die wahrscheinlich in Freiland lebte und solche Dinge. Die meisten von uns sind ja wahrscheinlich keine Vegetarier und wenn man dann sieht, wie es in Massentierhaltung ist, ist es ja schon schön, wenn man dann sieht, dass es den Tieren verhältnismäßig gut geht oder die nicht so beengt gelebt haben. Und da finde ich es dann durchaus vertretbar.
- Hier vegan und vegetarisch. Verbindet man ja auch irgendwie mit Ethik. Wenn man komplett darauf verzichtet, dass die Tiere im Prozess beteiligt sind…leiden…Obwohl ich jetzt auch kein Veganer oder Vegetarier bin.
- Das ist einfach noch nachhaltige Fischerei. Ist ja auch eine Überfischung der Weltmeere.

Faire Behandlung von Menschen:

- Produktion von T-Shirts oder eben Jeans oder wie auch immer geht…da hat bestimmt jeder diese Bilder von den riesigen Arbeiterhallen in Süd-Ost-Asien vor Augen. Das geht natürlich nicht nur um Tiere, sondern auch um Menschen und die sozialen Faktoren.
- Da kann man dann auch sehen, dass irgendwelche Großfischereien ihren Gewinn machen und irgendwelche Kleinfischer auf ihren Inseln verrecken.

Kreislaufwirtschaft → Ressourcenschonung:

- Und eben auf der anderen Seite, dass man nicht sofort Alles wegwirft, nur weil es einem nicht mehr passt oder nicht gefällt und dann neue Sachen kauft. Sondern eben dass man versucht, das auch mehr wertzuschätzen. Wie hier eben dargestellt, diese Jeans als Deko oder als Tasche, wie auch immer…eben neu zu verwerten. Eben als Kontrast oder Gegenpol zur Massenproduktion. So dass man eben versucht mit den Ressourcen die man hat, nachhaltiger umzugehen.

- Genau, dass man eben versucht, das weiter zu verwerten…damit etwas nachhaltiger umgeht…bewusster umgeht…

Qualität:

- Nicht jedes Stück Fleisch muss ja unethisch sein. Ein gutes Stück kommt ja nicht aus der Massenproduktion.
- Ich habe jetzt hier ein bisschen bessere Qualitätsprodukte, zum Beispiel was Essen angeht…Fleisch.
- Da sieht man auch, das ist schön marmoriert, das ist ein edles Stück, das kommt von einer glücklichen Kuh.
- Ich denke man sieht das an der Fleischqualität teilweise. Daran erkennt man das. Und ja dadurch dass die dann einfach die Zeit haben zu wachsen und nicht so den Stress erleben, kann man das dann eigentlich aus dem Fleisch rauslesen glaube ich

Qualität wird in Verbindung mit besseren Bedingungen gebracht:

Also Qualität steht dann für dich für ethischen Konsum?

- Ja, weil es dabei andere Arbeits- und Herstellungsbedingungen gibt. Für Tierhaltung…Und dass man weiß von welchem Bauern das Tier…das Schwein, etc. kommt…wo es geschlachtet wurde.

Kennzeichen von Qualität:

Aber woran erkennst du, dass da Produkt eine höhere Qualität aufweist, wenn du im Laden stehst?

- Also bei Fleisch sehr oft an der Farbe, Fettanteil.
- Ja, irgendwelche Siegel….Bio…oder dass es zum Beispiel hier in Bayern hergestellt wurde oder in Franken…aus der Region. Also die Ökobilanz ist hier schon besser, als wenn das Fleisch aus Argentinien oder sonst woher kommt.

Weniger kaufen wegen besserer Qualität:

- Also da ist es vielleicht eine gute Idee weniger zu kaufen, aber dafür in besserer Qualität.
- Ja vielleicht einmal kaufen, aber dafür dann richtig kaufen. Schöne Sachen kaufen, einfach bessere Qualität einmal und dann reicht das für 20 bis 30 Jahre. Anstatt sich jedes Jahr ein Neues Teil zu kaufen. Wegen Umweltverschmutzung, Herstellung.
- Vielleicht auch die Haltbarkeit.

Weniger Wohlstand:

Verbindest du Wohlstand dann mit ethischem Konsum oder ganz im Gegenteil mit Massenkonsum?

- Eher mit Massenkonsum.

Preiserhöhung:

- Ja also beim Fleisch ist das eigentlich durchaus mit einer Preiserhöhung verbunden meistens. Bei den Eiern ist das ja auch so. Also wenn man mehr ausgibt, kriegt man auch die schönen Sachen. Also die Legebatterie-Eier kosten ja irgendwie einen Euro und bei den Freiland-Eiern kosten ja irgendwie sechs Stück schon zwei Euro.

Findet ihr, dass solche hochqualitativen oder auch ethischen Sachen zu teuer sind?

- Also als Student schon.
- Also ich finde in Deutschland sind solche Basissachen wie Fleisch sehr sehr günstig und deswegen fällt es dann auf, dass die anderen Sachen dann eben teurer sind. Weil der deutsche Konsument gibt ja auch prozentual wenig von seinem Gehalt für Fleisch aus oder für Essen generell. Ich glaube da fällt es dann halt mehr auf, wenn man sich mal was Gutes kauft.
- Ist auch nicht ganz billig.

Keine Markenprodukte:

Also Marken stehen dann auch für Massenkonsum?

- Ja, schon.

Persönlichkeit:

- Einen Bauer, der gerade auf seinem Feld arbeitet und da finde ich es gut, dass sie ein Gesicht zu den Produkten zeigen. Also das sind keine Großkonzerne in den USA wo das alles Massenware ist. In Europa ist das halbwegs normal. Familienbetriebe

Geht es dir dann auch um die Kleinbauern, die du damit unterstützt? Kaufst du solche Sachen dann auch?

- Das auch, ja. Und wenn es frisch ist und man weiß wo es herkommt, kann der Bauer ja vielleicht auch ein bisschen mehr verkaufen.

2. Konsumentenziele bei ethischem Konsum:

Egoistische Motive:

- Gewissen erleichtern.

Also gewissen erleichtern...Meint ihr damit, dass die Leute gar nicht etwas Gutes bewirken wollen, sondern sich einfach nicht schlecht fühlen wollen?

- Ja
- Die Menschen wollen sich dadurch auch einfach besser fühlen.
- So gibt es halt auch keinen Altruismus.

Also sind schon eher egoistische Motive ethische Produkte zu kaufen als...

- Ja.

Wer würde sagen...per Handzeichen...dass die Leute ethische Produkte kaufen, weil sie die Welt verbessern möchten?

Also niemand

- Ich weiß nicht...
- Ich glaube meistens, um ein gutes Gefühl zu haben.
- Selbstwertgefühl steigern.
- Ja das ist auch so eine Art Synonym um das Gewissen zu beruhigen.

Gesundheit:

- Gesünder vielleicht auch.
- Ja genau, gesünder leben.
- Gerade wenn es um Lebensmittel geht, alles was Gesundheit angeht.
- Wenn man Bio-Produkte kauft, statt irgendwelche Massenprodukten dann sind die ja in der Regel frei von irgendwelchen Pestiziden oder sonst irgendwas. Hilft natürlich auch viel für das Gewissen, aber wahrscheinlich macht das auch tatsächlich einen Unterschied aus.
- Man lebt natürlich auch gesünder wenn man keine hormonbehandelten Tiere ist, sondern eben Bio-Tiere zum Beispiel. Das macht ja schon einen Unterschied aus.
- Oder insgesamt weniger Fleisch. Also nicht ständig Putenfleisch essen oder Schnitzel. Da wachsen nach ein paar Jahren die Brüste.

Also ihr würdet ethische Produkte kaufen, weil es für euch gesünder ist oder für eure Familien?

- Ja.

Und was überwiegt da? Ist es der Zweck etwas Gutes für die Umwelt zu tun oder die Gesundheit für euch selbst?

- Gesundheit
- Für uns selber.

Qualitätssteigerung → Ersparnis →Ressourcenschonung:

- Einmal kaufen, dafür besser
- Naja wenn ich Scheibenwischer kaufe...die trennen das nicht. Wenn ich die von Bosch kaufe, halten die länger. Vielleicht muss ich die dann nur einmal kaufen, aber wenn ich Billigzeug kaufe muss ich die zweimal kaufen.
- Naja das sind ja auch Rohstoffe die verwendet werden und die kann man nicht wieder herstellen. Weil die gewisse Mineralien dafür verwenden.
- Wenn du natürlich recycle-fähiges kaufst, ist es an sich besser.

Zugehörigkeit:

- Ich finde das ist gewissermaßen auch in Mode gekommen. Ich glaube dass das viele kaufen...
- Ersatzreligion ist das ja fast schon.

- Jaja genau. Dass man das einfach nur macht, weil das Alle machen oder dass man nach außen zeigen will, ich achte da drauf.
- Mainstream.
- Damit man an der Uni mitreden kann, beim veganen Pesto.
- Wenn man Veganerinnen rumkriegen möchte...
- Also in der Uni habe ich letztens die Diskussion verfolgt, wo sich drüber unterhalten wurde wo es gutes veganes Pesto gibt und da hatte ich auch so das Gefühl dass da manche drin saßen, die dann meinten, ja ich esse ja eigentlich auch kein Fleisch und so. Und dass sie einfach dadurch dass sie vegan sind oder so hip sind oder fast schon cooler. Weil die sich alle gegenseitig übertroffen haben, wie krass es ist fair trade zu kaufen und wie ethisch sie leben. Dass es jetzt irgendwie fast schon so ein tolles Merkmal jetzt ist.

Also man will einfach dazugehören, weil es ein Trend ist?

- Ja.
- Früher haben sich die Leute Ablassbriefe gekauft und heute klatschen die sich das Dach voll mit Solaranlagen.
- Naja teilweise ist da auch nicht unbedingt schlecht, aber ...
- Schadet ja auch nicht...
- Na gut es gibt auch Leute die da wirklich gute Dinge machen...aber ja...

Gehört ihr dazu?

- Ne
- Das ist ja eigentlich schon so, dass sich der Strompreis erhöht, weil die ganzen Leute die Solaranlagen haben. Weil zu viele Leute einspeisen.

Religiöse Pflichten erfüllen:

- Man will seine religiösen Pflichten erfüllen.
- Zum Beispiel ein Moslem soll ja auch in Halal investieren und so. Oder dass er zum Beispiel nicht in eine Schweinefarm investiert oder sowas. Ein Jude auch nicht. Das ist ja auch ethisches Handeln.
- Woher kommen denn deine ethischen Grundsätze? Bei uns ja aus dem jüdisch-christlichen Weltbild. Dahingehend bedeutet das ja, dass du nicht gerade den Waffenproduzenten unterstützt, sondern den Bio-Bauern eher.

Welt verbessern:

- Da gibt es vielleicht auch Welche, die wirklich die Welt verbessern wollen. Nachhaltig gestalten.
- Gesunde Öko-Bilanz fördern.

Ihr habt gleichzeitig aber auch Welt verbessern hingeschrieben. Gehört ihr dazu oder meint ihr, dass viele Leute dazu gehören, die die Welt verbessern möchten?

- Ich glaube schon mehr als man denkt.
- Man kann ja auch egoistisch handeln und trotzdem die Welt verbessern.

- Es gibt ja auch Menschen die wirklich damit die Welt verbessern möchten.
- Wobei viele schon wirklich die Welt verbessern wollen.
- Ich glaube, dass es eher weniger sind, die das wirklich ganz bewusst kaufen, nur weil sie jetzt denken okay, dann bekommt der…
- Ich glaube das ist eine Mischung aus Beidem.
- Alles kommt da zusammen.
- Menschen in der dritten Welt helfen.

Regionale Wirtschaft stärken:

Lokale Unternehmen unterstützen habt ihr noch drauf stehen. Wie macht man das? Gibt es da irgendwelche Abfolgen oder ...

- Indem man sein Geld in der Region ausgibt und nicht ständig bei Amazon irgendeine Scheiße bestellt.

Aber wenn du jetzt in den Real gehst, unterstützt du ja auch nicht wirklich die Region.

- Ja doch, da sehe ich ja manchmal so fränkische Kartoffeln oder sowas.

Die kaufst du dann?

- Ja.

Okay. Was sagen die Anderen dazu? Macht ihr auch sowas in der Art? Lokale Unternehmen zu unterstützen?

- Ja.
- Wenn ich auf den Wochenmarkt gehe zum Beispiel
- Ich habe jetzt eine Hose zum Beispiel aus der Stadt, statt bei Zalando. Mache ich nie wieder…

Gegen Massenproduktion ankämpfen:

- Auch einfach um auszudrücken, dass man keine Massenproduktion will. Zum Beispiel bei Fleisch. Durch seine Kaufentscheidung.
- Dass man mit seiner Kaufentscheidung zeigt, dass es einen Markt gibt für solche Sachen? Dass eben nicht Massenproduktion die einzige Option ist.

3. Produktkategorien des ethischen Konsums:

Lebensmittel:

- Lebensmittel
- Fleisch
- Milch
- Ja, aber nicht immer.
- Südfrüchte.
- Ich meine als Überbegriff…die ganzen Bananen und so…

- Oder Gemüse…da gibt's ja auch Leute…wenn du im Winter die Tomaten haben willst, dann sind die aus Spanien im Prinzip. Und da gibt's halt auch Leute die darauf verzichten und sagen, das esse ich nicht.

Kleidung:

- Kleidung vor allem auch.
- Bio-Baumwolle
- Prinzipiell dann auch in wie weit das recyclebar ist. So ein Baumwoll-Shirt kommt dann wieder in die Fabrik und da werden dann die Fasern getrennt und wieder zusammengefügt. Das kann man dann bis zu einem gewissen Grad wieder verwenden. Jetzt nicht wenn du was Synthetisches ist…ich weiß nicht wie es dann da wieder ist.
- Leder
- Kleidung, Schuhe, ist auch noch was, was du immer hörst.
- Ja da gibt's dann alles irgendwie

Bio-Baumwolle wurde da vorhin genannt. Gibt's da noch irgendwas auf das man achten kann?

- Herkunftsland
- Leder
- Und auch woher das Leder kommt.
- Vielleicht in dem Zusammenhang auch Pelz.

Keine Schuhe:

- Bei den Schuhen auch, da gibt's ja auch immer wieder was. Vor allem wenn man jetzt an Nike und Adidas denkt.

Nike und Adidas gehören dann zu ethischen Konsum dazu oder wie?

- Nein, das wären jetzt mehr oder weniger Negativbeispiele. Weil da ja das mit Bangladesch war, dass da Kinder alles nähen.

Also Schuhe gehören dann zu egoistischem Konsum.

- Naja es kommt halt darauf an. Ich habe letztens eine Doku gesehen, da hat jemand von deutschen Bauern alles nähen lassen. Da kostet jeder Schuh dann über 50 Euro und sieht auch nicht gut aus.

Verkehrsmittel:

- Autos würde ich auch sagen, vor allem wenn man jetzt an Elektroautos denkt.

Dienstleistungen:

Energie:

- Strom dann vor allem. Aus welchen Quellen du Strom machst.

Wie kann man das bei Strom unterscheiden? Wie kann man es da richtig machen?

- Zum Beispiel Sachen nehmen, die wenig CO^2 ausstoßen, wie Kernkraft. Das ist zum Beispiel eine ganz gute Sache.

Aber kannst du da als Konsument mitentscheiden?

- Ja, also es gibt ja schon ganz viele Stromtarife wo du sagen kannst, da kommt alles aus regenerativer Energie. Da gibt es ja inzwischen ganz viele Angebote.
- Umwelt gehört ja auch da mit rein. Umweltbewusstsein...

Finanzen:

- Nachhaltig Geld anlegen. Ich war gestern im Kino und da kam eine Werbung, da stand einer im Anzug...so ein Anlageberater...Barfuß auf so einem Kunstrasen und hat halt gesagt, dass man bei ihm ethisch Geld anlegen kann.

Weißt du wie er das machen wollte?

- Nein, hat er nicht gesagt. Ich habe auch nicht richtig zugehört eigentlich. Aber er hat auf jeden Fall so auf „Öko" gemacht. Fair.

Also den Finanzsektor könnte man auch zu ethischem Konsum dazuzählen?

- Ich habe jetzt nicht so viel mit dem Finanzsektor zu tun
- Eigentlich ist das ja im Grund genommen ein Markt, in dem sich viel Geld erschließen lässt.

Ja. Damit ethische Projekte dann unterstützt werden können?

- Ja auch.

Elektroartikel:

- Ja es gibt ja so Fair-Trade-Handys.
- Das du da den Akku nimmst und das ist dann auch so recyclebares Zeug.
- Dass du dir dann im Endeffekt auch nicht jedes Jahr ein neues Handy holst.
- Dass man dann auch einfach die Teile wegnehmen kann.
- Die Edelmetalle?
- Nein, zum Beispiel wenn die Batterie kaputt ist, warum sollte man dann ein neues Handy kaufen. Man kann auch eine neue Batterie dazu kaufen. Oder was weiß ich, den Display kann man vielleicht auch vom restlichen Teil trennen. Oder was weiß ich, Kameraausbau. So dass man die erneuern kann.

4. Ort des Einkaufs:

Supermarkt:

- Inzwischen hat ja fast jeder Supermarkt sowas
- Ich war neulich im Edeka, da gibt's vorne ganz viel Bio...teures Zeug und hinten das Normale.
- Ja. Ich kaufe beim Supermarkt. Ich kaufe nicht beim Discounter. Da ist die Auswahl größer und die Qualität besser.

Was ist besser und was schlechter?

- Edeka ist deutlich besser.
- Ja.

Weil die jetzt mehr Bio-Produkte haben oder woran liegt das?

- Nein, eher wie das eingerichtet ist.

Discounter:

- Die sind inzwischen bei Discountern glaub ich auch ganz gut.
- Die holen das ja auch von lokalen Bauern. Die Äpfel oder Kartoffeln kommen dann auch aus Franken zum Beispiel. Nur weil es Massenware ist, muss es ja auch nicht automatisch schlecht sein.

Findet ihr es dann gut, dass diese Bio-Lebensmittel in die Discounter kamen?

- Stört ja eigentlich nicht oder?
- Wenn die Leute damit glücklich werden, sollen die es machen.

Also dass die Preise dann für Bio-Produkte sinken ist dann auch gut?

- Die Preise sinken sowieso
- So lange der Standard nicht sinkt.
- Das ist dann halt die Frage. Aber wenn man nicht weiß was der Bio-Standard genau ist...

Spezialshops:

- Es gibt ja auch spezielle Shops dafür, die extra damit werben, dass sie nur Bio oder FairTrade anbieten.
- Der Unverpackt-Shop in der Sanderstraße...
- Türkischer Gemüsehändler

Geht ihr da hin? Gehst du zum Spezialladen?

- Nein überhaupt nicht. Ich weiß nur, dass es das gibt. Ich habe es gesehen, aber das liegt weit über meinem Budget.
- Das ist glaub ich das große Problem. Ansonsten würde ich auch mal in den Spezialitäten- oder Feinkostladen gehen. Aber da habe ich halt die finanziellen Mittel eher nicht.
- Die Leute haben auch keine Lust da hin zu gehen.

Du hast gesagt die Leute haben keine Lust da hin zu gehen. Liegt es daran, dass es zu wenig solcher Spezialshops gibt?

- Ja und auch von der Auswahl. Ich mein wenn man jetzt im Real steht, da kannst du was weiß ich was noch alles nebenbei einkaufen. Und in dem Spezialladen, da hast du irgendwie gar nichts, da musst du noch drei oder vier Mal irgendwo anders hinfahren. Da ist ja genauso viel Energie verbraucht wie wenn du jetzt einmal zum Großmarkt gehst.
- Aber ich finde das was jetzt wirklich schön ist, wenn du jetzt auf so einen blöden Hofladen gehst und dann siehst du, da kommt jetzt die dicke Metzgerfrau raus und dann kaufst du da eine Wurst wo du weißt, die haben das halt selber gemacht. Da hast du halt irgendwie so ein idyllisches Bild vor Augen und kaufst das halt. Oder wenn du jetzt zum Imker gehst, dann erzählt er die stolz

und zeigt dir die Bienen. Da hast du auch irgendwie das Gefühl der Kontrolle und vielleicht auch Transparenz.

5. Vorgehensweise beim Einkauf ethischer Produkte:

Entscheidung für besseres Produkt wenn Wahl:

- Wenn ich jetzt die Wahl bei Milch hab...da steht ein normaler Karton und daneben steht eine Milch wo drauf steht, der Bauer verdient hier 15 % mehr beim Liter Milch, dann würde ich das Andere kaufen und nicht das Billigzeug.

Suchst du dann manchmal auch gezielt nach solchen Sachen?

- Ja...ich habe sowas bisher nicht gesehen...aber wenn ich die Wahl hab zwischen Billigmilch und vielleicht Frankenmilch, dann lieber Frankenmilch
- Sind dann eher diese Symbole...wie FairTrade oder Bio...Wenn man dann zwei solche Produkte in der Hand hält...das sind dann schon immer solche Eyecatcher. Wenn man dann sieht okay da sind diese Symbole drauf, denkt man automatisch naja das ist was Gutes und nimmt dann vielleicht auch eher das. Ich glaube wenn das einfach nur drauf stehen würde, würde das gar nicht so in Augenschein geraten, wie wenn man da halt diese speziellen Symbole drauf hat.

Boykottierung:

- Bei mir sind es eher diese Negativbeispiele auf die ich achte. Dass man jetzt nicht unbedingt was von Wiesenhof kaufen muss, weil man weiß, was da abgeht.

Wieso? Was geht da ab?

- Hormonzeug und so die ganze Hähnchen- und Putenhaltung. Die sind so dick, das kann da ja gar nicht anders sein.

Das heißt, du sortierst die Produkte aus, von denen du weißt, dass sie schlecht sind?

- Ja.
- Ja.

Die besonders schlecht auffallen?

- Ja.

Geht noch jemand so vor?

- Ja so würde ich das auch immer machen.

6. Problematiken:

Informationsmangel:

- Du hast aber auch irgendwie keine Markttransparenz. Nur weil da jetzt so ein Bio-Sticker drauf ist, weißt du ja nicht was das bedeutet. Die Leute sagen immer Bio Bio Bio und keiner weiß irgendwie was das wirklich ist.

Müsste man die Konsumenten dann besser informieren, über die Siegel?

- Das vor allem, weil man eigentlich gar nicht weiß was die alle bedeuten.
- Du weißt ja nicht, wer jetzt ethisch handelt und wer nicht. Also bei Kleidung oder so wüsste ich jetzt nicht, wer das jetzt ethisch ist und wer nicht macht. Man kennt dann nur die Negativbeispiele. Aber du kennst jetzt wenige wo du weißt, die sind jetzt 100 % toll oder so. Und selbst wenn die das drauf schreiben, stimmt das so? Ist das so?
- Oder wenn jetzt vielleicht für deine Schuhe oder dein Shirt auch direkt in Indien die Baumwolle wächst, direkt dort gepflückt wird, direkt dort verarbeitet wird und dann direkt hierher geschickt wird, warum dann nicht? Ja. Du weißt es halt einfach nicht.
- Uns fehlt auch generell die Markttransparenz.
- Bis die Jeans mal bei uns landet, kommen die über verschiedene Länder, weil irgendwo vielleicht einige Farben für Stoffe nicht erlaubt sind, dann schickt man das in ein anderes Land und dann nähen die das woanders.
- Oder zum Beispiel die Krabben aus der Nordsee. Die kommen von den deutschen Fischern aufs Festland und man denkt sich ja, das ist genau das was gerade auf meiner Semmel gelandet ist, aber die fahren erstmal eine Woche nach Marokko, werden dort aufgemacht, dann wieder eine Woche zurück nach Europa, werden in irgendeiner Fabrik gewaschen und dann verteilt.

Vertrauen:

- Ich glaube dass die da einfach mehr Geld verdienen können, dadurch dass die ein neues Label drauf kleben. Vielleicht 5 Gramm weniger Pestizide verspritzen im Jahr und dann das Doppelte verlangen können.
- Die Frage ist halt, ob dieser Preisanstieg daher kommt, dass die Produktion um diesen Preisanstieg teurer ist oder ob die sagen das ist nur die Hälfte und den Rest packen wir halt für die Marke Bio an den Mann. Als Zuschlag drauf. Und das ist eben wo man sich nicht ganz sicher sein kann. Ob man tatsächlich nur das mehr zahlt, was auch tatsächlich die Produktion mehr kostet oder ob die nicht auch deutlich mehr daran verdienen wollen.
- Wahrscheinlich ist es auch eine Mischung aus Beidem. Die Marke Bio hat sich ja inzwischen so etabliert. Ist ja wie bei jeder anderen Marke auch, was weiß ich, wenn man sich einen teureren Schuh oder sowas kauft, dann liegt es ja auch nicht nur daran, dass die Produktion teurer ist und die Materialen teurer sind, sondern wenn man sich einen teuren Markenschuh kauft, muss halt auch die Marke bezahlt werden. Ich denke bei Bio ist es mittlerweile fast genauso. Dass eben auch die Marke Bio bezahlt werden muss.
- Weiß nicht wie viel, aber die werden bestimmt einen guten Teil daran verdienen. Ich glaube halt nicht, dass nur der Mehrwert an Produktionskosten da reinfließt, sondern dadurch das es Bio ist und die Leute dabei auch gewillt sind dafür viel Geld auszugeben, kann man natürlich auch den Preis noch ein bisschen in die Höhe drücken. Ohne dass es jetzt wirklich auffällt. Aber ich denke dass

man da auch deutlich mehr verdienen kann. Wie es ist weiß ich nicht, aber das ist halt so eine Sache.

- Das ist aber auch erst seit ein paar Jahren bei denen so, ich glaube weil die halt überall negativ aufgefallen sind. Ich glaube dass die ganzen Großkonzerne das halt so lange machen, bis halt ein negatives Beispiel auftritt. Das wollen ja Alle.

Zu hoher Preis:

- Der Preis.
- Ja der Preis
- Der ist richtig hoch, ja.
- Ich glaube dann manchmal dass die auch wirklich gut sind, aber dann frage ich mich ob die auch wirklich diesen Preisanstieg Wert sind. Wenn ein normaler Apfel 1 Euro kostet und der Bio-Apfel was weiß ich…2 Euro, dann habe ich vom puren Geschmack jetzt nicht das Gefühl, dass es das wert ist.
- Ja H&M hat ja auch Bio-Baumwolle eingeführt und die Sachen wurden dann viel viel teurer.
- Die Leute stimmen halt mit dem Geldbeutel ab. Das ist das Problem an der Sache.
- Es gibt ja auch so handgewebte Shirts oder sowas, aber das kostet dann 200 Euro oder so. Das haste halt nicht.

Marktmanipulation:

- Das ist auch so eine Marktmanipulation, dass die Leute das schon so eingetrichtert bekommen haben, dass sie jetzt glauben wenn sie das gekauft haben, haben sie etwas Gutes gemacht.
- Das hat gestern der Till erzählt. Wenn seine Frau einkaufen geht und da Bio drauf steht, dann kauft sie das einfach, weil sie meint, dass das besser für die Kinder sei.
- Und dann kaufen die Kartoffeln für 5 Euro, statt für 1,50 Euro. Nur weil Bio drauf steht. Und der Nachbarbauer verwendet vielleicht die ganzen Dinge und der andere nicht und trotzdem hat man ein gutes Gefühl. Aber Wasserverschmutzung, etc. gibt es vielleicht in beiden Fällen.
- Aber es wird ja praktisch auch damit geworben und es wird auch geführt wie eine Marke. Genauso wie FairTrade mittlerweile fast auch und die Leute sind halt eben darauf fokussiert, wie halt eben auf andere Marken auch. Und deswegen glaube ich eben schon, dass es eher in die Richtung geht.

Geringer Effekt:

- Naja Bio heißt ja auch nur, dass gewisse Grenzwerte da nicht überschritten worden sind. In Deutschland hat man aber auch das große Glück, weil eben so viel kontrolliert wird, auch die regulären Produkte kaum über die Grenzwerte kommen.

Also lohnt es sich praktisch gar nicht die Bio-Produkte zu kaufen?

- In Deutschland nicht.
- Das ist eigentlich nur so eine Marktmasche. Ich habe da gelesen, dass in Industriekäse gar keine richtige Milch drinnen ist, den nennt man jetzt halt vegan. Weil es sich dann besser verkauft.

Zielkonflikte:

- Aber wenn das Produkt das gleiche kostet und Bio ist, weil die das zum Beispiel irgendwo herstellen lassen wo die die Leute einen Dollar pro Tag verdienen, dann ist das auch nicht ethisch.
- Aber wenn du denen das da drüben wegnimmst, haben die ja keine Arbeit mehr. Dann müssen die auch hungern. Das darf man auch nicht vergessen.

Das heißt, bevor die gar keine Jobs haben, machen wir lieber noch Massenkonsum?

- Ich habe letztens so eine Doku gesehen. Ich glaube das war H&M da haben die in Bangladesch eine Fabrik geschlossen weil die halt gefährlich war, nach europäischen Standards. Und so eine Näherin hatte danach keine Arbeit und ihr Mann ist gestorben und solche Geschichten. Wenn halt irgendwo in Indien die Kinder arbeiten gehen, ist das natürlich von uns aus gesehen auch brutal, aber in ihrer Gesellschaft ist das halt irgendwie noch so und da leben die halt von. Wer sind wir dann, um denen etwas aufzudrücken?
- Das Ziel einer Firma ist ja erst einmal Geld zu machen. Die müssen ja auch ihr Geld verdienen.
- Ja natürlich, aber die Steigerung von 80 auf 81 Euro wird die Verkaufszahlen nicht unbedingt drücken.
- Ja gut, aber in der Menge ist das schon sehr viel.
- Zum Beispiel verkauft der Lidl im Jahr 3 Mrd. solcher Flaschen. Wenn jetzt beim Lidl so eine Flasche ein Cent günstiger ist, dann ist zum Beispiel im Jahr 30 Mio. Euro die sie mehr verdienen. Also das ist natürlich jetzt eine krasse Menge.

Kein Bezug zur Herstellung:

- Also bei so Produkten wie Kleidung oder so, da hast du sowieso keinen Bezug mehr zur Herstellung. Weil wir da so weit weg sind, da kannst du das auch irgendwie gar nicht einordnen. Was weiß ich, ob mein Polo-Shirt jetzt irgendwie ethisch gemacht ist oder nicht. Ich glaube nicht, aber ich weiß es nicht.
- Es ist nicht so, dass es die Leute nicht interessiert, aber dadurch dass es so weit weg ist und man damit nicht im Alltag konfrontiert wird, vergisst man das ganz schnell. Da liest man mal irgendwas oder schaut sich eine Doku an und denkt sich okay, nächstes Mal kaufst du dir vielleicht doch mal so ein FairTrade-Ding. Aber wenn man dann eine Woche später in der Stadt ist und Sachen kauft, hat man das eigentlich schon wieder vergessen.

- Das Problem ist finde ich, dass wenn das ganze so weit weg ist, der ganze Produktionsweg so abstrakt ist. Wenn ich so wie du jetzt gesagt hast, zu einem Bauern gehe oder zum Imker und man genau sieht, dass der das gemacht hat und woher das kommt, dann gibt man lieber noch ein bisschen mehr aus als wenn man nur davon gehört hat und da eigentlich keinen persönlichen Bezug dazu hat. Dass es da irgendwelche Leute gibt, die in Indien oder Bangladesch unter grauenhaften Bedingungen arbeiten… ich habe davon nur gehört und gehört, aber nie selbst wahrgenommen und deswegen vergisst man da auch so schnell, weil es nicht so präsent ist. Und da gibt man dann doch lieber mehr Geld aus, wenn man beim Bio-Hof ist oder beim Imker. Weil man da einen viel eindeutigeren und klareren Bezug dazu hat.
- Ja. Weil man auch einfach mehr damit konfrontiert ist und man es genau sieht. Wenn man jetzt gerade in Indien war, für ein halbes Jahr und ehrenamtlich viel mit solchen Leuten zu tun hatte und hier her kommt, dann hat man auch einen anderen Bezug dazu und achtet vielleicht doch viel mehr da drauf. Aber für den Normalo hier ist das ja zu weit weg und zu Abstrakt, als das er das hier mal irgendwie vor Augen hat.

Wie sieht es mit den ökologischen Faktoren aus? Ich meine man sieht ja nicht, dass sich da irgendwas verbessert. Tangiert es euch dann überhaupt? Ob jetzt irgendein Produkt schlecht für die Umwelt ist oder nicht?

- Das ist ja auch etwas, was man nicht so leicht beurteilen kann vielleicht. Man merkt es ja auch nicht. Man will vielleicht auch nicht darüber nachdenken.

Denkt ihr darüber nach?

- Eigentlich nicht.

7. Positive Effekte beim Kauf ethisch vertretbarer Produkte:

Gutes Gefühl:

- Die Leute fühlen sich besser.

Okay. Fühlst du dich auch besser?

- Nein.

8. Handlungswünsche:

Aufklärung:

- Aufklärung
- Aufklärung
- Filme
- Man müsste das vielleicht auch in der Schule dran bringen, dass man auf sowas achten sollte. Ansonsten bringt das den Leuten nicht so viel. In anderen Ländern gibt es ja auch vielfach solche Schulfächer wie, was weiß ich, so Home-Room-Zeug. In Japan gab es auch so Lebensführung. Da hast du gelernt wie du kochst

und eine Zeitung liest und gelernt was für Essen du einkaufen sollst. Und wenn du das den Kindern schon in der Schule, in der Grundschule so beibringst, dann achten die immer da drauf. Dann kommt vielleicht die Besserung.

- Und man müsste das ganze vielleicht auch klarer definieren. Weil das Problem ist ja, das hast du ja auch gesehen, wenn du von Konsumethik anfängst musst du den Leuten erstmal erklären, was das ist. Aufklärung.

Politisches Handeln:

- Ich glaube, dass die Politik da mehr machen muss.
- Nur noch diese Produkte anbieten.
- Politische regulieren.
- Grüne wählen.
- Also wirklich gesetzlich regeln, dass halt bestimmte Sachen einfach nicht mehr gehen.
- Wirklich gesetzlich regeln, dass halt keine Ahnung, nicht 100 Millionen Puten auf so und so viel
- Da ist ja Deutschland auch schon weit sogar. Da gibt es ja Gesetze zur Tierhaltung und so. Da hast du ja eigentlich schon alles reglementiert.
- Ja man könnte schon dafür sorgen, dass halt die Tiere ein bisschen mehr Platz haben. Momentan ist es so, dass die so viel Platz haben sollten wie die verbrauchen plus die Hälfte. Das ist einfach zu wenig. Das sind Millionen von Küken einfach.
- Aber auf der anderen Seite muss man ja die Unternehmen nicht grundsätzlich dazu zwingen so und so viel...Gut es wird bestimmt Mindestgrößen geben, die man haben muss, aber darüber hinaus nicht unbedingt. Weil es gibt ja auch genügend Leute, die weniger gut finanziell dargestellt sind und die sowieso schon Probleme haben. Dann muss man indem man die Unternehmen dazu zwingt, die Bedingungen und das Futter zu verbessern...dann wird das nachher auf den Preis übertragen...das müssen die Konsumenten ja selber entscheiden.
- Ja eigentlich ist man in Deutschland ja schon weit gekommen, dass du hier Tierschutzgesetze hast und dass du allein schon über solche Sachen überhaupt nachdenkst. Also wenn du in Rumänien oder so bist... ich weiß nicht. Oder in Afrika...
- Ja gut aber in Deutschland werden dann männliche Küken einfach geschreddert oder vergast, weil die nicht so schnell wachsen wie die Weiblichen. Die gewinnen nicht so viel Fleischmasse. Das ist echt scheiße.

Kann Deutschland überhaupt Einfluss nehmen, auf die Produktion in anderen Ländern?

- Doch man kann ja sagen, in Deutschland kaufen wir das nicht.

Also wieder der Konsument?

- Wie Putin es zum Beispiel gesagt hat, aus Polen kaufen wir die Äpfel nicht.

Also müsste man zum Beispiel sagen, dass Deutschland keine Importe mehr aus Indien bekommt, weil die Produktionsweise dort nicht in Ordnung ist?

- Ja vielleicht muss man das aufteilen, auf gewisse Branchen und gewisse Produkte. Wenn die restliche Herstellung passt, dann ist das okay. Was weiß ich, vielleicht ist der Anbau von Kaffee okay aber bei anderen Sachen werden die Kinder benutzt um was weiß ich...die Sachen zu trocknen, auf den Feldern zu helfen und was weiß ich.

Siegel verbessern:

- Ich finde die Idee mit den Siegeln eigentlich ziemlich gut. Man müsste halt irgendwie konkret wissen, wenn da jetzt das und das Siegel drauf ist...Es könnte da auch so eine Abstufung geben...Bronze, Silber oder Gold...So dass man halt genau weiß, bei diesem Siegel ist das und das passiert und der und der Hintergrund muss vorliegen, damit ein Produkt diese Siegel bekommen kann. Diese Siegel gibt es ja auch schon, aber so richtig konkret drunter vorstellen, was es damit auf sich hat, weiß man ja eben nicht. Da fehlt es uns an Aufklärung.
- Das könnte man wahrscheinlich gut über irgendwelche Werbekampagnen oder übers Fernsehen machen.
- Ja oder diese Firmen die diese Siegel verwalten. Die müssten dann eindeutiger sagen nach welchen Kriterien sie das bewerten. Wann ein Produkt die Voraussetzungen erfüllt hat, um mit diesem Siegel akkreditiert zu werden.
- Ja, generell in der Werbung könnte man darauf aufmerksam machen. Okay, alle Produkte die mit dem und dem Siegel gekennzeichnet sind, haben auch die und die Voraussetzungen. Oder eben...es gibt ja auch andere Möglichkeiten im Fernsehen darauf aufmerksam zu machen und Werbung dafür zu machen. In der Zeitung oder in der Stadt auf irgendwelchen Plakaten. Wie auch immer.

Würdet ihr das lesen?

- Das würde mich schon interessieren. Das würde ich tatsächlich lesen, ja.

Laden-Scanner:

- Also beim Aldi war es mal so, da gab es einen QR-Code beim Fleisch und das konnte man einscannen, so dass alles nachvollziehbar wurde. Wo das Tier geboren ist, wo es geschlachtet wurde, wann es geschlachtet wurde. Dann weiß ich ganz genau Bescheid. Vielleicht sollte es das auch bei anderen Sachen geben. Dann bekommen manche vielleicht auch den Gedanken, dass es sich um ein Tier handelt und überlegen sich, ob sie darauf verzichten und weniger Fleisch essen.

9. Informationsquellen:

Onlinemedien:

- Internet
- Internet

- Google
- Stiftung Warentest

Macht ihr das auch?

- Ja. Ich schaue mir das an.
- Ja.
- Nicht direkt was Essen angeht, aber bei ein paar anderen Sachen. Aber man bekommt es mal mit, da wird dies und jenes getestet und dann benotet. Da steht immer die Bewertung, also der Testsieger und die Note. Gut, sehr gut und so weiter.

Aber ansonsten? Der Rest hat sich jetzt nicht wesentlich über Konsumethik informiert?

- Ne.

Printmedien:

- Zeitungen
- Bibel

- Zeitung
- Buch

Schule/Politik:

Okay, bringt es dann überhaupt etwas wenn wir jetzt durch Politik oder Schule besser informiert werden? Denn scheinbar wollt ihr ja auch nicht informiert werden, bzw. ihr Vier nicht. Ihr informiert euch ja selbst nicht. Würdet ihr die Informationen aufnehmen, wenn euch jemand dazu zwingt?

- Selbstverständlich. Aktiv würde ich jetzt nicht danach suchen, aber wenn du jetzt mitbekommst, dass Wiesenhof scheiß Bedingungen hat, dann kaufst du es nicht mehr.

Wie hast du das mit Wiesenhof mitbekommen?

- In der Presse war das. Ganz groß sogar.
- Ich glaube wenn du die Leute sensibilisierst für sowas, dann schaust du auch eher wenn du was hörst.

Generell:

Also findet ihr es prinzipiell gut, wenn ihr besser informiert werdet?

- Ja.

Okay. Also wären Medien wie Zeitungen oder auch Onlinezeitungen die wichtigsten Faktoren, wenn es um Informationen geht.

- Ja.
- Oder wenn es halt wirklich irgendwo ein unabhängiges Institut gibt, dass unabhängig bewertet.

10. Vertrauen:

Unternehmen:

Dem Unternehmen selbst würdet ihr nicht vertrauen?

- Nein
- Nein
- Das ist ja alles Lug und Trug.
- Ich würde es denen Prinzipiell schon glauben, dass die da irgendwo was haben, aber das ist ja dann schon irgendwie....
- Es gab ja mal die Kinowerbung...Rauchen ist gesund...von Dr. Marlboro
- Das ist ja grad das Selbe.

Siegel:

Bio-Siegel zum Beispiel?

- Dem könnte man prinzipiell schon vertrauen.
- Ja auch würde ich sagen.

Wie schaut es bei FairTrade aus, wo der Bauer in Indien einen fairen Lohn bekommen soll, glaub ihr das?

- Ich glaube nicht.
- Letztens habe ich auch einen Artikel gelesen...diese FairTrade sagen die zahlen dann auch ein Vielfaches von dem was auf dem Weltmarkt üblich ist, aber trotzdem einen Hungerlohn. Seitdem kaufe ich die Dinger auch nicht mehr, weil das eigentlich auch nicht so super ist.

Was für Siegel gibt es, denen ihr vertraut? Oder gibt es generell Siegel, denen ihr vertraut?

- Bei den Fischen
- Stiftung Warentest
- Stiftung Warentest ja genau.

Was meinst du mit Fischen?

- Da gibt es so ein...
- Das MSC ist das.
- Ja. Nachhaltigkeit und so...

Vertraut ihr darauf, dass die im Ausland auch diese Kriterien erfüllen?

- Bei Marken wie Iglo oder sowas schon oder wie ...ich komme nicht drauf wie das andere heißt.
- Die machen überall das gleiche Produkt, die können es sich nicht leisten Fehler zu machen.
- Ich denke, dass sie für Deutschland die Anforderungen erfüllen, aber wenn es jetzt nach Simbabwe oder so geht, dann liefern die halt irgendwas hin.

Also wenn man die Produkte in Deutschland kauft, mit diesen Siegeln, kann man denen vertrauen? Außer FairTrade.

- Du kannst dem schon vertrauen. Es geht eher darum, dass wenn du durchliest, was die halt wirklich machen bei FairTrade. Ich glaube eher dass die Leute von FairTrade so eine hohe Meinung haben. Das finde ich halt eher kritisch. Dass die Leute glauben, dass der FairTrade-Bauer tolles Geld bekommt und naja der bekommt dann am Ende ein bisschen mehr…aber…

Also es ist eigentlich gar nicht so gut, wie die sich darstellen?

- Das eher. Das würde ich eher sagen, ja. Schon deutlich besser als der Rest, aber …

Wie sieht es mit Bio aus?

- Da gibt es zu viele Skandale
- Das ist auch gefühlt überall drauf inzwischen.

Was sind das für Skandale weswegen ihr das Vertrauen verloren habt?

- Fällt mir jetzt nichts ein.

Zeitungen:

- Der FAZ vertraue ich noch. Das ist die einzige ordentliche Zeitung.
- Süddeutsche
- Wochenzeitungen würde ich da nicht trauen, nur Tageszeitungen.
- Nur irgendwelche überregionalen Zeitungen. Die lokalen Zeitungen schreiben nur irgendwelche Artikel, wie toll die lokale Fabrik ist…

Politik:

Würdet ihr der Politik vertrauen in der Hinsicht?

- Eigentlich schon
- Nein, nicht in den USA. Weil dort kann man genug bezahlen und dann…
- In den USA würde ich sogar mehr vertrauen. Ich finde in Deutschland ist die Bauernlobby so stark, du weißt ja nicht was da wirklich im Endeffekt herauskommt.

Kontrollen:

- Ja.
- Also in Deutschland hast du eigentlich sehr sehr starke Kontrollen. Wenn du irgendjemanden hast der eine Gastwirtschaft hat…das Gesundheitsamt ist ja ständig unterwegs. Also in Deutschland, das Gewerbeaufsichtsamt, dem kann man eigentlich schon vertrauen, weil die hier extrem am Kontrollieren sind. Ich glaub in keinem anderen Land der Welt ist das so.

Grund:

Warum vertraut ihr denen nicht? Also sowohl Politik als auch Unternehmen?

- Weil du in den letzten Jahren immer nur so Negativ-Beispiele hörst. Du hörst nie etwas, was wirklich positiv ist. Immer nur so Wiesenhof-Dinger. Gammelfleisch-Skandal und so. Wenn du solche Dinge hörst, nimmst du irgendwann nur noch das Negative wahr und denkst dir, da hat jemand versagt.

11. Perfekte ethische Konsumwelt:

Transparenz:

- vor allem wo es halt auch Transparent ist. Wo du die Transparenz hast zu wissen, was ist ethisch produziert worden und was nicht. Das ist ja das Problem, wenn die Gesellschaft größer wird, dann verlierst du irgendwann den Blick.

Umfeld:

- Grün
- So wie hier auch.
- Also ich stell mir das mehr wie im Mittelalter vor, weil da gab es ja eigentlich den ganzen Müll von heutzutage gar nicht.

Also würde es relativ ähnlich zur jetzigen Welt aussehen?

- Ja.
- Ich würde eher was an der Gesellschaft verändern und nicht daran, wie es aussieht.
- Heutzutage ist der ethische Konsum ja auch möglich oder den hast du ja auch schon hier
- Also das System mit dem du es eigentlich perfekt machen könntest, hast du ja. Nur musst du die Leute auch haben, die das eben auch wollen.
- Wunderbar
- Perfekt

Personen:

- Gute Christen
- Die alternativen Leute, die grün wählen.
- Aber wir wollen das ja eigentlich auch alle, aber das Problem ist eben...Wir würden ja auch alle sofort super ethisch konsumieren, wenn wir eben die finanziellen Voraussetzungen hätten. Deswegen sage ich ja, eigentlich könntest du hier das auch schon verwirklichen, aber du müsstest halt das Kleingeld haben.
- Das ist ja eigentlich das Ziel, wenn die Leute mehr ausgeben und alle was davon haben, wäre es ja schön.
- Das ist eigentlich alles schwer vorstellbar, weil der Mensch lebt ja meist egoistisch und er sucht ja den Konflikt.

Meinst du dann allein schon wegen der Natur des Menschen, dass der ethische Konsum nicht funktionieren kann?

- Ja, glaube ich nicht.

Gefühl:

Würdet ihr euch dort wohl fühlen?

- Ja, es wäre ja schön. Wenn du wüsstest dass alles gut ist...

Gibt es irgendwas was euch dort nicht gefallen würde?

- Ja eigentlich nicht, es geht uns dort ja recht gut.

Einkaufssituation:

- Da müsstest du dir jetzt schon mal keine Gedanken machen, weil ja alles gut ist und es ist alles irgendwie vorhanden und du freust dich.
- Aber auch nicht anders als...ich kanns mir nicht anders vorstellen als jetzt.
- Aber eigentlich denkst du ja jetzt auch nicht drüber nach, du stehst ja auch nicht davor und denkst dir ich esse jetzt keine Südfrüchte weil die so weit gefahren sind und zu viel CO^2 verursacht haben. Das machst du eigentlich auch jetzt nicht unbedingt. Also ich weiß gar nicht ob das Konsumverhalten so anders wäre.

Gerechte Verteilung:

- Wohlstand für alle
- gerechte Löhne für alle und eben keiner mehr für 20 Cent pro Woche einen Schuh zusammennähen muss.
- Grundeinkommen für alle und wenn jemand etwas mehr haben will dann sollte...

Anforderungen:

- Da musst du auch eben die Ressourcen haben, um diesen ethischen Konsum zu gestalten. Ist ja auch so eine Sache, wenn du jetzt sagst du lässt alle Sojafelder in Brasilien wegmachen, weil das nicht gut für die Umwelt ist und dann sterben dir 500 Millionen Menschen an Unterernährung. Ist halt auch wieder die Frage, was ist ethisch daran.
- Muss halt eben der perfekte Kompromiss sein.
- Ja.
- Es muss halt geteilt werden auf dem Planeten und es muss so geteilt werden dass...
- Die ethischen Maxime die du anwendest, musst du auf den jeweiligen Einzelfall entscheiden. Dann Gewissensentscheidungen treffen und dass kann dann auch vielfach so ein Siegel einfach nicht bringen.

12.Sonstiges:

Preise:

Okay. Also der Preis ist dann letztlich doch der entscheidende Faktor.

- Meistens.
- Ja.

- Nicht nur der Preis, sondern das Preis-Leistungs-Verhältnis.
- Eigentlich sollte man das Geld nehmen, um irgendwas Gutes zu kaufen. Wenn du jetzt zum Metzger gehen würdest und dir ein gutes Steak holen würdest.

Okay. Also wenn die Qualität entsprechend hoch ist, dann ist auch ein höherer Preis vertretbar?

- Ja.
- Das ist überhaupt nicht ethisch, weil die Bauern so wenig Geld für die Milch bekommen. Die Discounter drücken den Preis.
- Aber es klappt ja irgendwie nicht, weil in der Regel der Preis dann doch alles diktiert, weil die Leute einfach keine Lust haben.

War es vielleicht besser als die Bio-Lebensmittel sage ich mal, nur in den kleinen Bauernläden verkauft wurden?

- Konnte sich nicht jeder leisten
- Es gibt ja nochmal diese....wie heißt das....extremen Bio-Siegel...wo kein Gramm Chemikalien drauf sein darf, kein Gramm irgendwas Pestizide und so...Das kostet dann richtig viel Geld. Das kannst du halt auch nicht machen. Ich glaube in Deutschland sind die normalen Regeln vor Ort schon so hoch, dass du eigentlich auch da schon ganz gute Richtlinien hast.

Mehrpreisbereitschaft für Unterstützung von Kleinbauern/Familienbetrieben:

Also du kaufst das lieber von Familienbetrieben und Kleinbauern, als von Großkonzernen?

- Ja. Auf jeden Fall. Und da kann man ein bisschen mehr Geld für solche Sachen ausgeben, anstatt Billigzeug zu kaufen.

Mehrpreisbereitschaft für Tierschutz:

- Und ja dadurch dass die dann einfach die Zeit haben zu wachsen und nicht so den Stress erleben, kann man das dann eigentlich aus dem Fleisch rauslesen glaube ich. Wenn man dann auch das Geld dazu hat, kann man es sich auch ab und zu mal gönnen.

Kauf regionaler Produkte wegen niedrigerem Preis:

Machst du das dann wirklich um die Region zu unterstützen oder weil du denkst...

- Nein. Es ist meistens billiger.

Es ist billiger aus der Region?

- Ja.

Also konsumierst du normalerweise schon online und bestellst es irgendwo?

- Weil es billiger ist. Und man kann alles zurückgeben und man muss sich nicht um die Quittung kümmern. Es ist nachvollziehbar.

Siegel/Kennzeichen:

- MSC. Was steht da drauf? Zertifizierte nachhaltige Fischerei. Die haben dann so Fangquoten.
- Ich meine wenn die Leute irgendein Siegel sehen, dann sind die ja ganz begeistert davon.
- Ja aber das ist ja auch nicht immer gut. Die packen ja auf alle Verpackungen…bei Bananen, aus Afrika…irgendwelche extra Siegel…die alle Länder unterstützen wollen…auch ehemalige Kolonien…und schaden damit möglicherweise auch den Bauern in Amerika. Weil die dann….was weiß ich…noch drauf zahlen auf die Produkte. Ist das dann ethisch? Eine Gruppe zu bevorzugen und die andere nicht?

Gibt es irgendwelche Siegel bei Kleidung die zeigen, dass…..

- Gibt's auch
- Fair-Trade
- Ist einfacher wenn wir drauf schauen, ob das in Rumänien, Bulgarien, Deutschland oder Bangladesch hergestellt wurde. Weil die Menschen in Bulgarien oder Deutschland unter besseren Arbeitsbedingungen arbeiten. Wenn da jetzt Bangladesch und Türkei drauf stehen, weiß man ja, dass die in der Türkei besser verdienen. Und auch etwas bessere Bedingungen haben.

Kommunikation:

Redet ihr generell über ethischen Konsum?

- Ja
- Ja
- Wenn die Mutter beim Einkaufen war oder so?

Würdet ihr euch dann auch mit Freunden über ethischen Konsum unterhalten?

- Ja.
- Würde ich auch sagen.
- Ein Freund von mir ist überzeugter Vegetarier…da muss ich dagegen halten… Aber du redest ja schon darüber was du konsumierst und wie. Mit Strom oder eigentlich Allem.
- Gut Ethik an sich ist halt auch immer ein Schwieriges Feld, deswegen sind es dann glaube ich vielfach auch schwierige Gespräche. Wo du die Grundfeste der Menschen auch irgendwo festmachst, je nachdem wo du stehst. Das kann dann auch schon unangenehm werden. Aber auf alle Fälle wichtig.

Einstellung zu Konsumethik/Massenproduktion:

- Nur weil es ethisch ist, muss es ja nicht besser sein.
- Massenproduktion ist ja an sich nichts Schlechtes. Das Produkt muss ja nicht schlechter oder besser sein.
- Gerade bei so Kosmetika.

- Oder bei Autos. Ist ja auch alles Massenproduktion. Auch wenn es Elektroautos sind.
- Ja irgendwo muss die Massenware ja auch herkommen.
- Ja. Natürlich. Aber es muss ja nicht automatisch schlecht sein.

Konsumentenmacht:

Meint ihr der Konsument hat wirklich die macht oder wird er zu stark von Unternehmen oder Medien beeinflusst?

- Eigentlich hätte man ja schon die Macht, aber der Preis diktiert im Endeffekt unser Kaufverhalten.
- Ich finde eigentlich sollte das die Politik regeln. Ist ja klar dass man die billigste Ware kauft, oder?
- Ja gut, aber wenn morgen keiner mehr Kaffee kauft, produzieren die übermorgen keinen Kaffee mehr. An sich hast du richtig Macht.
- Aber das passiert ja nicht.
- Ja aber was wäre denn wenn…
- An sich hat der Konsument ja die Macht

Können wir da überhaupt irgendwas machen?

- Eben die Produkte kaufen, wo ich weiß, dass die da vor Ort gute Sachen machen.
- Wenn die Firmen mehr Geld verlangen, können die auch an die Arbeiter mehr zahlen.

Also liegt das dann mehr in der Hand der Firmen oder in Unserer?

- In Unserer. Weil die Firmen reagieren ja nur.

Werte:

Also es geht bei ethischem Konsum auch um Werte, die man unter anderem auch durch Religion mitbekommt?

- Ja.

Gibt es noch andere Quellen, die dafür sorgen, dass wir diese Werte mitbekommen? Wer liefert uns diese Werte? Ist es die Erziehung der Eltern oder…

- Die Gesellschaft eigentlich.
- Gesellschaft ja.
- Man sollte ja auch sein eigenes Wertegerüst mitbringen und dann auf seinen Konsum anwenden oder?

13. Assoziationen mit Formen des ethischen Konsums:

<table>
<tr>
<td>

Bio:

- Fleisch
- Gesund
- Alles was lebt
- Fair
- Teuer

Öko:

- Atomkraftwerk
- Übertrieben
- Preisleistungsverhältnis
- Der Umwelt dienlich
- Nachhaltig

</td>
<td>

</td>
</tr>
<tr>
<td>

Energieeffizienz:

- Atomenergie
- Nachhaltigkeit
- Windenergie
- Sparsam
- Energieeffizienz

Regionale Produkte:

- Bio-Bauer
- Tante-Emma-Laden
- Wochenmarkt
- Qualitativ hochwertig
- Denk global, kauf lokal

</td>
<td>

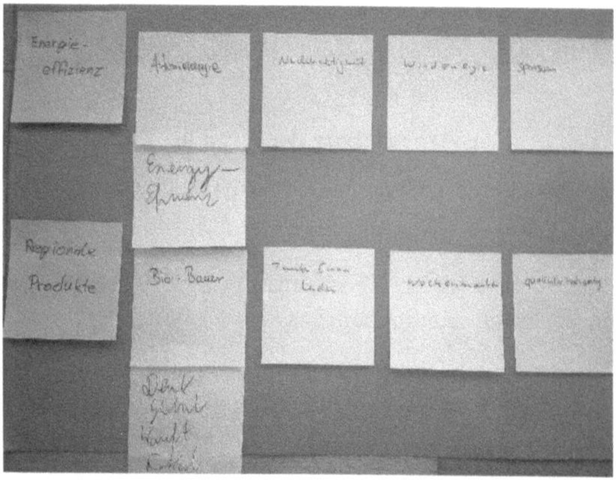

</td>
</tr>
</table>

<u>Vegetarismus/Veganismus:</u> - Nicht notwendig - Religionsersatz - Nicht zwangsläufig ethisch - Tierisches Leiden verhindern - Mainstream <u>FairTrade:</u> - Nachhaltig - Überflüssig - Intransparent - Existenzgrundlage - Teuer	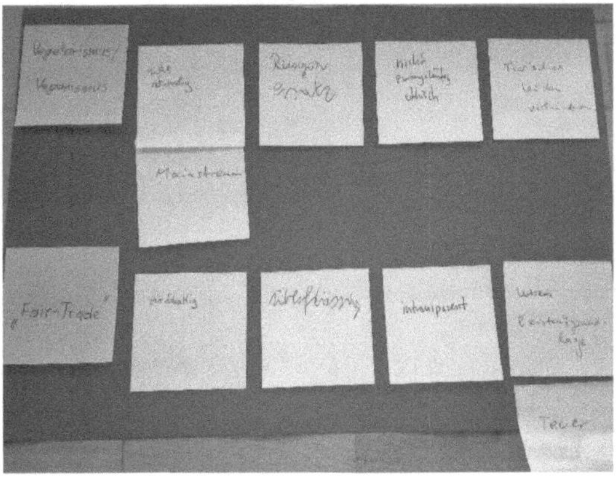
<u>Circular Economy:</u> - Recyceln - Müll trennen - Nachhaltigkeit - Weniger Schadstoffe - Globalisierung <u>Sharing Economy:</u> - Armut - Essen - Ressourcen schonen - Blödsinn - Aufteilung der Ressourcen	

<u>Konsumverzicht:</u> - Weniger aber besser - Kein Fleisch! - Bewusster leben - Energie sparen - Elektrogeräte <u>Konsum in Verbindung mit sozialen Projekten:</u> - Alternative Belohnung der Arbeit (Kinderarbeit) - Kaffee aus FairTrade - Die Tafel - Essen für Spende - Modern	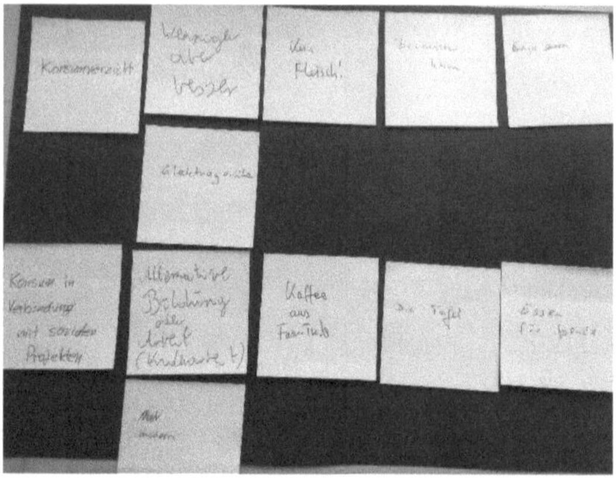

Quelle: Eigene Darstellung (2017).

Tabelle 5: Aufbereitungstabelle der Frauen-Diskussionsgruppe

1. Bedeutung ethischer Produkte:
<u>Gesundheit:</u> - Dann eben auch keine Chemikalien, dabei geht es aber auch um meine eigene Haut. **Also um deine Gesundheit?** - Genau. - Milch trinken wir sowieso nicht viel. Hafermilch trinken wir jetzt mehr. Weil der Benny eine Lactoseintoleranz hat. Aber das ist eh gut. - Ja und wie gesagt, einfach auch gesunde Früchte, statt Chemischen. Oder statt Vitamin C in den Dosen. Das ist gar nicht gesund. Einen Apfel am Tag soll man ja essen. - Dann hast du einfach ein gutes Gefühl, dass du für deine Familie auch was Gutes tust. - Genauso ist es bei den Wassermelonen, die haben dann sehr wenige Vitamine. Und da finde ich, dass wenn wir schon Erdbeeren oder Himbeeren im Winter wollen, dann soll man doch Gefrorene kaufen. **Für die eigene Gesundheit dann aber?** - Ja. Nicht nur. Nein. Weil es geht dabei auch um Gentechnik. - Das ist für die regionale Wirtschaft gut und auch für meine Gesundheit und für mein Wohlbefinden. <u>Regionalität:</u> - Und wenn das ein regionales Produkt ist, um die eigene Region zu unterstützen. - Ja, oft regionale Produkte. Genau. Da achte ich auch darauf. - Ich kauf auch regional. - Transport ist für mich natürlich wichtig, ich schaue immer von wo das Produkt kommt. - Aus Spanien ist es auch nicht so weit, da spart man Transport. - Am meisten aus der Region. Wenn es die Wassermelone ist, ist Spanien okay, das ist sowieso nicht so weit, oder Italien. - Das ist für die regionale Wirtschaft gut und auch für meine Gesundheit und für mein Wohlbefinden. <u>Saisonkauf:</u> - Aber ich versuche auch, nur zu bestimmten Zeiten Fisch zu kaufen. - Wir wollen Erdbeeren im Januar haben. Wassermelonen im Januar. Das ist nicht normal, finde ich. Das muss so sein, wie in der Natur. Die Fische haben auch ihre eigene Zeit. Und man braucht nicht immer so eine riesen Auswahl. In dem

Moment können wir auch Kraut essen oder Kartoffel oder sowas. Fisch ist natürlich gut, aber man sollte ein bisschen darauf achten.

- Damit sich die Fischbestände erholen.
- Die Wassermelone verbinde ich ein bisschen mit dem Fisch. Weil für mich ist es wichtig, sowas in der richtigen Zeit zu kaufen.
- Aber es ist nicht so, dass man das das ganze Jahr, jeden Tag braucht. Das muss nicht sein. Das finde ich schon übertrieben.

Natürliche Produkte:

- Ich sag auch immer meiner Kollegin, die nimmt so viel Desinfektionsmittel, die macht dann immer so viel rein. Ich sag dann immer, Simone das können wir auch anders machen. Nur zum Schluss ein bisschen was rein und vorher ein paar Eimer Wasser. Das reicht ja. Man muss ja nicht immer so ganz lange das Zeug rein. Unsere Kinder wollen ja auch noch sauberes Wasser haben.
- Dann Produkte, wie zum Beispiel auch Naturkosmetika. Zum einen nicht auf der Basis von Tierversuchen. Es gibt immer noch Lippenstifte und so weiter, die an Tieren getestet werden.
- Annemarie Börlind oder dieses Lavera
- Deswegen steht hier auch Naturkosmetik, die werden auch nicht getestet an Tieren.
- Dann eben auch keine Chemikalien, dabei geht es aber auch um meine eigene Haut.
- Oder dass da eben nicht so viele Inhaltsstoffe drin sind, die das Produkt lange haltbar machen, aber die jetzt eigentlich nicht so gesund sind, glaube ich.
- Glycerin in den Semmeln und so.
- Also bei Tieren, bei meinem Hund achte ich darauf, dass da mindestens 80 % Fleisch drin ist. Einmal wegen dem Hund auch, weil es einfach gesünder ist. Ich finde einfach so künstliche Sachen schaden einfach.
- Es ist ganz wichtig, dass keine Gentechnik verwendet wird. Das ist ganz wichtig.
- Und die Bienen, da eben keine Gentechnik. Ich bin gegen Gentechnik und gegen Pflanzenschutzmittel, weil die die Tiere einfach krank machen. Das Bienensterben eben und die haben keine Immunstärke mehr. In Amerika gibt es fast keine Bienen. Sind ganz gefährdet.
- Das ist überhaupt nicht schön und die bespritzen die Dosen ja auch mit irgendwas und viele haben darauf auch eine Allergie.
- Da spart man auch dieses Spritzmittel, dass sie auch bei Erdbeeren verwenden, wegen Schimmel, weil die nicht genug Sonne bekommen.
- Glutenfrei. Ohne Gluten.
- Ich achte auf Vollkornnudeln.
- Ja. Nicht nur. Nein. Weil es geht dabei auch um Gentechnik.
- Dass man keine Gentechnik verwendet.

- Ich kämpfe gegen Gentechnik. Ich finde das muss so sein, wie es von Anfang an wächst.

Technik/Ressourcenschonung:

- Eine Fahrradfahrerin wäre auch schön.
- Da habe ich natürlich an irgendwelche Dinge gedacht, die man kauft. Zum Beispiel ein Fahrrad...Das ist für mich ein ethischer Konsum, weil...im Vergleich zu einem Auto...Ein Fahrrad schadet der Umwelt nicht. Klar, ein Fahrrad muss produziert werden, mit Gummireifen...Aber es ist für mich eher ein ethisches Produkt, als ein Auto. Und ich versuche eben auch, wenn möglich, das Auto nicht zu benutzen.

Geht es dir dann darum, auf den Treibstoff zu verzichten oder die Produktion des Autos zu vermeiden?

- Treibstoff. Also eher Umweltschutz. Ah hier steht umweltfreundlich.
- Das zweite Bild ist bei mir Fisch. Das ist für mich auch wichtig. Seit dem wir an der Ostsee waren, da wurde uns gesagt, dass wir nicht zu viel Fisch essen sollen und nur zu bestimmten Zeiten. Wir wollen immer Fisch essen, aber das ist nicht gut, weil es einfach zu wenige von ihnen gibt.
- Das ist Wasser.
- Die Ressourcen.
- Als kleines Kind habe ich immer darauf geachtet, dass der Wasserhahn nicht tropft, weil das überall in der Schule ein Thema war. Das finde ich sehr gut. Wasser sparen.
- Ich kann das nicht mal ansehen. Gerade wenn sie südliche Länder zeigen, wo es wenig Wasser gibt und es trotzdem einfach fließt. Da denke ich Mensch, mach das doch zu. Wieso fließt das Wasser dort so, wo es sowieso schon einen Mangel gibt. Also das ist für mich wichtig.
- Und das ist ein künstlicher Fluss. Der ist zwar schön, aber aus einem normalen Fluss lenken sie denn über hunderte Kilometer auf neuen Wegen. Und dann gibt es im Alten so viele tote Fische. Das war bei uns in Kasachstan, in einem großen Fluss. Irtysch heißt der. Meine Mutter hat immer gezeigt wo der früher verlaufen ist und wo jetzt. Und wenn wir einfach am Strand spazieren gegangen sind, dann lagen da tote Fische.
- Was noch ganz wichtig ist, ist Stromsparen. Auf Spülmaschinen, auf Wäschetrockner verzichten, um den Strom eben zu reduzieren. Die ganzen Solarfelder, die Biogasanlagen, das ist ja alles weil wir so viel Strom brauchen.

Achtest du dann vielleicht auch auf energiesparende Elektrogeräte? Wie Kühlschränke die weniger verbrauchen?

- Ja. Auch. Also wenig. Nur die Geräte die ich brauche und die natürlich auch energiesparend. Macht man ja automatisch, dass man die A-Klasse kauft.
- Ja.

- Ich habe zum Beispiel keinen Wäschetrockner. Habe auch noch nie einen gekauft. Ich hänge die Wäsche immer raus. Oder im Winter an die Treppenhaus-Dinger. Das trocknet so schön.
- Vor allem wenn man einen Ofen hat. Einen Kaminofen. Dann trocknet das ganz schnell.

Gute Produktionsbedingungen:

Faire Behandlung von Tieren:

- Also bei mir sind die Eier an erster Stelle zufällig abgebildet. Für mich ist das sehr wichtig, denn ich habe schon viele Reportagen gesehen, in denen gezeigt wird, wie brutal mit den Küken umgegangen wird. Das ist einfach schlimm. Wenn ich Eier kaufe, dann achte ich darauf, dass sie wenigstens aus Freilandhaltung stammen. Bodenhaltung ist auch sehr schlimm, weil die da einfach zu viele sind. Deswegen ist es mir sehr wichtig, dass sie da nicht so leiden. Also freilaufende Hühner.
- Die Schuhe. Ja. Leder. Ich finde es gibt auch schöne Stoffschuhe oder Kunstleder. Es geht nicht nur um Schuhe. Ledermäntel mag ich auch nicht gerne. Finde ich unangenehm.

Um Tierschutz geht es dir also.

- Ja.
- Kohlenmonoxyd. Ja. Genau. Aber auch um der Tiere willen. Damit die auch nicht in den Ställen so dich stehen müssen, sondern auch ein lebenswertes Leben haben.

Kreislaufwirtschaft:

- Die Miri macht da was ganz Tolles. Die macht aus alten Jeans Babykleidung.
- Das ist toll.
- Ich hab jetzt dahin geschrieben aus Alt mach Neu.
- Und Taschen.
- Schöne Taschen. Aus einer alten Jeans von mir.
- Aus alten Sachen neue machen.

Vermeidung von Verpackung:

- Dann… Also auch wenn man einkauft, dass man Dinge kauft, die… Also das hab ich mal in Augsburg gesehen, so ein Geschäft, da muss man selbst mit der eigenen Dose kommen. Da gibt es überhaupt kein Verpackungsmaterial mehr.
- Super.
- Da geht es auch um Umweltschutz.
- Plastik vermeiden.
- Die haben eine Waage, da wiegt man das ab, dann kann man auch mal nur 50 g haben.
- Waschmittel…egal was.
- Um Müll zu vermeiden.

- Da kann man eben auch Tupper mitbringen.
- Oder auch mit dem eigenen Körbchen.
- Dass man eher damit kommt, statt mit einer Plastiktüte rumzulaufen oder eben auch Taschen, da gehen natürlich auch Stofftaschen
- Aber eben keine Plastiktüten. Das wundert mich, dass die überhaupt noch so gegenwertig sind.
- Die kosten ja auch.
- In Deutschland findet man ja überall Felder zum Pflücken. Natürlich gibt es auch ältere Menschen, die das nicht machen können. Aber ich mache das gerne, weil man dann nicht dieses Verpackungsmaterial braucht. Für mich ist das Umweltverschmutzung.

Bio:

- Bio-Eier
- Oder ich kaufe Bio-Karotten. Immer die Gleichen, beim Aldi.
- Oder Bananen. Da nehme ich immer Bio-Bananen. Weil die sind echt gut. Sind die anderen auch, aber ich kauf halt die.
- Bio weniger weil ich gar nicht weiß ob das so gut ist.
- Bio oder Freiland. Aber Bio bedeutet nicht, dass sie freilaufend sind. Die können immer noch aus Käfigen oder Bodenhaltung stammen.

MSC:

- MSC

Bewusster Einkauf:

- Dann überlegen, was kaufe ich mir? Muss das sein, was ich mir kauf? Ist das sinnvoll? Oder steht es nur rum, dass man es dann wieder wegschmeißt?

Also Konsumverzicht vielleicht auch?

- Genau. Ja. Sparsamer Konsum.
- Sehr gut.
- Dann bei Medikamente überlegen wenn der Arzt was verschreibt. Brauch ich das überhaupt? Oder geht es auch so? Da kann man auf Vieles auch verzichten oder auch eigene Heilmittel verwenden.
- Genau.

Eigenproduktion:

- Und Bienen. Meinen Mann wurde vorgeschlagen, auch Bienen zu züchten, aber da braucht man viel Zeit und auch ein gewisses Wissen.
- Sie näht ja auch Alles selber. Das ist auch ethischer Konsum, oder?
- Ich hab der Miri gesagt, ich kauf euch ein Mobile über den Wickeltisch, aber die hat gesagt nein, das mache ich selber. Sie hat sich da eine Spieluhr gekauft und einen Ring…
- Habt ihr auch Erdbeeren im Garten?

- Ein bisschen.
- Ich habe hier ein Hochbeet, dass man sich selber die Kräuter und Salate anbaut. Ich habe auch selber viel Salate, meine Schwiegermutter hat Salat.
- Wir versuchen die selbst zu pflücken. Kirschen brauchen wir nicht zu kaufen, wir haben einen Kirschbaum. Aber ansonsten versuchen wir es genauso wie bei den Erdbeeren.
- Frisches Gemüse. Selber kochen. Keine Fertignahrung.
- Am besten selber nähen.
- Ich habe auch eine Schrotmühle daheim. Eben das Dinkelkorn selber mahlen. Kaum fertiges Mehl verwenden.

Naturschutz:

- Ja und das halt eben die Natur erhalten bleibt.
- Es gibt ja auch Überschwemmungen wenn die solche Eingriffe in die Natur machen.
- Ich achte auch noch auf sehr reduzierten Fleischkonsum. Weil die vielen Kühe machen ja auch die Umwelt kaputt, durch das viele Mono… Was ist das? Mono…

2. Konsumentenziele bei ethischem Konsum:

Egoistische Motive:

Gesundheit:

- Ich denke auch Menschenschutz. Also für uns auch.
- Ja genau.
- Oder? Ich sag mal Gesundheit.
- Ja.
- Nicht so viel Chemie.
- Gut, da ist es nicht unbedingt eine Sparsamkeit, aber dann denke ich an später, dass ich nicht so viele Medikamente im Alter brauche. Wenn ich jetzt zum Beispiel hochwertige Sachen esse.
- Also wegen der Gesundheit verzichte ich überhaupt auf einige Sachen. Tierische Eiweiße…Weil ich an Krebs erkrankt war, hat mir der Arzt gesagt, ich soll tierische Eiweiße vermeiden und damit bin ich auch zufrieden.
- Geschmack!
- Und dann bin ich auf pflanzliche Eiweiße umgestiegen. Das schmeckt nicht schlechter.
- Cholesterin auch…
- Wenn man Sport treibt…
- Ja…

Geht es euch dann beim Putzen darum, die Chemikalien wegzulassen?

- Ja.

Oder darum die Umwelt zu schonen?

- Ja, auch die eigene Haut.
- Ja und für uns auch.

Zugehörigkeit:

- Wenn ich eine Kollegin zu Gast habe, dann weiß ich ganz genau...Da war ich Referendarin und da hab ich einfach H-Milch gekauft. Also nicht Heumilch oder was weiß ich, sondern einfach das Günstigste. Und da war sie bei mir zu Kaffee und Kuchen und da hat sie gesagt, nein, so eine Milch trinke ich nicht. Aber als sie ein zweites Mal kam, habe ich tatsächlich eine andere Milch gekauft. Weil es sonst heißt, wie kannst du die andere Milch kaufen? Das kannst du doch nicht unterstützen. Und ich war halt Referendarin, da ist das Gehalt ein Drittel von dem eines Lehrers. Aber das war schon so...die Heidi...
- Und dann gab es noch Himbeeren und sie hat gefragt, wo hast du das gekauft?
- Das ist schon extrem.
- Aber auf dem Markt, da sind die Dinge schon einfach teurer. Das waren normale Himbeeren, Frische, aber einfach aus dem Supermarkt. Rewe war das. Aber da habe ich das erste Mal bemerkt, dass ich die Milch wegen ihr gekauft habe.

Bewusster Konsum → Ersparnis:

- Ja. Und natürlich auch aus Sparsamkeit.
- Stimmt.

Weil die Produkte günstiger sind oder meinst du damit, dass Material eingespart wird?

- Ähm. Ich kaufe nicht so viel.

Ach so, man kauft dann weniger?

- Ja. Das ist schon das Erste. Dass ich dann weniger kaufe. Bzw. wohl überlegt.

Ist die Qualität dann höher von solchen Produkten?

- Ja. Natürlich.
- Also da kaufe ich schon hochwertiges, aber da überlegt man es sich schon.

Umweltschutz:

- Umweltschutz ja dann auch. Mit den eigenen Häcken und wenn man eigene Lebensmittel anbaut.
- Gemüse, Obst...

Geht es euch dann beim Putzen darum, die Chemikalien wegzulassen?

- Und da geht nicht so viel in die Abwässer
- Umweltschutz auch...
- Das wird ja wieder aufbereitet.
- Regenwasser ist ja auch wichtig und diese Regentonne....

- Dass wir uns um sowas sorgen und auch sparsam leben. Ich finde, dass das wichtig ist. Jeder macht seine Sache ehrlich.
- Schönes Ziel... Aber mit Grenzen. Ich glaube, das ist in unserer Welt nicht umsetzbar.
- Nein.

Menschen helfen:

- Mir ist wichtig, dass keine Kinderarbeit vorkommt, dass die Leute nicht so ausgebeutet werden. In Indien... das wäre mir schon wichtig.

Faire Löhne dann und keine Kinderarbeit?

- Ja.
- Dass die Kleinbauern dann auch ihr Geld kriegen, für ihre mühevolle Arbeit.
- Wenn alle so denken würden, wäre es gut.
- Faire Arbeitszeiten dann wahrscheinlich auch.
- Ja.
- Dass sie nicht 12, 13 Stunden arbeiten müssen.
- So wie in China oder?
- Die haben keinen freien Tag. Das ist ganz schrecklich.
- Die leben in so Kästen...

Regionale Wirtschaft stärken:

- Regionale Produkte auf jeden Fall.
- Und auch selbst Gemachtes und auch um die regionale Wirtschaft zu stärken. Die Selbstproduzenten zu unterstützen.
- Das merke ich auch. Wenn bei mir jemand kauft, dann kaufe ich auch bei anderen.
- Ich hab zwei Körnerkissen von dir. Die benutze ich so oft.
- Aber Israel ist ja auch weit. Wegen Transport...
- Ja genau... Das gibt es nicht so oft...
- Ich unterstütze es halt einfach, ich mag es gern....

Tierschutz:

- Ich kaufe Sojamilch, Reismilch, Mandelmilch... Warum? Weil ich finde, dass die Menschen normale Milch nicht unbedingt brauchen und die armen Kühe werden so viel gemolken und das auch noch mit Stolz. Das ist unglaublich viel Milch. Die arme Kuh.
- Ja. Als ob wir auch immer gestillt würden.
- Ja genau.

3. Produktkategorien des ethischen Konsums:

Lebensmittel:

- Fleisch gentechnikfrei. Da kann man echt darauf achten. Ich achte nicht jedes Mal darauf, aber wenn es da ist, dann nehme ich lieber das. Bei Joghurt oder solchen Sachen, Milch.
- Naja als erstes meine Schrotmühle natürlich, mit meinem geschrotetem Dinkel.
- Ich denke an Fleisch.
- Bio-Produkte.
- Vollkorn. Egal was.

Warum bringt ihr vor allem Lebensmittel in Verbindung mit ethischen Produkten?

- Weil wir kochen.
- Oder? Wenn jemand nie in der Küche ist, dann …Wenn jemand Pilot ist, dann wird er glaub ich irgendwie mehr Transportmittel aufzählen.
- Und weil wir halt jeden Tag essen müssen…drei Mal…Das ist ein ständiges Thema.
- Wir als Frauen denken auch an unsere Familien und wenn ich was Schlechtes kaufe, dann habe ich auch ein schlechtes Gefühl. Dann bin ich ja auch schuld.
- Ja. Genau.
- Und das möchte ich auch vermeiden.
- Ja aber ich denke jemand der mehr kocht, der wird natürlich auch eher an diese Dinge denken.
- Und nicht so viel essen
- Nicht so viel essen?
- Übersättigung ist nicht gut, steht ja auch in der Bibel. Ist sogar eine Sünde.
- Stimmt…
- Ja…das finde ich auch wichtig…für ethischen Konsum…nicht so viel essen.
- Wenn man jetzt was Hochwertigeres kauft, was teureres…dann isst man es meistens auch bewusster.
- Genau.
- Und dann isst man auch nicht so viel davon.
- Genau. Lieber weniger, aber dafür etwas Gutes.
- Sehr gute Einstellung.

Kleidung:

- Gebrauchte Kleidung. Für die kleinen Kinder ist das sowieso besser, die sind ausgewaschen.
- Second-Hand genau.
- Für mein Enkelkind habe ich noch die Kleidung von Andreas und sein Spielzeug.
- Das finde ich so toll.
- Dass keine Überproduktion stattfindet.
- Um Qualität auch.
- Wenn ich was Teures kaufe, dann schmeiße ich es nicht weg, dann überlege ich schon ob ich es ein zweites Mal verwende.

- Manchmal gibt es ja auch so einen „Unfall"...dann kaufst du das und schmeißt es sowieso nach einer Woche weg.

Also auch um Ressourcenschonung?

- Ja.
- Man muss schon überlegen, was man sich überhaupt kauft.
- Ja und auch einfach weniger kauft
- Also mit Schuhen...da achte ich jetzt nicht drauf. Auf Bio-Leder oder so, das wäre mir jetzt zu viel. Da muss man dann wieder in einer Stadt sein, wo es einen Öko-Laden gibt, für Schuhe.
- Also Echtleder oder Pelz kaufe ich jetzt nicht.

Verkehrsmittel:

- Bus. Statt Auto.
- Oder Fahrgemeinschaften.
- Fahrgemeinschaften, genau.

Dienstleistungen:

Urlaub:

- Ich denke auch an Urlaub.
- An Flugreisen. Die sind umwelt-belastender als wenn ich jetzt mit dem Fahrrad an den Bodensee fahre. Zum Beispiel.
- Flugreisen, klar.

Drogerieartikel:

- Zum Beispiel Putzmittel, Waschmittel
- Oder jemand der nie den Putzlappen schwingt, wird auch nie an Putzmittel denken.
- Apropos Putzmittel. Man kann auch viel mit Essig. Kalk geht zum Beispiel super damit weg.
- Ja, auch die eigene Haut.
- Ja und für uns auch.
- Und da geht nicht so viel in die Abwässer
- Umweltschutz auch...
- Das wird ja wieder aufbereitet.
- Regenwasser ist ja auch wichtig und diese Regentonne....

Spielwaren:

- Spielzeug. Dass die nicht aus Plastik sind.
- Sehr gut.
- Ja. Bei Spielzeugen für Babys muss man schon schauen, was das genau ist. Genauso bei Stofftieren, Kuscheltieren. Die müssen auch Schadstoffgeprüft sein und so
- Dass es nicht so viel Gift enthält, genau. Diese chinesischen Sachen.

- Da muss man einfach schauen.

Also Holz statt Plastik, aber geht es euch dabei darum, dass es gut für die Kinder ist oder darum, dass es auch besser für die Umwelt ist?

- Eher für die Kinder
- Ja Holz ist schon gut, die Bakterien leben da nicht so lange
- Aber wenn ich schon Plastik kauf, dann achte ich darauf, dass es Öko-geprüft ist. Auf jeden Fall. Das muss schon eine hohe Qualität haben. Ohne Weichmittel und ohne diese Farbstoffe. Also etwas das extra für die Kinder geprüft ist und Öko-Test drauf steht.

4. Ort des Einkaufs

Supermarkt:

- Bio-Abteilung im normalen Geschäft
- Aber selbst im Kaufland gibt's ja auch schon Bio
- Ja. Viel.
- Im Supermarkt.
- Also was noch gut ist, kann ich sagen, im Kaufland. Da gibt es FairMast. Fleisch oder für Kinder. Diese FairMast Brüste, also Hühnerbrüste sind auch gut. Also nicht Bio, aber.... Und recht günstig. Gar nicht so teuer wenn man für Kinder was Gutes möchte, ohne Penicillin. Die verzichten weitestgehend auf Penicillin und auf Antibiotikum. Und die laufen auch frei rum, die haben Freilauf.
- Ja, kaufe ich auch bei Kaufland.

Also kauft ihr sowas überwiegend im Supermarkt?

- Ja
- Oft auch.
- Weidemilch kaufe ich dort.

Discounter:

- Also wenn wir in Österreich einkaufen, steht überall Gentechnikfrei. Das habe ich jetzt auch schon beim Lidl oder Aldi gesehen.
- Immer die Gleichen, beim Aldi. Also wenn ich mal schnell einkaufe, gehe ich schon in den Supermarkt.
- Aber ich glaube, das bieten jetzt fast Alle an.
- Mache ich auch. Die sind so günstig im Aldi.
- Da kaufe ich auch nicht alles...also wenn es schnell gehen muss...
- Lidl. Oder?
- Im Lidl gibt's das auch.
- Schon, oder?
- Man muss halt nur schauen.
- Ja. Aldi hat jetzt ab und zu Freitagabend Angebote von Hermine Wech. Die haben so Vertragsbauern, so kleine Bauern. Die sind gar nicht teuer, ich kenn die

aus Tirol. Ich kauf da viel mehr so Brüste und friere es ein, dann hat man was daheim. Und die machen das auch ohne Antibiotikum weitestgehend. Also gutes Futter. Öko-geprüft. Also die spritzen nicht so. Die kleinen Bauern machen das einfach noch natürlich. Ohne Gentechnik...super.

Also schaut ihr je nachdem, wo es welche Produkte gerade im Angebot gibt?

- Genau.
- Da schau ich auch immer wieder.
- Die Prospekte die kommen finde ich auch gut, manchmal schreiben die von wo die Kleidung oder Milch kommt. Die informieren einfach. Das finde ich gut, aber es ist wenig. Da muss mehr sein
- Und irisches Fleisch ist auch sehr gut. Das schmeckt super. Im Real gibt es das jetzt immer und im Rewe glaube ich.
- Bei Aldi manchmal.
- Bei Aldi ab und zu mal auch.

Also ist es auch gut, dass solche Produkte mittlerweile bei Discountern angeboten werden?

- Ja.
- Ja. Finde ich schon ganz gut.
- Das könnte auch noch mehr sein.

Spezialshop:

- Ja, Lavera kaufe ich im Reformhaus.
- Bio-Markt
- Reformhaus, da kaufe ich viel für mich
- Auf dem Markt.
- Auf jeden Fall. Stimmt.
- Und im Mühlenlädchen.

5. Vorgehensweise beim Einkauf ethischer Produkte:

Entscheidung für besseres Produkt wenn Wahl:

Ist das eher zufällig, so dass man im Laden steht und man sagt, da steht Bio drauf, das nehme ich mal mit?

- Genau.
- So mache ich das auch.
- Hängt auch vom Preis ab. Wenn ich jetzt sage, das ist in Ordnung vom Preis her, dann nehme ich das mit.

Boykottierung:

Boykottiert ihr auch irgendwelche Unternehmen? Wenn ihr jetzt in der Zeitung gelesen habt, dass irgendeine Firma etwas Schlechtes getan hat? Kauft ihr die dann noch?

- Weniger.
- Nein
- Also ich weniger
- Der Appetit vergeht dann.
- Ja bei Lebensmittel
- Oder auch bei Kleidung
- Auch als es den Skandal bei H&M eine Zeitlang gab, war das einfach unangenehm.
- Ach da war was?
- Ich halte von denen eigentlich gar nichts, aber ich kaufe es trotzdem.
- Also bei Teddy oder solchen Sachen denke ich mir, das ist bestimmt schlecht hergestellt. Aber ich geh trotzdem ab und zu rein und kauf auch mal was.
- An Deko denke ich dabei, weil das so günstig ist.
- Da will man nicht viel dafür ausgeben und dann kauft man das.
- Alle Nachbarskinder kriegen von mir auch noch eine CD von...Ist wahrscheinlich auch giftig, aber ....
- Aber ich muss auch sagen, wenn man bei Kleidung darauf achtet, dann sind die auch dementsprechend teuer. Das geht halt auch nicht. Dann geh ich halt doch mal zu H&M.
- Da gibt es dann halt auch die Grenzen.
- Genau. Ich meine ab und zu ja
- Aber so schlecht ist H&M auch nicht. Das ist ja immerhin kein Kik oder Takko

Gibt es vielleicht auch irgendwelche Marken, die ihr generell nicht kauft weil ihr wisst, dass die schlecht sind?

- China.

Generell?

- Wie gesagt, es kommt drauf an. Also wenn ich sehe, dass die Unterwäsche die ja direkt an der Haut ist, in China gemacht ist, dann kaufe ich das nicht.
- Ich auch nicht.
- Obwohl ja nicht alle China-Unternehmen schlecht sind. Aber da ich weiß, dass es so weit weg ist...ich kann es nicht prüfen...ich kann nicht verstehen was die chinesischen Zeichen bedeuten.

Suche nach Angeboten:

- Naja ich schaue schon nach Angeboten. Auf jeden Fall.
- Klar.
- Weil da gibt es tolle Produkte auch günstiger. Da nehme ich gleich einen Vorrat.
- Ist ja auch teuer.
- Ist ja auch eine Kostenfrage irgendwo.
- Gar nicht unbedingt.
- Für 99 Cent gibt es im Moment ein Kilo Karotten bei Aldi. Aus Israel. Israel ist ja auch mein Lieblingsland.

Gezielte Suche:

Sucht ihr auch mal gezielt nach solchen Produkten?

- Nein.
- Ich schon
- Bananen immer und bei Fleisch achte ich drauf.
- Bei Eiern
- Milch

6. Problematiken:

Informationsmangel:

- Die Leute müssen besser informiert werden. Mir fehlt auch das Wissen.
- Ich habe zum Beispiel etwas gekauft und dann wurde mir gesagt, dass die auch Kinderarbeit haben.
- Über sowas informiert man natürlich nicht…
- Der Benny hat mal recherchiert und gesagt, dass man beim Thunfisch total aufpassen muss. Dass die ganz viel so Quecksilber und Gifte enthalten können.
- Ohje.
- Also ganz giftig.
- Aus Asien…
- Nur noch Regionale…
- Die Norma hat Karpfenfilet aus Franken gehabt. Die waren ganz lecker.
- Was mich stört ist, dass die manchmal die Informationen so klein drauf machen, dass man es kaum lesen kann.
- Und weil die darauf spezialisiert sind…Die schicken das nach China mit dem Schiff…
- Der Fisch von der Nordsee kommt nach China…
- Oder die Krabben…
- Die Krabben werden nach Mexiko geschickt, zum Auspulen und dann wieder an die Nordsee.

Vertrauen:

- Was mir zur ersten Frage noch eingefallen ist… Man braucht häufigere Kontrollen, auch bei Bio-Läden. Weil ich hab schon von frei laufenden Hühner gehört, dann ist meine Bekannte selber zum Bauern gefahren und die sitzen im Käfig. Die kontrollieren nicht.
- Ja Ehrlichkeit.
- Vertrauen einfach.
- Ja genau.
- Und einfach dies Kontrollen…
- Zu selten..
- Ja zu selten…
- Dass das einfach öfters gemacht wird.

- Und unangekündigt.
- Ja genau.
- Ja, viele vertrauen den Bio-Produkten nicht.
- Paar Mal gab es schon Enttäuschungen bei mir.

Zu hoher Preis:

- Wobei das natürlich ganz schön ins Geld geht. Also man muss schon sagen, dass solche Produkte teurer sind. Also als Studentin hatte ich da echt Probleme. Sage ich ehrlich. Dann kauft man halt einfach die billigsten Eier, die es gibt. Wenn man dann am Ende des Monats nur fünf Euro hat, dann muss man überlegen.
- Das ist klar.

Auswahl:

- Das könnte auch noch mehr sein.

Bei der Auswahl stört dich, dass die zu gering ist?

- Bei Einigen.
- Bei Discountern ist natürlich schon weniger Auswahl, als im Bio-Markt.

Haltbarkeit:

- Wenn die Produkte schon ganz knapp haltbar sind. Bei pflanzlichen Joghurts zum Beispiel... ich kaufe nur Pflanzliches...alles ganz gut haltbar, aber extrem wenig, weil die das nicht reduzieren. Und dann muss man wirklich schauen, ob das Datum nicht verfallen ist. Es ist zwar dann noch gut, aber ich schaffe es vielleicht trotzdem nicht rechtzeitig zu essen und wegschmeißen will ich das auch nicht.
- Aber Haltbarkeit hängt natürlich auch mit den Chemikalien zusammen, die da drin sind.
- Weil die sind ja umso länger haltbar, je mehr drin ist.
- Die Milch und den Joghurt kann man schon lange halten. Die sind sowieso nicht aus Kuhmilch

Optik bei Kleidung:

- Ja, halt ein bisschen altmodisch.
- Ja.
- Nicht immer, aber oft.
- Für die jungen Leute..., ja, was modernes.
- Die Schnitte einfach. Man kann doch aus guten Stoffen etwas Schönes schneidern
- Baumwolle einfach...

7. Positives beim Kauf ethisch vertretbarer Produkte:

Gutes Gefühl:

- Man hat ein gutes Gewissen.
- Weil das einfach super ist für Alle. Für die Umwelt, für uns, für die Gesellschaft.

Auswahl:

- Rewe hat schon eine ganz gute Auswahl finde ich. Abhängig von der Filiale. Wenn es eine kleine Filiale ist, natürlich nicht, aber wenn es eine Große ist…
- Also in Ulm…wir haben einen riesigen Rewe.

Qualität:

Und was gefällt euch besonders gut?

- Na die Qualität

Ist die Qualität generell höher bei solchen Produkten?

- Ich denke schon.
- Ich weiß es nicht.
- Ich hätte jetzt schon gedacht.
- Kommt drauf an, also bei Lebensmittel würde ich schon sagen.
- Also bei Kleidung teils, teils würde ich sagen.
- Ja, das ist schon was anderes.

Sind bei nicht-ethischen Produkten die Qualitäten dann generell schlechter?

- Nein. Besser. Halt warte mal. Nein nicht besser
- Nicht generell…
- Vielleicht ist da mehr Chemie drin.
- Aber man muss ich ja denken wenn sich das färbt, dann färbt sich das ja auch auf unsere Haut, wenn wir schwitzen.
- Natürlich.
- Also ich habe schon oft irgendwelche Sachen angehabt und dann war ich da Rosa oder Blau. Und das war dann halt irgend so eine Billig-Jeans.

8. Handlungswünsche:

Aufklärung:

- Umgangssprachlich formulieren.
- Und überhaupt die Leute mehr informieren.
- Es sollte so eine Tabelle geben, wo man nachschauen kann.
- Ja.
- Ich find das schon gut alles. Die Infos werden schon immer besser. Weil die Leute mehr wissen wollen.
- Ja, schon mehr.
- Mehr informieren.
- Mehr im Fernsehen einfach.
- Media
- Media ja

- Radio
- Und in der Schule sogar. Die Kinder auch ganz gut informieren.
- Die Lehrer.
- Es gibt ja auch Gesundheitserziehung
- Wenn man Hauswirtschaft hat. Wo man kocht, da lernt man sowas.
- Bei uns schon ab der 1. Klasse

Politisches Handeln:

Wegen der Gesetze? Oder muss die Politik da reagieren?

- Beides
- Ja, Politik auf jeden Fall.
- Dass da der Bauernbund oder der Landwirtschaftsminister was macht.
- Also mich hat gefreut, dass jetzt von der EU ausgehen soll, dass der Zuckergehalt in den Lebensmittel nach und nach vermindert werden soll. Das finde ich toll. Und das nehme ich auch ernst. Da denke ich mir hoppla, da passiert endlich was.
- Auch beim Rauchen. Nicht nur alles Mögliche drauf schreiben, sondern die so teuer machen, dass man eben nicht mehr rauchen kann. Zum Beispiel.
- Schon. Also die Politik muss da auch unterstützen.
- Genau. Oder auch die Fanta und die ganzen Sachen die Kinder so kaufen und sich keine Gedanken machen. Wir müssen ja auch die medizinischen Kosten bedenken. Wir müssen das ja alles mittragen.
- Eben.

Bessere Kontrollen:

- Mehr Kontrolle.
- Mehr strenge Kontrollen
- Häufiger.
- Und wie das Futter beschaffen ist auch.
- Vertrauen einfach.
- Ja genau.

Was könnten die machen, damit ihr denen mehr vertraut? Also generell Politik und Unternehmen.

- Ja Beweise.
- Unabhängige Kontrollen.
- Ich glaub das ist schwierig.
- Das kann man nicht beweisen.
- Nein.
- Aber auch Adidas…Nike….Das müsste eigentlich in Deutschland geprüft werden.

Auf Schadstoffe?

- Auf alles. Weil das ist das gleiche Material wie hier. Das ist nicht anders.

- Ja da gibt es schon die Mindestgrenze. Aber die Mindestgrenze ist halt auch nicht immer gut.
- Weil die Kontrolle ist ja eigentlich die Gleiche.
- Ist nicht das Gleiche...Also Adidas aus dem Adidas-Laden...

Ist das gut oder schlecht?

- Ja also mit Adidas kenne ich mich jetzt nicht so aus. Also ich glaube echte Marken...da müsste man das halt prüfen.

Kontrollen.

- Ja.
- Härtere Kontrollen. Überall.
- Aber das ist auch nicht schön, wenn alles so kontrolliert wird.
- Ja aber wir sind so weit entfernet, da wird sehr selten kontrolliert...
- Wir sind schon Kontrollfreaks. Glaube ich.
- Oder wer kontrolliert noch mehr?

9. Informationsquellen:

Onlinemedien:

- Ich google
- Im Internet kann man ja auch Alles
- Internet
- Bei Kleidung sind ja oft einfach nur irgendwelche Aushilfen da. Da schau ich dann schon im Internet.
- Bei Kleidung achte ich gar nicht so drauf. Höchstes auf das textile....
- Dass keine...

Printmedien:

- Und Zeitungen, Zeitschriften, mehr Informationen und sogar auch von den Ärzten. Manchmal sagen die auch einfach kurz, naja die haben auch keine Zeit.
- Zeitungen

Verpackungsangaben:

- Ich gehe in den Laden und lese es durch.
- Verpackung.
- Inhaltsangaben

Personal:

- Den Verkäufer fragen

Generell:

Sind denn die Infoquellen ausreichend?

- Ja.

- Eigentlich schon.

Wer ist eurer Meinung nach für die Informationen verantwortlich? Sind das die Unternehmer, der Einzelhandel, oder die Politik?

- Politik
- Politik
- Politik
- Unterrichtsministerium
- Naja die Unternehmer wollen halt Geld.
- Ja.
- Die werden vielleicht nicht immer so…
- Gesetze ändern und Kontrolle.

10. Vertrauen:

Unternehmen:

- Aber was ist zum Beispiel mit McDonalds? Weil die preisen ja damit, dass das Fleisch…
- Nein, da habe ich kein Vertrauen.
- Jedes Unternehmen wird doch sein eigenes Produkt nicht schlecht machen.
- Ja genau.
- Da glaube ich das gar nicht, bei McDonalds. Obwohl die ja total damit preisen.

Siegel:

Wenn da jetzt so ein Siegel drauf ist, glaubst du das denen mehr?

- Ja.
- Ja.
- Ich würde es mehr glauben, wenn jemand anderes das sagen würde.
- Also jemand der nicht für McDonalds arbeitet.

NGOs:

- Greenpeace.

Institute:

- Oder dieses Ökotest
- Aber dieses Stiftung Warentest glaube ich auch nicht mehr. Weil da ist auch sehr viel gebogen.
- Da gibt es doch extra diese Zeitschriften?
- Ja.
- Aber darauf kannst du nicht vertrauen
- Nicht?
- Nein
- Warum?
- Also ich weiß das von meiner Schwester. Die hat sich da mal informiert.

- Also ich halte mich da jetzt auch nicht so dran. Das bedeutet mir jetzt auch nicht so viel, was da drauf steht.
- Aber ich glaub das jetzt auch nicht so... die Bewertung.

Generell:

Wie schaut es dann mit dem Vertrauen bei euch generell aus? Mit dem Vertrauen zu ethischen Produkten? Glaubt ihr das was die Siegel aussagen? Oder was die Firmen dazu sagen? Dass die gut sind?

- Ich könnte jetzt nicht sagen zu 100 %
- Sagen wir mal 90 %
- Ja
- Aber besser als bei Produkten wo du schon weißt, dass die nicht gut sind.
- Das beruhigt uns trotzdem oder?

11. Perfekte ethische Konsumwelt:

Transparenz:

- Wenn man weiß, dass zum Beispiel alles regional ist, dann muss man ja gar nicht darüber nachdenken.
- Nichts nachschauen oder so

Umfeld:

- Das ist dann ein Paradies
- Wie im Paradies...so ähnlich
- So wie es sein sollte

Personen:

- Keine Egoisten

Gefühl:

- Zufrieden
- Ja.

Gefällt es euch dann dort?

- Na klar.
- Weiß ich nicht, ich war noch nicht dort.
- Da ist sicher manches angenehmer.

Gibt es irgendwas, was euch dort fehlen würde?

- Naja die ungesunden leckeren Sachen
- Genau. Die Süßigkeiten.
- Ab und zu...
- Das würde uns alles nicht fehlen.
- Bestimmt nicht.

Einkaufssituation:

- Da braucht man nichts wissen.
- Genau
- Jeder nimmt einfach alles
- Das ist dann ein schöner Wochenmarkt
- Genau

12. Sonstiges:

Preise:

Findet ihr es gut, wenn solche Bio-Produkte sage ich mal, günstiger werden?

- Ja.
- Naja, wer findet das nicht gut?
- Ja eben.
- Ja aber die Bauern sollen… da zahle ich gern auch ein bisschen mehr. Weil die Bauern sollen ja auch ihr Geld haben.
- Fair für beide Seiten. Sagen wir mal so. Der Bauer soll natürlich auch von seinem Beruf leben können.

Siegel/Kennzeichen:

Gibt's beim Fisch dann auch irgendwelche Siegel, woran man erkennt, dass der Fisch jetzt gut ist?

- MSC Siegel
- Das steht schon drauf.
- Was heißt das jetzt nochmal?
- Ja das weiß ich nicht, was das bedeutet.
- Keine Ahnung
- Also das wird kontrolliert.
- Überwachte Fanggebiete
- Das nicht zu viel rausgenommen wird.
- Da achte ich sehr darauf. Also ich nehme nur noch das Siegel.

Aber gibt es bei anderen Produkten auch noch Siegel, auf die ihr achtet? Auf die ihr besonders achtet? Oder irgendwelche Kennzeichen?

- Vielleicht kotrollierter Anbau.
- Ja.
- So wie Schadstofffrei oder noch was. Auf solche Zeichen schauen wir schon.
- Vegetarisch, Vegan.
- Das finde ich ganz gut.
- Das eben nicht etwas mit Tieren drin ist.
- Auf Zusatzstoffe achte ich immer. Bei Brotaufstrichen oder anderen Sachen. Da achte ich drauf, was drin ist. Das ist aber so klein geschrieben.
- Bei Säften zum Beispiel, wenn da steht 10 %. Was weiß ich.

Aber da geht es um deine Gesundheit oder?

- Ja.
- Und auch noch versteckter Zucker. Wieso schreiben die das mit solchen chemischen Buchstaben, dass die Leute das nicht verstehen?
- Ja. Das stimmt.
- Umgangssprache oder so. Dass das klar ist.
- Ist wieder Verkaufsdenken.
- Das ist ja letztendlich international und die Fachbegriffe kann man dann schon einigermaßen entschlüsseln, egal in welchem Land du bist.
- Ich verstehe überhaupt nicht was das ist.
- Das musst du dann halt lernen.
- Warte mal. Da steht deutlich Milch zum Beispiel, aber Zucker....
- Glucose...
- Das musst du aber lernen, dass Zucker Glucose heißt.
- Da gibt es noch Schlimmeres.
- Naja wenn da nicht Glucose steht, ist es kein Zucker.

Kommunikation:

Wie schaut es mit der Kommunikation aus? Redet ihr mit Freunden oder Verwandten über Bio...regionale Produkte?

- Auf der Arbeit
- Ein bisschen
- Zu Hause
- Also meine Kundschaft hält mich teilweise für vollkommen verrückt weil ich Veganerin bin. Deswegen halte ich mich jetzt ein bisschen zurück und denke mir, das muss ich nicht unbedingt sagen.
- Manche verstehen das nicht.
- Man muss da glaube ich ein bisschen aufpassen...
- Dass man nicht zu sehr übertreibt.
- Ich kaufe trotzdem gerne viele Sachen, aber ich steigere mich da nicht rein.

Verantwortung:

Bei wem liegt dann die Verantwortung, dass sowas nicht passiert? Beim Unternehmen oder...?

- Ja, beim Unternehmen.
- Ich finde Kontrolle

Eigener Einkauf:

Würdet ihr generell sagen, dass ihr jemand seid, der ethische Produkte kauft?

- Ja.
- Bedingt.
- Mittel

- Also nicht immer
- Ich bin ehrlich.
- Wo man halt gerade einkauft

13. Assoziation mit Formen des ethischen Konsums:

Bio:

- Lebensmittel
- Milch
- Fleisch
- Kosmetik
- Klamotten

Öko:

- Landwirtschaft
- Auto
- Wirtschaftlich effizient
- Kleidung
- Auto

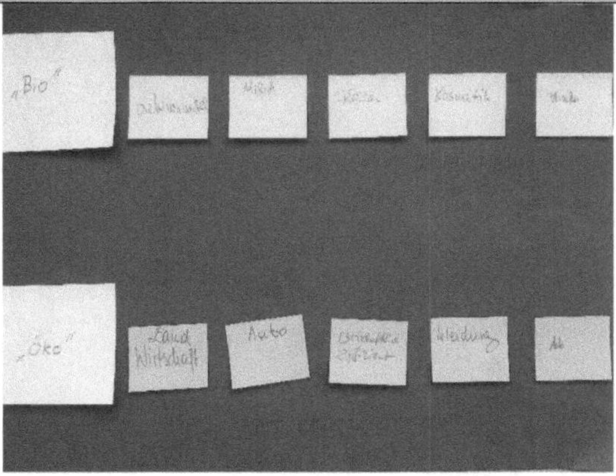

Energieeffizienz:

- Backofen mit ebenem Boden
- Sparsamer/weniger Energieverbrauch
- Wasser sparen/Strom sparen
- Windkraft
- Wasser sparen

Regionale Produkte:

- Getreide aus der Mühle
- Aus dem eigenen Land
- Lupinenprotein aus Franken
- Gemüse
- Fleisch von Bauern aus der Region

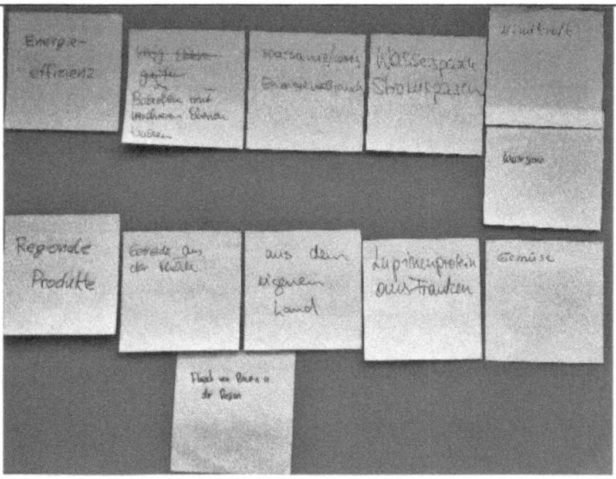

<u>Vegetarismus/Veganismus:</u> - Gesundheit - Gemüse - Modeerscheinung des 21. Jahrhunderts - Einstellungssache - Vegane Creme <u>FairTrade:</u> - Geld - Bauern in Afrika, Kaffeeplantage - Keine Ausbeutung „Qualität hat ihren Preis“ - Einstellungssache - Kaffee	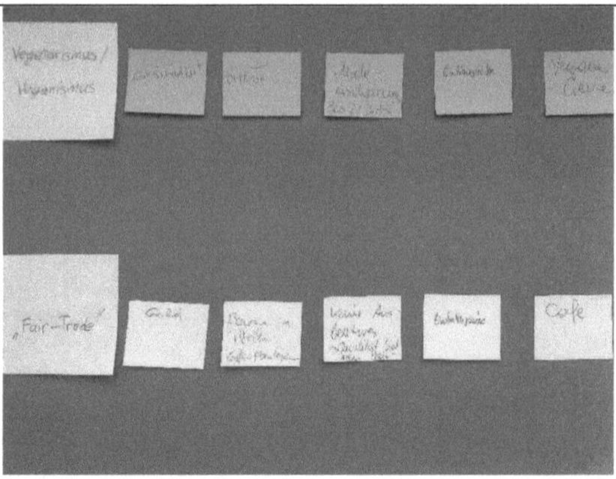
<u>Circular Economy:</u> - Erneuerbare Produkte - Holzspalter an Land - Kompost, Regenwasser - Dekos aus Blechdosen - Klamotten die man nicht mehr braucht weiter geben, z.B. Babyklamotten <u>Sharing Economy:</u> - Am Erfolg sind mehrere beteiligt - Second Hand - Unnötiges Autofahren - Fahrgemeinschaft	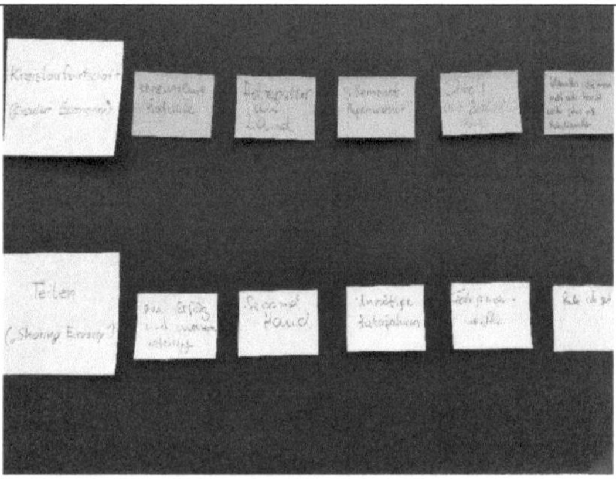

- Finde ich gut	
<u>Konsumverzicht:</u> - Autos - Kleider - Milchprodukte - Nur die notwendigsten Elektrogeräte - Lebensmittel begrenzt zur Verfügung stellen <u>Konsum in Verbindung mit sozialen Projekten:</u> - Radeberger - Rainbow Café (Kleinbauern) - Wasser - Kaufen im Werkstattladen z.B. Lebenshilfe - Erlös geht an Hilfsorganisation	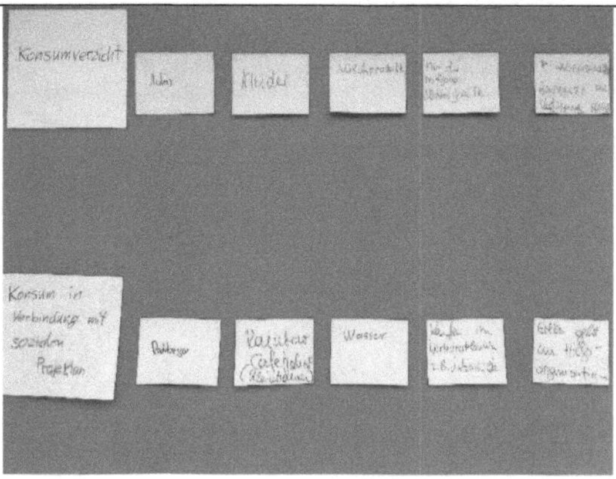

Quelle: Eigene Darstellung (2017).

Tabelle 6: Bildliche Darstellung der Bedeutung von ethischem Konsum für die Teilnehmer der Männer-Diskussionsgruppe

	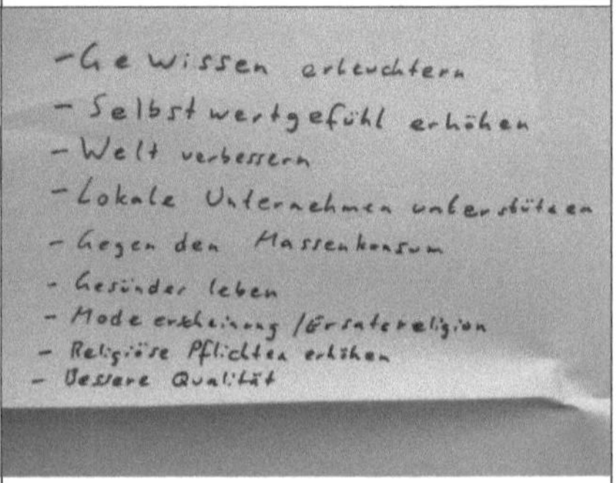

Quelle: Eigene Darstellung aus Plakaten von Teilnehmern der Männer-Diskussionsgruppe (2017).

Tabelle 7: Bildliche Darstellung der Bedeutung von ethischem Konsum für die Teilnehmer der Frauen-Diskussionsgruppe

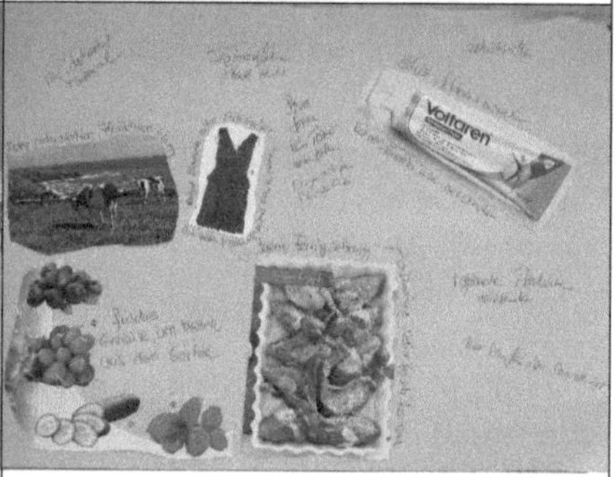

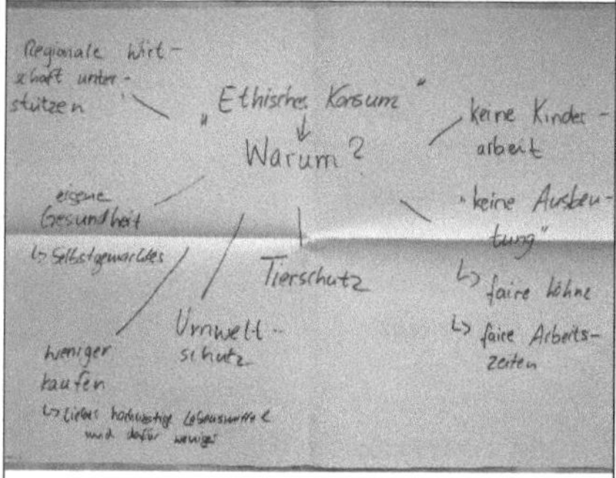

Quelle: Eigene Darstellung aus Plakaten von Teilnehmern der Frauen-Diskussionsgruppe (2017).

Rekrutierungsfragebogen zur Konsum-Tagebuch-Führung

Information Tagebuchgestaltung:

Liebe Interessentin, lieber Interessent,

im Rahmen einer Abschlussarbeit an der Julius-Maximilians-Universität Würzburg, suchen wir Teilnehmer für eine Studie zum Thema „Ethischer Konsum".

Aufgabe der Studienteilnehmer ist es, über einen Zeitraum von einer Woche, Erfahrungen und Erlebnisse beim Einkauf von ethischen Produkten, in Form von Tagebuchführung schriftlich festzuhalten.

Ethische Produkte können dabei biologisch hergestellte, regional produzierte, fair gehandelte, klimafreundlich hergestellte, getauschte oder gebrauchte Produkte, etc. sein. Ebenso kann der Verzicht auf Produkte aus ethischen Gründen berücksichtigt werden. Auch sind alle Produktkategorien wie Lebensmittel, Kleidung, Elektronikartikel, etc. offen gehalten.

Bitte beantworten Sie folgende neun Fragen und geben Ihre E-Mailadresse an, um an der Studie teilzunehmen. Sie erhalten daraufhin eine Bestätigungsmail für die Teilnahme.

Hinweis: Bitte füllen Sie den Fragebogen ernsthaft und vollständig aus. Nur so können wir Sie für die Studienteilnahme berücksichtigen. Sie bleiben bei Ihrer Teilnahme vollkommen anonym, alle Daten werden vertraulich behandelt und nicht an Dritte weitergegeben.

Vielen Dank!

Allgemeine Informationen:		
Nr.	**Fragen**	**Antworten**
1.	Geschlecht	Weiblich ☐ Männlich ☐ Keine Angabe ☐
2.	Geburtsjahr	< 1954 ☐ 1955 - 1969 ☐ 1970 - 1980 ☐ 1981 - 1996 ☐ > 1997 ☐
3.	Wohnort	Deutschland ☐

		Österreich ☐ Schweiz ☐ Sonstige ☐
4.	Haushaltsgröße	1 Person ☐ 2 Personen ☐ 3 Personen ☐ 4 Personen ☐ 5 oder mehr Personen ☐ Keine Angabe ☐
5.	Ausbildung	Kein Schulabschluss ☐ Hauptschulabschluss ☐ Mittlere Reife ☐ Abitur/Fachabitur ☐ Berufsschulabschluss ☐ Hochschulabschluss ☐ Keine Angabe ☐
6.	Berufliche Situation	SchülerIn/StudentIn/AzubiNe ☐ Arbeitslos ☐ Hausfrau/Hausmann ☐ Selbstständig ☐ Angestellt/ArbeiterIn ☐ In Rente ☐ Keine Angabe ☐
7.	Haushaltseinkommen	< 1.000 € ☐ 1.000 € – 1.500 € ☐ 1.500 € – 2.000 € ☐ 2.000 € – 3.000 € ☐ 3.000 € – 4.000 € ☐ > 4.000 € ☐
Informationen zum Kaufverhalten:		

8.	Ethische Kriterien sind zu einem Bestandteil meiner Kaufentscheidung geworden.	Ja □ Nein □ Keine Angabe □
9.	Wie häufig haben Sie im letzten Monat Produkte aus ethisch vertretbarer Herstellung konsumiert oder aus ethischen Gründen auf Produkte verzichtet?	Überhaupt nicht □ Ein bis zwei Mal □ Mehr als drei Mal □ Keine Angabe □

Quelle: Eigene Darstellung (2017)

Vorlage des Konsumtagebuchs

Liebe Teilnehmerin, lieber Teilnehmer,

vielen Dank für die Unterstützung bei der Studie zum Thema „Ethischer Konsum". Im Folgenden finden Sie eine kurze Instruktion und Vorlage zur Tagebuchführung.

Anleitung:

Das Tagebuch soll an sieben aufeinander folgenden Tagen geführt werden und sich auf Ihren ethischen Konsum beziehen. An Tagen an denen Sie nicht einkaufen, freuen wir uns dennoch über alle Gedanken, Einfälle und Ideen zum Thema.

Die Gestaltung des Tagebuches ist Ihnen dabei vollkommen frei überlassen.

Ethischer Konsum kann biologisch hergestellte, regional produzierte, fair gehandelte, klimafreundlich hergestellte, umweltschonende, energiesparende, getauschte oder gebrauchte Produkte, etc. umfassen. Ebenso kann der Verzicht auf Produkte aus ethischen Gründen berücksichtigt werden. Auch sind alle Produktkategorien wie Lebensmittel, Kleidung, Elektronikartikel, etc. offen gehalten.

Es gibt bei dieser Aufgabe kein Richtig oder Falsch, jeder Gedanke und jedes Erlebnis ist uns wichtig.

Um Ihnen das Verfassen zu erleichtern, ist jede Tagesvorlage in vier Bereiche unterteilt. Sie können diese Unterteilung nutzen oder einen Aufbau verwenden, der Ihrer Vorstellung entspricht. Sollten Sie Schwierigkeiten beim Ausfüllen haben, können Sie sich als gedankliche Stütze an unten stehenden Fragen orientieren:

Vor dem Einkauf

Welche Gedanken habe ich vor dem Einkauf in Bezug auf Ethik und warum?

Was möchte ich bewirken?

Worauf kommt es mir an?

Beim Einkauf:

Wie fühle ich mich beim Suchen nach oder Kauf von ethischen Produkten?

Welche Schwierigkeiten konnte ich feststellen?

Was hat mich dabei gefreut?

Wie gehe ich vor?

Warum fühle ich mich von Unternehmen unterstützt/nicht unterstützt?

Nach dem Einkauf:

Wieso habe ich diese ethischen Produkte gekauft?

Was glaube ich, dass andere jetzt über mich denken?

Wieso kaufe ich generell ethische Produkte?

Sonstiges:

Alles was ich noch mitteilen möchte.

Tag 1:

Vor dem Einkauf:
Beim Einkauf:
Nach dem Einkauf:

Sonstiges:

Vielen Dank für die Mitarbeit!

Bitte senden Sie das Dokument per Mail an: ethischer.konsum@gmail.com

Oder per Post an: Andreas Reger, Seligerstraße 1, 91522 Ansbach

Konsumtagebücher

Generation Y:

Teilnehmer 1

Vor dem Einkauf:

Habe mich für einen kurzen Einkauf beim Rewe um die Ecke entschlossen. Zum einen weil ich schnell da bin und zum anderen weil ich Sprit spare und damit die Umwelt schone. Rewe hat aber auch an sich einen guten Mix aus Billigware und hochwertigeren Waren (ethische Produkte). Einen Rucksack nehme ich mit, damit ich keine Tüte kaufen muss. Dabei möchte ich vor allem Plastikmüll vermeiden.

Beim Einkauf:

Hab Bier aus der Region gekauft, weil die Qualität wahrscheinlich hoch ist und ich den Geschmack mag.

Bio-Bananen: Es gab kaum einen Preisunterschied zu normalen Bananen, deshalb ich die besseren gekauft. Evtl. sind die gesünder.

Soja-Milch gekauft: Das ist zumindest ein Produkt, bei dem ich auf tierische Erzeugnisse verzichte, weil mir die Tiere leidtun. Achte zwar auch bei Eiern auf Freilandhaltung und bei Fleisch auf bessere Qualität, aber könnte nicht ganz darauf verzichten. Ich trinke nicht so viel Milch und wenn ich das im Müsli hab, schmeckt es fast genauso wie normale Milch.

Ansonsten hab ich nur normale Produkte gekauft und auf nichts Besonderes geachtet, außer den Preis.

Nach dem Einkauf:

Vor allem bei der Milch hab ich ein besseres Gefühl wenn ich sie trinke weil ich weiß, dass es die bessere Alternative ist. Für Natur und Tiere. Ansonsten keine Gedanken.

Vor dem Einkauf:

Selber Ort und selber Rucksack bei Rewe. Aus den gleichen Gründen wie am Vortag.

Beim Einkauf:

Nochmal Bier aus der Region weil es so gut war.

Bio-Maiswaffeln gekauft. Hab nicht auf den Preis geschaut, weil ich schon weiß, dass der Preisunterschied zu normalen Maiswaffeln gering ist. Kaufe hier immer die Bio-Version.

Versuche auch nicht so viele Fertiggerichte zu kaufen, weil die ungesund sind und einen Überblick darüber was da drin ist habe ich nicht und will es glaube ich auch lieber nicht. Ab und zu kaufe ich die nämlich schon wenn es schnell gehen muss.
Nach dem Einkauf:
Bio-Reiswaffeln sind ein guter Snack beim Lernen. Stillt den kleinen Hunger und ich habe etwas Gesundes gegessen. Zumindest schadet es mir nicht.

Vor dem Einkauf:
Nochmal selber Laden und selbe Tasche, weil die Milch leer ist.
Beim Einkauf:
Wieder die gleiche Soja-Milch gekauft aus dem gleichen Grund. Dazu aber auch noch ungesunde Sachen wie Chips, Pizza, etc. weil es spät ist und ich Heißhunger darauf hatte.
Nach dem Einkauf:
Keine weiteren Gedanken, aber immer wieder gutes Gefühl bei der Milch.

Teilnehmer 2:

Vor dem Einkauf:
Ich mache mir Gedanken was ich mir kaufen möchte und entscheide dementsprechend wo ich einkaufen gehe. Entscheidend ist auch was der Geldbeutel mir sagt :D Meistens kaufe ich die Sachen die für mich in Bio Qualität sein sollen im Bio Markt und das andere im Discounter. Alles vom Biomarkt wäre mir leider zu teuer. Entscheidend ist für mich auch, wo passt der Preis und wo gibt es z.b. auch regionale Ware. (Meistens fällt die Wahl auf Edeka oder Lidl und Bioladen)
Beim Einkauf:
Beim Einkauf achte ich darauf dass ich nicht unbedingt zb. Bei Obst und Gemüse, Ware aus anderen Ländern die erst importiert werden müssen, wähle. Meist gibt es neben Äpfeln aus Spanien auch Äpfel aus Deutschland ;) Außerdem muss man nicht für jede einzelne Apfelsorte eine neue Plastiktüte verwenden. Wenns geht nehm ich irgendeinen leeren Karton der im Regal steht und stapel meine Sachen darin, ohne Tüte. Außerdem versuch ich sowenig wie möglich Fertigprodukte zu kaufen, und mehr frisches, bzw. auch geforenes was zumindest im Kühlschrank nicht schlecht wird. Kein Fleisch, keine Wurst, keine Milch ist beim Einkauf für mich Standard. Gründe

hierzu: Keine Unterstützung für Massentierhaltung, Verzicht von Fleisch besser für Gesundheit, Milch gehört meiner Meinung nach nicht zur natürlichen Ernährung bei Menschen, bei Fertigprodukten oft ziemlich viel Misst enthalten was nach Lebensmittelschutzgesetz teilweise nicht mal angegeben werden muss.
Nach dem Einkauf:
Gedanken nach dem Kauf mach ich mir keine, aber wenn man bewusst darüber nachdenkt und auf die oben gestellten Fragen eingeht, denke ich folgendes: Warum ethische Produkte? Naja, würde jeder Mensch so sorglos einkaufen und nicht über die Folgen nachdenken, dann würde die Welt noch mehr vermüllen. Viele machen sich keine Gedanken darüber, was es heißt bei Aldi billig Fleisch für 1,99 zu kaufen oder täglich ne Packung Milch und Wurst zu konsumieren. Kennt man die Hintergründe dann weiß man was das zu folge hat und es ist teilweise echt grausaum. Meiner Meinung nach mangelt es vielen zu diesen Themen an Informationen. Teilweise wollen es die Leute auch gar nicht wissen. Aber Fakt ist, Massenhaltung schadet den Tieren, der Umwelt und der Gesundheit der Menschen. Genauso wie nicht umweltbewusstes handeln. Was andere über mich denken - hm teilweise dass so ein denken „komisch" ist. Tiere sind zum Essen da...aber was ich mich dann frage bei dem Wort „Tiere" - Hunde dann auch? Wer entscheidet das? Was ist normal und nicht normal. Meiner Meinung nach ein System und wer darüber hinaus denkt oder abweicht ist „komisch". Aber als „komisch" sehen dass meistens die an, die sich darüber nicht informiert haben oder denen es an Bildung fehlt. Ich ernähre mich zb. Nicht vegan...aber wenn es einer tut dann ist es für mich nicht „komisch" sondern absolut verständlich. Man muss dafür kein Veganer sein, Akzeptanz reicht schon. Es ist schwierig auf alles zu verzichten, weil man es nicht „anders" kennt. Aber damit anzufangen nachzudenken und sich zu bemühen reicht in meinen Augen schon.

Ob Unternehmen das unterstützen? In meinen Augen nein. Ohne Konsum - kein Profit. Je billiger desto besser, egal zu welchem Preis. Egal mit was geworben wird, zb. Milchschnitte - gesund für kinder weil Milch drinnen? Das aber kaum Milch drin ist und das ding mehr als die Hälfte zu Palmöl und Zucker besteht, wird nicht erwähnt :)
Sonstiges:
Thema Konsum und seine Folgen, sollte meiner Meinung nach mehr zum Thema in Schulen werden. Vorallem in Verbindung mit Ernährung. Was heißt es wenn ich jeden Tag ein Liter Milch konsumiere oder jeden Tag 1 kg Fleisch esse - Wie wirkt es sich auf körper, umwelt und Tiere aus, etc. Würde jeder einen kleinen Teil dazu beitragen, dann würde das ne Menge bewirken :)

Teilnehmer 3:

Vor dem Einkauf: „Einkauf von Hundefutter"
Gedanken: - Qualität des Produkts - Preis-Leistungs-Verhältnis - Regionales Produkt → Wirtschaft in der eigenen Region unterstützen
Beim Einkauf:
1) Gefühle: Teilweise überfordert, da zu viel „Fach-Chinesisch"; unklar, was bestimmte Angaben/Fachbegriffe bedeuten 2) Positiv: Fachpersonal beim Fressnapf
Nach dem Einkauf:
Hochwertiges Hundefutter ist teuer!

Vor dem Einkauf: „Brot beim Bäcker vor Ort"
Gedanken: - Frisches Gebäck - Natürliche Inhaltsstoffe - Wenig Zucker - Bäcker von „nebenan" unterstützen
Beim Einkauf:
Gute Beratung
Nach dem Einkauf:
Gefühle: - Zufriedenheit - Gutes Gewissen (nach Kauf des selbstgebackenen Gebäcks) → wenig/keine Aromastoffe → Vollkornprodukt

Vor dem Einkauf: Frisches Obst/Gemüse
Gedanken: - Einheimisches und saisonales Obst/Gemüse → „natürlich" gereift → ungespritzt - Qualität „frisch/gut"
Beim Einkauf:

- Preis-Leistungsverhältnis teilweise zu hoch → Gang zum „Discounter“
Nach dem Einkauf:
Entscheidung: Wenig, aber dafür gutes, einheimisches Obst statt viel Obst (aus der Welt), welches günstiger ist

Vor dem Einkauf: Einkauf von Fisch/Fleisch/Hygieneartikel
Gedanken: - Naturprodukt, d.h. nicht vorher gewürzt/eingelegt… → gesünder - Naturkosmetik → besser für die Haut
Beim Einkauf:
- Teilweise sind Informationen lückenhaft - Preis!!! - Regionales Produkt → kein langer Transportweg → Umweltverschmutzung - Weniger Fleisch essen → wenig aber gutes Fleisch kaufen
Nach dem Einkauf:
- Gutes Gefühl, Zufriedenheit, Vorfreude auf den Geschmack - Jedoch: Etwas unsicher ob alles „wahr“ ist …
Sonstiges:
- Wenig Infos in TV /Politik / Radio zu diesem Thema

Teilnehmer 4:

Vor dem Einkauf:
Vor dem Einkauf denke ich nicht viel über ethische Themen nach. Ich gehe jedoch immer in einem Supermarkt einkaufen von dem ich weiß, dass dort überwiegend hochwertige Qualität angeboten wird. Dies ist mir wichtig, da die Lebensmittel die ich zu mir nehme, direkt meine Gesundheit beeinflussen und ich generell etwas gegen zu viel Spritzmittel und Genmanipulation habe. Indem ich zu einem teureren Laden gehe, weiß ich zwar immer noch nicht ob die Produkte diesbezüglich besser sind aber es gibt mir zumindest ein besseres Gefühl.
Beim Einkauf:
Beim Einkauf richte ich mich zugegebenermaßen hauptsächlich nach dem Preis eines Produktes. Wenn es jedoch preislich kaum einen Unterschied zwischen einem „normalen“ Produkt und einer Bio-Marke oder Fair-Trade-Produkt gibt, dann kaufe ich auch gerne das etwas teurere Produkt. Grüne Produkte bei diesem Einkauf waren Bananen und Zucchini. Andernfalls habe ich lediglich „normale“ Produkte gekauft.
Nach dem Einkauf:
Direkt nach dem Einkauf denke ich nicht weiter über den Einkauf nach. Wenn ich jedoch koche und die gekauften Produkte verwende freue ich mich gute Qualität zu verwenden. Ich denke, dass es generell gut ankommt ethisch wertvolle Produkte zu kaufen, jedoch ist es mir nicht wichtig ob andere Menschen dies gut bzw. wichtig finden oder nicht, da es hierbei um meine Gesundheit und die bessere Behandlung von Umwelt, Tieren und Arbeitern geht.

Vor dem Einkauf:
Ich habe heute nur einige wenige Dinge gebraucht. Unter anderem Eier und Müsli.
Beim Einkauf:
Bei Eiern achte ich besonders auf Freilandhaltung, da ich absolut gegen das Mästen von Tieren bin und ich die Bedingungen in manchen Produktionsbetrieben erschreckend finde. Bezüglich Müsli achte ich immer speziell darauf keine Produkte von Nestle zu kaufen. Dies gilt auf für Süßigkeiten oder andere Erzeugnisse von Nestle. Ich weiß von der schlechten Reputation des Unternehmens und, dass beispielsweise in Afrika Menschen das Wasser durch Privatisierung gestohlen

wird und katastrophale Arbeitsbedingungen auf Plantagen herrschen. Ich möchte ein solches Unternehmen nicht finanziell unterstützen.
Nach dem Einkauf:
Beim Kochen mit den Eiern hatte ich ein gutes Gefühl, da ich wusste, dass ich etwas gutes für die Hühner getan habe.

Generation X:

Teilnehmer 1:

Beim Einkauf:
Fleisch in guter Qualität Biokarotten weil im Angebot Sonst viele regionale Sachen aus dem real
Sonstiges:
Kaufe nur einmal die Woche ein.

Teilnehmer 2:

Vor dem Einkauf:
Ich nehme meinen Einkaufskorb mit, um Tüten zu vermeiden.
Beim Einkauf:
Vollkornbrot aus Urgetreide gekauft, beim Ortsansässigen Bäcker.

Vor dem Einkauf:
Nehme den Einkaufskorb mit, um Tüten zu vermeiden.

Vor dem Einkauf:
Prospekte nach Angeboten durchgeschaut.
Beim Einkauf:
Drogerieartikel aus dem Angebot gekauft. Eigene Tasche dabei gehabt, keine extra Tüte gekauft.

Beim Einkauf:
Bio-Gemüse gekauft; bzw. Gemüse von regionalen Anbietern, gute Auswahl vorgefunden. Wurst bei ortsansässigem Metzger gekauft.

Vor dem Einkauf:
Überlegen neuen Trockner zu kaufen. Suchen nach einem Wärmepumpentrockner (weniger Stromverbrauch). Lesen Testberichte im Internet.

Teilnehmer 3:

Vor dem Einkauf:
Günstige und gute Produkte zu kaufen. Möglichst wenig Verpackung. Ich nehme immer eine Tasche oder Korb mit.
Beim Einkauf:
Frische Sachen sind mir wichtig.
Nach dem Einkauf:
Es waren doch einige Produkte mit viel Verpackung dabei. Ethische aber auch ohne.

Sonstiges:
Ich habe heute nichts eingekauft.

Vor dem Einkauf:
Heute werde ich auf dem Markt einkaufen. Eier aus der Region, Wurst beim Metzger.
Sonstiges:
Ich habe alles in mitgebrachten Taschen gepackt.

Nach dem Einkauf:
Habe heute beim Discounter eingekauft. Es musste schnell gehen.
Sonstiges:
Ich habe eine Tasche dabei gehabt.

Nach dem Einkauf:
Ich habe heute regionale Produkte auf dem Markt eingekauft.

Teilnehmer 4:

Vor dem Einkauf:
Welche Gedanken habe ich vor dem Einkauf in Bezug auf Ethik und warum? Benötigte Güter für zwei Haushalte(Online Bestellung)-in Bezug auf Ethik-KEINE. Was möchte ich bewirken? Effizient einkaufen. Worauf kommt es mir an? Stressfrei einkaufen, keine Fahrten, Lieferung erfolgt nach meinen Zeitwünschen an meine Adresse. Kein Zeitverlust.
Beim Einkauf:
Wie fühle ich mich beim Suchen nach, oder Kauf von ethischen Produkten? Ich vertraue dem Dienstleister – in diesem Fall REWE. Welche Schwierigkeiten konnte ich feststellen? Keine. Was hat mich dabei gefreut? Schnell, effizient. Wie gehe ich vor? Online Bestellung für zwei Haushalte, in der Regel für zwei Wochen ausreichend. Warum fühle ich mich von Unternehmen unterstützt/nicht unterstützt?

In Bezug auf die schnelle Abwicklung-gut betreut, in Bezug auf die Nachhaltigkeit der Produkte informiere ich mich selbst über die gängigen Medien.
Nach dem Einkauf:
Wieso habe ich diese ethischen Produkte gekauft? N/A Was glaube ich, dass andere jetzt über mich denken? Mir egal. Wieso kaufe ich generell ethische Produkte? N/A
Sonstiges:
Ich habe immer die gleichen Marken gekauft und werde das weiterhin machen. Die schnelle Abwicklung via Online Bestellung und Lieferung an die Heimanschrift ist so bequem, dass man sich keine weiteren Gedanken machen muss. Einkaufen empfinde ich als lästig, daher dieses Ergebnis. Einkauf erfolgt für zwei Haushalte, die sich an zwei unterschiedlichen Orten befinden, somit immer Vorratskäufe, die ca. ein oder zwei Wochen ausreichen, daher keine Daten für die folgenden Wochentage.

Generation Baby-Boomer:

Teilnehmer 1:

Vor dem Einkauf:
Ich fahre mit dem Fahrrad zum Einkaufen um Sprit zu sparen und die Umwelt zu schonen. Ich nehme einen Korb mit, damit ich keine Plastiktüten kaufen muss. Ab und zu geh ich auch auf den Markt.
Beim Einkauf:
Viele Bio-Produkte und Sachen die Gentechnik frei sind. Möchte mich und meine Familie gesund ernähren. Brot immer vom Bäcker in meiner Gegend.
Nach dem Einkauf:
Ich bin beim Kochen froh darüber, etwas Gutes für meine Familie und die Natur zu tun.
Sonstiges:
Kaufe auch viel Second-Hand-Kleidung für meine Enkelkinder. Man muss nicht alles neu kaufen. Man weiß ja auch nicht wie die hergestellt werden und bei gebrauchter Kleidung sind die Schadstoffe oft schon rausgewaschen. Das ist gut für die Kinderhaut.

Teilnehmer 2:

Vor dem Einkauf:
Ich schaue meine Vorräte an, schreibe Einkaufsliste, bereite Stoffbeutel und Kühltasche vor, dass ich unnötige Autofahrten und Verpackungsmaterial sparen kann (Umweltverschmutzung ist mir wichtig!)
Beim Einkauf:
Ich war zufrieden mit dem Obst und Gemüse aus der Region - Erdbeeren, Frühlingszwiebeln, Rhabarber usw. Außerdem habe ich Bio-Eier gekauft, finde ich gut, dass auf der Verpackung sehen wir, dass die Eier aus kontrollierter ökologischer Erzeugung sind. Genauso wie Nudeln ohne Gentechnik, usw.
Nach dem Einkauf:
Ich bin zufrieden, weil ich das Gefühl habe, gutes für meine Familie und für die Umwelt in der Zukunft getan zu haben (Näher zur Natur, ohne künstliche Zusatzstoffe usw., ohne Missbrauch von Menschen und Tieren).

Beim Einkauf:
Heute habe ich vier Spendenbehälter von Tupperware gekauft, weil so kann ich Kinderdörfer in Deutschland unterstützen.
Nach dem Einkauf:
Bin ich auch zufrieden richtiges zu tun, weil mit den Spendenbehältern kann ich doppeltes Gutes tun. 1. Das Geld, was ich bezahlt habe ist für einen guten Zweck und 2. Wenn ich Behälter weiter verschenke, mache ich andere Personen auch glücklich!
Sonstiges:
Was die anderen über mich denken, interessiert mich nicht!

Vor dem Einkauf:
Habe vor, die Blumen zu kaufen. Keine Schnittblumen aus dem Supermarkt wegen langen Transporten (bzw. aus Afrika Schnittrosen) usw., schlechte Arbeitsbedingungen und Kinderarbeit
Beim Einkauf:

Habe bei Obi Blumen für meine Terrasse aus örtlicher Gärtnerei gekauft.

Vor dem Einkauf:
Ich schaue ob Obst und Gemüse aus der Region im Angebot sind, dann kaufe ich etwas mehr davon. Auf jeden Fall müssen die Produkte von dieser Saison sein, die anderen kaufe ich lieber aus dem Tiefkühlregal. (Im Sommer gereift und aus der Region)

Vor dem Einkauf:
Ich fahre morgen zum Bioladen, weil das liegt mir auf dem Weg zum Arzttermin (vermeide extra Fahrt zum Einkaufen). Kühltasche und Stoffbeutel auf jeden Fall dabei!

Vor dem Einkauf:
Ich habe vor, Obst und Gemüse aus der Region zu kaufen. Brot ohne Gentechnik, vegan.
Beim Einkauf:
Schaue beim Kauf von Brot genau, welche Zutaten drinnen sind oder frage bei Bäcker. Ich habe Heidelbeeren und Erdbeeren aus Deutschland gekauft.
Nach dem Einkauf:
War mit Qualität und Preis zufrieden.

Teilnehmer 3:

Vor dem Einkauf:
Ich baue selbst viel Gemüse und Obst im Garten an. Dadurch muss ich keine gespritzten Produkte kaufen.
Beim Einkauf:
Achte nicht besonders auf ethischen Konsum, aber ich kaufe möglichst Produkte aus der Region.
Nach dem Einkauf:
Keine Gedanken.
Sonstiges:
Ich versuche so gut es geht Energie zu sparen. Deswegen habe ich in fast allen Räumen LED-Lampen eingebaut. Fahre auch viel mit dem Fahrrad um das Auto zu Hause zu lassen.

Teilnehmer 4:

Vor dem Einkauf:
Ich kaufe bewusst in der Nähe von meiner Arbeit (Verschmutzung und Stau vermeiden).
Beim Einkauf:
Ich kaufe Brot lieber aus Natursauerteig (Keine künstliche Zusatzstoffe).
Nach dem Einkauf:
Ich bin zufrieden, dass es in meiner Nähe Auswahl gibt.

Vor dem Einkauf:
Hab heute Weißkraut, Karotten und Salat aus der region gekauft.
Beim Einkauf:
Beim Kauf achte ich auf regionale Produkte.
Nach dem Einkauf:
Ich bin zufrieden, dass ich einheimische Bauern unterstützt habe.

Vor dem Einkauf:
Ich habe vor, einen Regenspeicher zu kaufen, weil so spare ich Trinkwasser (Garten gießen und Abwasser reinigen sparen)
Beim Einkauf:
Ich habe mir einen Wasserspeicher ausgesucht, bin sehr zufrieden. Hat 160 Liter, sieht optisch sehr gut aus und oben drauf kann ich noch Blumen anpflanzen und ist Platzsparend. Der Preis war auch OK.
Nach dem Einkauf:
Ich glaube ich habe was Gutes für die Umwelt getan! Wasser sparen ist wichtig.
Sonstiges:
So spare ich auch Abwassergebühren.

Vor dem Einkauf:
Ich habe vor, eine Reise in Deutschland zu buchen (keine Luftverschmutzung, unterstützen heimische Wirtschaft, kurzer Weg).

Beim Einkauf:
Ich fühle mich gut, weil es so viele Angebote in Bayern gibt.
Nach dem Einkauf:
Weil es in Bayern ist, habe ich diese Reise gebucht und ich möchte mehr über das Land wissen in dem ich wohne.

Nachkriegsgeneration:

Teilnehmer 1:

Vor dem Einkauf:
Ich kaufe fast niemals selber ein. Meine Kinder übernehmen das meistens weil ich nicht mehr so gut zu Fuß bin. Wenn ich bei meinen Kindern bin, mag ich am meisten was im Garten wächst. Sonst brauche ich nicht mehr viel. Meine Tochter kocht manchmal für mich. In der Kirche spende ich immer für alles was sie hier machen.

Teilnehmer 2:

Vor dem Einkauf:
Mein Einkauf wird geprägt von a) Wie viele Personen gerade an meinem Tisch sitzen und ob b) Diese alles essen können, da einige regelmäßige Personen verschiedene Unverträglichkeiten haben. c) Was in meinem Garten wächst, hat Vorrang, verwertet zu werden, da es dann echt frisch ist. d) Ich habe einen groben Wochen-Kochplan e) Ich gehe nicht jeden Tag einkaufen, manche Woche nur 2 x f) Ich gehe ziemlich regelmäßig auf den Wochenmarkt, wegen der Frische.
Beim Einkauf:
Am liebsten ganz früh ist meine Zeit des Einkaufens, wenn es irgend geht. 1.) Geht es dann bes. schnell, weil noch nicht so viele Leute unterwegs sind u. 2.) Ist die Ware frisch - manchmal wird sie gerade erste eingeräumt. 3.) Ich schaue auf regionale u. auf deutsche Produkte.
Nach dem Einkauf:
Schnelles Versorgen des Einkaufs ist mir wichtig, bes. wenn es Tiefkühlkost ist, was ich wenig kaufe, wenn ich es frisch haben kann oder im Garten habe.
Sonstiges:
Ich schaue auf den Preis, weil ich nur begrenztes Budget habe.

Vor dem Einkauf:
Eigentlich wollte ich heute nicht einkaufen. Es haben sich gestern noch 2 Leute angesagt - Plan umgeworfen und für den neuen Plan fehlen jetzt noch einige Sachen.
Beim Einkauf:
In die Mega-großen Läden wie Kaufland, Rewe, Real, Edeka gehe ich nicht so gerne - so viel Zielt verlaufe ich da beim Lebensmittelkauf. Wenn kaufe ich da spezielle Dinge, die eben nur dort zu bekommen sind.

Nach dem Einkauf:
Durch den Besuch habe ich heute Fleisch auf dem Tisch - war nicht geplant - was Kurz-gebratenes gibt's aus Putenschnitzel. Gibt's ein Geschnetzeltes mit Gemüse u. Reis (Vollreis) dazu u. frischen Salat, leider noch nicht aus dem Garten, aber aus der Gegend.
Sonstiges:
Einkaufen + Kochen kommen in der Prioritätenliste nach den Menschen, die im Hause sind.

Vor dem Einkauf:
Heute ist „Mehlspeistag“ - 1 x die Woche, muss es was „süßes“ geben. Einen Reis-Hirse-Grieß (Dinkelvollkorn) - Buchweizen - Quinoa oder Amaranthbrei mit Milch im Simmertopf gegart u. 1 Ei am Schluss drunter. Milch nehme ich entweder (am liebsten) vom Bauern (Rohmilch) oder die 3,5 % Frischmilch. H-Milch ist tabu! Dazu gibt's Kompott - selbst eingemacht.
Beim Einkauf:
Beim Fahren zum Bauern freue ich mich schon auf den ganz anderen Geschmack der Milch. Auch wenn es ein extra Weg ist, der lohnt sich. Leider sind auch die heimischen Milche alle „länger haltbar“, also auseinandergenommen u. wieder zusammengesetzt u. kaum noch „traditionell hergestellt“.
Nach dem Einkauf:
Melspeistage bringen Zeit für andere Arbeiten in Haus oder Garten oder Menschen im Haus, oder Beratungsgespräche.
Sonstiges:
Bei Kleidung gehe ich auch in second-hand-läden. Ich selbst muss auf reine Baumwolle achten, wegen Verträglichkeit.

Vor dem Einkauf:
Bin froh, heute nicht einkaufen zu müssen. Es gibt Reste u. wo es nicht reicht für uns zwei, Kartoffel + Salat, evtl. ein Ei dazu.
Beim Einkauf:
Eier kaufe ich auf dem Wochenmarkt von Bauern, die ich „kenne“ - wo wir den Hof u. die Haltung angeschaut haben. Manchmal bringen mir Leute eigene Eier von ihren Hühnern mit - das ist dann bes. schön u. das schmeckt man.

Vor dem Einkauf:
Heute gibt es „Hülsenfrüchte“ - mal Erbsen, Bohnen, Linsen, Kichererbsen. Abends zuvor eingeweicht, sind sie mit Suppengrün (frisch geputzt) u. Kartoffeln im Schnellkochtopf schnell gar. Frische Erdbeeren aus dem Gartenmit Quark als Nachtisch. Auch mal ein Pudding (gekocht) ist “.

Beim Einkauf:
Wenn ich Hülsenfrüchte (habe ich immer im Vorrat) kaufe, kaufe ich trockene, kaum in Dosen oder fertige Doseneintöpfe.
Sonstiges:
Zum Eintopf nehme ich gerne Geflügel-Würstchen, die ich zum Schluss rein schneide, aber es gibt ihn auch ohne alles. Eintöpfe aus Hülsenfrüchte sind wichtige Eiweißlieferanten.

Vor dem Einkauf:
Einmal in der Woche gibt es meist Fisch, den ich normalerweise auf dem Markt am Fischauto kaufe, meist Seelachs, weil er der Billigste und vom Nährwert der Beste ist. Auch ein heimischer Fisch vom Markt kommt auf den Tisch - ganz frisch beide.
Beim Einkauf:
Auf dem Markt kaufe ich regelmäßig, frischen Fisch, - Pute oder Hähnchen vom Erzeuger, - Eier vom Bauern - Käse vom Käsewagen - Äpfel ungespritzt fürs tägl. Müsli u. Kuchen - Ab + an Fleisch vom Bauernladen + Wurst - Im Geschäft Käse + Wurst eher an der Frischetheke in kleinen Mengen
Nach dem Einkauf:
Ich freue mich, wenn ich ein „Schnäppchen“ gemacht, ein frisches „Angebot“ gefunden habe.

Vor dem Einkauf:
Einmal in d. Woche, meist am Sonntag, gibt es einen Braten, in der Regel im Römertopf, weil er da bes. gut u. saftig wird und weil er „selbstständig“ gart u. wir in den Gottesdienst können.
Beim Einkauf:
Fleisch kaufe ich beim Bauern und friere es in Portionen ein. Auch Wildfleisch -Hirsch u. Reh - lieben wir so zubereitet u. es kommt auch vom „Hersteller“, aus heimischen Gehegen, wo es die Tiere gut haben.

Teilnehmer 3:

Beim Einkauf:
Ich schaue das es aus der Region kommt und bio ist. Handarbeit gefällt mir sehr gut und Lebensmittel wo ich weiß wo sie her kommen. Bekomme viel von Verwandten und Bekannten aus ihren Gärten. Das verarbeite ich dann und teile es mit ihnen.
Nach dem Einkauf:
Für mich alleine kaufe ich nicht häufig ein.
Sonstiges:
Etwas Gutes für die Natur und die Menschen zu tun ist sehr sehr wichtig. Volle Unterstützung von mir.

Teilnehmer 4:

Beim Einkauf:
Im Garten wachsen bei mir verschiedene Kräuter, Gurken und Tomaten. Das was dort nicht wächst, kaufe ich bei tegut. Das ist nicht so weit weg und ich kaufe dann Obst und Gemüse und Früchte so viel es geht aus der Nähe. Die Äpfel schmecken da viel besser. Fleisch essen wir nicht so viel.

Tabelle 10: Aufbereitungstabelle der Generation Y

1. Intentionen/Aktion:
- Ich mache mir Gedanken was ich mir kaufen möchte und entscheide dementsprechend wo ich einkaufen gehe. Entscheidend ist auch was der Geldbeutel mir sagt :D Meistens kaufe ich die Sachen die für mich in Bio Qualität sein sollen im Bio Markt und das andere im Discounter. Alles vom Biomarkt wäre mir leider zu teuer. Entscheidend ist für mich auch, wo passt der Preis und wo gibt es z.b. auch regionale Ware. (Meistens fällt die Wahl auf Edeka oder Lidl und Bioladen) - Meiner Meinung nach mangelt es vielen zu diesen Themen an Informationen. Teilweise wollen es die Leute auch gar nicht wissen. Aber Fakt ist, Massenhaltung schadet den Tieren, der Umwelt und der Gesundheit der Menschen. Genauso wie nicht umweltbewusstes handeln. - Keine Unterstützung für Massentierhaltung, Verzicht von Fleisch besser für Gesundheit, Milch gehört meiner Meinung nach nicht zur natürlichen Ernährung bei Menschen, bei Fertigprodukten oft ziemlich viel Misst enthalten was nach Lebensmittelschutzgesetz teilweise nicht mal angegeben werden muss. - Warum ethische Produkte? Naja, würde jeder Mensch so sorglos einkaufen und nicht über die Folgen nachdenken, dann würde die Welt noch mehr vermüllen. Viele machen sich keine Gedanken darüber, was es heißt bei Aldi billig Fleisch für 1,99 zu kaufen oder täglich ne Packung Milch und Wurst zu konsumieren. Kennt man die Hintergründe dann weiß man was das zu folge hat und es ist teilweise echt grausaum. - Vor dem Einkauf denke ich nicht viel über ethische Themen nach. Ich gehe jedoch immer in einem Supermarkt einkaufen von dem ich weiß, dass dort überwiegend hochwertige Qualität angeboten wird. Dies ist mir wichtig, da die Lebensmittel die ich zu mir nehme, direkt meine Gesundheit beeinflussen und ich generell etwas gegen zu viel Spritzmittel und Genmanipulation habe. - Bei Eiern achte ich besonders auf Freilandhaltung, da ich absolut gegen das Mästen von Tieren bin und ich die Bedingungen in manchen Produktionsbetrieben erschreckend finde. Bezüglich Müsli achte ich immer speziell darauf keine Produkte von Nestle zu kaufen. Dies gilt auf für Süßigkeiten oder andere Erzeugnisse von Nestle. Ich weiß von der schlechten Reputation

des Unternehmens und, dass beispielsweise in Afrika Menschen das Wasser durch Privatisierung gestohlen wird und katastrophale Arbeitsbedingungen auf Plantagen herrschen. Ich möchte ein solches Unternehmen nicht finanziell unterstützen.

- Regionales Produkt → Wirtschaft in der eigenen Region unterstützen
- Bäcker von „nebenan" unterstützen
- Frisches Gebäck
- Natürliche Inhaltsstoffe
- Wenig Zucker
- Einheimisches und saisonales Obst/Gemüse → „natürlich" gereift → ungespritzt
- Qualität „frisch/gut"
- Gedanken:
  - Qualität des Produkts
- Preis-Leistungs-Verhältnis
- Naturprodukt, d.h. nicht vorher gewürzt/eingelegt... → gesünder
- Naturkosmetik → besser für die Haut
- Regionales Produkt → kein langer Transportweg → Umweltverschmutzung
- Weniger Fleisch essen → wenig aber gutes Fleisch kaufen
- Beim Einkauf achte ich darauf dass ich nicht unbedingt zb. Bei Obst und Gemüse, Ware aus anderen Ländern die erst importiert werden müssen, wähle. Meist gibt es neben Äpfeln aus Spanien auch Äpfel aus Deutschland ;) Außerdem muss man nicht für jede einzelne Apfelsorte eine neue Plastiktüte verwenden. Wenns geht nehm ich irgendeinen leeren Karton der im Regal steht und stapel meine Sachen darin, ohne Tüte. Außerdem versuch ich sowenig wie möglich Fertigprodukte zu kaufen, und mehr frisches, bzw. auch gefrorenes was zumindest im Kühlschrank nicht schlecht wird. Kein Fleisch, keine Wurst, keine Milch ist beim Einkauf für mich Standard.
- Beim Einkauf richte ich mich zugegebenermaßen hauptsächlich nach dem Preis eines Produktes. Wenn es jedoch preislich kaum einen Unterschied zwischen einem „normalen" Produkt und einer Bio-Marke oder Fair-Trade-Produkt gibt, dann kaufe ich auch gerne das etwas teurere Produkt.
- Grüne Produkte bei diesem Einkauf waren Bananen und Zucchini. Andernfalls habe ich lediglich „normale" Produkte gekauft.
- Preis-Leistungsverhältnis teilweise zu hoch → Gang zum „Discounter"

- Entscheidung: Wenig, aber dafür gutes, einheimisches Obst statt viel Obst (aus der Welt), welches günstiger ist
- Habe mich für einen kurzen Einkauf beim Rewe um die Ecke entschlossen. Zum einen weil ich schnell da bin und zum anderen weil ich Sprit spare und damit die Umwelt schone. Rewe hat aber auch an sich einen guten Mix aus Billigware und hochwertigeren Waren (ethische Produkte). Einen Rucksack nehme ich mit, damit ich keine Tüte kaufen muss. Dabei möchte ich vor allem Plastikmüll vermeiden.
- Hab Bier aus der Region gekauft, weil die Qualität wahrscheinlich hoch ist und ich den Geschmack mag.
- Bio-Bananen: Es gab kaum einen Preisunterschied zu normalen Bananen, deshalb ich die besseren gekauft. Evtl. sind die gesünder.
- Soja-Milch gekauft: Das ist zumindest ein Produkt, bei dem ich auf tierische Erzeugnisse verzichte, weil mir die Tiere leidtun.
- Achte zwar auch bei Eiern auf Freilandhaltung und bei Fleisch auf bessere Qualität, aber könnte nicht ganz darauf verzichten. Ich trinke nicht so viel Milch und wenn ich das im Müsli hab, schmeckt es fast genauso wie normale Milch.
- Ansonsten hab ich nur normale Produkte gekauft und auf nichts Besonderes geachtet, außer den Preis.
- Nochmal Bier aus der Region weil es so gut war.
- Bio-Maiswaffeln gekauft. Hab nicht auf den Preis geschaut, weil ich schon weiß, dass der Preisunterschied zu normalen Maiswaffeln gering ist. Kaufe hier immer die Bio-Version.
- Versuche auch nicht so viele Fertiggerichte zu kaufen, weil die ungesund sind und einen Überblick darüber was da drin ist habe ich nicht und will es glaube ich auch lieber nicht. Ab und zu kaufe ich die nämlich schon wenn es schnell gehen muss.
- Wieder die gleiche Soja-Milch gekauft aus dem gleichen Grund. Dazu aber auch noch ungesunde Sachen wie Chips, Pizza, etc. weil es spät ist und ich Heißhunger darauf hatte.

2. Emotionen:

- Indem ich zu einem teureren Laden gehe, weiß ich zwar immer noch nicht ob die Produkte diesbezüglich besser sind aber es gibt mir zumindest ein besseres Gefühl.
- Direkt nach dem Einkauf denke ich nicht weiter über den Einkauf nach. Wenn ich jedoch koche und die gekauften Produkte verwende freue ich mich gute Qualität zu verwenden.
- Beim Kochen mit den Eiern hatte ich ein gutes Gefühl, da ich wusste, dass ich etwas gutes für die Hühner getan habe.
- Zufriedenheit

- Gutes Gewissen (nach Kauf des selbstgebackenen Gebäcks) → wenig/keine Aromastoffe → Vollkornprodukt
- Gefühle: Teilweise überfordert, da zu viel „Fach-Chinesisch"; unklar, was bestimmte Angaben/Fachbegriffe bedeuten
- Positiv: Fachpersonal beim Fressnapf
- Gutes Gefühl, Zufriedenheit, Vorfreude auf den Geschmack
- Jedoch: Etwas unsicher ob alles „wahr" ist ...
- Vor allem bei der Milch hab ich ein besseres Gefühl wenn ich sie trinke weil ich weiß, dass es die bessere Alternative ist. Für Natur und Tiere. Ansonsten keine Gedanken.
- Bio-Reiswaffeln sind ein guter Snack beim Lernen. Stillt den kleinen Hunger und ich habe etwas Gesundes gegessen. Zumindest schadet es mir nicht.
- Keine weiteren Gedanken, aber immer wieder gutes Gefühl bei der Milch.

3. Erfahrungen/Wünsche/Kritik/Lob

- Was andere über mich denken – hm teilweise dass so ein denken „komisch" ist. Tiere sind zum Essen da...aber was ich mich dann frage bei dem Wort „Tiere" – Hunde dann auch? Wer entscheidet das? Was ist normal und nicht normal. Meiner Meinung nach ein System und wer darüber hinaus denkt oder abweicht ist „komisch". Aber als „komisch" sehen dass meistens die an, die sich darüber nicht informiert haben oder denen es an Bildung fehlt. Ich ernähre mich zb. Nicht vegan...aber wenn es einer tut dann ist es für mich nicht „komisch" sondern absolut verständlich. Man muss dafür kein Veganer sein, Akzeptanz reicht schon. Es ist schwierig auf alles zu verzichten, weil man es nicht „anders" kennt. Aber damit anzufangen nachzudenken und sich zu bemühen reicht in meinen Augen schon.
- Ob Unternehmen das unterstützen? In meinen Augen nein. Ohne Konsum – kein Profit. Je billiger desto besser, egal zu welchem Preis. Egal mit was geworben wird, zb. Milchschnitte – gesund für kinder weil Milch drinnen? Das aber kaum Milch drin ist und das ding mehr als die Hälfte zu Palmöl und Zucker besteht, wird nicht erwähnt :)
- Ich denke, dass es generell gut ankommt ethisch wertvolle Produkte zu kaufen, jedoch ist es mir nicht wichtig ob andere Menschen dies gut bzw. wichtig finden oder nicht, da es hierbei um meine Gesundheit und die bessere Behandlung von Umwelt, Tieren und Arbeitern geht.
- Hochwertiges Hundefutter ist teuer!
- Gute Beratung

- Thema Konsum und seine Folgen, sollte meiner Meinung nach mehr zum Thema in Schulen werden. Vorallem in Verbindung mit Ernährung. Was heißt es wenn ich jeden Tag ein Liter Milch konsumiere oder jeden Tag 1 kg Fleisch esse - Wie wirkt es sich auf körper, umwelt und Tiere aus, etc. - Würde jeder einen kleinen Teil dazu beitragen, dann würde das ne Menge bewirken :) - Teilweise sind Informationen lückenhaft - Preis!!! - Wenig Infos in TV /Politik / Radio zu diesem Thema

Quelle: Eigene Darstellung (2017).

Tabelle 11: Aufbereitungstabelle der Generation X

1. Intentionen/Aktion:
- Fleisch in guter Qualität - Biokarotten weil im Angebot - Sonst viele regionale Sachen aus dem real - Ich nehme meinen Einkaufskorb mit, um Tüten zu vermeiden. - Vollkornbrot aus Urgetreide gekauft, beim Ortsansässigen Bäcker. - Nehme den Einkaufskorb mit, um Tüten zu vermeiden. - Prospekte nach Angeboten durchgeschaut. - Drogerieartikel aus dem Angebot gekauft. Eigene Tasche dabei gehabt, keine extra Tüte gekauft. - Bio-Gemüse gekauft; bzw. Gemüse von regionalen Anbietern, gute Auswahl vorgefunden. Wurst bei ortsansässigem Metzger gekauft. - Überlegen neuen Trockner zu kaufen. Suchen nach einem Wärmepumpentrockner (weniger Stromverbrauch). Lesen Testberichte im Internet. - Günstige und gute Produkte zu kaufen. - Möglichst wenig Verpackung. - Ich nehme immer eine Tasche oder Korb mit. - Frische Sachen sind mir wichtig. - Heute werde ich auf dem Markt einkaufen. Eier aus der Region, Wurst beim Metzger. - Ich habe alles in mitgebrachten Taschen gepackt. - Habe heute beim Discounter eingekauft. Es musste schnell gehen. - Ich habe eine Tasche dabei gehabt. - Ich habe heute regionale Produkte auf dem Markt eingekauft. - Benötigte Güter für zwei Haushalte(Online Bestellung)-in Bezug auf Ethik-KEINE. - Effizient einkaufen. - Stressfrei einkaufen, keine Fahrten, Lieferung erfolgt nach meinen Zeitwünschen an meine Adresse. Kein Zeitverlust. - Ich vertraue dem Dienstleister - in diesem Fall REWE. - Online Bestellung für zwei Haushalte, in der Regel für zwei Wochen ausreichend.
2. Emotionen:
- In Bezug auf die schnelle Abwicklung-gut betreut, in Bezug auf die Nachhaltigkeit der Produkte informiere ich mich selbst über die gängigen Medien.

3. **Erfahrungen/Wünsche/Kritik/Lob**
- Es waren doch einige Produkte mit viel Verpackung dabei. - Ethische aber auch ohne. - Was glaube ich, dass andere jetzt über mich denken? Mir egal. - Ich habe immer die gleichen Marken gekauft und werde das weiterhin machen. Die schnelle Abwicklung via Online Bestellung und Lieferung an die Heimanschrift ist so bequem, dass man sich keine weiteren Gedanken machen muss. Einkaufen empfinde ich als lästig, daher dieses Ergebnis. Einkauf erfolgt für zwei Haushalte, die sich an zwei unterschiedlichen Orten befinden, somit immer Vorratskäufe, die ca. ein oder zwei Wochen ausreichen, daher keine Daten für die folgenden Wochentage.

Quelle: Eigene Darstellung (2017).

Tabelle 12: Aufbereitungstabelle der Generation Baby-Boomer

1. Intentionen/Aktion:

- Ich schaue meine Vorräte an, schreibe Einkaufsliste, bereite Stoffbeutel und Kühltasche vor, dass ich unnötige Autofahrten und Verpackungsmaterial sparen kann (Umweltverschmutzung ist mir wichtig!)
- Außerdem habe ich Bio-Eier gekauft, finde ich gut, dass auf der Verpackung sehen wir, dass die Eier aus kontrollierter ökologischer Erzeugung sind. Genauso wie Nudeln ohne Gentechnik, usw.
- Heute habe ich vier Spendenbehälter von Tupperware gekauft, weil so kann ich Kinderdörfer in Deutschland unterstützen.
- Bin ich auch zufrieden richtiges zu tun, weil mit den Spendenbehältern kann ich doppeltes Gutes tun.
    o Das Geld, was ich bezahlt habe ist für einen guten Zweck und
    o Wenn ich Behälter weiter verschenke, mache ich andere Personen auch glücklich!
- Habe vor, die Blumen zu kaufen. Keine Schnittblumen aus dem Supermarkt wegen langen Transporten (bzw. aus Afrika Schnittrosen) usw., schlechte Arbeitsbedingungen und Kinderarbeit
- Habe bei Obi Blumen für meine Terrasse aus örtlicher Gärtnerei gekauft.
- Ich schaue ob Obst und Gemüse aus der Region im Angebot sind, dann kaufe ich etwas mehr davon.
- Auf jeden Fall müssen die Produkte von dieser Saison sein, die anderen kaufe ich lieber aus dem Tiefkühlregal. (Im Sommer gereift und aus der Region)
- Ich fahre morgen zum Bioladen, weil das liegt mir auf dem Weg zum Arzttermin (vermeide extra Fahrt zum Einkaufen).
- Kühltasche und Stoffbeutel auf jeden Fall dabei!
- Ich habe vor, Obst und Gemüse aus der Region zu kaufen.
- Brot ohne Gentechnik, vegan.
- Schaue beim Kauf von Brot genau, welche Zutaten drinnen sind oder frage bei Bäcker.
- Ich habe Heidelbeeren und Erdbeeren aus Deutschland gekauft.
- Ich kaufe bewusst in der Nähe von meiner Arbeit (Verschmutzung und Stau vermeiden).
- Ich kaufe Brot lieber aus Natursauerteig (Keine künstliche Zusatzstoffe).

- Hab heute Weißkraut, Karotten und Salat aus der Region gekauft.
- Beim Kauf achte ich auf regionale Produkte.
- Ich habe vor, einen Regenspeicher zu kaufen, weil so spare ich Trinkwasser (Garten gießen und Abwasser reinigen sparen)
- Ich habe vor, eine Reise in Deutschland zu buchen (keine Luftverschmutzung, unterstützen heimische Wirtschaft, kurzer Weg).
- Weil es in Bayern ist, habe ich diese Reise gebucht und ich möchte mehr über das Land wissen in dem ich wohne.
- Ich fahre mit dem Fahrrad zum Einkaufen um Sprit zu sparen und die Umwelt zu schonen.
- Ich nehme einen Korb mit, damit ich keine Plastiktüten kaufen muss. Ab und zu geh ich auch auf den Markt.
- Viele Bio-Produkte und Sachen die Gentechnik frei sind. Möchte mich und meine Familie gesund ernähren. Brot immer vom Bäcker in meiner Gegend.
- Kaufe auch viel Second-Hand-Kleidung für meine Enkelkinder. Man muss nicht alles neu kaufen. Man weiß ja auch nicht wie die hergestellt werden und bei gebrauchter Kleidung sind die Schadstoffe oft schon rausgewaschen. Das ist gut für die Kinderhaut.
- Ich baue selbst viel Gemüse und Obst im Garten an. Dadurch muss ich keine gespritzten Produkte kaufen.
- Achte nicht besonders auf ethischen Konsum, aber ich kaufe möglichst Produkte aus der Region.
- Ich versuche so gut es geht Energie zu sparen. Deswegen habe ich in fast allen Räumen LED-Lampen eingebaut. Fahre auch viel mit dem Fahrrad um das Auto zu Hause zu lassen.

2. Emotionen:

- Ich war zufrieden mit dem Obst und Gemüse aus der Region – Erdbeeren, Frühlingszwiebeln, Rhabarber usw.
- Ich bin zufrieden, weil ich das Gefühl habe, gutes für meine Familie und für die Umwelt in der Zukunft getan zu haben (Näher zur Natur, ohne künstliche Zusatzstoffe usw., ohne Missbrauch von Menschen und Tieren).
- War mit Qualität und Preis zufrieden.
- Ich bin zufrieden, dass es in meiner Nähe Auswahl gibt.
- Ich bin zufrieden, dass ich einheimische Bauern unterstützt habe.
- Ich habe mir einen Wasserspeicher ausgesucht, bin sehr zufrieden. Hat 160 Liter, sieht optisch sehr gut aus und oben drauf

kann ich noch Blumen anpflanzen und ist Platzsparend. Der Preis war auch OK. - Ich glaube ich habe was Gutes für die Umwelt getan! Wasser sparen ist wichtig. - Ich fühle mich gut, weil es so viele Angebote in Bayern gibt. - Ich bin beim Kochen froh darüber, etwas Gutes für meine Familie und die Natur zu tun.
3. Erfahrungen/Wünsche/Kritik/Lob
- Was die anderen über mich denken, interessiert mich nicht! - So spare ich auch Abwassergebühren.

Quelle: Eigene Darstellung (2017).

Tabelle 13: Aufbereitungstabelle der Nachkriegsgeneration

1. Intentionen/Aktion:

- Wenn ich bei meinen Kindern bin, mag ich am meisten was im Garten wächst. Sonst brauche ich nicht mehr viel. Meine Tochter kocht manchmal für mich. In der Kirche spende ich immer für alles was sie hier machen.
- Was in meinem Garten wächst, hat Vorrang, verwertet zu werden, da es dann echt frisch ist.
- Ich gehe ziemlich regelmäßig auf den Wochenmarkt, wegen der Frische.
- Ich schaue auf regionale u. auf deutsche Produkte.
- Schnelles Versorgen des Einkaufs ist mir wichtig, bes. wenn es Tiefkühlkost ist, was ich wenig kaufe, wenn ich es frisch haben kann oder im Garten habe.
- Ich schaue auf den Preis, weil ich nur begrenztes Budget habe.
- In die Mega-großen Läden wie Kaufland, Rewe, Real, Edeka gehe ich nicht so gerne - so viel Zeit verlaufe ich da beim Lebensmittelkauf. Wenn kaufe ich da spezielle Dinge, die eben nur dort zu bekommen sind.
- Durch den Besuch habe ich heute Fleisch auf dem Tisch - war nicht geplant - was Kurz-gebratenes gibt's aus Putenschnitzel. Gibt's ein Geschnetzeltes mit Gemüse u. Reis (Vollreis) dazu u. frischen Salat, leider noch nicht aus dem Garten, aber aus der Gegend.
- Milch nehme ich entweder (am liebsten) vom Bauern (Rohmilch) oder die 3,5 % Frischmilch. H-Milch ist tabu! Dazu gibt's Kompott - selbst eingemacht.
- Bei Kleidung gehe ich auch in second-hand-läden. Ich selbst muss auf reine Baumwolle achten, wegen Verträglichkeit.
- Eier kaufe ich auf dem Wochenmarkt von Bauern, die ich „kenne" - wo wir den Hof u. die Haltung angeschaut haben.
- Wenn ich Hülsenfrüchte (habe ich immer im Vorrat) kaufe, kaufe ich trockene, kaum in Dosen oder fertige Doseneintöpfe.
- Einmal in der Woche gibt es meist Fisch, den ich normalerweise auf dem Markt am Fischauto kaufe, meist Seelachs, weil er der Billigste und vom Nährwert der Beste ist. Auch ein heimischer Fisch vom Markt kommt auf den Tisch - ganz frisch beide.
- Auf dem Markt kaufe ich regelmäßig, frischen Fisch,
    o Pute oder Hähnchen vom Erzeuger,
    o Eier vom Bauern
    o Käse vom Käsewagen

o Äpfel ungespritzt fürs tägl. Müsli u. Kuchen o Ab + an Fleisch vom Bauernladen + Wurst o Im Geschäft Käse + Wurst eher an der Frischetheke in kleinen Mengen - Fleisch kaufe ich beim Bauern und friere es in Portionen ein. Auch Wildfleisch -Hirsch u. Reh – lieben wir so zubereitet u. es kommt auch vom „Hersteller", aus heimischen Gehegen, wo es die Tiere gut haben. - Ich schaue das es aus der Region kommt und bio ist. - Handarbeit gefällt mir sehr gut und Lebensmittel wo ich weiß wo sie her kommen. - Bekomme viel von Verwandten und Bekannten aus ihren Gärten. Das verarbeite ich dann und teile es mit ihnen. - Im Garten wachsen bei mir verschiedene Kräuter, Gurken und Tomaten. - Das was dort nicht wächst, kaufe ich bei tegut. Das ist nicht so weit weg und ich kaufe dann Obst und Gemüse und Früchte so viel es geht aus der Nähe. Die Äpfel schmecken da viel besser. Fleisch essen wir nicht so viel.
2. Emotionen:
- Beim Fahren zum Bauern freue ich mich schon auf den ganz anderen Geschmack der Milch. Auch wenn es ein extra Weg ist, der lohnt sich. - Leider sind auch die heimischen Milche alle „länger haltbar", also auseinandergenommen u. wieder zusammengesetzt u. kaum noch „traditionell hergestellt". - Manchmal bringen mir Leute eigene Eier von ihren Hühnern mit - das ist dann bes. schön u. das schmeckt man. - Ich freue mich, wenn ich ein „Schnäppchen" gemacht, ein frisches „Angebot" gefunden habe.
3. Erfahrungen/Wünsche/Kritik/Lob
- Etwas Gutes für die Natur und die Menschen zu tun ist sehr sehr wichtig. Volle Unterstützung von mir.

Quelle: Eigene Darstellung (2017).